研究阐述党的十九大精神国家社科基金专项课题"实现小农户与现代农业发展有机衔接研究"（18VSJ062）

U0671442

孔祥智 等◎著

ENCOURAGE SMALL HOUSEHOLD FARMERS TO
BECOME INVOLVED IN MODERN AGRICULTURE

实现小农户与现代农业发展有机衔接

经济管理出版社
ECONOMY & MANAGEMENT PUBLISHING HOUSE

图书在版编目（CIP）数据

实现小农户与现代农业发展有机衔接/孔祥智等著. —北京：经济管理出版社，2021.5
ISBN 978 - 7 - 5096 - 8025 - 4

Ⅰ.①实⋯　Ⅱ.①孔⋯　Ⅲ.①农业经营—体制改革—研究—中国　Ⅳ.①F320.2

中国版本图书馆 CIP 数据核字（2021）第 100642 号

组稿编辑：曹　靖
责任编辑：曹　靖　郭　飞
责任印制：黄章平
责任校对：董杉珊

出版发行：经济管理出版社
　　　　　（北京市海淀区北蜂窝 8 号中雅大厦 A 座 11 层　100038）
网　　　址：www. E - mp. com. cn
电　　　话：(010) 51915602
印　　　刷：唐山昊达印刷有限公司
经　　　销：新华书店
开　　　本：787mm×1092mm/16
印　　　张：20
字　　　数：451 千字
版　　　次：2021 年 7 月第 1 版　　2021 年 7 月第 1 次印刷
书　　　号：ISBN 978 - 7 - 5096 - 8025 - 4
定　　　价：98.00 元

代　序①

党的十九大报告指出，要"健全农业社会化服务体系，实现小农户和现代农业发展有机衔接"，不仅指出了未来农业政策的发展方向，更是揭示了中国农业发展所面临的主要问题和矛盾。

"人多地少"是中国的基本国情。20世纪80年代初期全面实行家庭承包经营后，大约2.3亿农户平均每户承包不到8亩耕地，每个地块不到1亩。这一严峻的现实使即使《宪法》明确规定家庭经营制度为农村基本经营制度后，理论界和政策界关于在小规模农户基础上能否实现现代化以及怎样实行现代化问题，一直存在着激烈的争论。1998年召开的中共十五届三中全会对此做出了权威性的判断，即："实行家庭承包经营，……不仅适应以手工劳动为主的传统农业，也能适应采用先进科学技术和生产手段的现代农业，具有广泛的适应性和旺盛的生命力，必须长期坚持。""在家庭承包经营基础上，积极探索实现农业现代化的具体途径，是农村改革和发展的重大课题。"此后，尽管在政策上探索了以"公司＋农户"为主导的农业产业化模式以及后来作为这一模式升级版的"公司＋合作社＋农户"模式，并且在农业社会化服务体系建设上出台了一系列政策，但自2008年以后以租地为主要内容的土地流转比例不断上升并成为一种重要的社会经济现象后，农业政策的重心就不自觉地转移到如何推进土地流转上了。

其实，中央在政策上一直支持土地流转和规模经营。如1984年中央一号文件就明确提出"鼓励土地逐步向种田能手集中"，但直到20世纪末期，土地流转比例才达到了1%左右。进入21世纪以后，随着外出打工劳动力人数的不断增加，农民转出土地的愿望日趋强烈。尤其是2007年出台的《物权法》把土地承包经营权界定为用益物权，2008年召开的中共十七届三中全会提出"现有土地承包关系要保持稳定并长久不变"，土地流转从2008年起进入"快车道"。2008年，土地流转面积占家庭承包经营总面积的比例为8.9%，到2016年底达35.1%，土地流转总面积达4.7亿亩。然而，令人沮丧的是，尽管土地流转的比例不小，但土地规模经营水平依然不够高。截止到2016年底，中国农业经营主体中30亩以上的有1052.1万家，其中50亩以上的有356.6万家，土地小规模经营的现状并没有得到明显改观，而且土地流转在2015年出现了"拐点"——流转比例增速下降。2015年，土地流转比例增速从前三年的4.3个百分点降到2.9个百分点，2016年下降到了1.8个百分点。其主要原因，既与中央政府在东北三省一区（黑龙江省、吉林

---

① 原文发表于《农业经济与管理》2017年第5期。执笔人：孔祥智。

省、辽宁省、内蒙古自治区）对玉米临时收储价格的下降（2016 年起取消玉米临时收储政策）有关，也与主要农产品生产成本不断升高等因素有关。总之，在相当长的时间内，中国农村土地经营以小规模为主的状况不可能得到明显改变，这就使我们不得不清醒地认识到，中国农业现代化只能在小农户的基础上实现，必须在政策上引导小农户与现代农业发展进行对接，除此之外，没有其他道路可走。

改革开放 40 多年的经验证明，在小农户基础上实现农业现代化，必须做好两项基础性工作：一是建立健全完善的农业社会化服务体系，二是把农民组织起来。日本、韩国等东亚小规模农户国家的经验也证明了这一点。2007 年开始实施的《农民专业合作社法》为把农民组织起来对接大资本、化解市场竞争提供了法律基础。截止到 2017 年 7 月底，全国在工商部门登记的农民专业合作社达 193.3 万家，实有入社农户 11500 万户，占家庭承包经营农户总数的 46.8%。农民专业合作社的基本特征是"生产在家、服务在社"，基本功能是为成员提供某一个环节或者多环节的社会化服务，使成员在农业生产过程中节约成本或提高价格。因此，把农民组织起来，其实际效果也是为社会化服务提供方便。2008年召开的中共十七届三中全会指出："加快构建以公共服务机构为依托、合作经济组织为基础、龙头企业为骨干、其他社会力量为补充，公益性服务和经营性服务相结合、专项服务和综合服务相协调的新型农业社会化服务体系。""支持供销合作社、农民专业合作社、专业服务公司、专业技术协会、农民经纪人、龙头企业等提供多种形式的生产经营服务。"可见，发展农民专业合作社是健全农业社会化服务体系的题中应有之义。

健全农业社会化服务体系，实现小农户与现代农业发展有机衔接，必须从以下几方面入手：第一，进一步提高农民的组织化水平。从上面的数据来看，转入土地的农户（或其他经营主体）依然处于小规模、分散经营状态，必须进一步提高组织化水平，把农民和各类新型经营主体高度组织起来，才能实现社会化服务基础上的规模化水平，即服务规模化。其中，农民专业合作社是最重要、基础性的组织化载体。2016 年 5 月 24 日，习近平总书记考察黑龙江时指出："农业合作社是发展方向，有助于农业现代化路子走得稳、步子迈得开。农民专业合作社是带动农户增加收入、发展现代农业的有效组织形式，要总结推广先进经验，把合作社进一步办好。"从目前农民专业合作社理事长身份的构成看，78% 为农民，13% 为村干部。这就告诉我们，一方面要发挥专业大户、家庭农场主等农村能人的作用，他们是发展农民专业合作社的主力军；另一方面要发挥村"两委"的作用，这些人是农村中的精英分子。从这个角度来看，过去 10 年来快速发展的土地流转，尽管没有明显提高规模化经营水平，但明显提高了农民的组织化水平。第二，充分发挥政府系统农业技术推广体系的作用，有条件的地区构建区域性农业技术推广中心，为农民提供基础性、公益性的社会化服务，如小型农田水利设施建设、农村道路建设、农业技术培训以及其他公益性服务。由于政府系统农业技术推广机构服务能力有限，对于一些社会力量可以提供商品化服务的领域可以采取政府购买服务的方式，如山东、河南一带对于机械化耕、种、收等环节都采取政府购买服务的试点，已经取得了非常好的效果。第三，充分发挥农民专业合作社、农业产业化龙头企业、社会化服务机构等社会组织的作用，为农民提供全方位的社会化服务。农民专业合作社主要为其成员提供服务，龙头企业主要为其基地农户提供服务，社会化服务机构则通过收费的方式为用户提供服务（如机耕、机收作业等）。

据粗略计算，全国农业社会化服务业的整体价值可达 3 万亿 ~ 4 万亿元，这是一块巨大的"蛋糕"，足以吸引各种社会力量进入这个领域，关键是要加以正确引导、规范，使其很好地服务于农民而不是坑农、害农。山东省供销社在改革中充分利用自身具有一定政府信用的特殊身份，有效地把社会上相关为农服务的资源统筹起来，打造为农服务的主力军品牌。山东省供销社的做法是，首先在村级层面进行自我改造，利用党建的力量让供销社再次扎根农村，使供销社真正"姓农"。具体做法是：一方面，依靠农村基层党组织，与村"两委"共建农民合作社、农村综合服务社、农业生产发展项目和干部队伍，促进村集体和农民"双增收"、供销社基层组织向农业生产经营和农村生活服务"双覆盖"，使供销社在基层实现了"姓农"的要求。有了村社共建，特别是村社共建农民专业合作社，后续发展起来的农民合作社联合社才成了"有本之木"，故村社共建是供销社改造自我的源头和基石。另一方面，在村社共建的基础上，依托基层社，以领办、创办的农民合作社为核心成员社，联合本区域龙头企业、合作社、家庭农场、专业大户等新型农业经营主体以及相关的农业社会化服务组织，共同组建实体性乡镇农民合作社联合社，在县级供销社的支持下，乡镇农民合作社联合社打造"3 公里土地托管服务圈"，构建了乡镇层面为农服务综合平台。这一改造重构了基层供销社的工作机制，全面强化了基层社"为农""务农"的服务功能，并且对社会上为农服务资源进行吸收和重组，打造了一支为农服务的专业化队伍。在实践中看，山东省供销社在综合改革中创造出来的以土地托管、信用合作乃至生活服务的全方位社会化服务的经验具有很强的推广价值，应该在条件适宜的地区推广。

总之，逐步健全农业社会化服务体系，使小规模农户成为农业现代化的组成部分，是历史赋予我们的重要任务，也是中国农业现代化的基础性工程。时不我待，党的十九大已经吹响了中国"强起来"的集结号，让我们在党的十九人精神的指引下，为实现我国从农业大国变为农业强国而努力。

目　录

第一章　新时代现代经济体系下中国农业发展道路的转变①

第一节　向包容性方向转变

一、引言

中华人民共和国成立 70 年以来，原来贫穷落后的农村发生了历史性变革，取得了一系列成就，如中国农林牧渔总产值从 1952 年的 326 亿元增加到 2018 年的 113850 亿元；农民收入水平从 1949 年的 43.8 元增加到 2018 年的 14617 元；农村地区贫困发生率从中华人民共和国成立初期普遍贫困下降到 2018 年底的 1.7%。与此同时，第一产业增加值占国内生产总值的比重从 1952 年的 50.55% 下降到 2018 年的 7.2%。70 年的农业发展，在"大国小农"的背景下，成为了"中国奇迹"的重要组成部分，为世界其他发展中国家农业发展提供了"中国方案"。

20 世纪以来，许多发展中国家为了实现现代化，都从农村改革入手，但真正取得成功的国家并不多，大多数发展中国家的农业发展停滞不前。例如，委内瑞拉的农业生产主要以可可、咖啡、糖和棉花为主，伴随着城镇化的快速发展，该国农村人口从 20 世纪 60 年代的 30% 下降到 20 世纪 90 年代的 12%，直到 20 世纪末期，委内瑞拉最富裕的 5% 阶层拥有高达 75% 的土地，75% 的农户仅拥有 6% 的土地。大城市出现了大量的贫民窟，存在着严重不平等（Wilpert，2006），出现了"人民很饥饿，但农民难以养活"所谓的"委内瑞拉悖论"（Zuñiga and Miroff，2017）。印度作为为数不多农业发展取得成功的国家，与中国较为相似的是提出了"五年计划"（Five‐year Plan），对农业发展做出了明确规划。那么，为什么同为发展中国家，有的发展中国家（如中国和印度）的农业农村发展取得了举世瞩目的成就，而有的国家（如委内瑞拉）却停滞不前？世界银行在《2006 年世界发展报告》中提出了"包容性"（Inclusive）的理念（World Bank，2005），并在 2008 年出版的发展报告中指出要实现包容性增长。能否实现包容性增长，是一个国家农业能否顺利转型并成为现代化基础的关键。2010 年 9 月，时任中国国家主席胡锦涛在第

---

① 执笔人：孔祥智、张琛、周振。

五届亚太经合组织人力资源开发部长级会议上以《深化交流合作，实现包容性增长》为主题致辞，强调要实现包容性增长，尤其是解决经济发展中的诸多不平等问题①。印度将第十二个五年计划（2012～2017年）的主题定为"快速、更包容性和可持续增长"。包容性增长逐渐成为世界各国经济发展所关注的重要话题。许多学者指出，包容性增长的一个核心要义是机会平等。

与机会平等相对应的是机会不平等，指的是由个体无法控制的外在因素，即"环境"因素所产生的不平等（Roemer，1993）。机会不平等是社会发展不公平的重要表现形式。也有学者指出机会平等比结果平等更为重要，"环境"因素所导致的不平等是难以接受的，而可以通过努力方式改变的"努力"因素所导致的不平等则是可以接受的（Chaudhuri and Ravallion，2007）。Sen（2009）从"功能"与"能力"两个维度出发，提出了"可行能力"平等的理念。其中，"功能"反映的个体认为值得去做或能做到的各种活动和特征，"能力"则是反映了个体可以获得福利的真正机会和选择自由。"可行能力"平等指的是实现各种可能的功能性活动组合的实质自由，更多的是强调不平等中需要关注能力的不平等和选择自由的不平等，能力的不平等与机会平等理论中的"努力"因素不谋而合。"环境"因素的改善，意味着个体选择自由程度的增加。选择自由的不平等正是对应于机会平等理论中的"环境"因素。

一些发展中国家面临着农业发展的困境，正是由于忽视了实现公平和正义的重要内容之一——机会平等。例如，委内瑞拉的大多数农户没有自己的耕地，只能住在大城市的贫民窟里，而拥有土地的阶层却大量闲置土地。这种不平等正是机会不平等的体现。这就导致了需要土地维持生存的穷人无法改变没有土地的状况。在这里，农户是否拥有土地经营权是"环境"因素，其结果是穷人选择自由的权利受到了剥夺。

实现机会平等，需要采用"补偿性"政策，即由政府来消除"环境"因素，让经济增长能够惠及更多的大众，让每个公民都具有平等发展的机会和权利。纵观中华人民共和国成立以来的农业组织形式，从土地改革到农业合作化运动，从人民公社到家庭承包经营，再到新型经营主体；农村发展，从20世纪50年代初期的"完全贫困"到"相对贫困"，再到2020年消灭"绝对贫困"，党和政府采取了一系列"补偿性"政策逐步消除机会不平等，走出了一条具有包容性特征的农业农村现代化之路。

在上述框架下，本书从要素市场和收入分配作为切入点，探究中华人民共和国成立70年来，农业农村发展实现从机会不平等向平等转变的过程及机理。之所以选择要素市场和收入分配作为切入点，是因为70年来的农业发展是建立在要素投入基础之上的，农业资本有机构成随着现代化水平的提升而不断提高；农村发展则是以千方百计增加农民收入、缩小收入差距为目标。本书以期通过机会平等的视角，在乡村振兴的时代背景下，对未来农业农村发展予以展望，从转变现代农业发展内涵的视角回答如何实现小农户与现代农业发展有机衔接。

---

① 资料来源：http://planningcommission.nic.in/plans/planrel/fiveyr/welcome.html。

二、要素市场的机会平等：农业发展的驱动力

纵观中华人民共和国成立 70 年，土地、劳动力和资本三大要素正是在消除"环境"因素和重视"努力"因素的历程中逐步实现了机会平等，成为了农业发展的重要驱动力。

（一）土地改革时期：消除"环境"因素

1952 年，农业经济占国民经济的比例高达 50.5%[①]，农业是国民经济中最为重要的产业。土地作为农业生产中最基本的要素，严重占有不均桎梏了农业的发展。刘少奇在《关于土地改革的报告》指出了为什么要进行土地改革，"就旧中国一般的土地情况来说，大体是这样：占乡村人口不到百分之十的地主和富农，占约百分之七十至八十的土地，他们借此残酷地剥削农民。而占乡村人口百分之九十以上的贫农、雇农、中农及其他人民，却总共只占有约百分之二十至三十的土地，他们终年劳动，不得温饱……有一些地区的土地是更加集中在地主的手中，例如四川等地区，地主占有土地约占百分之七十至八十"。[②] 作为生产主体的农民没有属于自己的土地，这一严重的机会不平等带来的后果必然是农业发展停滞不前。

早在解放战争时期，中国共产党便意识到了土地要素配置的严重不均。1946 年，中共中央发布《关于清算减租及土地问题的指示》，拉开了解放区土地改革的序幕。次年 10 月，中共中央正式公布施行了《中国土地法大纲》，明确规定"废除封建半封建剥削的土地制度，实行耕者有其田的土地制度"，实现"耕者有其田"。这就意味着耕种土地的人们都有可能拥有自己的土地，广大农民群众迫切需求土地得不到满足的"环境"因素被打破了，是从机会不平等向机会平等转变的开端。1950 年 6 月，《中华人民共和国土地改革法》第一条明确规定："废除地主阶级封建剥削的土地所有制，实行农民的土地所有制。"随着封建土地制度彻底被摧毁，农民无偿分到土地和大批生产资料，真正实现了"耕者有其田"。

（二）合作化运动、人民公社时期：忽略了"努力"因素

土地改革以后，虽然广大农民在此基础上所发挥的生产积极性得到了充分肯定，但是在优先发展重工业的政策导向下，1951 年发布的《中共中央关于农业生产互助合作的决议（草案）》指出："要克服农民分散经营中所发生的困难，使广大贫困农民迅速走上丰衣足食的道路……必须提倡组织起来，按照自愿互利原则，发展农民互助合作的积极性。"随着 1953 年"一五计划"的出台，中共中央于 1953 年 12 月发布了《关于发展农业生产合作社的决议》，指出了"农民这种在生产上逐步联合起来的具体道路"，即"经过简单的共同劳动的互助组和在共同劳动的基础上实现某些分工分业而具有某些少量公共财产的常年互助组，到实行土地入股、统一经营而具有较多公共财产的农业生产合作社，到实行完全的社会主义的集体农民公有制的更高级的农业生产合作社"。这个过程到 1956

① 1949 年的统计资料缺失，数据来源于《新中国农业 60 年统计资料》。

② 由于所引用的中央文件都是公开的，可以通过各种途径查询，因此本书不注明文件出处。

年全部完成。到了 1958 年，农村已经完全实行了人民公社化。"一大二公"和"一平二调"是人民公社的主要特点，不仅脱离了社会生产力水平，也极大挫伤了农民的生产积极性。依据机会平等理论，消除"环境"因素是实现结果平等的机会平等，但是不能忽略另一因素，即"努力"因素。当"努力"因素趋于零时，即便"环境"因素得到了改善，农业发展也将会停滞不前。正是因忽略"努力"因素，导致人民公社时期的中国农业生产长期停滞不前，到了 20 世纪 70 年代末期，只有 3 个省能够调出粮食，农业发展几乎到了崩溃的边缘（孔祥智、程漱兰，1997）。

（三）改革开放以来：消除"环境"因素与重视"努力"因素并重

从改革开放至今，在土地要素不断消除"环境"因素、重视"努力"因素的过程中，为中国农业实现包容性发展提供了要素基础。具体来说，"环境"因素的消除主要分为以下四个方面：

第一，实行家庭承包经营制度，稳定土地承包关系。以承包经营为标志的新型土地承包关系不仅极大地激活了土地要素的潜力，也有效地保障了农民对土地的占有、使用和收益权益。1982 年中央一号文件明确指出"包产到户、到组，包干到户、到组，都是社会主义集体经济的生产责任制"，对家庭联产承包责任制予以充分肯定。家庭联产承包责任制度确立后，随之产生的是承包期限问题。1984 年中央一号文件提出："土地承包期一般应在十五年以上。"1993 年中共中央、国务院发布的《关于当前农业和农村经济发展的若干政策措施》明确指出："在原定的耕地承包期到期之后，再延长三十年不变。"为了进一步稳定土地承包关系，中共十七届三中全会指出："现有土地承包关系要保持稳定并长久不变。"怎样在政策和法律上体现"长久不变"？2017 年 10 月，中共十九大报告指出："保持土地承包关系稳定并长久不变，第二轮土地承包到期后再延长 30 年"，并被纳入 2018 年 12 月 29 日第十三届全国人民代表大会常务委员会第七次会议通过的新修订的《农村土地承包法》中。

开展农村土地承包经营权确权登记颁证是夯实土地承包关系"长久不变"的重要政策措施。2007 年实施的《物权法》把土地承包经营权界定为用益物权，明确承包农户对承包土地依法享有占有、使用、流转、收益等权利。为了解决农户承包地块存在面积不准、四至不清、空间位置不明、登记簿不健全等现实问题，从 2009 年开始，有关部门开始了农村土地承包经营权确权登记颁证试点工作并稳步推进。2013 年中央一号文件指出："用 5 年时间基本完成农村土地承包经营权确权登记颁证工作，妥善解决农户承包地块面积不准、四至不清等问题。"到 2018 年底，全国农村承包地确权登记颁证工作基本完成。土地确权登记颁证不仅消除了农民承包土地的顾虑、保障了农户土地权益，也是土地要素"环境"因素消除的重要体现。

第二，实现农村土地所有权、承包权和经营权"三权分置"。改革开放初期的土地所有权与承包经营权的"两权分离"不再适应新时期现代农业发展的需要，尤其是当前农户呈现出不断分化的局面，人地关系的变化推动着土地承包权主体同经营权主体分离，亟须从原先的"两权分离"向所有权、承包权和经营权的"三权分置"转变，扩大农村土地权能。2013 年 7 月，习近平总书记在武汉农村综合产权交易所调研时指出："深化农村改革，完善农村基本经营制度，要好好研究农村土地所有权、承包权、经营权三者之间的关系。"2014 年中央一号文件对放活土地经营权予以肯定，指出"落实农村土地集体所有权的基础上，稳定农户承包权、放活土地经营权"，正式提出"三权分置"的政策思路。2016 年 10 月，中共中央办公厅、国务院办公厅下发了《关于完善农村土地所有权承包权经营权分置办法的意见》，明确指出要在始终坚持农村土地集体所有权根本地位的基础上，严格保护农户承包权、加快放活土地经营权和逐步完善"三权"关系，充分发挥所有权、承包权和经营权的各自功能和整体效用，形成层次分明、结构合理、平等保护的格局。2018 年 12 月新修订的《农村土地承包法》第九条规定："承包方承包土地后，享有土地承包经营权，可以自己经营，也可以保留土地承包权，流转其承包地的土地经营权，由他人经营。"实现所有权、承包权和经营权"三权分置"，不仅保护了承包土地农户的合法权益，也保障了以土地规模经营为特征的新型农业经营主体和新型农业服务主体的权益，是消除土地要素"环境"因素的又一重要体现。

第三，农村宅基地制度由严格管控向制度放活转变。农村宅基地的改革目标是保障农民"居者有其屋"的权益。自改革开放以来，一系列加强农村宅基地制度管理的文件相继出台，"一户一宅、福利分配、无偿回收、限制流转、禁止抵押、严禁开发"的宅基地管理制度逐步确立（张云华，2011）。1981 年，国务院发布《关于制止农村建房侵占耕地的紧急通知》，严格规定了农村宅基地管理和使用权益，指出："分配给社员的宅基地、自留地（自留山）和承包的耕地，社员只有使用权，既不准出租、买卖和擅自转让，也不准在承包地和自留地上建房、葬坟、开矿、烧砖瓦等。"1982 年 2 月，国务院发布《村镇建房用地管理条例》，继续强调"社员对宅基地、自留地、自留山、饲料地和承包的土地，只有按照规定用途使用的使用权，没有所有权""严禁买卖、出租和违法转让建房用地"。1986 年通过的第一部《土地管理法》第六条首次在法律上规定了农村宅基地的性质："宅基地和自留地、自留山，属于集体所有。"1998 年修订的《土地管理法》第六十二条规定："农村村民一户只能拥有一处宅基地"；"农村村民建住宅，应当符合乡（镇）土地利用总体规划，并尽量使用原有的宅基地和村内空闲地"；"农村村民出卖、出租住房后，再申请宅基地的，不予批准"。1999 年，国务院办公厅发布《关于加强土地转让管理严禁炒卖土地的通知》，要求"农民的住宅不得向城市居民出售，也不得批准城市居民占用农民集体土地建住宅"。集体所有、一户一宅、严格管制是农村宅基地制度的基本特征。

进入 21 世纪后，一户一宅、面积限制、严格管制仍然是农村宅基地政策的核心内容。2007 年通过的《物权法》将宅基地使用权界定为用益物权，宅基地制度改革进入了新时期。2008 年 10 月，中共十七届三中全会指出："完善农村宅基地制度，严格宅基地管理，依法保障农户宅基地用益物权。"2014 年 12 月，中共中央办公厅、国务院办公厅发布《关于农村土地征收、集体经营性建设用地入市、宅基地制度改革试点工作的意见》，标志着农村宅基地制度改革进入破冰期。作为乡村振兴的开局之年，2018 年中央一号文件首次提出宅基地所有权、资格权、使用权"三权分置"，即"探索宅基地所有权、资格权、使用权'三权分置'，落实宅基地集体所有权，保障宅基地农户资格权和农民房屋财产权，适度放活宅基地和农民房屋使用权"，并继续提出对宅基地使用进行规定限制，即"不得违规违法买卖宅基地，严格实行土地用途管制，严格禁止下乡利用农村宅基地建设别墅大院和私人会馆"。2019年4月，中共中央、国务院发布《关于建立健全城乡融合发展体制机制和政策体系的意见》，要求"允许村集体在农民自愿前提下，依法把有偿收回的闲置宅基地、废弃的集体公益性建设用地转变为集体经营性建设用地入市"，村庄有偿收回的闲置宅基地通过转变为集体经营性建设用地入市的方式实现盘活增值，是宅基地制度改革的重大制度创新。

农村宅基地制度从严格管制到审慎推进改革，有助于盘活乡村闲置资源，逐步突破农村新产业新业态发展的制度枷锁，尤其是实现城乡要素的双向流动，对新型工农、城乡关系的塑造具有重要的意义。在政策层面上，允许有偿收回的闲置宅基地入市，意味着大多数村庄都具备集体经营性土地入市的平等机会，是机会平等的重要体现。宅基地制度的放活也是消除土地要素"环境"因素的又一重要体现。

第四，农村集体经营性建设用地制度放活。改革开放初期，农村集体经营性建设用地处于严格管控阶段。1992年国务院颁布《关于发展房地产业若干问题的通知》，要求"集体所有土地，必须先行征用转为国有土地后才能出让"。进入21世纪后，农村集体经营性建设用地的管制开始放活，从允许"依法流转"向"同等入市、同权同价"演变。2004年国务院发布的《关于深化改革严格土地管理的决定》规定"在符合规划的前提下，村庄、集镇、建制镇中的农民集体所有建设用地使用权可以依法流转"，农村集体建设用地流转首次在政策层面上予以肯定。2008年发布的《中共中央关于推进农村改革发展若干重大问题的决定》要求构建"城乡统一的建设用地市场"和实现集体建设用地与国有土地的"平等权益"。2013年中共十八届三中全会提出"农村集体经营性建设用地出让、租赁、入股，实行与国有土地同等入市、同权同价"，2019年中共中央、国务院发布的《关于建立健全城乡融合发展体制机制和政策体系的意见》制定了城乡统一建设用地市场的路线图，即"到2022年，城乡统一建设用地市场基本建成……到2035年，城乡统一建设用地市场全面形成"，同时规定农村集体经营性建设用地入市方式可以"就地入市或异地调整入市"，并允许"集体经营性建设用地使用权和地上建筑物所有权房地一体、分割转让"。农村集体经营性建设用地管制的逐步放活，既盘活了农村集体经营性建设用地的存量，又激活了土地要素新动能，是消除土地要素"环境"因素的又一重要体现。

稳定土地承包关系，实现土地所有权、承包权和经营权的"三权分置"，放活农村宅基地制度和集体经营性建设用地制度，逐步消除了制约农业发展中土地要素的"环境"因素。此外，2018年新组建的农业农村部相比原先的农业部在部门职能得到拓展，有助于统筹管理农业农村工作中涉及的各类用地问题，这也是从管理机构改革方面消除土地要素的"环境"因素的重要举措。

改革开放以来，相关政策和法律在消除土地要素"环境"因素的同时，还十分重视

"努力"因素,主要表现为以下四个方面。

第一,鼓励适度规模经营。1984年中央一号文件就提出,不仅要"鼓励农民增加投资,培养地力,实行集约经营",也要"鼓励土地逐步向种田能手集中"。提升土地经营能力,让有能力的农户种更多的土地,是重视"努力"因素的重要体现。1993年发布的《中共中央关于建立社会主义市场经济体制若干问题的决定》指出:"允许土地使用权依法有偿转让。"2002年8月通过的《农村土地承包法》第三十二条规定:"通过家庭承包取得的土地承包经营权可以依法采取转包、出租、互换、转让或者其他方式流转。"从"大国小农"的现实看,土地流转和服务规模化是实现农业适度规模经营的两条重要路径。2016年中央一号文件明确了新型农业服务主体也是农业现代化建设的重要力量。培育新型农业经营主体和新型服务经营主体,以土地流转、入股、合作和生产托管等多种形式适度规模经营形式有序开展,进一步反映了政府重视"努力"因素、提升农业经营效率的政策意图。截至2017年底,各类新型农业经营主体超过300万家,多种形式适度规模经营占比达到四成。

第二,农业补贴与承包地面积挂钩。农业补贴与承包地面积相挂钩,是重视"努力"因素的又一体现。实践层面上,如种粮农民直接补贴的原则是按照种粮农民的实际种植面积补贴;良种补贴所涉及小麦、水稻等农作物,也是按照农户实际种植面积予以补贴。2016年5月,财政部、农业部发布《关于全面推开农业"三项补贴"改革工作的通知》,规定将农作物良种补贴、种粮农民直接补贴和农资综合补贴三项补贴合并为农业支持保护补贴,重点支持耕地地力保护和粮食适度规模经营。同年6月,财政部、农业部共同制定了《农业支持保护补贴资金管理办法》,其中第五条明确了耕地地力保护补贴的对象原则,即"农业支持保护补贴用于耕地地力保护的资金,补贴对象原则上为拥有耕地承包权的种地农民";在第七条明确了耕地地力保护补贴的补贴标准、补贴依据和补贴方式,即"用于耕地地力保护的资金,可与二轮承包耕地面积、计税耕地面积、土地承包经营权确权登记面积或粮食种植面积等挂钩",提升了补贴的精准性。此外,价格支持补贴也逐步转变为与承包地面积相挂钩的生产者补贴制度,如2016年玉米临时收储政策调整为与基期种植面积相挂钩的生产者补贴,2017年大豆市场也取消原先的目标价格补贴制度,改为生产者补贴。

第三,劳动力要素。中华人民共和国成立初期,农业劳动生产率极其低下。Angus(1998)按照1987年不变价格计算,1952年的农业劳动生产率仅相当于1933年的94.8%,处于较低的水平。中华人民共和国成立至改革开放之前这段时期,农业劳动力流动受到了严格控制,农业生产物质装备水平也较为薄弱。自改革开放以来,农业劳动生产率快速上升,加之由土地要素的再分配带来的劳动力要素的优化配置,大量劳动力从农业生产中解放出来。从20世纪80年代开始,国务院相继出台一系列文件,制约农业劳动力要素流动的"环境"因素逐步被消除。如国务院1984年出台的《关于农民进镇落户问题的通知》,1986年出台的《国营企业实行劳动合同制暂行规定》和《国营企业招用工人暂行规定》均指出要保障进城务工农户的权益。进入20世纪90年代后,为了防止农村劳动力的盲目流动，国务院于1990年出台的《关于做好劳动就业工作的通知》要求合理控制农村劳动力转移，减轻城镇就业的压力。1993年发布的《中共中央关于建立社会主义市场经济体制若干问题的决定》允许农民进入小城镇务工经商。1994年，原劳动部颁布的《农村劳动力跨省流动就业管理暂行规定》，允许农村劳动力跨省流动。进入城镇就业的农村劳动力，面临着居住落户的问题，1995年，中共中央办公厅和国务院办公厅出台了《关于加强流动人口管理工作的意见》，指出："允许农民进城务工经商，兴办企业，并根据一定条件，允许农民在小城镇落户……实行统一的流动人口就业证和暂住证制度。"

进入21世纪以来，制度政策的进一步放活实现了劳动力要素的空间移动，限制农村劳动力流动的"环境"因素进一步得到消除。《中华人民共和国国民经济和社会发展第十个五年计划纲要》明确提出，"取消对农村劳动力进入城镇就业的不合理限制，引导农村富余劳动力在城乡、地区间的有序流动"。2003年国务院办公厅发布的《关于做好农民进城务工就业管理和服务工作的通知》，对农民进城务工就业的职业工种限制、拖欠和克扣农民工工资问题和农民工生产生活条件等突出问题予以政策上的保障。2004~2019年的中央一号文件都从如何保障进城就业农民的各项权益出发提供政策支持。例如，2004~2007年中央一号文件关注进城就业农民工就业培训和权益保护；2008年中央一号文件提出农民工"返乡创业"，即"改善农民工进城就业和返乡创业环境"。之后的历年中央一号文件均围绕健全农民工社会保障制度、切实保障农民工的各项权益提供多维政策支持。劳动力要素的制度放活反映了农户逐步获得了劳动力要素的配置权益，即突破了原先被束缚的"环境"因素。

与此同时，政府也十分重视劳动力要素的"努力"因素，一个重要标志就是农业资本有机构成的提升。根据马克思的定义，由资本技术构成决定并且反映技术构成变化的资本价值构成，叫作资本的有机构成（马克思，2004）。农业资本有机构成越高意味着单位劳动力占用的农业生产资料越多。孔祥智等（2018）对改革开放以来的农业资本有机构成的测算发现，改革开放以来农业资本有机构成总体呈上升趋势。除了农业资本有机构成的提升，农业劳动力人力资本的提升也是政府重视劳动力要素"努力"因素的另一重要标志。《中国农村统计年鉴》资料显示，改革开放初期，1983年农村劳动力不识字或识字很少的比例为35.5%，1990年和2000年这一比例分别为20.73%和8.09%，2012年降低为5.3%，农村劳动力平均受教育年限从1983年的5.26年增加到2012年的8.36年[①]，农村人力资本水平得到了较大幅度的提升。此外，培育新型职业农民也是重视劳动力要素"努力"因素的重大战略举措。早在2007年，《中共中央国务院关于积极发展现代农业扎实推进社会主义新农村建设的若干意见》就指出"建设现代农业，最终要靠有文化、懂技术、会经营的新型农民"，首次提出"新型农民"这一概念。2012年中央一号文件指

---

① 农村劳动力受教育程度的官方统计资料截止到2012年。农村劳动力受教育程度按照不识字或识字很少（1年）、小学（6年）、初中（9年）、高中/中专（12年）和大专及大专以上（15.5年）加权计算可得。

出："大力培育新型职业农民"，实现了"新型农民"向"新型职业农民"的转变。2017年，农业部发布《"十三五"全国新型职业农民培育发展规划》，明确了培育新型职业农民的总体思路、主要任务、重点工程和具体措施。《全国新型职业农民发展报告》的资料显示，2017年全国新型职业农民总量已突破1500万人[①]。

第四，资本要素。农业发展离不开资本要素的投入，中华人民共和国成立以来资本要素与土地和劳动力要素相似，也呈现出消除"环境"因素和重视"努力"因素的发展历程。中华人民共和国成立初期，"积极组织推动信用合作"是农村金融发展的主旋律。1951年全国农村金融会议召开，要求积极发展农村信用合作。1957年修订出台的《农村信用合作社示范章程草案》对农村信用合作社的定义予以明晰，即"农村信用合作社是农村劳动人民在共产党和人民政府的领导和帮助下，根据自愿和互利原则组织起来的社会主义性质的资金互助组织"。人民公社时期实施"两放、三统、一包"的管理体制："两放"是指下放人员、下放资产；"三统"是指统一政策、统一计划和统一流动资金管理；"一包"指的是包财政任务。"两放、三统、一包"忽略了资本要素的"努力"因素，带来了诸多问题（例如信用分部中出现资金被大队或社队干部占用、财务管理混乱等）。撤销农村信用分部、回归农村信用社是解决当时农村金融体系混乱的重要举措。1962年中共中央、国务院批转中国人民银行《关于农村信用合作社若干问题的规定》再次强调农村信用社的性质，收回"两放、三统、一包"的做法。与此同时，中国农业银行于1963年成立，成为农村信用社的管理机构。1977年国务院发布《关于整顿和加强银行工作的几项规定》，要求"信用社是集体金融组织，又是国家银行在农村的金融机构"。1979年中国农业银行恢复成立。同年9月，《中共中央关于加快农业发展若干问题的决定》明确要求"为了适应发展农村信贷事业的需要，中国农业银行应当积极做好农村的信贷工作"。20世纪80年代，农村信用社逐步划归到中国农业银行管理，其合作金融性质得以恢复，政策性、商业性与合作性"三位一体"的农村金融供给格局逐步成立，资本要素发展面临的不利"环境"因素开始得到消除。作为农村政策性金融机构的中国农业发展银行于1994年正式成立，主要承担农业政策性金融服务，代理拨付财政支农资金等业务。1996年国务院发布《关于农村金融体制改革的决定》，要求"把农村信用社逐步改为由农民入股、由社员民主管理、主要为社员服务的合作性金融组织"，同时也确立了农村信用社的主体地位，即"农村信用社与农业银行脱离行政隶属关系"，是充分发挥积极性"环境"因素的表现。进入21世纪后，农村信用社改革进入深水区。2003年国务院出台的《关于印发深化农村信用社改革试点方案的通知》明晰了农村信用社深化改革的原则，确立了农村信用社的市场主体地位，即"按照市场经济规则，明晰产权关系，促进信用社法人治理结构的完善和经营机制转换，使信用社真正成为自主经营、自我约束、自我发展、自担风险的市场主体"。2004年中央一号文件指出，"建立健全金融机构服务于农村

---

① 资料来源于农业农村部科技教育司和中央农业广播电视学校组织编写的《2017年全国新型职业农民发展报告》。

的体制机制，明确县域金融组织为'三农'发展提供服务的义务"，并对为"三农"提供金融服务主体予以明确，即"鼓励、支持社会资本和外资开办直接为'三农'提供服务的金融机构"。中共十七届三中全会指出要"建立现代农村金融制度"，并规定了现代农村金融体系建设总要求，即"创新农村金融体系，放宽农村金融准入政策，加快建立商业性金融、合作性金融、政策性金融相结合，资本充足、功能健全、服务完善、运行安全的农村金融体系"。商业性金融、合作性金融、政策性金融相结合，各种金融机构并存的新格局，旨在消除农村金融市场一家独大的不利"环境"因素，重视各种金融机构服务"三农"的"努力"因素，"三农"发展面临的金融约束得到了一定缓解。自中共十八大以来，历年中央一号文件都以消除农村金融服务对"三农"不利的"环境"因素、发挥"努力"因素为出发点。2019年4月，中共中央、国务院发布了《关于建立健全城乡融合发展体制机制和政策体系的意见》，制定了农村金融服务的路线图，即"到2022年……金融服务乡村振兴的能力明显提升"和"到2035年……城乡普惠金融服务体系全面建成"。一系列制度保障优化了农村金融要素服务"三农"的"环境"因素，同时通过构建商业性进入、合作性金融、政策性相结合的农村金融服务体系，激发了各类农村金融主体服务"三农"的动力。

此外，自改革开放以来，农村资本要素的发展也呈现出净流出趋势。周振等（2015）的测算表明，1978~2012年内，通过财政、金融机构以及工农产品价格剪刀差的方式，农村地区向城市地区大约净流入资金26.66万亿元（以2012年价格计算），进入21世纪以来农村资金净外流速度逐步放缓，工农产品价格"剪刀差"逐步消除。从2004年开始，农业补贴政策和价格支持政策的相继出台，尤其是从2006年起完全取消农业税、屠宰税、牧业税和农林特产税，终结延续2600多年的"皇粮国税"，实现了从"少取"向"多予"的转变。同时，农业物质装备水平的提升也反映了农业生产的资本要素增强。2018年农作物耕种收综合机械化率超过67%，300多个县已基本实现全程机械化，新装备新技术广泛应用于农业各个产业各环节。"少取"向"多予"的转变意味着农业物质装备水平的"环境"因素得到极大程度的改善，农业补贴的不断细化也是重视资本要素"努力"因素的反映。

因此，从要素市场的角度出发，中华人民共和国成立以来正是由于不利于农业发展的"环境"因素逐步被消除、有利于农业发展的"努力"因素得到提升，从而使农业发展取得了举世瞩目的成就。

三、收入分配的机会平等：农村发展的压舱石

农村发展的核心是收入分配。收入分配不公会产生一系列社会问题，例如收入差距的扩大不利于经济增长（Ezcurra，2009；Šuković，2014），也会对社会安定带来不利影响（Esteban and Ray，1994；Duclos et al.，2004）。当前农村较为严重的收入差距问题得到了学者们广泛关注，一部分学者从收入不平等视角探究，如Wan（2004）和朱诗娥等（2018）的研究结果表明当前农户收入不平等程度处于较高水平；一部分学者从收入极化

的视角研究农户的收入差距，如罗楚亮（2010）基于中国家庭收入调查数据和张琛等（2019）基于全国农村固定观察点数据均发现，中国农户收入极化程度也处于较高的水平；还有学者从收入流动性视角研究收入差距，如杨园争、方向明（2018）测算发现，当前农村居民收入的流动性程度较弱，尤其是向上流动比率有限。缩小收入差距是农村发展的重要目标，基尼系数、极化指数和提高收入流动性是农村发展从机会不平等向机会平等转变的衡量依据。实现贫困人口的消除，意味着能够降低基尼系数和极化指数，也能够通过提高向上流动比率进而提高收入流动性。

中华人民共和国成立以来，从恩格尔系数、贫困人口数量和贫困发生率等指标看，中国实现了世界范围内最大限度地消灭贫困，取得了举世瞩目的成就。中华人民共和国成立初期的农村处于凋敝状态，绝大多数农民处于贫困状况之中。改革开放初期的农村贫困发生率相对于中华人民共和国成立初期降低了30%（周彬彬，1992），扶贫开发主要政策分为农业农村发展政策和以"输血"为主要方式的专项扶贫政策，制度变革的推动实现了贫困消除。1986年，国务院贫困地区经济开发领导小组的成立，标志着进入了大规模扶贫开发阶段。1994年国务院发布了全国扶贫开发工作纲领《国家八七扶贫攻坚计划》（以下简称《八七计划》），要求力争用7年左右的时间（1994~2000年）基本解决当时全国农村8000万贫困人口的温饱问题。到2000年底，《八七计划》目标基本实现。2001年，国务院发布的《关于印发中国农村扶贫开发纲要（2001—2010年）的通知》，指出要继续实施开发式扶贫，扶贫瞄准机制从原先的以贫困县为主转变为以贫困村为主。2004~2019年，连续16个中央一号文件大都涉及消灭贫困，增加农民收入问题。2011年，中共中央、国务院印发《中国农村扶贫开发纲要（2011—2020年)》，提出了这一阶段针对贫困人口扶贫开发总体目标从原先的解决温饱向更高的"两不愁三保障"转变，即"到2020年，稳定实现扶贫对象不愁吃、不愁穿，保障其义务教育、基本医疗和住房"。为了顺利实现2020年全面建成小康社会的战略目标，仍有14个集中连片特困地区的农村人口生活水平处于深度贫困状态，扶贫形势存在着时间紧、任务重、宏观经济小确定性、气候变化以及潜在的自然灾害等诸多困难，掣肘着贫困户的深度脱贫，使得实现全面建成小康社会这一宏伟目标仍面临巨大挑战。中共十八大以来，以习近平同志为核心的党中央充分辨析新形势下发展格局，创造性地提出解决我国社会主要矛盾的一个落脚点是精准扶贫，打赢扶贫攻坚战。2013年11月，习近平同志首次提出了"精准扶贫"的重要概念。"小康路上一个都不能掉队"的精准扶贫口号正是历史性变革下的产物，反映的是扶贫开发政策从原先的机会不平等向机会平等转变：原先是"撒胡椒"式的"大水漫灌"型脱贫方式，许多深度贫困户没有机会获得脱贫的机会，而精准扶贫为深度贫困户解决了"环境"因素，如"异地扶贫搬迁脱贫一批"和"社会保障兜底一批"分别解决了因自然环境因素和因自身条件（如疾病等）导致的难以脱贫问题，由自然环境因素和自身条件（如疾病等）所造成的贫困正是贫困户难以改变的"环境"因素。"十大工程"的实施则正是通过提升扶贫的"努力"因素。精准扶贫战略的实施正是逐步消除扶贫工作中的机会不平等。中共十九大报告指出"让贫困人口和贫困地区同全国一道进入全面小康社会是我们党的庄严承诺",彰显了执政党对于打赢脱贫攻坚战的信心,同时并对脱贫任务予以明晰,即"确保到二〇二〇年我国现行标准下农村贫困人口实现脱贫,贫困县全部摘帽,解决区域性整体贫困,做到脱真贫、真脱贫"。实现"脱真贫、真脱贫"的目标离不开强化脱贫攻坚体制机制的构建。2019 年 4 月,中共中央、国务院发布《关于建立健全城乡融合发展体制机制和政策体系的意见》,要求"改进帮扶方式方法,更多采用生产奖补、劳务补助、以工代赈等机制,推动贫困群众通过自己的辛勤劳动脱贫致富。对完全或部分丧失劳动能力的特殊贫困人口,综合实施保障性扶贫政策",是从机会平等的视角阐述了如何构建打赢脱贫攻坚战的体制机制。重视"努力"因素是鼓励贫困群众通过自身辛勤劳动脱贫致富,消除"环境"因素是采取保障性扶贫政策解决特殊贫困人口深度贫困问题。中共十八大以来,农村贫困发生率从 2012 年底的 10.2% 下降到 2018 年底的 1.7%,贫困人口累计减少 8239 万人,超过 150 个贫困县摘帽退出,深度贫困问题得到了有效解决。

中华人民共和国成立以来,从收入分配的角度出发,不利于农民收入增加的"环境"因素逐步被消除、有利于农民收入增加的"努力"因素得到提升。概括地看,以消除贫困人口为核心,缩小农村收入差距的途径主要有三大方面:一是扶贫开发模式由改革开放初期的"短期"向精准扶贫的"长远"方向转变,立足于构建机会平等的长效机制;二是扶贫开发方式从给予贫困户补贴的"输血"向激发内生脱贫动力的"造血"转变,着眼于激发内生脱贫动力,激发贫困户的"努力"因素;三是扶贫开发组织载体由以政府为主导的"单一"模式向以政府和市场为核心的"多元"模式转变,着力推动扶贫开发组织载体的多元化,充分发挥出各种组织载体的组合效果,为贫困户提供更多的脱贫和发展的机会。

四、基于机会平等视角下中国农业农村发展未来展望

本小节的分析表明,未来农业农村发展的路径应该是机会更加平等,包括以城乡融合为手段推进城市和乡村机会均等化,以经济发展为手段推进区域差距和农村内部收入差距的缩小,实现包容性增长。对于不利于农业农村发展的"环境"因素,应采取"补偿性"政策使其不断完善;对于促进农业农村发展的"努力"因素,应多渠道予以放活并给予支持。但需要注意的是,一味倡导公平而忽视农业农村发展的"努力"因素也是不合理的。

具体来说,要素市场的机会平等需要做到"人、地、钱"三个方面的平等。第一,强化经营农业人才培训力度,大力培育新型职业农民。随着农户分化趋势的日益加剧,从事农业生产的劳动力数量将会锐减,为实现机会平等,需要进一步强化从事农业生产劳动力的技能培训。为"乐意学"的从事农业生产劳动力提供技能培训和全程社会化服务,为"不愿干"的从事农业生产劳动力提供退出农业生产的保障体系。随着城乡融合发展的不断深入,越来越多的城市人才返乡创业,要在政策上推动城市优质要素向乡村流动。第二,进一步深化农村土地制度改革,落实农村土地所有权、承包权、经营权的"三权

分置"，从承包地、宅基地和集体经营性建设用地等方面着手，进一步提高农业农村土地资源的流动性和使用效率，盘活农村宅基地资源，深入推进农村集体建设用地入市改革。建立健全县（市）、镇（乡）、村三级土地流转服务体制，因地制宜建立农村产权交易平台。针对设施农用地政策的严格限制，要进一步细化设施农用地范围，优化设施农用地利用。农村建设用地需要进一步盘活，积极探索农村宅基地所有权、承包权、经营权"三权分置"办法，多渠道、多元化整合村庄闲置宅基地资源。保障农村集体经营性建设用地入市并和城市建设用地同地同权同价。第三，以普惠金融为基础，加大对农业农村的财政扶持力度，统筹整合涉农资金，建立健全农业信贷担保体系。农业补贴政策需要分类实施、进一步优化，尤其是针对农户的补贴，要由原先的"撒胡椒"式的单兵突进转变为建立健全符合农业生产实际的补贴体系，建立具有普惠性和激励性的补贴长效机制。以政策性金融为落脚点，建立商业性金融、合作性金融于一体的现代农村金融体系，发挥各种金融主体的创新活力。

实现收入分配的机会平等需要进一步深入推进"精准脱贫"重大战略。首先要科学合理地界定"贫困户"，避免出现非贫困户进入建档立卡目录的不精准现象，做到机会公平。重点解决深度贫困人口的增收问题，避免出现"低水平集聚"的收入极化现象。针对因病致贫的贫困户，采用基本医疗保险与商业保险相结合等方式予以解决；针对因交通条件落后致病的农户，有条件地加大基础设施建设力度，或是通过异地搬迁的方式予以解决。因农户自身能力不足造成的贫困，政府应以激发内生动力为主。针对地区与地区之间的差异，要对贫困地区采取"补偿性"政策以解决因区域差异导致的机会不平等问题。2020年全面实现小康社会后，区域性整体贫困问题基本得到解决，但仍会存在着相对贫困问题，"返贫"的问题不容忽视。2020后扶贫时代的贫困将不再单单是收入绝对数值的概念，而是集绝对收入水平、社会保障体系、公共服务体系于一体的概念，更多的是机会平等的反映。尽管农户的绝对收入水平在贫困线以上，但在诸如农村医疗、教育、基础设施服务等方面缺乏平等享用机会，仍处于相对贫困阶段。破解社会保障体系和公共服务体系的"碎片化"问题、重视穷人所享有的平等机会权利理应是2020后扶贫时代重点关注并予以解决的重大问题。解决2020后扶贫时代的机会不平等问题，城乡融合发展和乡村振兴战略是重要抓手。解决农村地区社会保障体系和公共服务体系这一突出"短板"，离不开城乡融合发展。树立城市与乡村"共存共荣"的发展理念才能将中共十九大提出的"覆盖全民、城乡统筹、权责清晰、保障适度、可持续的多层次社会保障体系"落到实处。农村教育、医疗卫生服务、公共服务保障体系的完善需要将城市优质要素注入乡村。建立城乡教育资源均衡配置长效机制、健全乡村医疗卫生服务体系和公共文化服务体系、配套完善社会救助机制是解决机会不平等的重要举措。乡村振兴战略要求坚持农业农村优先发展，并在公共服务上优先安排资金投入。依托乡村产业兴旺构建现代农业"三大体系"，实现农村产业融合和高质量发展，通过增加农民收入、培育农业农村发展新动能的方法全面解决不平等的问题。

现代农业的发展需要向包容性发展转变。实现小农户与现代农业发展有机衔接，需要在充分尊重小农户对接现代农业的意愿的前提下，在"人、地、钱"等方面依托机会平等，实现小农户与现代农业发展有机衔接。

第二节　以理顺"统"和"分"的关系为核心
完善农业经营体制

一、引言

农业经营体制是关系到农业现代化、推进乡村振兴的重要制度安排。党的十八届三中全会提出，"坚持家庭经营在农业中的基础性地位，推进家庭经营、集体经营、合作经营、企业经营等共同发展的农业经营方式创新"；党的十九大报告再次强调，"巩固和完善农村基本经营制度，……，培育新型农业经营主体，健全农业社会化服务体系，实现小农户和现代农业发展有机衔接"。稳定和完善农业经营体制，创新农业经营制度及其经营体系，加快农业经营方式转型，具有重要的战略意义与历史意义。

"以史为鉴，可以知兴替。"中华人民共和国成立70余年以来，无论是20世纪50年代还是70年代末至80年代急风暴雨式的变革时期，还是后来静水流深式的改革时期，我国农业经营体制经历了不断演变的过程。那么，总体上我国农业经营体制变革经历了哪些发展阶段？为什么我国农业经营体制会从中华人民共和国初期的家庭经营经历多次波折再次回归到以家庭经营为基础呢？农业经营体制演变的历史逻辑与理论基础是什么？深入梳理农业经营体制演变的历史脉络，深刻把握演变的发展规律，既有利于深化对中华人民共和国70年农业农村发展历程的认识，也有利于明确未来农业经营体制演进的方向。

从已有研究看，围绕农业经营体制的文献较多，这些文献主要聚焦统分结合的双层经营体制，研究统分结合经营体制的形成路径（梁涛，1994；邓大才，1998；叶兴庆，2013；赵树凯，2018），论述其必要性（谢茹，1995；韩荣璋，1997；张士杰、曹艳，2013），分析双层经营制面临的困难（蓝万炼、朱有志，2000；罗必良、李玉勤，2014），介绍其探索创新形式（陈锡文，2013；张云华、郭铖，2013；罗必良，2014）以及完善发展的政策建议（张红宇，2008；杨汇泉、朱启臻，2008；农业部经管司、经管总站研究组，2013）。当然，也有部分文献从历史发展角度梳理我国农业经营体制的变迁，如赵光元等（2011）分析了农业经营体制从家庭经营制、合作制、人民公社制到统分结合双层经营制的变迁轨迹，详细介绍了每次体制变迁的历史背景与政策环境；孔祥智、刘同山（2013）分析了农村基本经营制度形成和演变的历史脉络和内在原因，提出了稳定和完善农村基本经营制度的对策建议；叶兴庆（2018）从农业经营体制的概念内涵、集体成员获得的土地权能、农业经营的具体形态三个维度，分析了改革开放40年农业经营体制的演变。

以上文献为本小节的研究奠定了很好的基础，但亦有可拓展的空间，主要表现在以下几个方面：第一，农业经营体制变迁的理论逻辑还需要进一步提炼研究，现有的文献更多的是从史实的角度分析体制变迁的原因，尚未提炼出农业经营体制演变的理论主线，对我国农业经营体制从最初的家庭经营再次走向家庭经营的理论解释略显单薄。第二，许多文献注意到了统分结合双层经营体制的创新形式，但缺乏对这些新形式的理论解释，缺乏对这些新形式与传统双层经营体制的比较分析，尚未回答这些新形式与农业经营体制从家庭到家庭的演变主线是一脉相承，还是断裂发展的问题。第三，农业经营体制的历史变迁对未来我国农业发展有何政策启示，尤其是在当今生产技术更替加速、产业形态迭代多变、组织模式日新月异的历史大变局中，如何指引农业经营体制的改革完善？为此，本小节将围绕农业经营体制，分析中华人民共和国成立 70 年来的历史演变过程，构建农业经营体制变迁的理论主线与分析框架，总结完善农业经营体制、促进乡村振兴发展的相关政策启示。

二、农业经营体制的历史变迁与演变主线

（一）历史变迁：从家庭经营走向以家庭经营为基础

我国农业经营体制经历了中华人民共和国成立初期短暂的以土地农民私有为基础的家庭经营制、农业合作化运动催生的合作制、以人民公社为载体的集体经营制、改革开放后的双层经营体制以及 21 世纪以来双层经营体制的创新拓展，共计五个发展阶段。

1. 家庭经营制：农民私有、家庭经营

此阶段持续时间较短，大致时间范围是 1949 ~ 1952 年。中华人民共和国成立初期，依托农村土地改革，我国建立了家庭经营的农业经营体制。

第一，农业生产资料尤其是土地实行农民私有。1949 年中国人民政治协商会议第一届全体会议通过的《中国人民政治协商会议共同纲领》第二十七条明确规定，"凡已实行土地改革的地区，必须保护农民已得土地的所有权。凡尚未实行土地改革的地区，必须发动农民群众，建立农民团体，经过清除土匪恶霸、减租减息和分配土地等项步骤，实现耕者有其田"。1950 年颁布的《中华人民共和国土地改革法》第一条再次强调，"废除地主阶级封建剥削的土地所有制，实行农民的土地所有制"。至此，奠定了中华人民共和国成立初期我国农民土地私有的土地产权制度。

第二，农业生产以分散家庭为基本单位。在土地农民私有的基础上，种植业、畜牧业、手工业和其他副业均建立了以家庭经营为特点的家庭经营制。家庭经营制较好地释放了农民生产积极性，1949 ~ 1952 年我国农业生产以农业总产值每年递增 15.4% 的速度，三年共增长 53.4%，1952 年主要农产品产量已恢复到或超过了抗日战争前的最高生产水平（陈廷煊，1992）。

2. 合作经营制：农民私有、合作经营

合作经营制起源于 1951 年互助组的互助合作经营，结束于高级社以及 1958 年人民公社体制成立时期，运行时间不长。在农民与国家"两个需要"的驱动下，合作经营由家

庭经营逐渐演化而成。第一，农民有劳动互助的需求。土地改革发挥了农民"个体经济积极性"，但是农民还有"劳动互助积极性"（杜润生，2002），出于有利于生产和经营的需要，也为了提高抵御各种自然风险的能力，部分农民自发地组建了互助组，奠定了合作经营雏形。第二，国家有合作经营的需要。由于土地改革形成的家庭经营制与历史上的自耕农经营方式并无二致，均存在着分散性、狭隘性、自给性、脆弱性等先天不足，难以扩大再生产、不能为国家的现代化建设提供更多的剩余积累，为此国家在互助组的基础上，顺势以强有力的政策措施推动中华人民共和国初期的家庭经营逐步从互助组走向了初级社等合作经营体制。

首先是以家庭分散经营为主、互助合作经营为辅的互助组形态的合作经营制。互助组的互助合作经营，仍实行土地和生产资料农民所有，劳动所得仍是归各农户所有，产权关系及其剩余所得与家庭经营一致。不同的是，在具体生产环节，在农民自愿互利的基础上，部分地实现了互助经营。常见的互助经营形态，既有简单的临时性、季节性的劳动互助，又有公有农具、公有牲畜、固定合作组织的常年性互助，还有以土地入股为特点的农业生产合作社（杜润生，2002）。到1954年，互助组发展规模达到历史巅峰，数量达到993万个，吸纳农户6848万人，占全国农户总数的58.4%（杜润生，2002）。

其次是以家庭占有生产资料、合作统一经营为主的初级社形态的合作经营制。为配合国家工业化的建设和实现经济建设的总任务，互助组的"自发性"不得不被提升与扭曲（赵光元等，2011），加之因1953年秋全国粮食供应局势紧张，中央做出了实行粮食统购统销的决定，进一步加速了初级社的建设进程。初级社土地和生产资料虽然仍归农民私人所有，但由初级社集体共同使用，农民已逐步丧失了对土地的直接支配权，农业生产由初级社统一经营，既按劳分配，又按股分红。不同年份互助组、初级社的数量如表1-1所示。

表1-1 我国互助组、初级社与高级社发展情况   单位：万、%

年份	互助组			初级社			高级社		
	个数	农户数	比重	个数	农户数	比重	个数	农户数	比重
1950	272	1131	10.7	—	—	—			
1951	486	2100	19.2	—	—	—			
1952	803	4536	39.9	0.4	6	0.1			
1953	745	4564	39.3	2	27	0.2			
1954	993	6848	58.4	11	229	1.9	0.02	1	0.0
1955	715	6039	50.7	63	1688	14.2	0.05	4	0.0
1956	8.5	104	0.9	69	1041	8.6	31	10742	89.2
1957	—	—	—	3	160	1.3	75	11945	96.2

注：农户数为加入互助组、初级社、高级社农户的数量，比重为占全国农户总数的比重；数据资料来自：杜润生.当代中国的农业合作制［M］. 北京：当代中国出版社，2002.

3. 集体经营制：集体所有、统一经营

集体经营起源于农业合作化运动，成型于高级社、成熟于人民公社。受第一个五年计划农业发展成就的鼓励，以及统购统销与"大跃进"的制度设计需要（程漱兰，1999），互助合作转向集体经营，催生了高级社以及人民公社组织形态。

首先是集体经营的高级社组织形态。伴随初级社的发展，"既取得粮食，又能巩固工农联盟，既照顾国家需要，又照顾农民的可能"的矛盾日益突出，1955年7月，毛泽东作了《关于农业合作化问题》的报告，催生了"理论上已被确认的为工业化服务的合作化—集体化路线"在实践上的突破，促成了互助合作转向了农业集体化（国家农业委员会办公厅，1981），加速推进了初级社向高级社转型发展，全国高级社数量从1955年500多个快增至1956年、1957年的31万个与75万个，覆盖到全国90%以上的农户。高级社成为农村最基本的生产经营单位，所有制关系开始发生了重大转变，生产资料从农民私有转为合作社集体所有，实行统一生产经营、共同劳动、统一分配。中国农村的集体所有制自此诞生了。不同年份高级社的数量见表1-1。

其次是高级社联合重组的人民公社化及其体制的确立。1958年8月中央发布《关于在农村建立人民公社问题的决议》，在全国范围掀起了声势浩大的高级社联合重组的人民公社化运动，重构了农业农村经营方式。人民公社制具有三项鲜明特征：一是集体所有和统一经营。1959年8月，《关于人民公社的十八个问题》明确了人民公社的三级所有制，即人民公社所有制、生产大队（原高级社）所有制和生产队所有制，其中以生产大队所有制为主导。从所有制看，人民公社是集体所有制经济，是全民所有制经济的另一种形式。不过，为抑制人民公社中平均主义的供给制（公共食堂）、生产队劳力无偿调拨、生产队财物无偿调拨的"一平二调"共产风，调动农民生产积极性，1960年11月《关于农村人民公社当前政策问题的紧急指示信》强调，"以生产队为基础的三级所有制，是现阶段人民公社的根本制度"，逐步调整为"三级所有、队为基础"，即强调生产队是人民公社的基本核算单位，生产队有权决定生产计划、实行独立核算与自负盈亏、独立组织生产与分配，这种集体所有制经济的制度安排持续到1978年农村改革前。二是政社合一。1962年9月公布的《农村人民公社工作条例（修正草案）》第一条明确指出，"农村人民公社是政社合一的组织，是我国社会主义社会在农村中的基层单位，又是我国社会主义政权在农村中的基层单位"。这表明人民公社既是生产组织单位，又是农村基层政权组织，与互助组、初级社、高级社单一的生产功能具有本质的区别。三是一大二公。即"一曰大、二曰公"的特点，"大"指人民公社入社人员规模大，每个公社农户规模达到5000户左右，经营规模比高级社平均扩大了近30倍（赵光元等，2011）。"公"指相比高级社，人民公社生产资料的高度公有化，如在人民公社化运动高峰时期，高级社经营体制下农民还能保留的自留地、自养牲畜、自营林木等自留经济也被废除了。

4. 双层经营制：家庭承包、统分结合

1978年，起始于安徽省凤阳县小岗村的"大包干"，带来了农业经营体制的变革。1982年、1983年、1984年的中央一号文件连续对家庭承包责任制进行肯定，"大包干"

由此开启了农业经营体制改革的先河。概览其历程,双层经营制度在改革人民公社生产队的统一经营、统一核算、统一分配的基础上,经"包产到户"的农民分户经营、集体统一核算和分配,到"包干到户"的农民分户经营、自负盈亏,直至正式确立(赵光元等,2011),其从建立到完善的过程,大致可划分为两个阶段。

首先是1978年至1993年统分结合双层经营制的形成时期。1979年9月通过的《中共中央关于加快农业发展若干问题的决定》中,把"不许包产到户,不许分田单干",改为"不许分田单干。除某些副业生产的特殊需要和边远山区、交通不便的单家独户外,也不要包产到户"。正是这一改动,使广大农民和基层干部看到了制度创新的希望。到1979年底,全国包产到户的比重已经达到9%。1982年中央一号文件下发,正式承认了"双包"责任制的合法性,这个文件还初步阐述了"统一经营"中"统"的内涵(见表1-2)。1983~1986年的中央一号文件对"统"和"分"的内涵作了越来越明确的界定。1991年,党的十三届八中全会通过了《中共中央关于进一步加强农业和农村工作的决定》,把这一体制正式表述为"统分结合的双层经营体制",指出"要在稳定家庭承包经营的基础上,逐步充实集体统一经营的内容。一家一户办不了、办不好、办起来不合算的事,乡村集体经济组织要根据群众要求努力去办"。1993年3月《宪法修正案》正式把这一体制纳入《宪法》。同年7月2日第八届全国人民代表大会常务委员会第二次会议通过《农业法》,第五条指出:"国家长期稳定农村以家庭承包经营为基础、统分结合的双层经营体制。"至此,农村基本经营制度正式确立。

其次是1993年以来统分结合双层经营制的稳定时期。稳定双层经营制主要体现在土地承包经营关系上。从承包期限看,为了稳定土地承包关系、巩固农业经营制度,1993年的中央11号文件对承包期限作了进一步规定,即"在原定的耕地承包期到期之后,再延长三十年不变";1998年10月召开的党的十五届三中全会总结了农村改革20年的经验,强调要"长期稳定以家庭承包经营为基础、统分结合的双层经营体制";2008年党的十七届三中全会指出,"现有土地承包关系要保持稳定并长久不变";2017年党的十九大报告再次提出,"第二轮土地承包到期后再延长三十年"。从财产权看,2007年出台的《物权法》把土地承包经营权界定为用益物权,进一步强化了土地承包经营权的法律地位,从财产权角度保障了双层经营农业基本经营制度的稳定。

上述政策、法律的演进情况见表1-2。

表1-2 双层经营制确立、稳定与完善的政策法律演进

时间	文件名称	主要内容
1982年 1月1日	全国农村工作会议纪要	目前实行的各种责任制,……都是社会主义集体经济的生产责任制……是社会主义农业经济的组成部分。 包干到户这种形式,在一些生产队实行以后,经营方式起了变化,基本上变为分户经营、自负盈亏;但是,它是建立在土地公有基础上的,农户和集体保持承包关系,由集体统一管理和使用土地、大型农机具和水利设施,接受国家的计划指导,有一定的公共提留,统一安排烈军属、五保户、困难户的生活,有的还在统一规划下进行农业基本建设

时间	文件名称	主要内容
1983 年 1 月 2 日	当前农村经济政策的若干问题	这种分散经营和统一经营相结合的经营方式具有广泛的适应性，既可适应当前手工劳动为主的状况和农业生产的特点，又能适应农业现代化进程中生产力发展的需要。 完善联产承包责任制的关键是，通过承包处理好统与分的关系。以统一经营为主的社队，要注意吸取分户承包的优点。以分户经营为主的社队，要随着生产发展的需要，按照互利的原则，办好社员要求统一办的事情
1984 年 1 月 1 日	关于 1984 年农村工作的通知	继续稳定和完善联产承包责任制。为了完善统一经营和分散经营相结合的体制，一般应设置以土地公有为基础的地区性合作经济组织
1985 年 1 月 1 日	关于进一步活跃农村经济的十项政策	联产承包责任制和农户家庭经营长期不变。 地区性合作经济组织，要积极办好机械、水利、植保、经营管理等服务项目，并注意采取措施保护生态环境
1986 年 1 月 1 日	关于 1986 年农村工作的部署	地区性合作经济组织，应当进一步完善统一经营与分散经营相结合的双层经营体制。家庭承包是党的长期政策，绝不可背离群众要求，随意改变。可是，有些地方没有把一家一户不好办或不好办的事认真抓起来，群众是不满意的。应当坚持统分结合，切实做好技术服务、经营服务和必要的管理工作
1987 年 1 月 22 日	把农村改革引向深入	完善双层经营，稳定家庭联产承包制。 土地承包期一般应在十五年以上
1991 年 11 月 29 日	关于进一步加强农业和农村工作的决定	农村普遍实行了以家庭联产承包为主的责任制，逐步建立起统分结合的双层经营体制，有利于集体统一经营的优越性和农户承包经营的积极性都得到发挥
1993 年 3 月 29 日	中华人民共和国宪法修正案	农村中的家庭联产承包为主的责任制和生产、供销、信用、消费等各种形式的合作经济，是社会主义劳动群众集体所有制经济
1993 年 7 月 2 日	中华人民共和国农业法	第六条　国家稳定农村以家庭联产承包为主的责任制，完善统分结合的双层经营体制……
1993 年 11 月 5 日	关于当前农业和农村经济发展的若干政策措施	在原定的耕地承包期到期之后，再延长三十年不变
1998 年 10 月 14 日	关于农业和农村工作若干重大问题的决定	长期稳定以家庭承包经营为基础、统分结合的双层经营体制
2002 年 8 月 29 日	中华人民共和国农村土地承包法	第三条　国家实行农村土地承包经营制度。农村土地承包采取农村集体经济组织内部的家庭承包方式……
2007 年 10 月 1 日	中华人民共和国物权法	第一百二十四条　农村集体经济组织实行家庭承包经营为基础、统分结合的双层经营体制。 农民集体所有和国家所有由农民集体使用的耕地、林地、草地以及其他用于农业的土地，依法实行土地承包经营制度

时间	文件名称	主要内容
2008 年 10 月 12 日	关于推进农村改革发展若干重大问题的决定	稳定和完善农村基本经营制度。 家庭经营要向采用先进科技和生产手段的方向转变，增加技术、资本等生产要素投入，着力提高集约化水平；统一经营要向发展农户联合与合作，形成多元化、多层次、多形式经营服务体系的方向转变，发展集体经济、增强集体组织服务功能，培育农民新型合作组织，发展各种农业社会化服务组织，鼓励龙头企业与农民建立紧密型利益联结机制，着力提高组织化程度
2013 年 11 月 12 日	关于全面深化改革若干重大问题的决定	稳定农村土地承包关系并保持长久不变，在坚持和完善最严格的耕地保护制度前提下，赋予农民对承包地占有、使用、收益、流转及承包经营权抵押、担保权能，允许农民以承包经营权入股发展农业产业化经营
2015 年 2 月 1 日	关于加大改革创新力度加快农业现代化建设的若干意见	坚持和完善农村基本经营制度，坚持农民家庭经营主体地位，引导土地经营权规范有序流转，创新土地流转和规模经营方式，积极发展多种形式适度规模经营，提高农民组织化程度
2015 年 12 月 31 日	关于落实发展新理念加快农业现代化实现全面小康目标的若干意见	研究制定稳定和完善农村基本经营制度的指导意见
2017 年 10 月 18 日	党的十九大报告	巩固和完善农村基本经营制度，深化农村土地制度改革，完善承包地"三权分置"制度。保持土地承包关系稳定并长久不变，第二轮土地承包到期后再延长三十年

资料来源：根据相关中央文件整理。

5. 多层经营制：家庭承包、多层经营

伴随我国市场化改革加快推进以及 21 世纪以来农村税费改革的全面实施，部分农村地方出现了"组织空白"和"制度空白"等（温铁军，2006）。此外，由于在改革初期更多地强调"分"，很多生产队甚至连每一头牛、每一个农具都分给农户，致使绝大部分农村集体经济组织没有为农服务、行使"统一经营"职能的资源（孔祥智，2009）。农村集体经济组织"统"的功能呈现出逐渐弱化衰退态势，农业社会化服务供给严重不足，小农户与现代农业发展存在某种程度的脱节（孔祥智，2017；叶敬忠等，2018；崔红志、刘亚辉，2018）。受农村劳动力转移加快、农业劳动工资变化、农户对农业社会化服务需求增加以及农村土地制度改革完善等多方面因素影响，21 世纪以来我国农业经营在家庭承包经营为基础、统分结合的双层经营体制基础上内生演化出了许多新变化，从集体经济组织中单一体向集体经济组织和其他社会多元主体并存发展、相互联合与合作的转变，出现了家庭经营、集体经营、合作经营、企业经营等共同发展的经营方式，但并没有完全否定传统双层经营体制，而是对双层经营制的完善与创新，当然也有文献将其视为双层经营制的一种完善形态（赵光元等，2011）。不过，为突出其两个鲜明特征，本小节称之为"多层经营制"。从内涵看，"统"的主体扩围、功能多元。在主体上，多层经营制"统"

的主体从双层经营制的农村集体经济组织向新型农业经营主体等市场化、多元化主体扩围（孙中华，2009）。在功能上，相比为家庭提供生产服务的双层经营制，正如2008年党的十七届三中全会指出"统"的功能"要向发展农户联合与合作，形成多元化、多层次、多形式经营服务体系的方向转变，发展集体经济、增强集体组织服务功能，培育农民新型合作组织，发展各种农业社会化服务组织，鼓励龙头企业与农民建立紧密型利益联结机制，着力提高组织化程度"，即从过去的社会化服务向生产性服务转变、从公益性向经营性拓展。

从类型看，初步可划分为三种类别。若按照小农户参与生产程度及其与规模化农业组织的关系划分，有以下类别（见表1-3）：一是农户分散经营与农业组织规模化服务，农户参与生产全过程，农业组织为农户提供生产服务，"公司＋农户"式的订单农业、合作社＋农户的生产合作等是此类形态的典型代表，如广东温氏集团的实践（米运生、罗必良，2009）；二是农户委托经营与农业组织规模化服务，农户较少参与生产过程甚至不参与生产，仅提出生产要求，生产全程委托给农业组织代理，以山东省供销社为代表的土地托管

表1-3 多层经营制三类形式的典型案例

类别	案例	农业组织从事生产的内容	农户或其他主体从事生产的内容
农户分散经营与农业组织规模化服务	温氏集团案例	生产关系的统一缔约、生产投入品由公司统一供给、技术由公司统一指导、产品由公司统一收购销售	生产环节农户分散经营
农户委托经营与农业组织规模化服务	山东省供销合作社案例	土地由供销合作社集中连片托管、经营	1. 土地并没有流转，经营权仍属于农户，由农户制定种植决策；2. 农业生产环节由供销社组织分散外包，如农资配送、耕种收、田间防治、产品烘干等环节由不同服务主体分别承担
农户流转土地与农业组织规模化经营	黑龙江省克山县仁发农机合作社案例	土地经营权、生产决策权、农业全程生产向合作社"三个集中"	生产过程由70家家庭分散实施，相对于上百户合作社成员，70户经营者是"统"的表现，但是相对于完全由合作社管理者经营则是"分"的体现
	四川省崇州市农业共营制案例	1. 合作社与农户：土地经营权向合作社集中；2. 合作社与职业经理人：合作社确定职业经理人，确定种植品种；3. 职业经理人与农户：职业经理人是规模经营的组织者；4. 职业经理人与农业社会化服务主体：职业经理人参与生产环节各项服务的购买	1. 合作社与农户：土地承包权农户分散所有；2. 合作社与职业经理人：合作社将经营权赋予数个职业经理人，职业经理人成为了"分"的实现载体；3. 职业经理人与农户：土地承包权农户分散所有；4. 职业经理人与农业社会化服务主体：具体生产环节分散外包给农业社会化服务主体承担

服务是此类形态的典型代表（国务院发展研究中心农村部，2015）；三是农户流转土地与农业组织规模化经营，农户完全不参与农业生产，并将土地流转给农业组织承担农业生产，四川省崇州市农业共营制与黑龙江省克山县仁发农机现代合作社的规模经营是典型案例（罗必良，2014；程国强，2015；周振、孔祥智，2015）。

（二）演变主线：统分关系的调整贯穿始终

纵观历史规律，虽然农业经营体制每个阶段的历史背景、生产条件、生产关系差异较大，但是统分关系的调整贯穿始终，是每一次农业经营体制演变的共同内容、是不变的历史主线，如表1-4所示。"统"与"分"体现的是生产力要素的组合形式或管理方式（邓乾秋，1992），是个互为参照、相对的概念，当生产力要素从分散到集中时体现的是"统"的形式，相反表现的是"分"的形式。具体表现在如下几个方面。

表1-4 不同农业经营体制"统"与"分"的比较

类型	"统"的主要表现	"分"的主要表现	评论
家庭经营	"统"得严重不足	1. 农业生产资料尤其是土地实行农民私有； 2. 农业生产以分散家庭为基本单位	"统"得很少，"分"得较多
合作经营	1. 合作经营初级阶段，开展生产资料共享、劳动帮工等互助的形式； 2. 合作经营高级阶段，集体占有生产资料以及实行合作统一经营	1. 合作经营初级阶段家庭占有生产资料； 2. 合作经营初级阶段以家庭为单位从事生产	从统少分多到统多分少演变
集体经营	1. 人民公社为"统"的主体； 2. "统"过于极端化："一大二公"基础上的政社合一集中管理体制，绝对平均化分配制度，统购统销，集中化的生产、生活管理体制	"分"得严重不足	"统"得过多，"分"得不足。"统"与"分"严重脱离，导致生产积极性被压抑
双层经营	1. 农村集体经济组织是"统"的主体； 2. 集体经济层次"统"的功能十分薄弱，无法满足农民全程农业生产中多样化的服务需求	土地承包经营权、生产决策权均由农户支配，但"分"得过于彻底	"统"不足，"分"有余；"统"与"分"基本处于断裂状况，虽然农民积极性被调动起来，但农业生产服务供给不足、农民市场谈判权弱
多层经营	1. "统"的主体从农村集体经济组织向新型农业经营主体等市场化主体拓展； 2. 农业生产服务的统一供给，详见表1-3农业组织从事生产的内容	家庭经营为基础以及在规模化经营下设计分项机制，详见表1-3农户或其他主体参与生产的内容	"统"与"分"有机契合

　　首先，家庭经营制的典型特征是"分"有余、而"统"不足。经过中华人民共和国成立初期的土地改革后，实现了生产资料与生产过程的高度平均细分：一是农业生产资料尤其是土地实行农民私有，二是农业生产以分散家庭为基本单位。在制度设计上，"统"的内容则很少。

　　其次，合作经营制从"统少分多"走向"统多分少"。合作经营初级阶段，"统"表现为生产资料共享、劳动帮工等互助形式，"分"体现为生产资料由家庭占有、农业生产以家庭为单位；合作经营高级阶段，"统"表现为初级社逐渐强化对生产资料的直接支配，尤其是在生产上实行统一经营。

　　再次，集体经营制再次强化"统"的内容。高级社、人民公社为"统"的实施主体，这个阶段"统"过于极端化，尤其是人民公社"一大二公"政社合一的行政体制、绝对平均化的分配制度以及集中化生产生活的管理体制等。而"分"的严重不足，与家庭经营制时期形成鲜明反差。

　　又次，双层经营制"去统增分"实现既有"统"又有"分"。一是生产资料的"统"与"分"。生产关系是农村改革的重要内容，其中土地产权关系属改革的核心板块。从土地生产资料归属看，"统"表现为农村土地所有权仍归农村集体经济组织所有，"分"表现为农村土地采取承包的方式发包给农村集体经济组织成员（农户）分户经营，即农户享有土地承包经营权。二是生产活动的"统"与"分"。即双层经营的内涵，第一层经营指家庭独立、分散承担生产决策与经营活动，家庭经营是双层经营的基础；第二层经营指农村集体经济组织统一经营，农村集体经济组织为农户统一提供生产服务。正如1982年1月中共中央关于农业农村政策的第一个一号文件所述，"联产承包制的运用，可以恰当地协调集体利益与个人利益，并使集体统一经营和劳动者自主经营两个积极性同时得到发展"。

　　最后，多层经营制"统"与"分"趋于多元。一是"分"的形式多样。在双层经营制中，"分"主要体现为农户的分散经营，多层经营制的"分"不仅仅体现在农户的分户经营，即使规模化生产中亦有分的内容。在农户委托经营与农业组织规模化服务中，如山东省供销社合作社外包生产服务，在"统"的机制下设计"分"的内容，不仅能发挥具体服务者的积极性，而且也能降低服务组织在农业机械购置、专业服务队伍建设等方面的运营成本；在农户流转土地与农业组织规模化经营中，许多农业组织首先流转大量农户的土地，聚集了集中连片经营的优势；其次采取分片区的方式细分给数个或少量家庭经营管理，如仁发农机现代合作社将生产分包给70人经营，四川崇州农业共营制聘用职业经理人分户经营（见表1-3）。二是"统"的经营主体与功能呈现多元化趋势。与集体经营以及双层经营最大的不同是，多层经营"统"的主体从带有行政色彩的农村集体经济组织向市场化的、多元化的新型农业经营主体转变。这些多元化"统"的主体，或为农户提供生产性服务，或与农民组建生产合作组织，既解决了农户生产服务需要，又形成了新的产业形态，丰富了"统"的功能，搭载着成千上万的小农户驶向了现代农业的汪洋大海。

三、理论基础与分析框架

纵观中华人民共和国成立70余年来农业经营体制的历史变迁，波澜壮阔、形态多样。那么，为什么我国农业经营体制会沿袭上述五个阶段的发展变化，尤其是近年来，为什么会在双层经营体制基础上内生出多层经营呢？为什么统分关系调整是农业经营体制变迁的共同内容？制度变迁理论是解释制度安排变化的较好工具（North，1990），为此本小节将以新制度经济学分析框架为基础，构建我国农业经营体制变迁的理论解释框架。

（一）理论基础：农业经营既需要"统"也需要"分"

从农业经营体制的历史演变看，"统"与"分"的调整贯穿始终。那么，为什么农业经营体制的变化会始终沿袭着"统"与"分"的关系而变化呢？这是由农业生产的特性决定的，既需要"统"，也需要"分"，既不是"统"得越多越好，也不是"分"得越细越好。

1. "统"的作用

大量研究强调"统"在农业生产中的作用与必要性，总体看"统"具有如下三个优势。首先，通过"统"能扩大经营规模，获得规模效益。由于中国农民户均耕地面积较小，为收获规模效应，通过土地流转强化"统一经营"成为了题中之意，这也是当前许多新型农业经营主体重视统一生产的重要原因之一。其次，大额投资以及解决基础设施投资外部性问题的需要。农业生产有时需要投入较大资金，而农户之间的合作、联合形成统一的投资主体往往是解决这类问题的有效办法，这也凸显出了"统"的必要性（王贵宸、秦其明，1985；楼建中，1992）。另外，农田水利、交通道路等农业基础设施投资具有很强的外部性，是典型的公共产品，在投资时亦需要统一提供，将公共产品转化为俱乐部产品。最后，增强市场谈判权。单个农民因经营规模不足，很难与外部市场主体获得同等谈判权。通过合作的方式统一销售产品能有效地增强农民市场谈判力，此即农民合作社成立的一项重要原因（唐宗焜，2012）。

2. "分"的必要性

正是因为统一生产具有上述诸多优势，大量农业生产者都热衷于扩大经营规模，沿着"统"的方向越走越远。虽然"统"有着诸多益处，但是这并不意味着"统"得越多越好；相反，"统"得过多反而不利，在"统"的基础上建立"分"的机制亦有其合理性，并且"分"的机制的建立还能反过来促进"统"。

首先，农业生产存在服务半径问题。在现有技术条件下，农业生产还无法实现全程智能化，必须配备相应的劳动力。根据劳动力与土地要素投入组合关系看，在一定技术条件下，受劳动时间和强度约束，劳动服务或经营面积存在边界，即一个劳动力经营的面积始终有限（王成吉，1984；倪国华、蔡昉，2015）。在许多统一规模化经营实例中，我们时常能看到在统一经营（即农业生产性服务统一）框架下，规模经营被划分为数个单元承包给多个劳动力的经营方式，即构建了"统中有分"的经营模式。从经济学原理看，这符合两个"边际理论"：在劳动力投入以及其他条件不变情况下，土地要素投入存在边际收益递减与边际成本递增的规律，因而单个劳动力不仅存在生产边界问题，也还存在最优生产规模，从利润最大化目标考虑，统一经营框架下的分散经营有着合理性（高鸿业，2004）。

其次，农业生产精细化、多样性照料特征需要在"统"的基础上建立"分"的机制。农业生产是自然再生产过程和经济再生产过程的统一，具有时间上的季节性和空间上的分散性以及生产条件的复杂性，既需要生产经营者的精细照料，又要求生产经营者随季节而作和分散作业、随机应变，规模经营主体不可能独立从事所有生产环节（楼建中，1992；姜长云，1992）。例如，美国一个规模化农场一般都要加入四到五个合作社，其目的就是获得多样化的生产服务（孔祥智，2017）。"统"更多考虑的是共性因素，"统"得越多，个性因素兼顾的越少，因此有必要在"统"的基础上建立"分"的机制，即建立个性化因素的应对机制。

最后，"分"亦是风险分散、成本分担。从风险角度看，"统"得越多，生产经营风险越高度集中；同理，生产成本也高度向同一主体集中。这表明并不是"统"的越多越好；相反，分散经营也是风险与成本的分摊。

通过"统"与"分"的理论比较分析，不难发现"统"与"分"并不是完全对立的；相反，"统"与"分"各具优势，是对立统一的。因此，"统"与"分"的有效契合，才是中国农业经营体制尤其是农业适度规模化经营可持续发展的关键点。为此，提出本小节的第一个研究命题。

命题1-1："统"与"分"的有效结合是决定农业生产效率的重要前提，二者结合得越好，农业生产效率越高。

（二）分析框架

农业经营体制的演变是典型的制度变迁案例，了解农业经营体制变化有必要梳理制度变迁的理论逻辑，即制度变迁的必要条件与充分条件。

从必要条件看，制度变迁的诱致因素是行为主体期望获取最大潜在利润（North，1981、1990）。潜在利润是一种在已有的制度安排结构中变迁主体无法获取的利润，可以理解为制度不均衡时的获利机会，是诱使行为主体自发进行成本收益比较并实施制度创新的根本动力。North（1990）认为，潜在利润的来源主要有四个方面：一是由规模经济带来的效益；二是由外部经济内在化带来的利润；三是克服对风险的厌恶；四是交易费用转移与降低带来的利润。在现有的制度结构下，由规模经济、外部性、风险和交易费用所引起的收入的潜在增加不能内在化时，一种新制度的创新可能使这种潜在利润内在化。要获取潜在利润，就必须进行制度的再安排或制度创新。因此，可以认为每一次的农业经营体制变化都是行为主体为获取潜在利润而进行的制度创新。按照这种理论逻辑，结合"统"与"分"的关系，农业生产最优状态应是"统"与"分"相结合、有机契合时，若"统"得过多或"分"得过细，理论上都会导致统分关系失衡，致使农业生产偏离最优状态，出现制度不均衡时的获利机会，可以认为统分关系失衡就是潜在利润的来源。为此，提出本小节的第二个研究命题。

命题 1-2: 统分关系的失衡是农业经营体制变迁的潜在利润即动力。需要讨论的是, 为什么"统"与"分"的关系会失衡? 理论上, 统分关系失衡是一种低效率的生产状态, 若这种状态市场力量无法纠正或长时间持续, 实际上显示出的是市场失灵。造成市场失灵的因素有很多方面, 如生产技术、组织形态以及外部环境等变化, 但是市场失灵长期存在归根结底折射出的是政府行为的越位与缺位。据此, 本小节提出命题 1-2 的延伸命题。命题 1-2a: 政府的越位与缺位是统分关系长期失衡的制度因素。

从充分条件看, 制度变迁能否实现取决于行为主体的预期收益与预期成本 (Davis and North, 1971)。按照行为人属性看, 制度变迁可以分为强制性制度变迁与诱致性制度变迁两种形式 (Lin, 1989)。强制性制度变迁是政府运用政治力量进行的制度变革; 诱致性制度变迁指的是现行制度安排的变更或替代, 或者是新制度安排的创造, 由个人或一群人即非政府组织, 在响应获利机会时自发倡导、组织和实行。为此, 分析农业经营体制变化首先是要区分引导制度变迁的行为主体, 其次是依据行为主体的特征分析其预期收益与预期成本。按照此逻辑, 我国农业经营体制变迁理论上可划分为政府主导的强制性制度变迁与市场诱发的诱致性制度变迁两类, 凡发生了诱致性制度变迁, 即能显示出市场主体预期收益大于预期成本; 若发生了强制性制度变迁, 则显示出国家意志对农业经营体制的影响。为此, 不难有本小节第三个研究命题。

命题 1-3: 制度变迁的类型显示的是市场主体预期收入与预期成本的比较, 抑或是国家意志的体现。命题 1-3 体现的是市场与政府两股力量对农业经营体制的影响。不过, 市场主体与政府的目标并非天然的一致, 这种差别决定了农业经营体制变化的复杂性。

综上所述, 以制度变迁理论为基本分析框架, 围绕农业经营体制统分关系的演变, 结合命题 1-1、命题 1-2、命题 1-2a 以及命题 1-3 的内容, 本小节构建出如图 1-1 所示的分析框架。本小节的核心思路是, 政府的越位与缺位是造成统分关系长期失衡的制度性因素, 表现为统多分少或统少分多, 这为制度变迁提供了动力即潜在利润; 若是市场力

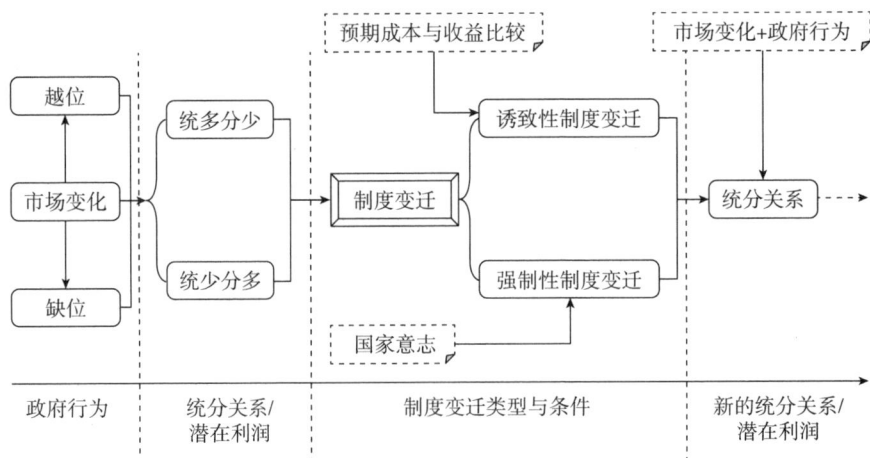

图 1-1　我国农业经营体制变迁的分析框架

量主导的则发生诱致性制度变迁，制度变迁的实现条件取决于行为人的预期成本与收益比较，若是政府主导的则发生强制性制度变迁，需要说明的是，强制性制度变迁的潜在利润来源更为广泛，不仅仅局限于统分关系的失衡，还主要体现的是国家意志；经制度变迁形成的新的农业经营体制后，统分关系将重塑；在新的统分关系发展中，伴随市场条件变化以及政府行为，统分关系可能从均衡走向不均衡，产生新的制度变迁的潜在利润，引发农业经营体制的新一轮的变化。如此循环往复，可以视为农业经营体制变迁的理论脉络。

四、农业经营体制变迁的理论化阐释

（一）农业经营体制变迁的理论化阐释

我国农业经营体制从中华人民共和国初期的家庭经营走向当前家庭承包、多元经营的多层经营制，共历经了四次制度变迁。虽然每一次制度变迁的历史背景、制度内容、制度绩效差异较大，但是却从不同角度反复证实统分有效结合在农业生产的重要性，即命题 1 – 1 的内容，具体表现在如下几个方面：

1. 家庭经营到合作经营的两个转变

从制度变迁看，家庭经营到合作经营经历了从诱致性制度变迁向强制性制度变迁的转变。第一阶段是诱致性制度变迁。中华人民共和国成立初期的家庭经营向互助组演变，是一次典型的诱致性制度变迁，是由农户自发创造的制度产物。制度变迁的潜在利润即必要条件，基于分散经营小农户出于合作经营的需要，如劳动帮工、农具互助、牲畜共用、风险共御。制度变迁的实现条件即充分条件，从家庭经营走向合作经营，农业生产资料产权关系不发生改变，制度变迁成本极其低廉，而制度收益显而易见，如杜润生（2002）的研究指出，"互助组既能在生产条件很差、生产水平很低的情况下克服单家独户生产劳动中的不少困难；也能在生产条件初步改善、生产水平初步提高的情况下提高劳动效率、改进耕作技术、改善生产条件，使农作物的产量超过一般单干农民；还有利于扩展生产领域，增加农民收入"。这也是中华人民共和国成立初期互助组能自发、快速发展的重要原因。第二阶段是强制性制度变迁。制度变迁的潜在利润体现为配合国家工业化建设以及粮食统购统销实施，国家需要建设一批高度集中的农业生产组织，即初级社。由于初级社更多地体现的是国家工业建设与粮食购销的政策目标，而不是小农生产的需要，因此凭借市场力量很难自发产生，必须依靠国家力量进行强制性制度变迁。于是农业合作社化运动从最初的农民自愿走向了国家意志，在行政力量的主导下向初级社等高级合作形态转变，制度变迁主导力量发生了根本性变化。从国家工业化建设看，这种制度设计有其历史必要性，但是其制度成本不小，如 1955 年、1956 年接连出现了宰杀牲畜、退社风波等农户抵抗事件（杜润生，2005）。与诱致性制度变迁不同的是，在国家偏好与有界理性前提下，强制性制度变迁能克服制度变迁成本而推动新的制度建立（Lin，1989）。简言之，原本是基于小农生产需要而自发形成的制度设计，因有利于国家经济建设大目标，从自发性走向了强制性。

从统分结合看，伴随统分关系从"统少分多"向"统多分少"转变，农业经营效率经历先增后减的倒 U 形变化。经过土地改革形成的家庭经营体制，不可否认存在"分"得过细的问题。事实上，农户对合作生产的需要，就是对"统"的需要，如劳动帮工、农具互助、牲畜共用、风险共御等，这些都是"统"的体现，互助组正好发挥了"统"的作用。因此，可以认为"统"是第一阶段诱致性制度变迁获取潜在利润的重要路径，相比"分"得过细的家庭经营制，以互助组为特征的合作经营制较好地处理了"统"与"分"的关系，初期合作经营制展现出的绩效充分证明了这一点。不过，随着诱致性制度变迁向强制性制度变迁演化，"统"成为了国家配合工业化建设以及实施粮食统购统销政策的手段，即此时"统"成为了强制性制度变迁获取潜在利润的路径。在这种政策目标导向下，"统"走得越来越多，最终催生了初级社以及后续的高级社的生产形态，不仅生产资料高度集中，而且生产活动也高度统一。合作经营走向初级社、高级社时出现的农民退社风波、生产滑坡现象折射出了这种经营体制"统"与"分"关系的不协调，也再次证明了农业生产"统"与"分"结合的必要性。

2. 合作经营到集体经营的两个强化

当合作经营走向"统"较为集中的初级社形态时，已然出现了制度不均衡。理论上，降低"统"的程度，有利于在农业生产中获得新的潜在利润。事实上，我们并没有看到朝这个方向的制度安排，反而"统"进一步强化了，催生出了集体经营的高级社以及后来的人民公社农业体制。

首先是强制性制度变迁进一步强化。如果说合作经营是国家在农民自发创造，即诱致性制度变迁的基础上形成的强制性制度变迁的产物，那么高级社、人民公社式的集体经营完全是国家力量主导的强制性制度变迁的结果。从制度变迁的实现条件看，依托强大的国家政权力量强力推动，高级社从 1955 年的 500 个增加到 1956 年的 31 万个，"人民公社一声号令，一下子就卷入 6 亿人口"（杜润生，2005），推行速度快、覆盖面广。从制度变迁的潜在利润看，即配合统购统销、"大跃进"以及工业化需要，与小农利益并不一致，因此不太可能产生由小农自发创造的诱致性制度变迁。据严瑞珍等（1990）测算，人民公社体制下通过工农产品价格剪刀差无偿地提取大量农业创造的国民收入作为工业化的资金积累，其中 1963 年到 1985 年全国预算内的固定资产投资共 7678 亿元，平均每年 240 亿元左右，大体相当于每年的剪刀差绝对额。这充分体现了国家"工业优先"的发展战略。

其次是随着"统"的内容进一步增强，农民生产积极性与农业生产效率持续走低。相比合作化运动，高级社、人民公社经营体制"统"的内容进一步增加了，这不仅表现为生产资料的集体所有与生产活动的集体支配，而且体现了"政社合一"的农村行政管理体制，即用行政管理体制强化农业经营体制，这是农业合作社运动不曾有的制度安排。毋庸置疑，集体经营制因"统"得过多、"分"得严重不足，农民生产积极性与生产效率双双下降。1958 年后，全国陆陆续续地出现农民闹退社、单干风波，如 1961 年湖南的"单干风"、1961 年安徽省的"责任田"、1962 年甘肃临夏 70% 生产队解体事件等等（杜润生，2005），反复地证明了这一点，也说明了农业经营中"统分结合"的重要性。

3. 集体经营到双层经营的又一次两个转变

正因为"大集体经济"吃不饱饭，甚至饿死了人，农民就想办法，避免风险（杜润生，2005），在农民的"想办法"中，由农民自发探索出了新的农业经营体制，即双层经营制。从集体经营到双层经营也发生了两个转变。

在制度变迁类型上，从农民自主探索的诱致性制度变迁向国家全面推广的强制性制度变迁转变。首先是农民自主探索的诱致性制度变迁。双层经营制始于"大包干"，许多文献均将安徽省小岗村18名农民"按手印"的分田探索视为改革的序幕，事实上类似于小岗村的实践探索在当时全国范围内并不少见，如当政策层面对包产到户、办责任田仍处于大争论时期，1979年底贵州省已经有10%的生产队自发实行了包产到户（杜润生，2005）。从制度变迁的潜在利润看，包产到户、办责任田出于农民对生存的需要。1958~1978年，中国农业实行集体经营20年了，但是农民一天还吃不上1斤贸易粮食，全国农村人民公社社员平均收入年增长只有1元，农民迫切需要改变生存状况。此外，农民选择"大包干"也是对历史实践的反思：合作化时农民就有互助合作和个体经营两种积极性，人民公社集体劳动导致越来越多的窝工浪费、消极怠工、劳动效率低下，公社体制下的自留地上，创造出高过集体几倍乃至10倍的产量（冯开文，1998）。从制度变迁的实现条件看，受当时人们思想观念与意识形态束缚，农民自主探索成本高、风险大，从小岗村18名农户"按手印"立生死状的故事可窥见一斑。伴随农民自主探索效果的显现，1984年全国粮食产量相比1978年增加1亿吨，同比增长33.6%，农民人均收入增长166%，取得了举世瞩目的成就，1982~1986年中央连续发布五个一号文件，正式承认包产到户的合法性，集体经营到双层经营从农民主导的诱致性制度变迁进入了国家推广的强制性制度变迁阶段。1982年后，国家开始在全国范围内推广包产到户，人民公社体制随之逐步瓦解，1991年的《中共中央关于进一步加强农业和农村工作的决定》，将这种经营体制概称为"统分结合的双层经营体制"，双层经营上升为国家制度。与其说家庭联产承包责任制是农民主导的诱致性制度变迁，还不如说这是政府顺应农民创造，诱致性制度变迁引发的全国性的强制性制度变迁，这是因为制度变迁并非规划、设计、导演的过程，而是顺流而下、顺势而为的过程：在这个过程中，从最初的对包产到户一律否定的"一刀切"政策，到农民紧逼，再到"贫困地区可以搞、一般地区不要搞"的"切两刀"政策，农民继续紧逼，再到实行"切三刀"政策，即贫困地区实行"包产到户、包干到户"，中间地区实行"统一经营、联产到劳"，发达地区实行"专业承包、联产计酬"；在政府退让过程中，高层不断发生意见分歧，有的主张节制农民，有的主张顺应农民；不同意见的交锋和演变，最终形成了国家农业经营制度（赵树凯，2018）。

在统分关系上，伴随"统"得过多向"分"得过细转变，农业经营效率再次经历先增后减的倒U形变化。包产到户解决了集体经营体制下农业生产"统"得过多的弊端。不过，伴随我国经济社会发展与其他政策的变化，双层经营体制下"统"与"分"的关系经历了两个阶段的变化。第一阶段是"统减分增、统分并存"。包产到户开启了统减分增的序幕，但是"统"与"分"的关系并没有完全失衡，在农户包产到户的基础上，农村集体经济组织提供部分统一生产的服务，如组织农户兴修农田水利、修建田间道路等，这种现象广泛存在于 20 世纪八九十年代。大量的经验事实与研究也反复证明，这个时期的双层经营制对我国农业农村发展起到了巨大的促进作用（Lin，1992；温铁军，2009；李谷成，2014）。第二阶段是"统少分多、统分失衡"。随着 21 世纪以来农村税费改革的加快推进，农村集体经济组织提留减少甚至消亡，农村集体经济组织在"统"方面的功能逐步减弱，"统"与"分"的关系逐步失衡，农业经营效率逐渐下滑（袁永康，1994）。

4. 双层经营到多层经营的统分结合自我调整

从双层经营到多层经营，是我国农业经营体制变迁的一次"静悄悄"的变化，虽不如前几次农业经营体制演变那般激烈、那般引人注目，但是其意义仍不可忽视。

首先，双层经营到多层经营是我国农业经营体制的又一次诱致性制度变迁。从制度变迁的主体看，多层经营是不同市场主体与农民自发探索形成的，而非政府主导的强制性制度变迁。从制度变迁的潜在利润看，多层经营基于经营主体对农业生产服务的需要或对规模经济的需要。例如，农户分散经营与农业组织规模化服务、农户委托经营与农业组织规模化服务这两种类型经营方式的形成，基于农户对农业生产服务的需要；农户流转土地与农业组织规模化经营，基于经营主体对规模经营的需要。从制度变迁的实现条件看，多层经营的形成由行为主体的预期成本收益变化或由经营方式的商业模式决定。需要说明的是，任何时候的农业生产都有服务的需求，但并不是任何时候都能出现多层经营，这是由要素的相对价格变化引发行为主体预期收益与成本的变化所决定的。近年来，伴随农民收入与农业劳动成本的同步上升，农民从事农业生产所有环节劳作的机会成本快速提升，选择购买农业生产服务相比农民自我劳作越来越经济，于是出现了农民购买农业服务的多层经营方式，如农户分散经营与农业组织规模化服务、农户委托经营与农业组织规模化服务。此外，商业模式的可持续性也是多层经营能否实现的重要条件，如公司＋农户的订单式农业解决了农民产品卖难问题，农户流转土地与农业组织规模化经营解决了经营规模不足的问题。

其次，伴随对双层经营体制下"统"的功能弱化的调整与完善，多层经营显现出了明显的经营效率优势。在统分关系上，双层经营体制具有"分"得过细与"统"得不足的弊端，这种弊端为制度调整预留了潜在利润。多层经营纠正了双层经营"统"得不足的问题，在机制设计上既有"统"，又有"分"（见表 1－3）。特别值得一提的是，在如同四川省崇州市农业共营制与黑龙江省克山县仁发农机现代合作社流转土地规模化经营的事例中，这些经营形式在规模经营基础上内嵌的多对"统"与"分"相结合机制，既验证了规模经营的基础是分工的理论逻辑（Yang and Ng，1995；罗必良，2014），又为"统"与"分"密切结合的必要性找到了现实依据。事实上，近年来通过我们的调查研究发现，处理好"统"与"分"的关系，是多层经营三类形式经营较好的共同特点（毛铖，2015；周振等，2019）。上述四次制度变迁的特点可概括于表 1－5。

表 1-5　制度变迁视角下农业经营体制的四次变化情况

类别	类型	潜在利润	实现条件	制度绩效
家庭经营到合作经营	诱致性	"统"能形成规模经济、抵御风险：土地改革后形成了亿万分散经营的小农户，小农户出于劳动帮工、农具互助、牲畜共用、风险共御等合作经营的需要	从家庭经营走向合作经营，农业生产资料产权关系不发生改变，合作形式简单易操作，符合当时生产需要	提高劳动效率、改进耕作技术、改善生产条件，使农作物的产量超过一般单干农民；有利于扩展生产领域，增加农民收入
	强制性	"统"为国家实现发展目标提供了手段：为配合国家工业化建设以及粮食统购统销实施，国家需要建设一批高度集中的农业生产组织即高级社	虽然遭遇了农民的抵抗，但国家行政力量作为制度推行实施实现条件	损失了农业生产效率，但配合了国家工业化建设以及粮食统购统销政策实施
合作经营到集体经营	强制性	"统"为国家实现发展目标提供了手段：以国家意志为主导，配合统购统销、"大跃进"以及工业化需要	虽然遭遇了农民的抵抗，但国家行政力量为制度推行实施实现条件	损失了农业生产效率，大量农业农村剩余外流，但助推国家建立了比较完整的国民经济和工业化体系
集体经营到双层经营	诱致性	"分"能解决集体经营下"吃大锅饭"、积极性不足的问题，即外部经济内在化：包产到户、办责任田出于农民对生存的需要	受当时人们思想观念与意识形态束缚，虽然农民自主探索成本高、风险大，但基于生存需要，农民预期收益大于成本	点燃了农村改革的"星星之火"，农民的生产积极性大幅提高，农业生产力得到解放，中国由此创造了用全世界7%的土地养活世界22%人口的奇迹
	强制性	"分"能解决集体经营下"吃大锅饭"、积极性不足的问题，即实现农户生产外部经济内在化：双层经营效果显现	顺应农民发展需要，国家行政力量顺势而为在全国推行实施	农户个人积极性大幅提升，但农业生产性服务长期供给不足
双层经营到多层经营	诱致性	"统"与"分"契合的获利机会：由规模经济带来的效益，外部经济内在化带来的利润，克服对风险的厌恶，交易费用转移与降低带来的利润	成本收益变化与商业模式	既解决了农户生产服务需要，又推进了农业适度规模化经营，依托着具有"统"的功能的农业组织搭载着成千上万的小农户驶向了现代农业的汪洋大海

资料来源：根据课题组实地调研所得资料整理。

（二）农业经营体制历史演变的几点规律

70 年来，我国农业经营体制既经历了"快"节奏的惊天巨变，又经历了"慢"过程的调整适应，波澜壮阔、浩浩汤汤。从制度变迁看，70 年来农业经营体制的四次变迁彰显了如下五个变化规律。

首先，从市场看，历史经验反复验证"统"与"分"的不协调是诱致性制度变迁潜在利润的来源。农业经营体制的四次制度变迁中，其中三次诱致性制度变迁的潜在利润都来自"统"与"分"的不协调。从家庭经营到合作经营，制度变迁的潜在利润是家庭经营"分多统少"蕴藏的获利机会，即"统"能形成规模经济、抵御风险，满足农户生产合作需要。从集体经营到双层经营，制度变迁的潜在利润是集体经营"统多分少"下制度不均衡的获利机会，即"分"能解决集体经营"吃大锅饭"、生产积极性不足的问题，将单个农户生产形成的外部经济内在化。从双层经营到多层经营，在不同经营形式下"统"与"分"的有机契合能实现不同的获利机会，包括规模经济带来的效益、外部经济内在化带来的利润、克服对风险的厌恶以及交易费用转移与降低带来的利润。这蕴含了两方面的重要内容：一方面，反复为农业生产需"统"与"分"有机契合的命题提供了经验证据；另一方面，"统"与"分"不协调预示着农业经营体制的不均衡，为下一次农业经营体制的诱致性变迁提供了动力。此即本小节命题1-2的内容。

其次，从政府看，政府行为的"有意"越位与"无意"缺位是统分关系长期失衡、潜在利润来源的体制因素。比较几次制度变迁的历史背景，不难发现统分关系存在两次长期失衡时期，即集体经营与双层经营。其中，集体经营阶段统分关系的长期失衡源于政府有意为之，体现的是国家意志，例如，合作经营的强化以及集体经营体制的形成均体现了国家工业化建设以及其他发展目标的需要，若不是政府强有力的推动，依靠市场力量很难演化出高级社、人民公社等集体经营体制下的农业生产组织形态，也较难长时期维持"统多分少"的生产状态；双层经营阶段统分关系的长期失衡则是政府无意为之，随着人民公社的解体以及农村集体经营组织"统"的功能的弱化，政府没有及时补位，由此造成农业生产中"统"的长期不足。此即为本小节命题1-2a提供了经验事实支撑。

再次，生产关系调整能否适应生产力发展水平是决定制度变迁能否可持续的关键前提。本小节第三部分的理论分析指出，行为主体的预期收益与预期成本是决定制度变迁能否发生的前置条件，家庭经营到合作经营、集体经营到双层经营以及双层经营到多层经营的诱致性制度变迁过程均验证了此理论命题（见表1-5），即为命题1-3提供了大量事实。但是，理论分析没有给出新制度、新体制可持续发展的前提。从几次制度变迁的全程看，有如下规律：早期的家庭经营到合作经营，由于当时农业生产工具不足、生产效率相对较低，形成的共用生产资料、帮工等初级合作形式的生产关系，完全符合当时生产力发展水平的需要；集体经营到双层经营，因当时的生产水平无法科学地实施生产计划控制、信息处理成本高、劳动监督成本高以及较难调动生产积极性（Lin，1993；罗必良，2014），简单地把生产资料合并起来，把劳动者组合在一起，违反了狭义农业劳动组织规模随着生产力发展而渐成主导的农业发展的客观规律（陈华山，1992），因此集体经营最终走向了末路；双层经营到多层经营，随着农业机械化、农业信息技术等生产能力的提升，并且能够支撑订单农业、托管农业、土地流转规模化经营等新的生产模式，因而当前这些新的生产形态呈现蓬勃发展态势。这些鲜活事例从正反两个视角再次指出，生产关系能否调整至适应生产力发展水平是决定新制度能否可持续的关键；违背此规律，即使是强制性制度变迁形成的制度形态，也很难有发展生命力。总体来看，我国农村基本经营制度的组织形式和结构的演变历程，实际上就是以生产关系的不断调整来适应生产力发展水平的演变史。

又次，每一次强制性制度变迁易陷入"统"得过多或"分"得过细的不协调状态。农业经营体制四次变迁中，政府的作用贯穿在多个过程，但政府作用往往致使"统"与"分"陷入钟摆式运动的泥淖。例如，家庭经营到合作经营，农民克服"分"得过细自发形成合作形态，在政府的干预下进入了"统"得过多的合作经营，甚至集体经营体制；集体经营至双层经营，农民克服"统"得过多的问题，创造性地探索出了双层经营体制，但是伴随家庭承包责任制上升为国家农业基本制度后，"分"成为了政策的重点，如很多生产队甚至连每一头牛、每一个农具都分给农户，最终导致"统"不足而"分"有余。如图1-2所示，家庭经营到合作经营，再到集体经营，最后至双层经营的历史演变中，伴随每一次政府的作用，"统"与"分"此消彼长地交替变化，陷入了不平衡的宽幅摇摆中。

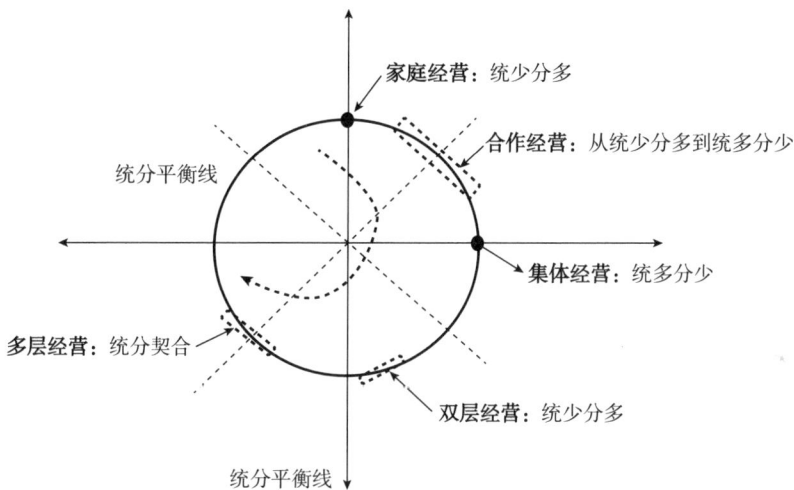

图1-2　统分结合视角下农业经营体制的变迁

注：若以定量的思维来衡量"统"与"分"，假设二者为取值在0到1的连续变量，图1-2中的圆形面积为"统"与"分"取值区间。家庭经营的特征是"统少分多"，"统"与"分"的取值可以视为0与1；集体经营的特征是"统多分少"，"统"与"分"的取值可以视为1与0；合作经营、双层经营、多层经营的取值介于二者之间。按照本小节的理论逻辑，农业经营既需要"统"又需要"分"，既不能统得太"多"也不能"分"得太少，图1-2中的虚线即为统分平衡线。根据家庭经营、合作经营、集体经营、双层经营、多层经营的特征，不难在图1-2中找到其位置。在图1-2中，很形象地展现出，在家庭经营到合作经营，再到集体经营，最后至双层经营的历史演变中，伴随每一次政府的作用，"统"与"分"此消彼长地交替变化，陷入了不平衡的宽幅摇摆中。

最后，农业经营体制从家庭经营走向以家庭经营为基础的多层经营表达了以家庭经营为基础的天然合理性。由于规模经济的本质在于分工与专业化（Yang and Ng, 1995），家庭经营与规模经济、现代生产组织方式能够并行不悖，家庭经营既可以通过扩大土地规模来改善农场组织的"土地规模经济性"，也可以通过农业生产性服务的纵向分工与外包来实现"服务规模经济性"（罗必良，2014），这也是为什么我国农业经营体制会以家庭经营为轴线优化调整的重要原因，进一步彰显了稳定家庭联产承包责任制的重大意义。

五、结论与讨论

本小节系统梳理了中华人民共和国成立70年我国农业经营体制的历史变迁，总结了当前农业经营体制呈现出的新变化，运用农业生产"统分结合"与制度变迁理论，从理论上阐释了我国农业经营体制的变化规律，形成如下研究结论。第一，我国农业经营体制经历了家庭经营到合作经营、合作经营到集体经营、集体经营到双层经营三次重大转变，以及正在经历双层经营到多层经营的一次静悄悄变化，"统"与"分"的关系调整是每一次农业经营体制变化的重要内容。第二，市场与政府两股力量共同左右着农业经营体制的演变，从市场看，"统"与"分"的不协调是农业经营体制自我调节的动力来源，体现了市场力量对农业经营体制的纠偏；从政府看，国家意志是农业经营体制强制调整的重要动力，但政府的越位与缺位是统分关系长期失衡的体制性原因。第三，生产关系调整能否适应生产力发展水平是决定制度变迁可否持续的前提，也是检验农业经营体制生命力的试金石。第四，历史经验反复表明，政府力量主导的农业经营体制强制性制度变迁易陷入"统"得过多或"分"得过细的不协调状态。第五，农业经营体制从家庭走向家庭，表达了以家庭经营为基础的天然合理性。

农业经营体制是农村政策的基石。本小节的研究结论对完善农业经营体制、促进乡村振兴发展具有如下政策启示。首先，农业经营必须要注重统分结合。长期以来，农业经营体制围绕"统"与"分"持续做钟摆式运动，不是"统"得过多，就是"分"得太细，事实上，既要发挥"统"的作用，发挥生产的规模效应，又要通过"分"的机制降低成本与建立合理激励机制。其次，统分结合中"统"的主体不一定非农村集体经济组织不可。长期以来，在"统"的职能上，农村集体经济组织被寄予厚望。然而，在多层经营的几种类型中，新型农业经营主体正在逐渐承担农业生产中"统"的职责。这表明破解当下农业经营"分有余、统不足"的困境，可以将培育新型农业经营主体作为政策抓手。再次，完善农业经营体制既要发挥政府作用，又要防范政府主导造成的统分不协调。政府的积极作为是各国农业可持续、高质量发展的基本经验，这决定了未来持续优化我国农业经营体制离不开政府的作用，但是如何克服政府参与造成的"统"得过多与"分"得过细的历史问题一遍遍地重演，应成为农业政策高度关注的重要内容。本小节认为，由于市场力量具备对农业经营体制"统分"不协调的自我纠偏功能，政府的作用应是顺势而为，以畅通农业经营体制诱致性制度变迁渠道为政策方向。最后，由于我国小农生产还将长期存在，家庭经营具有天然优势，巩固家庭经营的基性地位，在家庭经营基础上鼓励形成多类型的"统分结合"经营形式，也应是我国农业政策坚守的方向。

第三节　向城乡融合发展方向转变

2017 年 10 月，中共十九大报告提出："要坚持农业农村优先发展，按照产业兴旺、生态宜居、乡风文明、治理有效、生活富裕的总要求，建立健全城乡融合发展体制机制和政策体系，加快推进农业农村现代化。"这是党的文件第一次明确提出农业农村优先发展问题，标志着中国城乡关系开始出现转折性变化。2019 年是中华人民共和国成立 70 周年，回顾 70 年来中国城乡关系的演变，对于理解十九大以来一系列政策的实质，推进乡村振兴战略的实施进而推进农业发展方式的转变具有重要意义。

一、传统体制下严重偏斜的城乡关系：1949～1978 年

20 世纪 50 年代初期，百废待兴的中华人民共和国面临着工业化、城市化的资金来源问题。由于当时的工业基础十分薄弱，工业化、城市化的资金只能从农业中来。于是，20 世纪 50 年代，中国政府实行了以重工业为中心的"倾斜发展战略"，以及包括价格、财政、金融和科学技术在内的较为完整的政策体系（孔祥智、程漱兰，1997）。在这个发展战略和政策体系下，从三个方面构建了农业农村经济运行的基本框架，即传统农业经营体制的"三大支柱"（孔祥智，2018）。

一是统购统销制度。这一制度形成的主要原因是粮食供应局面的紧张。根据陈云在 1953 年 10 月全国粮食会议上的讲话，"全国粮食问题很严重"，主要是"收进的少，销售的多"，尽管全国粮食丰收，但收入提高后农民的消费水平提高了，自己吃掉的粮食数量增加了，因而卖出的反而减少了。在这种情况下，粮食产区的粮贩子大肆活动，开始跟国家抢购粮食；北京、天津的面粉不够供应。按照陈云的计算，即使完成了收购计划，1953 年国家粮食销售也会比收购多 87 亿斤，这在当时是一个很大的数量。陈云（1995）认为："在粮食问题上，有四种关系要处理好。这就是：国家跟农民的关系；国家跟消费者的关系；国家跟商人的关系；中央跟地方、地方跟地方的关系。……处理好了第一种关系，天下事就好办了，只要收到粮食，分配是容易的。""处理这些关系所要采取的基本办法是：在农村实行征购，在城市实行定量配给，严格管制私商，以及调整内部关系。"根据陈云的建议和会议的决定，1953 年 10 月 16 日，中央作出《关于实行粮食的计划收购与计划供应的决议》，确定在当年 11 月底之前完成动员和准备，12 月初开始在全国范围内实现粮食统购统销。同年 11 月 19 日，政务院第 194 次政务会议通过，并于 11 月 23 日发布《政务院关于实行粮食的计划收购和计划供应的命令》，正式实行了粮食统购统销政策。1953 年 11 月 15 日，中央作出《关于在全国实行计划收购油料的决定》；1954 年 9 月 9 日，政务院发布《关于实行棉花计划收购的命令》，自此，粮棉油全部由国家统一收购和销售。1957 年 8 月 9 日，国务院发布《关于由国家计划收购（统购）和统一收购的

农产品和其他物资不准进入自由市场的规定》，正式规定烤烟、黄洋麻、苎麻、大麻、甘蔗、家蚕茧（包括土丝）、茶叶、生猪、羊毛（包括羊绒）、牛皮及其他重要皮张、土糖、土纸、桐油、楠竹、棕片、生漆、核桃仁、杏仁、黑瓜子、白瓜子、栗子，集中产区的重要木材，38种重要中药材（具体品种，另由卫生部通知），供应出口的苹果和柑橘，若干产鱼区供应出口和大城市的水产品，属于国家统一收购的农产品。1957年10月26日，国务院又将核桃列入统一收购物资。可见，国家计划收购和统一收购（后称"派购"）的产品占农产品中的大多数。上述商品即使完成了国家计划收购或统一收购任务，也不能在市场上自由销售，必须卖给国家及其委托的收购商店。

但是，当时国家收购的价格都比较低，而且，国家的收购计划或任务不是收购农民的剩余农产品，往往是必需品。陈云在全国粮食会议上曾谈道："前几年，我们搞城乡交流，收购土产，农民增加了收入，生活改善了，没有粮食的多买一点粮食，有粮食的要多吃一点，少卖一点。结果我们越是需要粮食，他们越是不卖。""合作社为了大量掌握油饼，在产地就近榨油，因此农村供油量便增加了。农村销油增加，使城市的食油供应更加紧张。"国家强行征购，降低了农民的生活水平，必然使得农民产生抵触情绪，而且农村干部的抵触情绪很大，一些县、区级干部甚至部分省部级干部也不理解，从而影响政策实施效果。因此，毛泽东提出，要各级干部联系过渡时期总路线来理解和执行，在操作过程中采取"全党动员，全力以赴"的做法，1953年10月部署的粮食征购任务如期并超额完成，但"统购中国家同农民的关系是紧张的"。毛泽东在《论十大关系》一文中也谈道："我们同农民的关系历来都是好的，但是在粮食问题上曾经犯过一个错误。一九五四年我国北方地区因水灾减产，我们却多购了七十亿斤粮食。这样一减一多，闹得去年春季许多地方几乎人人谈粮食，户户谈统销。农民有意见，党内外也有许多意见。"可见，主要农产品计划收购和统一收购制度是城乡关系转化的开始，这一转化的特征就是前述"倾斜战略"，即农业向工业倾斜，农村向城市倾斜，以剥夺农民利益的方式促进工业化、城市化的实现。

二是人民公社制度。实行计划收购和统一收购的核心是确定每一个农户的实际产量。1953年3月3日，中共中央国务院发布了《关于迅速布置粮食购销工作安定农民生产情绪的紧急指示》（以下简称《紧急指示》），指出："政策的界限具体表现于粮食统购数字和粮食统销数字的正确规定"，"必须进一步采取定产、定购、定销的措施，即在每年的春耕以前，以乡为单位，将全乡的计划产量大体上确定下来，并将国家对于本乡的购销数字向农民宣布，使农民知道自己生产多少，国家收购多少，留用多少，缺粮户供应多少"。但实际上必须定产、定购到户，否则无法完成乡级的任务。上述《紧急指示》也要求"各乡要用最快的方法传达到每家农民"，可见，农户是统购计划的最终承担者。而当时全国共有1亿多农户，其工作量之大，可想而知。

因此，尽管当时的党和国家领导人设想用10～15年时间完成过渡时期总路线的任务，"我国在经济上完成民族独立，还要一二十年时间。我们要努力发展经济，由发展新民主主义经济过渡到社会主义"，而且《紧急指示》也提出："同时再把农村合作化的步骤放慢一些，这对于缓和当前农村紧张情况，安定农民生产情绪，有重大的意义。"1953 年 3 月 8 日，《中共中央对各大区缩减农业增产和互助合作发展的五年计划数字的指示》，明确指示要控制和缩减互助合作社覆盖的农户数量。《中华人民共和国发展国民经济的第一个五年计划（1953—1957）》也明确规定到 1957 年农村入社户数达到总户数的 1/3 左右。但实际上到 1956 年 4 月底就基本上实现了初级形式的合作化，10 月底，多数省市实现了高级形式的合作化。具体原因很多，但实现合作化后，粮食统购工作重点由农户转到合作社从而大大减轻基层政府的工作量是一个重要原因。"合作化后，国家不再跟农户发生直接的粮食关系。国家在农村统购统销的户头，就由原来的一亿几千万农户简化成了几十万个合作社。这对加快粮食收购进度、简化购销手段、推行合同预购等都带来了便利。"1956 年 10 月 6 日，国务院发布《关于农业生产合作社粮食统购统销的规定》，要求："国家对农业社的粮食统购、统销数量，不论高级社或初级社，一般以社为单位。""农业社在进行内部粮食分配的时候，必须保证完成国家核定的粮食征购任务。"1956～1958 年，全国范围内由初级社过渡到高级社，再过渡到人民公社，实现了农村所有制形式从私有制、半公有制到公有制的根本性变化，国家完全掌控了农产品生产的全过程。

三是户籍制度。由于主要农产品的国家计划收购和统一收购在一定程度上损害了农民的利益，而合作化、人民公社化又必然带有一定强迫的性质，这就必然引起部分农民的消极抵抗，如宰杀耕牛、人口外流等。尤其是人口外流，影响了农业生产力的发展。因此，1957 年 12 月 18 日，中国共产党中央委员会、国务院联合发布《关于制止农村人口盲目外流的指示》，指出："去冬今春曾有大量农村人口盲目流入城市，虽经各地分别劝阻和遣送返乡，但是还没有能够根本阻止。今年入秋以来，山东、江苏、安徽、河南、河北等省又发生了农村人口盲目外流的现象……农村人口大量外流，不仅使农村劳动力减少，妨碍农业生产的发展和农业生产合作社的巩固，而且会使城市增加一些无业可就的人口，也给城市的各方面工作带来不少困难。"要求各地采取教育、劝阻、动员返回、禁止招工、遣返等多种方法把人口留在农村。1958 年 1 月 9 日，第一届全国人大常委会第 91 次会议通过了《中华人民共和国户口登记条例》，把人口分为城市户口和农村户口两大类，并严格限制城乡之间的迁徙。1959 年 9 月 23 日，中共中央、国务院发布《关于组织农村集市贸易的指示》，规定小商贩要经过国营商业组织起来，"不准远途贩运，也不准在同一集市作转手买卖，投机倒把，并且要严格遵守市场管理"。"投机倒把"概念出现了并逐渐入刑。1963 年 3 月 3 日，中共中央、国务院联合发布《关于严格管理大中城市集市贸易和坚决打击投机倒把的指示》；1963 年 3 月 8 日，国务院发布《关于打击投机倒把和取缔私商长途贩运的几个政策界限的暂行规定》，规定严禁"社员弃农经商"，严禁农产品"长途贩运"，确保主要农产品的计划和统一收购。

上述三个方面互为支撑，一起构成了传统农村体制的完整框架。1978 年以来的改革对象正是这个制度框架。正是这个制度保证了国家工业化的资金来源，奠定了国家工业化的基础。在这个制度框架下，农业不仅通过农业税（明税）为工业化积累资金，还通过工农产品价格"剪刀差"（暗税）为工业化积累更多的资金。严瑞珍等（1988）的研究表明，1978 年是中华人民共和国成立后中国历史上工农产品价格"剪刀差"最大的年份，绝对量为 364 亿元，相对量为 25.5%，即农业部门新创造价值的 1/4 以上都以"剪刀差"的形式流出了农业部门。上述数字是惊人的，这也造成了城乡关系的严重偏斜和农业农村自我发展能力的丧失。到了 20 世纪 70 年代末期，全国 29 个省市自治区中，有 11 个由粮食调出变成粮食调入，只有 3 个省能够调出粮食，说明制度的净收益已经为零甚至为负，这种严重偏斜的城乡关系无法继续维持。正是在这样的背景下，当安徽等地农民冒着坐牢的危险私下把土地承包到户时，尽管中央高层存在着激烈的争论，但基于对上述严峻现实的认知，理性最终突破了意识形态的禁锢，改革的大幕终于拉开了。

二、在徘徊中趋于改善的城乡关系：1978～2017 年 10 月

改革开放以来，中国的城乡关系发生了重大变化。概括起来就是：20 世纪八九十年代从开始缓和到趋紧，世纪之交发生转变，21 世纪以来逐渐趋于改善，呈现出马鞍形变动趋势。在下面的内容中，我们先对第一阶段进行简要分析，然后重点讨论 21 世纪以来城乡关系改善的理念、措施及过程。

（一）第一阶段：1978～1999 年

鉴于前文分析的农业发展形势的严峻性，1978 年 12 月召开的中共十一届三中全会提出了发展农业生产力的 25 条政策措施，其中之一就是国家对粮食的统购价格从 1979 年夏粮上市起提高 20%，超购部分加价 50%。根据《中国统计年鉴（1979）》的数据，1979 年粮食收购价格比 1978 年实际提高 130.5%。同时，大幅度降低了农业机械、化肥、农药、农用塑料等农用工业品的价格。这些措施具有明显的让利特征，在一定程度上缓解了当时城乡关系的紧张局面，也激发了安徽省小岗村等村队把集体所有的土地承包到户经营的冲动。改革开放 40 多年来的实践证明，价格改革始终是矫正城乡关系天平的利器之一，也是本阶段的重点改革内容。当然，农产品价格改革的基础是土地制度改革，而后者又成功推动了劳动力制度改革。本部分重点分析这三项改革对城乡关系变化带来的影响。

一是土地制度改革。这项始于安徽省小岗村改革的实质是实行大包干责任制，即把农村集体所有的土地承包到户，分户经营。由于意识形态的原因，尽管这项改革在农民层面极受欢迎，而在政府层面，尤其在高层，则存在着极大的争议，其核心就是对其社会主义性质还是资本主义性质的判断。1980 年 9 月 27 日，中共中央引发《关于进一步加强和完善农业生产责任制的几个问题》的通知，指出："就全国而论，在社会主义工业、社会主义商业和集体农业占绝对优势的情况下，在生产队领导下实行的包产到户是依存于社会主义经济，而不会脱离社会主义轨道的，没有什么复辟资本主义的危险，因而并不可怕。"1982 年中央一号文件进一步指出："包干到户这种形式，……是建立在土地公有制基础上的，所以它不同于合作化以前的小私有的个体经济，而是社会主义农业经济的组成部分。"可见，中央对"小岗改革模式"的肯定也是循序渐进的。在中央高层和基层农民的双重推动下，到 1983 年春季，实现"双包"责任制的农村基本核算单位（主要是生产队）达到 95% 以上（孔祥智等，2014）。1983 年 10 月 12 日，中共中央、国务院发出

《关于实行政社分开建立乡政府的通知》，要求在1984年底之前取消人民公社，成立乡镇政府，并明确指出村民委员会为自治组织，不再是乡镇政府职能的延伸，也是国家调整城乡关系的重要环节。1991年11月29日，中共十三届八中全会通过了《中共中央关于进一步加强农业和农村工作的决定》，把这一体制正式表述为"统分结合的双层经营体制"，并被写入1999年修改的《宪法》。

二是农产品价格改革。工农产品价格"剪刀差"只有在国家控制价格的前提下才有可能实现。土地制度改革后，农民有了生产自主权，粮食的供给很快就得到了满足，而且还由于仓储、运输等原因一度造成了"卖粮难"。在这样的背景下，1985年中共中央一号文件提出："除个别品种外，国家不再向农民下达农产品统购派购任务"，"粮食、棉花取消统购，改为合同定购"，"生猪、水产品和大中城市、工矿区的蔬菜，也要逐步取消派购，自由上市，自由交易，随行就市，按质论价"，"其他统派购产品，也要分品种、分地区逐步放开"。此后，除了主要粮食品种（稻谷、小麦、玉米、大豆），全部农产品都实现了市场定价和市场化流通。这一政策客观上推进了农业结构调整，加上20世纪80年代末期推进的"菜篮子工程"，到了90年代中期，几乎所有农产品都出现了供过于求的局面，直接推动了90年代后期的农业结构战略性调整。

在市场化的大背景下，工农产品价格"剪刀差"逐渐消除。我们以前的研究表明，1978~1997年国家以工农产品价格"剪刀差"方式从农村抽离资金9152亿元，平均每年457.6亿元。从1993年起"剪刀差"的相对量（"剪刀差"与农业创造的所有价值的比值）逐渐下降，1997年降到2.2%（孔祥智，2016）。因此，我们认为，到了20世纪末期，工农产品价格"剪刀差"总体上趋于消失了。

三是劳动力管理制度改革。对农村劳动力的严格管理是传统体制的显著特征之一。按照杜润生（2005）的估计，即使在生产队体制下，劳动力剩余就达到了1/3，实现家庭承包经营以后，劳动力的剩余问题更加突出。据白南生等（1982）估算，改革初期的安徽省滁县地区（后改为滁州市），按耕地计算，劳动力剩余量可达到30%左右，有时多达35%~40%。这么多劳动力，必然要从农村流向城镇寻找就业出路。从逻辑上看，是否允许这些劳动力进入城镇，以及如何对待进入城镇以后的部分农村剩余劳动力，是判断当时城乡关系是否融洽的重要内容。1983年12月，国务院发布《关于严格控制农村劳动力进城做工和农业人口转为非农业人口的通知》，限制农村劳动力进入城镇。但如此大量的剩余劳动力不允许进入城镇自谋职业，必然会带来一系列社会问题。1985年中央一号文件第一次提出："在各级政府统一管理下，允许农民进城开店设坊，兴办服务业，提供各种劳务。"算是开了一个口子。但1989年，国务院办公厅发布《关于严格控制民工盲目外出的紧急通知》，要求各地严格控制民工盲目外出；1991年，国务院颁布《全民所有制企业招用农民合同制工人的规定》，规定城镇企业必须按国家计划招用农民工；1994年，劳动部颁布《农村劳动力跨省流动就业管理暂行规定》，要求农村劳动力到城镇就业必须证卡合一（即身份证或户口本和外出人员就业登记卡合一），实际上采取了"卡"的态度。这一政策的变化自1993年中共十四届三中全会开始。这次会议提出："逐步改革小城镇的户籍管理制度，允许农民进入小城镇务工经商，发展农村第三产业，促进农村剩余劳动力的转移。"1997 年 6 月，国务院批转公安部《小城镇户籍管理制度改革试点方案》和《关于完善农村户籍管理制度意见》，允许符合条件的农村劳动力到小城镇落户。可见，这一阶段国家对于农村剩余劳动力进入城镇的政策前期限制，后期放宽，根本原因在于这一大趋势无法阻挡，而且城镇建设也需要这批廉价劳动力。这一阶段外出打工的农村劳动力和城镇劳动力待遇的差距很大，一般是"同工不同酬"，且无法享受城镇职工的公共福利待遇。在某些行业（如建筑业），拖欠农民工工资的现象经常发生，以至于到了 21 世纪，几届总理为农民工讨薪，充分说明了这个问题的严重性。

改革初期，家庭承包经营制度的推行，使得农民收入大幅度提高，1979～1983 年 5 个年份中，有 4 个年份农民人均纯收入增长速度超过 10%，为历史上最好水平，从而使城乡居民收入差距一度缩小。这一阶段城乡关系的缓和实质上是"恢复性缓和"。1978 年，城镇人均可支配收入和农村居民人均纯收入之比为 2.57:1，1983 年下降到 1.82:1，但 1986 年就到了 2.13:1，此后一直呈上升趋势，到了 1999 年达到 2.65:1，城乡关系呈现恶化趋势（见表 1-6）。从图 1-3 和图 1-4 可以看出，农民人均纯收入的实际增长速度只有少数年份超过城镇居民；而城乡居民收入之比经过 20 年的改革居然回到了原点（1999 年的城乡居民收入之比实际上高于 1978 年），充分说明了传统体制的顽固性。

表 1-6 1978～1999 年城乡居民收入及相关指标　　　　　　单位：元、%

年份	农村居民		城镇居民		城乡居民收入之比
	人均纯收入	实际增长速度	人均可支配收入	实际增长速度	
1978	133.6	—	343.4	—	2.57
1979	160.2	14.4	405.0	13.1	2.53
1980	191.3	8.1	477.6	7.2	2.50
1981	223.4	11.6	500.4	2.0	2.24
1982	270.1	15.0	535.3	4.4	1.98
1983	309.8	10.6	564.6	3.1	1.82
1984	355.3	9.8	652.1	10.4	1.84
1985	397.6	1.2	739.1	2.3	1.86
1986	423.8	-0.3	900.9	10.8	2.13
1987	462.6	1.0	1002.1	2.6	2.17
1988	544.9	-3.1	1180.2	-3.1	2.17
1989	601.5	-7.3	1373.9	-3.3	2.28
1990	686.3	9.0	1510.2	5.7	2.20
1991	708.6	-0.2	1700.6	7.5	2.40
1992	784.0	3.0	2026.6	9.1	2.58

年份	农村居民		城镇居民		城乡居民 收入之比
	人均纯收入	实际增长速度	人均可支配收入	实际增长速度	
1993	921.6	0.2	2577.4	5.8	2.80
1994	1221.0	0.3	3496.2	1.8	2.86
1995	1577.7	4.7	4283.0	1.1	2.71
1996	1926.1	9.0	4838.9	2.9	2.51
1997	2090.1	4.9	5160.3	3.3	2.47
1998	2162.0	4.2	5425.1	5.7	2.51
1999	2210.3	3.6	5854.0	8.9	2.65

注：由于缺乏 1977 年收入数据，故无法计算出 1978 年的实际增长速度。

资料来源：历年《中国统计年鉴》。

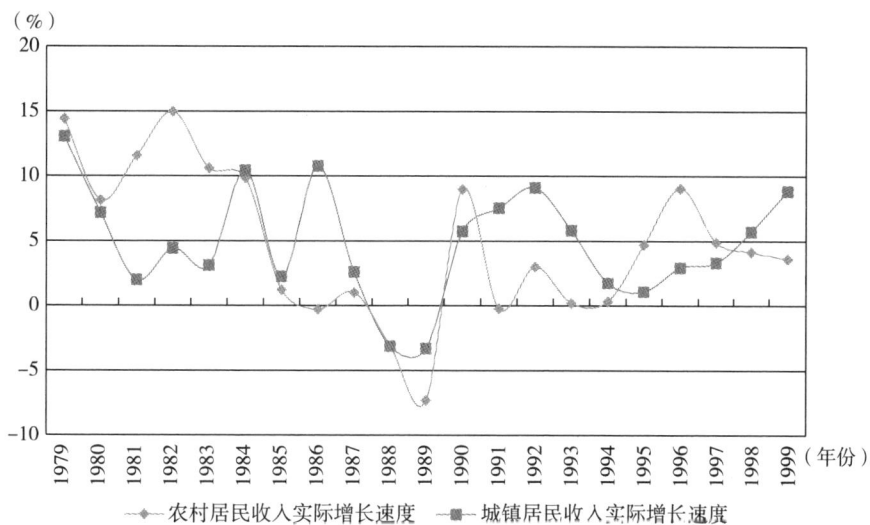

图 1-3　1979~1999 年城乡居民人均收入实际增长速度

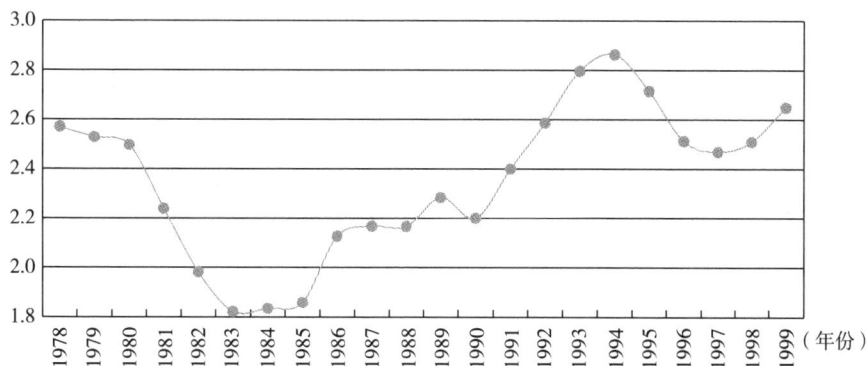

图 1-4　1978~1999 年城乡居民收入之比

不仅如此，这一阶段也是农民负担最重的阶段。所谓农民负担，指的是农民除了向国家缴纳税金后，依法承担的村组提留、乡（镇）统筹费、积累工、义务工及其他费用（宋洪远等，2000）。农民负担问题的实质是收入再分配问题。20世纪80年代中期以后，农民负担问题开始显现，此后愈演愈烈，1990年，仅全国农民人均村提留、乡统筹就达到上年农民人均纯收入的7.88%，还不包括其他负担。据国家统计局数据，"七五"期间（1986~1990年）全国农民共上交提留和统筹881亿元，比"六五"时期（1981~1985年）的462.2亿元多414.8亿元，年均增长20.1%，高于同期农民人均纯收入实际增长速度16.4个百分点（宋洪远等，2000）。面对这一严峻的现实，1990年2月，国务院发布了《关于减轻农民负担的通知》，1991年2月发布《农民承担费用和劳务管理条例》，严格规定了农民应负担的项目和金额。此后，党和国家领导人多次批示要求减轻农民负担，国务院及其相关部门也多次下发文件。1996年12月，中共中央、国务院联合发布《关于切实做好减轻农民负担工作的决定》，提出了减轻农民负担的13条具体措施。1998年7月，中共中央办公厅、国务院办公厅《关于切实做好当前减轻农民负担工作的通知》，要求严格控制1998年农民承担提留统筹的绝对额在上年人均纯收入的5%以内（宋洪远等，2000）。在政策的高压下，从1994年到1996年，全国农民人均负担的村提留和乡统筹费占上年人均纯收入的比例分别为4.81%、4.92%、4.66%，此后各年都严格控制在5%以内。但"九五"时期（1996~2000年），农民人均收入增长速度呈下降态势，加剧了这一时期城乡关系的恶化，由此导致了21世纪初期的农村税费改革。

（二）第二阶段：2000~2017年

为了从根本上减轻农民负担，缓解城乡关系，2000年3月，中共中央、国务院发出《关于进行农村税费改革试点工作的通知》，决定在安徽以省为单位进行农村税费改革试点，其他省（自治区、直辖市）可选择少数县（市）进行试点。试点工作取得了积极的成效并逐渐铺开。2005年12月29日十届全国人大常委会第十九次会议做出了自2006年1月1日起废止《中华人民共和国农业税条例》的决定，农民种地纳税自此成为历史。

执政理念的转变是这一阶段城乡关系改善的基础。2002年11月召开的中共十六大提出："统筹城乡经济社会发展，建设现代农业，发展农村经济，增加农民收入，是全面建设小康社会的重大任务。"首次提出以统筹城乡为手段解决农业农村农民问题。2005年10月，中共十六届五中全会提出了"扎实稳步推进新农村建设"的历史性任务。2007年10月召开的中共十七大提出："建立以工促农、以城带乡长效机制，形成城乡经济社会发展一体化新格局"，首次提出城乡经济社会发展一体化理念。中共十八大提出工业化、信息化、城镇化、农业现代化"四化"同步的理念，推动城乡发展一体化，"让广大农民平等参与现代化进程、共同分享现代化成果"。城乡统筹、城乡发展一体化是递进关系，既表示不同时期的执政理念，又蕴含着执政理念形成背后城乡关系的变化。这一阶段，在上述执政理念的主导下，中央政府和地方实施了一系列有利于城乡关系改善的农业农村农民政策。

首先，在农业政策方面。21世纪以后，中央政府在取消农业"四税"的基础上，实施了一系列农业支持保护政策，基本形成了完整的政策体系。

一是农产品价格支持政策。价格支持依然是农业支持保护的重要内容。当然，在WTO 框架下，价格支持不再是单纯的提价，而是具有更加丰富的内涵。主要包括：①2004年和2006 年，分别实施了稻谷和小麦的最低收购价格制度。②从2009 年起，逐步实施玉米、大豆、油菜籽、棉花、食糖等重要农产品的临时收储价格。按2014 年中央一号文件精神，国务院于当年取消了大豆和棉花的临时收储政策，并对新疆棉花、东北和内蒙古大豆实施目标价格政策。同时取消了食糖的临时收储政策，改为企业收储，并由财政给予一定的贴息补贴。按照2015 年6 月国家发改委等部门文件精神，国家于当年起取消油菜籽的临时收储政策，改为由地方政府负责组织各类企业进行油菜籽收购，中央财政对主产区予以适当补贴。2016 年，国家改革了玉米临时收储制度，按照"市场定价、价补分离"的原则，将以往的玉米临时收储政策调整为"市场化收购"加"定向补贴"的新机制。2017 年3 月23 日，国家发改委发布消息，2017 年国家将在东北三省和内蒙古调整大豆目标价格政策，实行市场化收购加补贴机制。③2009 年1 月9 日，经国务院批准，国家发展和改革委员会、财政部、农业部、商务部、国家工商总局、国家质检总局制定了《防止生猪价格过度下跌调控预案（暂行)》，规定当猪粮比价低于5：1 时，要较大幅度增加中央冻肉储备规模。④2015 年中央一号文件指出："积极开展农产品价格保险试点"，并在山东省及其他一些省市开始了试点。如2015 年山东省部分市县试点了大蒜、马铃薯、大白菜、大葱等产品的目标价格保险制度；2016 年，安徽省在部分市县开展了玉米价格保险试点工作。上述试点都取得了比较良好的效果，有效保护了农民的利益。

二是农业补贴政策。主要是农民直接补贴。主要是2004 年开始实施的种粮农民直接补贴、良种补贴、农机具购置补贴，2006 年开始实施的农业生产资料价格综合补贴，合称"四大补贴"。2016 年，在前一年试点的基础上，国家财政部、农业部联合发布了《农业支持保护补贴资金管理办法》，改革除农机具购置补贴之外的三项补贴为"农业支持保护补贴"，主要用于支持耕地地力保护和粮食适度规模经营，以及国家政策确定的其他方向。此外，中央还于2005 年起陆续出台了奶牛良种补贴、生猪良种补贴等一系列畜禽养殖补贴政策，有力地促进了养殖业的健康发展。

三是农业基础建设补贴政策。如根据2005 年中央一号文件精神，当年启动了测土配方施肥补贴项目，对农业等部门开展的土壤成分检测和配方施肥工作予以经费补贴。这项政策扩大了测土配方施肥补贴的范围和规模，有力推动了农产品产量的提高和品质改善。2005 年中央一号文件提出认真组织实施"科技入户工程"，扶持科技示范户。此后，"农业科技入户示范工程"的组织实施，对农业先进适用技术的推广起到了重要作用。2005 年中央一号文件还提出设立小型农田水利设施建设补助专项资金，对农户投工投劳开展小型农田水利设施建设予以支持。此后，这一专项资金补贴的范围不断扩大，有效支撑了10 余年来的农业发展。此外，生态效益补偿机制的建立健全也是21 世纪以来农业支持政策的重要方向。2006 年中央一号文件要求建立和完善生态补偿机制；2007 年中央一号文件提出完善森林生态效益补偿基金制度，探索建立草原生态补偿机制；2008 年中央一号文件要求增加水土保持生态效益补偿；2010 年中央一号文件要求提高中央财政对属集体林的国家级公益林森林生态效益补偿标准；2012 年中央一号文件提出研究建立公益林补偿标准动态调整机制；2014 年中央一号文件提出建立江河源头区、重要水源地、重要水生态修复治理区和蓄滞洪区生态补偿机制；2015 年中央一号文件提出落实畜禽规模养殖环境影响评价制度，大力推动农业循环经济发展，继续实行草原生态保护补助奖励政策，开展西北旱区农牧业可持续发展、农牧交错带已垦草原治理、东北黑土地保护试点；2016 年中央一号文件提出加强农业资源保护和高效利用、加快农业环境突出问题治理、加强农业生态保护和修复；2017 年中央一号文件提出加强重大生态工程建设，推进山水林田湖整体保护、系统修复、综合治理，加快构建国家生态安全屏障。全面推进大规模国土绿化行动。可以说，上述十余个中央一号文件精神，基本构建了 21 世纪以来农业生态环境保护的政策框架。

总的来看，21 世纪以来，以十余个中共中央一号文件为核心内容的一系列农业支持保护政策的出台，调整了国家财政支出的结构，不断加大了财政对农业投入的力度，初步建立了财政支农稳定增长机制，改变了国民收入分配的格局。政策调整的结果，使农业由 21 世纪初的粮食总产量下降、农民收入徘徊到粮食综合生产能力稳定在 6 亿吨、农民人均可支配收入（纯收入）增长水平连续 8 年超过城镇居民，为农业可持续发展和城乡关系改善奠定了坚实的基础。

其次，农村、农民政策。21 世纪以来，随着"以工补农、以城带乡"政策的确立，各级政府促进农村发展、改善农民生存环境的政策不断出台，初步扭转了"倾斜发展战略"的制度惯性。主要表现在三大方面。

一是农村人居环境政策。2005 年 10 月，中共十六届五中全会通过了《中共中央关于制定国民经济和社会发展第十一个五年规划的建议》，提出要按照"生产发展、生活宽裕、乡风文明、村容整治、管理民主"的要求，扎实稳步地推进社会主义新农村建设。会议把"村容整洁"作为五项要求之一，对于此后的乡村建设起到了极大的推动作用。2006 年中央一号文件对村庄规划、乡村基础设施建设、农村人居环境治理、农村社会事业等都做了具体部署。此后的多个中央一号文件都对上述工作进行详尽安排。如 2008 年中央一号文件要求继续改善农村人居环境，提出增加农村饮水安全工程建设投入、加强农村水能资源规划和管理、继续实施农村电网改造；2009 年中央一号文件要求加快农村基础设施建设，提出了加快农村公路建设，2010 年底基本实现全国乡镇和东中部地区具备条件的建制村通油（水泥）路的具体目标；2010 年中央一号文件要求加强农村水电路气房建设，搞好新农村建设规划引导，合理布局，完善功能，加快改变农村面貌；2015 年中央一号文件要求加大农村基础设施建设力度，提出确保如期完成"十二五"农村饮水安全工程规划任务，推进城镇供水管网向农村延伸，加快推进西部地区和集中连片特困地区农村公路建设；2016 年中央一号文件强调要把国家财政支持的基础设施建设重点放在农村，建好、管好、护好、运营好农村基础设施，实现城乡差距显著缩小，等等。

二是提升农村公共服务水平政策。2005 年中央一号文件提出要落实新增教育、卫生、文化、计划生育等事业经费主要用于农村的规定，用于县以下的比例不低于 70%；2006年中央一号文件提出加快发展农村社会事业，重点是农村义务教育、卫生事业、文化事业等；2007 年中央一号文件提出在全国范围内农村义务教育阶段学生全部免除学杂费，对家庭经济困难学生免费提供教科书并补助寄宿生生活费；建立农村基层干部、农村教师、乡村医生、计划生育工作者、基层农技推广人员及其他与农民生产生活相关服务人员的培训制度，加强在岗培训，提高服务能力；2008 年中央一号文件用一个部分篇幅强调要逐步提高农村基本公共服务水平，包括农村义务教育水平、基本医疗服务能力、稳定农村低生育水平、繁荣农村公共文化等内容；2009 年中央一号文件提出建立稳定的农村文化投入保障机制、提高农村学校公用经费和家庭经济困难寄宿生补助标准、2009 年起对中等职业学校农村家庭经济困难学生和涉农专业学生实行免费；2010 年中央一号文件提出继续实施中小学校舍安全工程，逐步改善贫困地区农村学生营养状况；2014 年中央一号文件强调城乡基本公共服务均等化，提出要加快改善农村义务教育薄弱学校基本办学条件，适当提高农村义务教育生均公用经费标准；2016 年中央一号文件提出把社会事业发展的重点放在农村和接纳农业转移人口较多的城镇，加快推动城镇公共服务向农村延伸；2017年中央一号文件提出全面落实城乡统一、重在农村的义务教育经费保障机制，加强乡村教师队伍建设。

三是农村社会保障制度的建立和逐步完善。这一制度具体包括三大部分。第一是新型农村社会养老保险制度。2009 年 9 月，国务院颁布了《关于开展新型农村社会养老保险试点的指导意见》，标志着中国农村社会养老保险制度的建立。文件要求建立新型农村社会养老保险制度（以下简称"新农保"），从 2009 年开始试点，覆盖面为全国 10% 的县（市、区、旗），2020 年之前实现对农村适龄居民的全覆盖。2014 年，国务院颁布了《关于建立统一的城乡居民基本养老保险制度的意见》，提出在 2020 年之前建立新农保与城市居民社会养老保险制度（以下简称"城居保"）合并实施的城乡居民基本养老保险制度。至此，中国农村养老保险在政策上从"老农保"到"城乡居民养老保险"的过渡，完成了养老保险的城乡一体化发展。

第二是新型农村合作医疗制度。2002 年 10 月，中共中央、国务院发布《关于进一步加强农村卫生工作的决定》，提出"逐步建立新型农村合作医疗制度"，要求"到 2010年，在全国农村基本建立起适应社会主义市场经济体制要求和农村经济社会发展水平的农村卫生服务体系和农村合作医疗制度"，即"新型农村合作医疗"（即"新农合"）。2003年 1 月，国务院办公厅转发《卫生部等部门关于建立新型农村合作医疗制度的意见》，正式开展新农合试点工作，并确立了 2010 年实现全国建立基本覆盖农村居民的新型农村合作医疗制度的目标。2016 年 1 月，国务院发布《关于整合城乡居民基本医疗保险制度的意见》，要求从完善政策入手，推进城镇居民医保和新农合制度整合，逐步在全国范围内建立起统一的城乡居民医保制度。

第三是农村最低生活保障制度。2007 年 7 月，国务院颁布《关于在全国建立农村最低生活保障制度的通知》，决定在全国建立农村最低生活保障制度，对符合标准的农村人口给予最低生活保障。随着经济发展水平的提高，农村低保标准从 2007 年的 70 元/人/月提升到 2017 年的 358 元/人/月。

总的来看，21 世纪以来，农村人居环境不断改善，公共服务水平不断提升，社会保障体制基本建立。尽管城乡之间依然存在着明显的差距，但城乡统一的政策和制度体系已经初步建立。由于一系列对"三农"利好政策的实施，这一时期农民收入增长很快。2001 年，农民收入实际增长 4.5%，远超过了 2000 年的 2.7%。2004 年起，农民收入进入较高速增长阶段；2010 年以后，农民收入增长速度开始持续超过城镇居民，而且少数年份超过了 GDP 增长速度。这一阶段，由于惯性的因素，城乡居民收入差距在 2007 年之前持续扩大，2007 年达到改革开放以来的最高点（3.14∶1），此后呈下降趋势，到 2017 年达到了 2.71∶1，城乡关系改善的趋势十分明显。这是由于政策、体制、机制的变化导致的改善，是"实质性改善"（见表 1-7、图 1-5、图 1-6）。

表 1-7　2000～2017 年城乡居民收入及相关指标　　　　单位：元、%

年份	农村居民		城镇居民		GDP 增长速度	城乡居民收入之比
	人均纯收入	实际增长速度	人均可支配收入	实际增长速度		
2000	2282.1	2.7	6255.7	6.0	8.5	2.74
2001	2406.9	4.5	6824.0	7.6	8.3	2.84
2002	2528.9	5.7	7652.4	11.7	9.1	3.03
2003	2690.3	4.7	8405.5	7.7	10.0	3.12
2004	3026.6	6.9	9334.8	5.8	10.1	3.08
2005	3370.2	8.2	10382.3	8.1	11.4	3.08
2006	3731.0	8.0	11619.7	9.0	12.7	3.11
2007	4327.0	8.6	13602.5	9.3	14.2	3.14
2008	4998.8	7.1	15549.4	6.3	9.7	3.11
2009	5435.1	8.8	16900.5	8.8	9.4	3.11
2010	6272.4	9.7	18779.1	6.5	10.6	2.99
2011	7393.9	9.3	21426.9	6.6	9.6	2.90
2012	8389.3	9.0	24126.7	8.4	7.9	2.88
2013	9429.6	8.2	26467.0	6.1	7.8	2.81
2014	10488.9	7.9	28843.9	6.1	7.3	2.75
2015	11421.7	6.7	31194.8	6.1	6.9	2.73
2016	12363.4	5.5	33616.3	5.1	6.7	2.72
2017	13432.4	6.3	36396.2	5.9	6.8	2.71

注：从 2013 年起，农村居民人均纯收入改为可支配收入。

资料来源：历年《中国统计年鉴》。

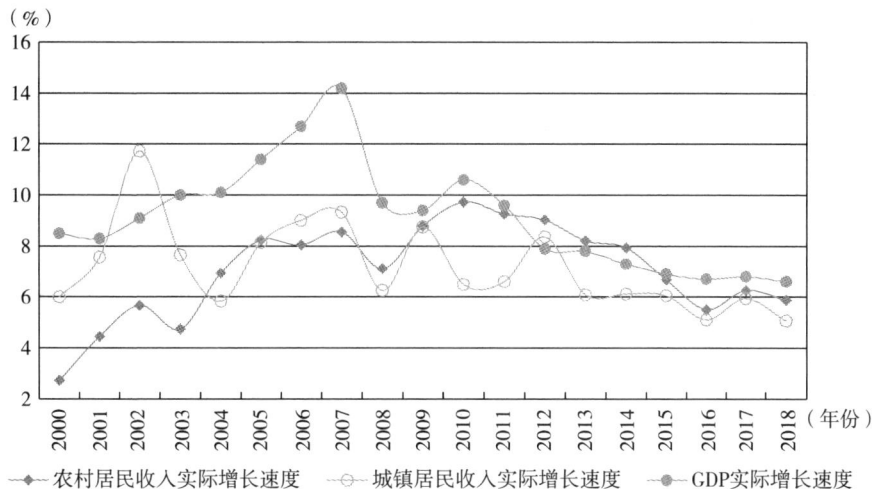

图 1-5 2000~2018 年城乡人均可支配收入实际增长速度与 GDP 增长速度

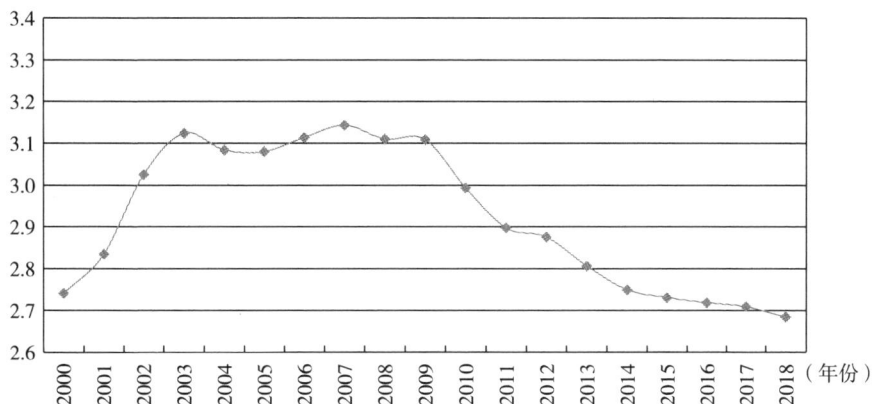

图 1-6 2000~2018 年城乡居民收入之比

三、走向融合的城乡关系：2017 年 10 月以后

2017 年 10 月，中共十九大报告指出："要坚持农业农村优先发展，按照产业兴旺、生态宜居、乡风文明、治理有效、生活富裕的总要求，建立健全城乡融合发展体制机制和政策体系，加快推进农业农村现代化。"正式把中国的城乡关系从统筹发展、一体化发展推进到融合发展阶段。按照十九大报告精神，融合发展的途径就是坚持农业农村优先发展，实施乡村振兴战略。2018 年中央一号文件对乡村振兴战略的实施进行了部署，提出了 2020 年、2035 年、2050 年三个时间节点的目标任务，即："到 2020 年，乡村振兴取得重要进展，制度框架和政策体系基本形成……城乡基本公共服务均等化水平进一步提高，城乡融合发展体制机制初步建立……""到 2035 年，乡村振兴取得决定性进展，农业农村现代化基本实现。……城乡基本公共服务均等化基本实现，城乡融合发展体制机制更加

完善……""到 2050 年，乡村全面振兴，农业强、农村美、农民富全面实现。"城乡融合当然是一个长期而艰巨的任务，但按照上述部署，当 2035 年中国基本实现现代化时，城乡融合的任务应该基本实现。

2019 年 4 月 15 日，《中共中央、国务院关于建立健全城乡融合发展体制机制和政策体系的意见》（以下简称《意见》）发布，从城乡融合角度对上述三个阶段目标进行了细化和具体化。即："到 2022 年，城乡融合发展体制机制初步建立。城乡要素自由流动制度性通道基本打通，城市落户限制逐步消除……""到 2035 年，城乡融合发展体制机制更加完善。城镇化进入成熟期，城乡发展差距和居民生活水平差距显著缩小""到本世纪中叶，城乡融合发展体制机制成熟定型。城乡全面融合，乡村全面振兴，全体人民共同富裕基本实现"。《意见》从要素配置、基本公共服务、基础设施、乡村经济多元化发展、农民收入持续增长等方面提出了具体要求，是未来一定时期内促进城乡融合发展的总纲领。

城乡融合既是未来的美好愿景，又渗入到每一个政策、每一项具体工作之中。由于城乡关系内容庞杂，很难设计出一套指标予以反映。本小节前面的分析也主要运用城乡居民收入之比，尽管这一指标不可能全面反映城乡关系，但却是城乡关系的核心内容之一。从表 1 - 7 可以看出，2007 年以后，城乡居民收入比开始下降，2017 年为 2.71∶1，仅为 20 世纪 90 年代中期的水平。2007 ~ 2017 年，城乡居民收入之比平均每年仅下降 0.043，尽管比较缓慢，但应该看到 2015 年、2016 年、2017 年三个年度每年仅下降 0.01，2018 年也仅比上年下降 0.02，达到 2.69。本小节认为，在乡村振兴的大背景下，城乡关系可能得到更大的改善，可能会略超上个 10 年的均值（尽管很不容易），假设为 0.05，则到 2035 年基本实现现代化时的城乡居民收入比可能降到 1.9 ~ 2.0∶1，这实际上是当前苏、浙、鲁等地发达县（市）的水平。也可以说，按照中共十九大的规划，2035 年基本实现现代化，在某种程度上就是在未来十余年间，全国经济社会发展追赶当前发达县、市的过程。

第四节 赋予农民更多的权益

一、引言

改革开放是从国家主动调整与农民的关系开始的。1978 年 12 月召开的中共十一届三中全会被公认为是中国农村改革开放的起点，实际上这次会议通过的《中共中央关于加快农业发展若干问题的决定（草案）》（以下简称《草案》）仍然强调"不许包干到户，不许分田单干"，但同时做出了"粮食统购价格从一九七九年夏粮上市起提高百分之二十，超购部分在这个基础上再加价百分之五十"、各种农资价格"在一九七九年至一九八〇年降低百分之十到十五"的决定，大幅度调整了国家与农民的利益关系。同时，由于十一届三中全会强调了解放思想、实事求是的思想路线，确认实践是检验真理的唯一标准，《草案》也提出"也可以在生产队统一核算和分配的前提下，包工到作业组，联系产量计算报酬，实行超产奖励"，给了较贫困地区的农民以极大的鼓励，以安徽省凤阳县小岗村为代表的一批农村率先突破"生产队统一核算和分配"的限制，打破传统体制，实行包干到户，把农业生产经营权从生产队让渡到了农户，开启了中国农村改革以及后来的全面改革，开启了中华民族伟大复兴的进程。中共十九大报告指出："中国特色社会主义进入了新时代"，其重要基础之一就是始于 1978 年的农村改革。关于这次改革的伟大意义，应该说怎么评价都不过分。

关于这次改革的实质，大多数学者都认为是家庭经营地位的重新确立。如陈锡文（2003）认为，家庭经营在农业生产中具有不可替代的地位，家庭经营地位被重新确立，是农业经营体制反映了农业生产规律的一种表现，之后，农村的财产积累、分工分业、要素流动和重新组合等规则，都会发生深刻变化。姚洋（2004）认为，地权的稳定性与改革以后土地投入和产出增加呈正向联系，支持了进一步改革必须加强个人土地权利的观点，实际上也是强调了家庭地位确立的作用。周其仁（1995）从国家和所有权关系的变化来解释 20 世纪 80 年代的中国经济改革，认为一方面是国家集中控制农村社会经济活动的弱化，另一方面是农村社区和农民个人所有权的成长和发展。杜润生（2005）指出："包干到户，是属于分权性质的改革。分权才有利于培养农民独立自主的性格，有利于发展个人的社会交往，为新的联合创立前提。"而这样的联合，就是马克思所说的"自由人联合体"。孔祥智（2008）从政府和农民之间关系的角度解读改革，认为农村改革的过程，就是政府对农业和农村的控制逐步缩小、服务逐步增加、投入逐步加大的过程。

从权益角度看，中国农村改革的实质就是在国家和农民围绕着权益进行的博弈中，农民权益不断增加的过程，政府在对农业生产直接控制和收益权退出的同时，由于农民权益增加而带来的外部性反而使政府的间接收益无限增加，这就是改革带来的制度净收益。农民权益的增加显然对于农业发展方式的转变具有决定性意义。当然，政府和农民权益的边界究竟在哪里，还需要在以后的改革过程中进行探索。

基于上述分析范式，本小节以下部分首先回顾传统体制形成过程中国家与农民之间的关系以及在传统体制下国家对农民利益的剥夺，然后分三个部分分别讨论在人民公社体制、统购统销制度、传统户籍制度改革中国家与农民利益关系的重建及其效果；最后一部分，从国家与农民利益关系的角度对未来的发展趋势进行展望。

二、传统体制的形成及制度收益

实际上，传统农业制度之所以形成，最初的原因就是政府要控制农业的净收益。农业的最主要功能就是为社会提供主要农产品，尤其是粮食，这在中华人民共和国成立初期食品短缺的情况下尤其重要。1953 年 10 月 10 日，陈云在全国粮食会议上做了题为"实行粮食统购统销"的讲话，预计当年缺粮至少 87 亿斤，必须采取坚决的措施加以解决。而根据当时的情况，处理这些关系所能够采取的基本办法就是在农村实行征购、在城市实行定量配给、严格管制私商、调整内部关系，这个制度统称为统购统销（陈云，1995）。1953 年 10 月 16 日，中共中央做出《关于实行粮食的计划收购与计划供应的决议》，确定在 11 月底之前完成各级的动员和准备，12 月初开始在全国范围内实行粮食的统购统销。1952 年全国粮食获得大丰收，但到 1953 年初，粮食供求形势反而比上一年还要严峻，这有两大原因：一是随着国民经济恢复和大规模经济建设，城乡粮食供应面比以前扩大了，即需求量增加了；二是农民生活改善，增产的粮食相当一部分被农民自己消费掉了。当然还有私商囤积居奇、哄抬物价的原因。这就导致了国家决定对粮食实行统购统销。在全国粮食工作会议上，邓小平的讲话着重论述了粮食统购统销对巩固工农联盟、对国家有计划经济建设的关系。实际上就是国家和农民之间的关系。统购统销限制了价值规律在农业生产和农产品经营中的作用，农民即使有余粮，也不能拿到市场去卖，农民对这一政策是有抵触的。因而当时"全党动员，全力以赴"，如期并超额完成了粮食征购任务。1953 年 11 月 25 日，中共中央做出了《关于在全国计划收购油料的决定》，1954 年 9 月 9 日，政务院通过了《关于实行棉布计划收购和计划供应的命令》《关于棉花计划收购的命令》，至此，粮棉油全部实行了统购统销制度。这个制度的优越性就是国家掌握了全部粮源，可以根据城市发展和经济建设的需要征购农民的余粮甚至部分口粮。后又逐渐对生猪、水产品、蔬菜等重要农产品实行派购制度。毛泽东（1999）在《论十大关系》中谈道："一九五四年我国部分地区因水灾减产，我们却多购了七十亿斤粮食。这样一减一多，闹得去年春季许多地方几乎人人谈粮食，户户谈统销。农民有意见，党内外也有许多意见。"

当时全国的农户数是 1.1 亿左右，国家要和这么多农户直接打交道，交易成本太高，于是，1953 年中共中央提出的党在过渡时期的总路线和总任务，是要在十年到十五年或者更多一些时间内，基本上完成国家对农业的社会主义改造，而实际上到了 1956 年底就完成了由农民个体所有制到社会主义集体所有制的转变，甚至连办社的基本条件都不具备，1958 年全面实现了人民公社化。这样，对粮食等主要农产品的控制便由国家直接面对 1 亿多农户到面对 5.6 万个人民公社，交易成本大大降低。陈锡文（1993）认为："实行统购统销……非要在农村建立起这样一种农民没有自主权的组织体制，在这两者之间，是有着密不可分的内在联系的。"杜润生（2005）认为农业合作社自成立之日起就担负着粮食征购任务，行为完全国家化。而为了保障粮食生产和粮食收购计划，不得不控制劳动力和播种面积，限制各种其他副业。"在农民眼里，它已不是农民自己的组织。"1956 年 10 月 6 日，国务院下发了《关于农业生产合作社粮食统购统销的规定》，指出："国家对农业社的粮食统购、统销数量，不论高级社或初级社，一般以社为单位，根据 1955 年分户、分社核定的粮食定产、定购、定销数字，统一计算和核定。""农业社在进行社内粮食分配的时候，必须保证完成国家核定的粮食征购任务。"1957 年 10 月 11 日，国务院发布了《关于粮食统购统销的补充规定》，要求"农业社分配粮食，必须严格遵守下列先后顺序：第一、首先完成国家核定的粮食征收、收购任务（包括增产社的增购任务）……"到了人民公社时期，由于其"政社合一"的特征，对从生产到消费各个环节的控制更加严格了。主要农产品统购派购制度的功能，除了方便国家以收购为手段控制主要农产品外，国家还可以控制收购价格，以低价的形式为国家积累工业化所需要的原始资本，即工农产品价格"剪刀差"。而要控制农产品，就必须首先控制生产农产品的劳动力，因此，早在人民公社初期，国家就开始实行了严格限制劳动力外出的制度。

但是，根据1954年版《宪法》第九十条第二款的规定，中华人民共和国公民有居住和迁徙的自由，一些生产条件差、征购任务重或者遇到灾荒地区的农民开始向其他地区或者城市流动寻找生活出路，这就对流出地的农业生产及征购任务的完成带来影响。于是，1956年和1957年，国家连续颁发4个限制和控制农民盲目流入城市的文件；1958年1月，全国人大常委会通过了《中华人民共和国户口登记条例》，明确将城乡居民区分为"农业户口"和"非农业户口"两种不同户籍，严格限制了人口自由流动，在事实上废弃了关于迁徙自由的规定。这项制度把当时五分之四的农业人口限制在农村，一方面保证了其余五分之一非农业人口的农产品供给，另一方面也使农业人口不可能享受自己以"明"的（农业税、劳动积累等）和"暗"的（剪刀差）形式为国家工业化提供的原始积累（孔祥智、程漱兰，1997）。1959年9月23日，中共中央、国务院下发了《关于组织农村集市贸易的指示》，规定小商小贩必须经过国营商业组织起来，"按照批准的经营范围，可以赶集串乡，进行贩运，……但是不准远途贩运，……"并把后者称为"投机倒把"。1963年3月3日，由中共中央、国务院发布的《关于严格管理大中城市集市贸易和坚决打击投机倒把的指示》，严禁农民离农经商、远途贩运，并称之为"盲流"。

可见，上述三大制度——统购统销、人民公社、户籍管制——是相互联系、不可分割的有机整体，是中国农村传统体制的三大支柱。这一制度的最大净收益就是初步建成了中华人民共和国的工业体系。据严瑞珍等（1988）测算，1952~1984年，国家仅通过工农产品价格"剪刀差"（主要表现为国家在主要农产品收购时压低农产品价格）形式从农业中汲取的工业化资金就达3917亿元，而通过税收形式汲取的资金仅为935亿元，二者合计为4852亿元，扣除财政返还给农业的部分，农业净流出资金为3120亿元，相当于同期国有非农业企业资产原值的73.2%。但是，这一制度严重背离了经济规律，导致劳动效率极度低下，到了20世纪70年代末期，农民年均纯收入只有60多元，其中现金仅14元。而且，传统体制运行的主要目标——国家集中商品农产品的增长速度也极其缓慢，集体化21年间，粮食征购数仅增长21%，棉花增长48%，食用油反而减少14%。全国29个省份中，由原来的14个粮食调出省，到70年代末期只剩下3个省份（孔祥智、程漱兰，1997）。其制度净收益已经等于甚至小于零，制度变迁迫在眉睫。

三、改革人民公社体制，农民获得了资源配置主体权益

40年前开始的这场改革，最先改掉是运行了20多年的人民公社制度，究其原因，主要是：传统农业经营体制的实质是形成有利于工业化的国家—农民关系，人民公社是维系这一关系的基础性制度，作为利益受损的农民只有并且必须突破这个制度才能取得净收益。事实上，小岗村的农民1978年底私下把土地承包到户，1979年夏季就获得了大丰收，交给国家的、留给集体的以及剩下给自己的都增加了，取得了"三赢"的效果，在

20 多年来国家—农民之间近乎零和的博弈中取得了最好的结果，两种制度的优劣不言自明。

回顾这一期间的政策演化十分耐人寻味。1978 年 12 月 22 日中共十一届三中全会通过的《草案》明确规定"不许包产到户，不许分田单干"，次年 9 月中共十一届四中全会正式通过该文件后，把上述两个"不许"改为："不许分田单干。除某些副业生产的特殊需要和边远山区、交通不便的单家独户外，也不要包产到户。"正是这一改动，使广大农民和基层干部看到了国家在经营制度上控制程度减少的可能性。到了 1979 年底，全国包产到户的比重已经达到 9%。1980 年 9 月，中共中央下发 75 号文件，对各种形式的生产责任制给予了初步肯定。1982 年中央一号文件把"包干到户""包产到户"界定为社会主义性质，正式肯定了"双包"责任制的合法性。1982 年、1983 年的中央一号文件连续部署"双包"责任制的推进，到了 1983 年春季，全国实行"双包"责任制基本核算单位的比重已经达到了 95% 以上。至此，当时中央文件上称之为"家庭联产承包制"的新制度已经成为中国农业中的主要经营形式。1983 年 10 月 12 日，中共中央、国务院下发《关于实行政社分开建立乡政府的通知》，要求各地在 1984 年底之前完成政社分开、建立乡政府的工作。到了 1984 年底，全国 5.6 万个人民公社改为 9.2 万个乡镇人民政府。至此，存续了 24 年的人民公社体制成为历史。

值得注意的是，这次国家与农民关系的调整，并没有退回到合作社化前的私有制小农状态，而是保留了土地集体所有制，说明国家的力量依然十分强大，在博弈中依然占据主导地位。国家在这次博弈中之所以后退，是因为前述传统制度的净收益接近于零甚至为负，而新制度的净收益则十分明显，说明这次调整也有国家层面上摒弃意识形态影响从而理性回归的因素。1991 年，中共十三届八中全会把这一制度正式表述为"统分结合的双层经营体制"。这次调整后，国家的意志依然可以通过村集体贯彻到全体农户，依然不必和单个农户直接打交道。双层经营体制既可以充分发挥农户个体分的积极性，又可以发挥集体统的优势，具有极强的优越性（孔祥智、刘同山，2013）。在双层经营体制下，"交够国家的，留足集体的，剩下都是自己的"，农户有了比较充分的生产经营自主权，可以在一定范围内合理配置自己拥有的资源，成为资源配置主体。这个意义非常重大。

第一，劳动力从土地中解放了出来。杜润生（2005）认为，在原生产队体制下，劳动力剩余超过三分之一，家庭承包经营后，劳动力资源可以由农户自主配置，农村集市贸易乃至城市集体贸易很快就活跃起来。"投机倒把"是计划经济体制形成初期形成的一项罪名，尽管 1979 年出台的《刑法》依然把"投机倒把"入刑，但农民千方百计突破这个限制，把日渐丰富的农副产品长途贩运到城市。而且，1983 年的中央一号文件也明确鼓励"农民个人或合伙进行长途贩运"。此后，法律、法规经过多次修改，终于在 2011 年取消投机倒把罪，使其成为历史名词。农民自由运输、贩卖农产品（自己生产的和购买别人生产的）终于光明正大地成为一项应有的权益。这不仅为农村剩余劳动力找到新的出路，也为后来农民专业合作社在城市社区销售农产品奠定了制度基础。

第二，乡镇企业大发展，随着改革的深入，广大农民把资源配置拓展到非农领域，获得了创业的权利。沿海发达地区率先把乡村集体尚未分净的资产、资金和剩余劳动力结合起来，产生了第一批乡镇企业。1984 年的中央一号文件做出了"现有社队企业是农村经济的重要支柱，有些是城市大工业不可缺少的助手"的判断，同年，社队企业改称"乡镇企业"，开始了乡镇企业发展的新纪元。1985 年、1986 年两个中央一号文件都针对乡镇企业发展过程中遇到的具体问题提出了对应举措。乡镇企业的高速发展是这一时期农村经济发展的最大亮点，1984～1988 年，乡镇企业总产值年均增幅达到 39.9%，1988 年向国家缴纳的税金占当年国家财政总收入的 13.2%。即使经过了此后三年的治理整顿，乡镇企业在 1991 年的增长速度仍然达到 14%，总产值突破了 1 万亿元大关。1992 年，乡镇企业产值占农村社会总产值的 60% 以上，占全国工业总产值的 1/3 以上。乡镇企业的发展，客观上实现了"以工补农"，对于当时的农业发展和农民收入起到了重要的促进作用。尽管由于种种原因，20 世纪 90 年代中期以后乡镇企业风光不再，甚至到了 21 世纪以后连这个概念都很少有人提及，但经过十余年的大发展，乡镇企业为农业农村发展积累了资金、培养了人才。一批乡镇企业甚至从乡村走向城市，成为同行业中的支柱企业。这说明，只要给予相应的权益，农民中蕴含的能量是巨大的。经过乡镇企业的大发展之后，农民创业的能力再也无人怀疑，农民创业的权益随着《乡镇企业法》以及其他相关法律被一直保留下来，这实际上正是当前实施乡村振兴战略的原动力之一。

四、改革农产品统购派购制度，农民获得了市场主体权益

家庭联产承包制度的推行，最明显的成效就是主要农产品产量大幅度提高。1984 年，中国粮食产量达到了创纪录的 40730.5 万吨，比 1978 年增长了 33.65%；棉花总产量 625.8 万吨，比 1978 年增长 1.89 倍；糖料总产量 4780 万吨，比 1978 年增长 1.01 倍；水果总产量 984.5 万吨，比 1978 年增长 33.27%；猪牛羊肉总产量 1540.6 万吨，比 1978 年增长 78.4%。农产品产量的大幅度增长，有效解决了全体中国人的吃饭问题，有些农产品如粮食还一度出现了卖难，主要原因是国家收储能力不足。在这种情况下，1985 年中央一号文件提出：从 1985 年起，"除个别品种外，国家不再向农民下达农产品统购派购任务，按照不同情况，分别实行合同订购和市场收购"。至此，执行了长达 30 多年的主要农产品统购派购制度被取消，农民生产的农产品在制度上获得了与工业品平等交换的权利。尽管由于制度惯性，工农产品价格剪刀差一直存续到 21 世纪初期（孔祥智、何安华，2009），但平等市场交易主体权益的获得对于农业农村农民的长期发展以及今后乡村振兴战略的实施有不可估量的意义，也是中国加入 WTO 的先决条件之一。

取消主要农产品的统购派购制度，必然要调整农业经济结构。1985 年中央一号文件提出了进一步活跃农村经济的十项政策，第一条是取消农产品统购派购任务，第二条就是调整农村产业结构。此后，国家又分别在 1998 年和 2015 年提出新一轮农业结构调整。经过历次结构调整后，农业内部各个产业迅速发展，尤其是水果、蔬菜、水产品等产业，不仅数量增长，质量上也发展成为无公害、绿色、有机三大系列，而且具有较强的国际竞争力。

市场主体权益的获得，还表现在国家允许和鼓励农民发展专业合作社上。取得农产品统购派购制度后，农民怎样销售农产品？1985 年中央一号文件指出："农民也可以通过合作组织或建立生产者协会，主动与有关单位协商签订销售合同。"事实上，自 20 世纪 80 年代中期以后，当时称为"新型农村合作经济组织"的合作社就迅速发展，到了 21 世纪初期，全国规范的农民专业合作社有 15 万家左右。2006 年 10 月 31 日，十届全国人大常委会第二十四次会议通过了《农民专业合作社法》，确立了合作社的法人主体地位，赋予了农民组建这一新的经营主体的权利。至此，农民除了可以组建各类企业外，还可以组建农民专业合作社，这是多于城镇居民的一项特殊权益。合作社是农业领域的现代企业制度，农民获得这项权益以来，中国现代农业获得了突飞猛进的发展，合作社在推进小农户与现代农业有机衔接中的作用越来越明显。截至 2017 年底，全国共有农民专业合作社 201.7 万家，实有入社农户 11759 万户，占全国农户总数的 48.1%。

五、改革户籍管理制度，农民获得了自由迁徙权益

把公民分为城镇居民和农村居民，并严格限制迁徙的传统户籍制度，自 20 世纪 50 年代后期形成后，逐渐附加了一些与福利相关的新内容，如就业、工资、医疗、上学、参军、食品供给等，因此，直到 1983 年 12 月，国务院还发布了《关于严格控制农村劳动力进城做工和农业人口转为非农业人口的通知》，但 1985 年中央一号文件就允许农民进城开店设坊，兴办服务业，提供各种劳务。自 1985 年起，中央文件中不再出现"清理农村劳动力"之类的字眼。1985 年 7 月，公安部出台《关于城镇暂住人口管理的暂行规定》，就要求各地对城镇人口实行暂住证管理。1989 年，国务院办公厅发布《关于严格控制民工盲目外出的紧急通知》，要求各地采取有效措施严格控制当地民工盲目外出。1991 年 7 月，国务院颁布《全民所有制企业招用农民合同制工人的规定》，规定城镇企业招用农民工必须在国家下达的劳动工资计划之内。此后，就有了"农民工"的概念。1994 年 11 月，劳动部颁布《农村劳动力跨省流动就业管理暂行规定》，要求农村劳动者外出就业必须证卡合一（即身份证或户口本和外出人员就业登记卡合一），否则不允许进入城镇就业。可见，在此期间，国家对农民进城就业基本上采取卡的态度，究其原因，主要是消费品、基础设施、就业岗位不足，无法满足大批进城农民的需求。

1993 年 11 月召开的中共十四届三中全会在改革开放历史上具有重要价值。会议提出："逐步改革小城镇的户籍管理制度，允许农民进入小城镇务工经商，发展农村第三产业，促进农村剩余劳动力的转移。"此后，小城镇户籍制度改革开始启动。1997 年 6 月，国务院批转公安部《小城镇户籍管理制度改革试点方案》和《关于完善农村户籍管理制度意见》，允许符合条件且交回农村承包地和自留地的农民办理小城镇户口，在小城镇务工经商、发展农村第三产业。2001 年，国家"十五"计划纲要提出要取消对农村劳动力进入城镇就业的不合理限制，引导农村富余劳动力在城乡、地区间的有序流动。随后，公安部规定，凡在小城镇有合法固定的住所、稳定的职业或生活来源的人员及与其共同居住生活的直系亲属，均可根据本人意愿办理城镇常住户口。根据本人意愿，可保留其承包土

地的经营权，也允许依法有偿转让。2003 年 9 月，国务院办公厅发布《关于做好农民进城务工就业管理和服务工作的通知》，要求各地取消对企业使用农民工的行政审批，取消对农民进城务工就业的职业工种限制，取消专为农民工设置的登记项目，逐步实行暂住证一证管理，切实解决拖欠农民工工资问题。2003 年 9 月，国务院办公厅转发教育部等部门《关于进一步做好进城务工就业农民子女义务教育工作意见的通知》，要求农民流入地政府负责进城务工就业农民子女接受义务教育工作，以全日制公办中小学为主。上述文件及其他相关政策的执行，加上时任国务院总理亲自为农民工讨薪，针对农民工的一系列歧视政策、子女教育、乱收费、欠薪等问题逐步得到解决。2004 年中央一号文件提出要进一步清理和取消针对农民进城就业的歧视性规定和不合理收费，放宽农民进城就业和定居的条件，依法保障进城就业农民的各项权益。2004 年 12 月，国务院办公厅发布《关于进一步做好改善农民进城就业环境工作的通知》，要求各地清理和取消针对农民进城就业等方面的歧视性规定及不合理限制，取消专为农民工设置的登记项目，实行暂住证一证管理。2005 年，国务院废止了《农村劳动力跨省流动就业管理暂行规定》及有关配套文件，取消了限制劳动力流动的相关不合理规定。2006 年 3 月，国务院发布《关于解决农民工问题的若干意见》，要求各地切实解决农民工面临的工资偏低，被拖欠现象严重；劳动时间长，安全条件差；缺乏社会保障，职业病和工伤事故多以及培训就业、子女上学、生活居住等方面存在的诸多问题。

2008 年 10 月召开的中共十七届三中全会在保障农村劳动力外出就业权益方面具有里程碑意义。全会提出统筹城乡劳动就业，加快建立城乡统一的人力资源市场；加强农民工权益保护，逐步实现农民工劳动报酬、子女就学、公共卫生、住房租购等与城镇居民享有同等待遇；统筹城乡社会管理，推进户籍制度改革，放宽中小城市落户条件，使在城镇稳定就业和居住的农民有序转变为城镇居民；等等。2013 年 11 月，中共十八届三中全会提出保障农民工同工同酬。加上前述城乡居民在医疗保险、养老保险等方面接续政策，农民外出就业的权益得到了越来越充分的保障。2014 年 7 月，国务院发布《关于进一步推进户籍制度改革的意见》，提出建立城乡统一的户口登记制度，全面实施居住证制度，到2020 年基本建立新型户籍制度，努力实现 1 亿左右农业转移人口和其他常住人口在城镇落户的目标。此后，各省市自治区逐步取消农业户口和非农业户口等户口类型，统一登记为居民户口。可以预测，农民工这个词汇将很快成为历史名词。不仅如此，附着在户籍制度上面的种种福利也随着改革的深入逐渐被取消。2013 年 11 月召开的中共十八届三中全会提出"推进基本公共服务均等化"，"必须健全体制机制，形成以工促农、以城带乡、工农互惠、城乡一体的新型工农城乡关系，让广大农民平等参与现代化进程、共同分享现代化成果"，随后，农民在越来越多领域获得了与城镇居民同等的权益。2014 年，国务院颁布了《国务院关于建立统一的城乡居民基本养老保险制度的意见》，在政策层面上实现了城乡居民在养老保险方面的接续与统一。2016 年，国务院发布《关于整合城乡居民基本医疗保险制度的意见》，推进城镇居民医保和新农合制度整合，逐步在全国范围内建立起统一的城乡居民医保制度。随着传统制度改革和一系列新制度的建立，劳动力这一最活跃、最具决定性资源的活力被充分激发，真正实现了中共十八届三中全会所期望的"让一切劳动、知识、技术、管理、资本的活力竞相迸发，让一切创造社会财富的源泉充分涌流"。根据国家统计局公布的数据，截至 2017 年底，全国农民工总量 28652 万人，比上年增长 1.7%。其中，外出农民工 17185 万人，增长 1.5%；本地农民工 11467 万人，增长 2.0%。从 2012~2017 年，城镇化率从 52.6% 提高到 58.5%，8000 多万农业转移人口成为城镇居民。农民工已经成为城市各个工种的重要力量，有些则成为主要力量。不仅如此，制度创新还激励一大批城市离退休职工、城市科技人员和大学毕业生到农村创业，对于现代农业的发展起到了重要的促进和示范作用，说明整个社会都正在收获制度变迁的净收益，而且这类净收益还会越来越多。

六、总结性评价与展望

前文分析了传统农村经济体制形成的过程，从三个方面讨论了改革带来的制度净收益。事实上，随着改革的推进，中国于 2001 年 12 月正式加入世贸组织，标志着中国改革开放进入了一个新的阶段。面对着新的发展环境，国家从 21 世纪起开始减免农业税。2005 年 12 月 29 日，十届全国人大常委会第十九次会议通过决议，中华人民共和国实施了近 50 年的农业税条例被依法废止。仅减免税一项，国家每年减轻农民负担 1335 亿元。不仅如此，随着财力的增强，国家自 21 世纪起开始实施农业补贴和其他支持保护政策。从 2002 年到 2006 年，国家逐步实施了良种补贴、种粮农民直接补贴、农机具购置补贴、农业生产资料综合补贴等"四大补贴"，仅 2006 年，补贴总额就达到 309.5 亿元。2015 年，财政部、农业部联合发布文件，把除农机具购置补贴之外的三项补贴整合为农业支持保护补贴，并把其中的一部分（主要是增量）用于支持新型农业经营主体。从 2004 年起，国家开始对稻谷、小麦实施最低收购价格制度，2008 年起，逐步对玉米、大豆、油菜籽、棉花、生猪等农产品实施临时收储政策，旨在保护生产者利益。此后，国家又对临时收储政策进行改革，但保护农民利益的初衷不变。2005 年以来，国家还逐步对测土配方、科技入户、小型农田水利、农作物秸秆综合利用、农民职业培训等进行补贴，并对生态补偿、耕地轮作休耕、有机肥施用等进行补贴，并大规模开展土地整治和综合开发，大大提高了土地等级和生产力水平。2016 年，各种农业补贴总额达到农业生产支持补贴 1605.55 亿元。2005 年 10 月，中共十六届五中全会提出了建设社会主义新农村的宏伟任务，国家对农村基础设施建设的投入不断增加。总的来看，21 世纪以来，国家对农业农村的投入是全方位的。2016 年全国财政农林水支出达到 18587.36 亿元，其中农业支出 6250.4 亿元，农业综合开发支出 610.8 亿元，农村综合改革支出 1471.3 亿元。消除价格因素，2008 年以来年均增长率分别为 10.88%、9.20% 和 12.87%。上面的情况表明，由于农业产业的特殊性，加上国家"还债"性质的投入，农民在产业发展方面得到的权益逐渐大于城镇居民，当然与发达国家还有很大的差距，而这正是今后努力的方向之一。

在上述各项政策的作用下，农民收入的增长速度自 2010 年以来一直超过城镇居民收入，城乡居民收入比一直呈下降趋势，并且除了少数年份一直超过 GDP 增速。2017 年，农村居民人均可支配收入 13432 元，扣除物价因素实际增长 7.3%；城镇居民人均可支配收入 36396 元，扣除物价因素实际增长 6.5%；城镇居民收入与农村居民收入之比为 2.71∶1；农村居民收入的增长速度继续大于城镇居民收入和 GDP 增长速度（6.9%）。总体趋势是令人满意的。但应该看到，长三角、珠三角一带的发达县市城镇居民收入和农村居民收入之比一般已经达到 2∶1 左右，发达国家和地区一般在 1.2~1.5∶1。按照 2017 年中央一号文件规划的目标，2035 年基本实现农业农村现代化，城乡居民收入比应该达到 2∶1 甚至更低的水平。这是今后要努力的方向之二。

根据国家统计局公布的《第三次全国农业普查主要数据公报（第四号）》，截至 2016 年底，在 2.3 亿农户中饮用水为经过净化的自来水的比例达到了 47.7%；使用水冲式卫生厕所的比例达到 36.2%；有 99.3% 的村通公路，61.9% 的村内主要道路有路灯，99.7% 的村通电，73.9% 的村生活垃圾集中处理或部分集中处理，17.4% 的村生活污水集中处理或部分集中处理，53.5% 的村完成或部分完成改厕[①]。这些都比第二次全国农业普查数据（截至 2016 年底）有了相当大的改观[②]，显然是 2006 年开始实施社会主义新农村建设政策以及其他城乡统筹政策的结果。但不足百分之百说明了仍然存在的差距，并且与城市之间的差距更大。这是今后要努力的方向之三。

2017 年 10 月中共十九大召开，提出了乡村振兴战略并被写入修改后的党章，2018 年中央一号文件部署了乡村振兴战略实施的具体内容及步骤，提出了 2020 年、2035 年、2050 年分别要达到的目标。从本章分析的结果看，实施乡村振兴战略的关键还在于保障农民权益，包括以下三个方面：一是保障农民的财产权。包括保护在城镇就业、定居的农村居民对于集体成员权和土地承包权、宅基地使用权退出和有偿转让的权益。宁夏平罗等地探索的农民集体成员权退出机制具有推广价值。2018 年中央一号文件提出"探索宅基地所有权、资格权、使用权'三权分置'"的政策构想，落实宅基地集体所有权，保障宅基地农户资格权和农民房屋财产权，适度放活宅基地和农民房屋使用权，具有积极意义，尤其是对于在城镇定居的农村居民意义重大。二是保障农民自主经营的权益。农户数量多、经营规模小是中国不得不正视的现实，遗憾的是，多年来，各级政府大都把工作重点放在推动土地流转和新型农业经营主体建设上，并且成为各类补贴投放的重点。事实上，尽管截至 2016 年底中国土地流转达到 4.79 亿亩，占家庭承包经营总面积的 35.1%，但小规模经营状况并没有得到明显改变。十九大报告指出：实现小农户与现代农业有机衔接，是依据中国农业经营主体的现实而做出的重大判断，具有重大的理论价值和政策含义，指引了中国农业经营主体发展的方向。今后，新型农业经营主体的发展重点应该放在对小规模农户的带动上。对于中国 2.3 亿农户，应该保障其承包经营权转包、出租、互换、转让和股份合作的权利，并且提供相等的机会供其选择。中国特色农业现代化的"特色"之

---

① 参见《第三次全国农业普查主要数据公报》（第三号）、《第三次全国农业普查主要数据公报》（第四号），http://www.stats.gov.cn/tjsj/tjgb/nypcgb/qgnypcgb/201712/t20171215.html。

② 参见《第二次全国农业普查主要数据公报》（第三号）、《第二次全国农业普查主要数据公报》（第四号），http://www.stats.gov.cn/tjsj/tjgb/nypcgb/qgnypcgb/200802/t20080226.html。

一正是各类新型农业经营主体＋农户。三是保障农民与城镇居民同等的权益。主要表现在各项公共服务中，两类居民差距太大。按照中共十九大的规划，2035 年基本实现现代化，两类居民享受的公共服务应该基本一致，而这正是最艰巨的任务之一。改革开放 40 年来的实践证明，只要给予农民充分的权益，蕴藏在农民中的巨大能量就会迸发出来，而这正是改革和发展的原动力。

第二章 小农户与现代农业发展有机衔接的理论基础、作用机制和联结类型[①]

党的十九大报告明确指出"健全农业社会化服务体系，实现小农户和现代农业发展有机衔接"。实现小农户与现代农业有机衔接这一重要历史判断，是顺应中国基本国情和历史发展的重要结晶，也是马克思主义理论中国化在农业领域中的重要理论创新。将小农户引入现代农业的发展轨道，充分体现党中央对小农户的高度重视，以及提升小农户竞争力、把小农导入现代农业发展轨道的历史决心。

基于此，本章首先从马克思主义中国化、农户经济理论和现代农业发展理论三个方面阐述小农户与现代农业发展有机衔接的理论基础，并对小农户与现代农业发展有机衔接的障碍因素进行讨论，最后提出小农户与现代农业发展有机衔接的作用机制，分析现实中存在的各种联结类型及其存在条件。

第一节 小农户存在的必要性：理论与现实

一、马克思主义中国化理论

马克思主义中国化理论指的是将马克思主义基本原理同中国具体实际相结合，发展丰富具有中国特色的马克思主义理论成果的过程。具体来说，马克思主义中国化理论是在新时期将马克思主义基本原理同中国改革的实践结合起来，既要坚持马克思主义，又要发展马克思主义。马克思主义中国化从内容上讲是要运用马克思主义的立场、观点和方法，研究和解决中国的实际问题，丰富和发展马克思主义的理论宝库；从形式上讲，马克思主义中国化就是要运用符合时代特征和人民群众的民族语言阐述马克思主义理论。从实质上讲，马克思主义中国化就是马克思主义和中国实际相结合，简而言之就是将马克思主义的基本原理和中国发展的实际情况相结合，从而得出适合中国国情的社会主义发展道路。实现小农户与现代农业发展有机衔接正是马克思主义中国化在农业发展历程中的重大创新。

小农户与现代农业发展有机衔接这一重大命题的提出是从小农户的实际情况入手，指

---

① 执笔人：孔祥智、张琛。

·59·

出了当前小农户在现代农业发展过程中存在着衔接障碍的客观事实，因此亟须充分发挥现代农业的涓滴效应，将小农户纳入现代农业的发展轨道。党和政府高度认识新时代中国农业发展的特征与趋势，客观分析中国农业所处的发展阶段，即中国农业发展处于并将长期处于从"人口红利"向"改革红利"发展的关键时期。实现小农户与现代农业发展有机衔接这一客观、准确的认识，体现了马克思主义实事求是的基本原则。

实事求是地看待当前农业经营体系发生变化和农业逐步迈向现代化发展之路这两个中国农业发展的实际问题，实现农业经营体系的变迁和农业现代化发展的有机衔接的落脚点是如何引导小农户纳入现代农业的发展轨道。党的十九大报告提出"小农户与现代农业发展有机衔接"这一命题，从马克思主义的立场出发，通过构建"三大体系"，多元化、多渠道、多举措实现小农户与现代农业的有机衔接，既是着眼于农业发展的现实写照，也是现代农业发展的本质要求。

二、农户经济理论

从古至今，小农一直是农业生产的主要经营者，随着历史进程的发展，小农的演化发展历程是农户经济理论的现实写照。小农从传统时期的简单再生产到过密化（内卷化）时期的转型生产，再到现代农业时期的农户分化，在农户经济理论逻辑的推动下，小农实现了自身演化，实现小农户与现代农业有机衔接是农户经济理论在新时期的重要现实选择。

传统农业是一种特殊类型的经济均衡，小农户作为传统农业的经营者，具备如下特征：一是生产要素与技术长期不变，二是生活收入的获得主要依靠农业，三是没有增加生产要素投入的动力，四是小农分散式经营、封闭性强、自给自足等。因此在传统农业中，小农户基本维持简单再生产，处于长期停滞发展状况。"内卷化"时期的小农因农业生产规模较小，为保证自身生活所需，传统小农户进行劳动密集型的投入生产，即生产方式为精耕细作，因而农业生产过程中存在边际劳动生产率和边际报酬递减的趋势，即存在"内卷化"的现象。农业生产"内卷化"在历史发展进程中逐步迫使中国小农户转向单一的种植业。当单一的种植业无法维持全部家庭成员的生存时，小农的生产类型便发生了转变。随着改革开放以来农业结构的调整，农村经济的市场化程度不断发展，农业的发展逐步摆脱了"内卷化"发展模式，在新的时代下，社会经济环境的变化加速小农分化。一部分小农离开农村，转向城市谋求职业，另一部分留下的小农仍从事农业生产，进一步可分为纯农户、兼业户。新时期下小农部分沿袭了典型传统农户的特征，也呈现了新的发展特点。

小农的演变背后的逻辑支撑源于农户经济理论，满足效用最大化的"道义小农"和满足利润最大化的"理性小农"。以舒尔茨为代表的"理性小农"和以恰亚诺夫为代表的"道义小农"的争论焦点是小农行为目标的差异，而在传统时期，无论是追求利润最大化还是追求效用最大化的小农，分散式经营，较强的自我封闭性的特征使得小农的生产生活处于停滞状态。"内卷化"时期的小农既是一个追求利润者，又是维持生计的生产者，也是受剥削的耕作者，小农兼具生产和消费合一的特征。"内卷化"时期小农转变单一的生产结构，是市场经济发展的体现，也打破了原先市场经济与农户经济二者之间无法共存的判断，为农户的演变发展提供研究基础。改革开放以来，小农的分化正是市场经济和农户经济发展相互作用的现实写照。一方面，市场经济"看不见的手"的机制改变了小农行为选择，小农可以选择离土离乡获得更多的收入，也可以选择边从事农业生产边外出务工的兼业形式，也有一部分小农单纯依靠农业作为主要收入来源。另一方面，农户经济的发展也改变着市场经济的走向。农业生产力水平的不断提升，在实现农户经济发展的基础上也改变了市场经济的结构。农户经济的发展既改变了农业内部的产业结构，也改变了农业在国民经济中的地位，促进农业逐步迈向现代化。

小农户与现代农业发展有机衔接正是农户经济理论在新时期的时代选择。从农业发展角度上看，新形势下农户经济的发展促进了农业逐步走向农业现代化。从"理性小农"和"道义小农"的角度上看，小农户与现代农业有机衔接是保护小农、发展小农，将小农引入现代农业的发展轨道，而不是抛弃小农。既能够实现小农的利益最大化，又能够更好地保障小农的生存，小农的主体地位也由"内卷化"时期受剥削转变为新时期的完全独立自主，充分享受现代农业发展所带来的新机遇。

三、现代农业发展理论

现代农业发展理论主要包括农业发展阶段论、诱致性变迁理论和农业多功能性理论等方面。农业发展阶段论的代表人物是梅勒，他提出农业发展具有三个发展阶段：一是技术停滞阶段；二是劳动密集型技术进步阶段；三是资本密集型技术进步阶段。由此可以得出，现代农业的发展趋势是由技术停滞阶段向资本密集型技术进步阶段发展。劳动力与资本要素的二者替代决定着农业发展的阶段。资本密集型技术进步阶段意味着资本相对于劳动力不再那么稀缺，农业现代化程度不断加强。诱致性变迁理论主要论点是一个国家走何种农业现代化发展道路取决于这个国家所处的社会环境和资源禀赋状况。世界主要国家农业现代化的模式可归纳为以下三种：一是以美国为代表的劳动节约型为主的农业现代化模式；二是以日韩为代表的土地节约型为主的农业现代化模式；三是以英国、法国为代表的"中间类型"模式。农业多功能性发端于日本，是指充分挖掘农业各方面的价值，实现农业功能的多样化（农村产业融合发展）。在为社会提供粮食和原料基本职能的基础上，不断拓展出农业的文化、环境、社会等延伸功能，发挥经济保障功能、生态保护、观光休闲、文化传承等多重目标和功能。农业多功能性的发挥，实现农业从单一视角向多维视角的转变，是现代农业发展的路径选择。

现代农业发展理论的基本落脚点是通过何种方式实现农业现代化。无论是农业发展阶段论、诱致性技术变迁理论，还是农业多功能性理论，现代农业的发展都离不开小农。农业发展阶段论、诱致性技术变迁理论的核心是农户劳动力、土地和资本要素的匹配，发挥农业多功能性的也是依托农户实现农业的多维视角转变。现代农业的基本要义是发展，核心是实现小农户的发展。

纵观世界主要发达国家的农业现代化发展之路，都是在反哺小农、发展小农的基础上逐步实现的。反哺小农、发展小农的一个重要标志是增加农业效益，提高农民收入。发达国家通过实现农业生产的产业化，向规模化要效益；通过实现农业产业的产前、产后延伸，延伸产业链、拓展价值链，向提高农业附加值要效益。另一个重要标志是如何明确小农在现代农业中的主体地位。农业现代化、规模化带来的农业劳动生产率水平的提高，必然会出现农村人口和劳动力的转移，出现农村就业方式的多元化，兼业农户的数量越来越多。发达国家农业现代化过程中也出现了这种情况，农村劳动力转移主要存在以下两种趋势：一是从人口的居住地来看，其主要趋势是从农村向城市和城镇转移；二是从产业间关系来看，其主要趋势是从农业向工业和第三产业转移。因此，劳动力转移留下的职业农民已逐渐成为发达国家农业生产的主力军。人口的流动和新型职业农民的培育正是发达国家引导小农纳入农业现代化发展的重要举措。因此，通过现代农业发展实现小农的发展，依据发达国家的实践经验是可行的。

四、小农户存在的必要性分析

农业部统计数据显示，截至 2016 年底，以家庭农场、农民专业合作社、农业产业化龙头企业为代表的新型农业经营主体总量达到 280 万个，中国农业规模化经营初具成效。但是中国的小农户数量多和经营规模小的特征仍没有改变。第三次农业普查数据显示，截至 2016 年底，中国 2.67 亿农户中，经营面积不足 10 亩的农户数量为 2.13 亿，占比高达 79.8%。如果按照世界银行 2008 年发展报告中经营面积不足 30 亩作为衡量小农户的标准，中国小农户的比例接近 90%。可以肯定的是，小农户数量多并且长期存在是中国农业发展的客观事实，而且在相当长的时期内，中国农村土地以小规模农户经营为主的状况不可能得到明显改变。这就使我们不得不清醒地认识到，中国农业现代化只能在小农户的基础上实现，必须在政策上引导小农户与现代农业发展进行对接，除此之外，没有其他道路可走。构建现代农业产业体系、生产体系、经营体系的最终目的也是为了实现小农户与现代农业的有机衔接。

因此，现代农业的发展绝不是摒弃小农户，将小农户引入现代农业的发展轨道，既顺应了亿万农户的历史新期盼，又避免了现代农业因摒弃小农而成为无本之木、无源之水，符合新时期中国农业现代化的发展方向。

第二节　现代农业发展的现状、问题与趋势

一、现代农业发展的现状

中华人民共和国成立以来，我国现代农业发展成效卓著，具体表现在以下六个方面：

一是农业产值快速上升。中华人民共和国成立以来，我国农业总产值呈现出快速上升的趋势。农业总产值由 1949 年的 326 亿元增加到 2018 年的 113679.5 亿元。改革开放后，

以家庭联产承包责任制为主的制度革新，重构了农村微观经营体制，激发了广大中小农户的生产的积极性，极大地释放了农业生产力。如图 2-1 所示。

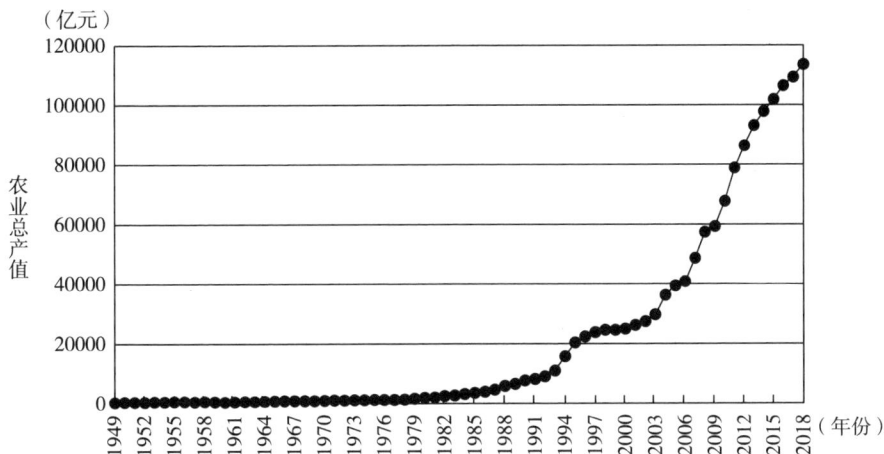

图 2-1　中华人民共和国成立以来我国农业总产值情况

数据来源：历年《中国统计年鉴》和《新中国农业 60 年统计资料》。

二是粮食综合生产能力快速提升。中华人民共和国成立以来，全国粮食产量整体呈现出稳步上升的趋势，一方面得益于生物化学等农业科学技术的发展，另一方面得益于国家对粮食安全的重视，习总书记说："手中有粮，心中不慌。"随着"三农"工作力度不断加强，农业综合生产能力得到显著提高，主要农产品稳步增产，实现了由长期短缺向总量平衡、丰年有余的转变，尤其是改革开放以来，我国粮食综合生产能力有了质的提升，标志着粮食稳定发展的长效机制正在形成，国家粮食安全有了更坚实的基础。如图 2-2 所示。

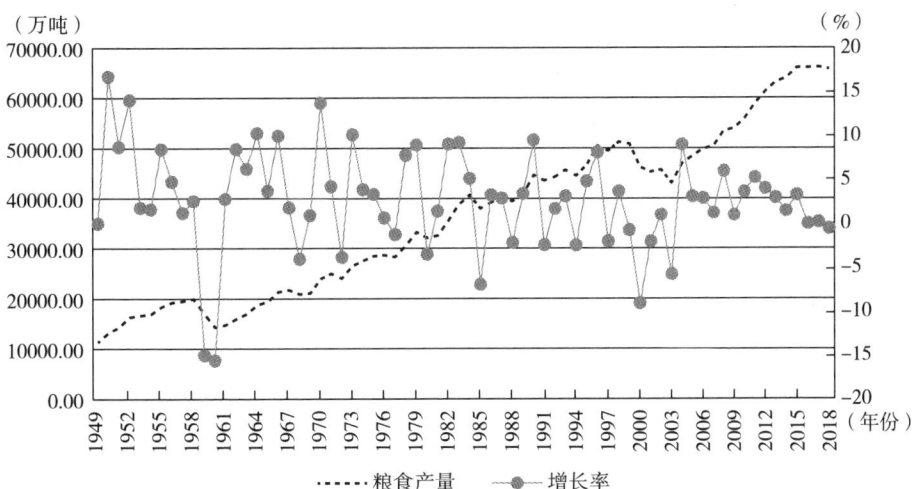

图 2-2　中华人民共和国成立以来我国粮食总产量

数据来源：历年《中国统计年鉴》和《新中国农业 60 年统计资料》。

三是农业基础设施改善，风险抵御能力增强。中华人民共和国成立以来，国家分区域逐步实施了一系列涉及农田基础建设的重大项目，大力加强以农田水利设施为重点的农业基础设施建设，大力建设农田小型水利设施，农业基础设施条件得到大幅改善，抗御自然灾害能力明显增强，无论是成灾面积还是受灾面积均呈现下降的趋势，部分地区"靠天吃饭"的不利局面有了明显改善。如图 2-3 所示。

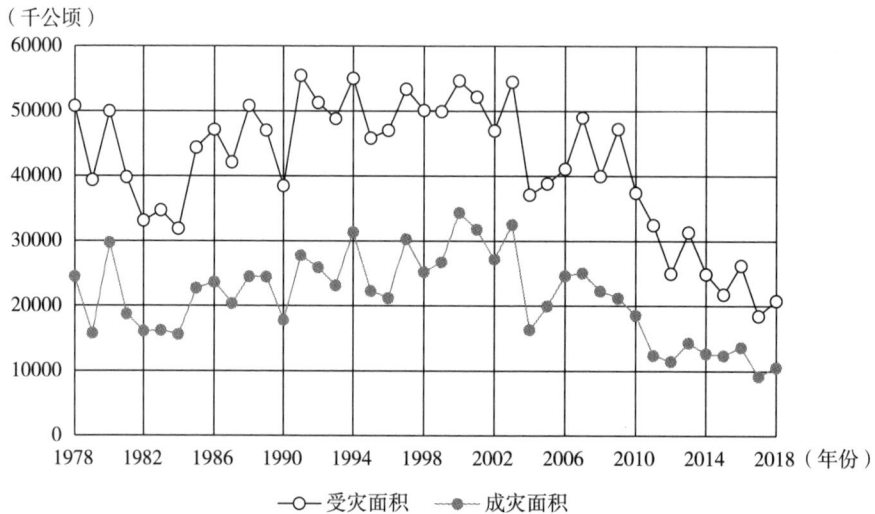

图 2-3　中华人民共和国成立以来我国农业自然灾害情况

数据来源：历年《中国统计年鉴》和《新中国农业 60 年统计资料》。

四是农业装备条件得到改善。中华人民共和国成立以来我国农机装备总量持续增长，2018 年农机总动力达到 10.0 亿千瓦。农机作业水平不断提高，农业生产基本实现了由以人畜力为主向以机械作业为主的重大转变。2019 年，农业农村部全力推进农机化转型升级工作，全国农作物耕种收综合机械化率超过 70%，提前一年实现"十三五"目标，小麦、水稻、玉米三大粮食作物生产基本实现机械化。小麦、水稻和玉米关键环节机械化技术基本成熟；油菜、花生、棉花等经济作物机械化技术研究全面推进；种植和收获环节机械化技术取得重大突破。如图 2-4 所示。

五是农业生产组织制度不断革新。实践经验证实，家庭联产承包责任制极大地调动了农民生产积极性，但由于没有处理好"统"和"分"的关系，一家一户的小农无法充分与大市场进行有效衔接。为了降低农业生产的自然风险和市场风险，亟待加强对新型农业经营主体的培育，以逐步实现传统分散的小农生产逐步向现代组织化生产的过渡。农业生产组织经营方式多种多样，典型的模式如"公司＋农户""公司＋合作社＋农户""公司＋合作社＋基地＋农户""产业协会＋合作社＋农户"等。

六是农业科学技术迈上新台阶。改革开放以来，农业科技水平的提升促使我国逐步从机械技术、生物技术、信息技术等方面对传统农业进行全面技术改造。近年来，大数据、

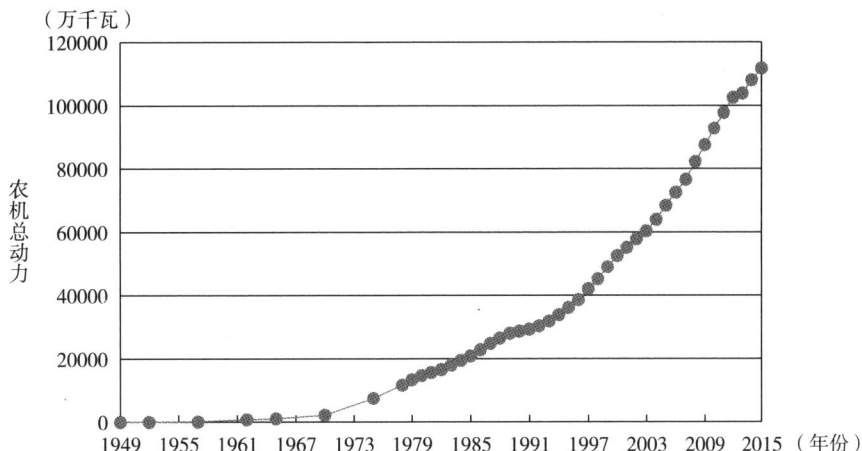

（万千瓦）

农机总动力

图2-4　中华人民共和国成立以来我国农业机械总动力变动情况

数据来源：历年《中国统计年鉴》和《新中国农业60年统计资料》。

物联网、移动互联、云计算、基因组等新技术快速向农业贯穿渗透，智能机器人、3D打印、无人机等尖端前沿技术也开始应用于农业。新理念、新技术的渗透和融合催生了众多的新产业、新业态和新模式，对传统农业改造进一步加速。

二、现代农业发展面临的主要问题

我国现代农业发展成效卓著，稳定解决了十几亿人的温饱问题，但仍存在以下问题。

一是农业面临结构性失衡，城乡要素交换存在不平等。当前我国农业发展进入了新阶段，面临着结构性失衡的局面。转变农业生产经营方式，提升农业的效益。农产品供求主要矛盾从供给总量不足向供给品种、品质不适应需求方面转化。去库存、降成本、补短板、提品质是解决农业供给侧结构性改革的重要路径。城乡二元结构特征的利益取向造成了城乡之间的要素交换关系和合理利益补偿机制没有打通。农村要素以"剪刀差"的形式由乡村不断向城市流动，资本、人力等稀缺资源的流失加剧了农业经营的风险。而城市要素进入农村的路径还没有打通，农业要素"净流出"的状况并没有发生根本性的改变。

二是农业经营成本快速上升，物质装备能力有待提升。劳动力成本的快速上升导致农业经营成本上升速度超过产值增加速度，严重制约了我国农业发展的国际竞争力。此外，我国农业物质装备水平与西方发达国家仍存在着较大的差距，具体表现在，主要农作物农业机械化水平严重滞后，农业综合机械化水平远低于美国、德国、日本等发达国家。此外，农业机械化区域和品种的不平衡，农机与农艺相结合不紧密，自动化、信息化和智能化水平较低，这在一定程度上制约了我国农业现代化的发展。

三是农业科技创新意识和科技成果转换率亟待提升。科学技术是第一生产力，但我国农业科技目前与国际先进水平存在较大的差距。更重要的是与农业发展的自身需求之间的差距。一方面是农业科技自主创新意识较为薄弱，自主创新的内生动力认识不足，过于依赖政策扶持，管理体制的滞后也进一步削弱了科技创新的内生动力。另一方面我国农业科技成果被真正转化利用的比例远低于西方发达国家水平。

四是农业发展面临着资源环境的硬约束。我国人均耕地少，人均耕地面积大大低于世界平均水平，水资源相对短缺。环保压力较大，农药、化肥的大量施用远高于世界平均水平（120公斤/公顷）。有机肥资源利用率、畜禽粪便养分还田率以及农作物秸秆养分还田率较低。随着城镇化进程的进一步加速，耕地减少、水资源短缺的趋势还将持续，生态脆弱、环境污染加剧的矛盾将更加突出，农业现代化发展面临的资源条件将更为严峻。

三、我国现代农业发展的趋势判断

一是协调城乡要素平等交换关系的体制机制逐步建立。当前国内城乡要素不平衡交换的矛盾日益突出，无法充分发挥市场在资源配置中的决定性作用。为了优化要素资源配置，协调城乡平等要素交换关系亟待逐步建立，核心是解决如何实现"人、地、钱"等要素在城乡之间的双向流动。这就需要在破除农村集体经营性建设用地入市的制度障碍、探索宅基地"三权分置"的可行性路径、深化农村金融制度创新、建立健全农村产权抵押贷款机制、建立城乡统一人力资源市场等方面做文章。

二是现代农业"三大体系"建设向深入推进。建立健全现代农业产业体系、生产体系、经营体系三大体系是推进农业农村现代化的重要支撑，是现代农业发展的重要抓手。未来现代农业的发展趋势应该是深入推进现代农业"三大体系"建设，在现阶段的基础上推进现代农业产业体系建设，发展壮大新产业、新业态，通过农业全产业链的打造，实现基础农业与农产品加工业、农业服务业的提档升级与融合发展，以协同融合为导向，以改革创新为动力，以支持保护为手段，促进工农协调发展，发挥农业多功能性与产业融合互动功能，促进一二三产业融合发展，推进现代农业"三大体系"向"全系统、全要素、全过程"智能化升级。

三是农业技术装备和信息化水平进一步提高。实现农业现代化关键在于科技进步和创新，加强农业科技自主创新，既能够占领农业科技创新制高点，做到"顶天"，又能够适应现代农业发展的基本要求，解决现代农业发展的核心难题，实现"立地"。未来现代农业的发展需要高农业科技转化应用水平，解决农业科研与推广"两张皮"问题，大力推进农业信息化建设，推进生产信息化和建立健全农业信息化服务体系，采用现代信息技术来全面改造农业，对农业生产的各种要素进行数字化设计、智能化控制、精准化运行、科学化管理。

四是绿色发展成为农业现代化主流导向。在资源要素趋紧、种植效益偏低、环境承载压力不断增大的情况下，未来现代农业发展需要做到绿色发展，需要以培育新型农业经营主体为抓手，构建资源节约型、环境友好型的新型农业经营体系，走清洁、无公害、高品质的发展道路，通过结构调整充分发挥区域的比较优势，进一步加强农业生态管理与保护，实现资源环境可持续利用是采用良好的生态环境构建，大力发展循环农业，采用休耕、轮作、种植结构调整等措施修复农业生态环境。

第三节　小农户与现代农业发展有机衔接的障碍因素

　　小农户是我国农业生产的重要组成部分，是人多地少基本国情的现实写照。小农户对接现代农业的障碍表现为以下四个方面。

　　一是生产效率偏低。农业生产效率的提升是现代农业发展的重要表现形式。当前，小农户的农业生产效率仍存在着很大程度的上升空间，较低的生产效率水平制约着小农户对接现代农业。Huang 和 Kalirajan（1997）通过对 1993～1995 年 1000 户农户的面板数据分析，研究发现农户粮食生产效率水平偏低，经营规模的扩大有助于实现农户粮食生产效率水平的提升。Chen 等（2003）利用中国农户的面板数据，探究农户粮食生产技术效率及其影响因素，研究结论表明相对于小农户，大规模经营农户具有较高的生产技术效率。赵建梅等（2013）采用自助抽样的数据包络分析方法的估计结果表现，样本农户的平均技术效率达到 71.49%，存在着较大程度的上升空间。高鸣等（2016）采用农村固定观测点的数据研究发现，样本农户中的小麦生产技术效率水平较低，均未超过 70%。

　　二是收入水平低，且不均衡。千方百计促增收，是现代农业发展的基本要求。当前，农民收入一方面呈现出较低水平，另一方面呈现出收入不平等的状况。国家统计局数据显示，2016 年农村居民人均可支配收入 12363 元，较城镇居民人均可支配收入 33616 元相差 2.72 倍，农民收入仍呈现出较低水平。Wan 和 Zhou（2006）基于对中国农户家庭数据的分解，研究发现当前中国农户收入存在着较高程度的不平等，家庭内部的农业结构是影响农户收入的重要因素。王洪亮等（2006）采用基尼系数和泰尔指数对 1983～2003 年中国省际农民收入不平等进行了研究测算，研究表明中国省际农民收入不平等呈现出扩大趋势。孔祥智（2016）运用农业部农村固定观察点的数据对基尼系数进行了测算，研究表明，在农民收入总体中，处于低、中水平的农户占绝大多数，2004～2012 年有 6 年的农民收入基尼系数大于 0.4，说明农民内部之间收入差距同样较大。

　　三是农产品质量难以保障。农产品质量安全控制也是小农户对接现代农业的障碍因素。当前，小农户对农产品质量安全认知程度低，缺乏提升农产品质量安全的路径是造成小农户农产品质量安全水平不高的关键因素。张云华等（2004）对山西、陕西和山东 15 个县（市）的调研发现，农户对无公害和绿色农药的认知程度较低，施用无公害和绿色农药的农户寥寥可数，化肥过量施用也是农产品质量安全水平不高的重要因素。Huang 等（2008）对中国化肥施用情况的调查研究表示，中国农业生产中化肥的过量施用十分普遍，尤其是以小农户过量施用为主。仇焕广等（2014）基于对四省玉米种植户的调研测算，研究发现化肥过量施用量达到每亩 10.4 公斤，过量施用量占总施肥量的 38.5%。此外，缺乏提升农产品质量安全的路径也是制约小农户农产品质量安全的影响因素。Moustier 等（2008）对越南农户的研究表明，倘若农户实现与大型超市或龙头企业的有效对接能够显著地提升农户农产品质量安全水平。Poulton 等（2010）认为小农户无法通过深加工和质量控制来提升农产品附加值，获取高额利润的可能性降低。Ortega 等（2015）运用中国北京的调研数据也证实了大型超市能够充分捕捉到市场消费者对农产品质量安全的要求，小农户与大型超市的对接能够实现对农产品质量的安全控制。

四是市场准入障碍。发展中国家中小农户对接大市场的障碍十分普遍，一个重要原因是发展中国家普遍存在着市场缺陷，劳动力、资金分配存在低效率和利益分配不均衡（de Janvry，1991）。市场准入障碍一方面因为小农户规模效益无法得到充分实现，另一方面高昂的交易成本和较低的利润率制约着小农户进入大市场（Sadoulet et al.，1995；Markelova et al.，2009）。Wiggins 等（2010）认为信息需求的匮乏，是小农户具有较高技术和市场风险的重要因素，是市场准入障碍的关键因素。孔祥智等（2004）的研究也证实了技术采纳是取决于农户的禀赋特征，是对接现代农业大市场的关键因素。小农户处于产业链边缘化的位置一方面造成了小农户承担着较高的市场风险，另一方面收益分配的不对等造成小农户具有较低的市场收益，形成了产业链的市场准入障碍。黄祖辉、梁巧（2007）的研究表明分散小农户位于产业链的上游，边缘化的原因造成收益与付出不对等。Qian 等（2013）通过对呼和浩特奶业产业的研究发现，奶农处于利益分配的劣势地位，对奶业产业的发展具有不利影响。

第四节　小农户与现代农业发展有机衔接的作用机制

第三次农业普查结果显示，截至 2016 年底，全国有 2.3 亿农户，其中农业经营户大约 2.1 亿，不同类型的农户与现代农业发展有机衔接的作用机制也存在着差异。值得注意的是，当前中国农户分化趋势日趋明显，农业收入在非农业户的家庭总收入中占比很小（占比低于 20% 以下），农业生产已被高度边缘化，成为周末农业、体验农业、休闲农业。二兼农户（农业收入占比 20%～50%）的主要精力也不可能在农业上。这两类农户纳入现代农业经营体系的方式主要是土地流转、土地入股甚至退出，要帮助他们放手发展非农产业或者进城务工。对于那些农业收入占比较高的纯农户（农业收入占比 80% 以上）和一兼农户（农业收入占比 50% 以上），从事农业生产仍然是主要趋势。因此，小农户与现代农业发展有机衔接应该是分类指导、有序推进，而不是"一刀切"。

长期来看，不同农户对其承包土地的处置也将出现分化。一部分小农户会继续兼业工农、往返城乡，他们需要质优价廉的社会化服务；一部分有条件又比较"决绝"的小农户可能想要彻底处置农村土地迁入城镇，他们寻求以更高的价格放弃土地承包经营权；一部分市民化能力不太强或比较"审慎"的小农户在进城后可能更愿意保留农村土地作为"退路"，他们主要看重租金收益以及可否随时收回土地；一部分善于经营农业的小农户可能会选择接收其他小农户的土地发展成为规模经营主体（种植大户），或者在社会化服务体系的支撑下演变为能够从农业经营中获得与外出务工经商相近收入的专业化、职业化小农户，他们需要稳定的土地经营权或者农业社会化服务。基于此，我们通过调研发现。当下小农户与现代农业发展有机衔接的作用机制主要有两大类型：一是纯农户与一兼农户通过农产品市场体系、农民专业合作社、农业产业化龙头企业以及农业社会化服务体系的方式实现与现代农业有机衔接。二兼农户与非农户通过土地流转、土地入股、土地退出以及社会化服务体系实现与现代农业有机衔接。二是以劳动密集型农产品生产为主的农户倾向于采取利用农产品批发市场（距离市场较近）和加入农民专业合作社等纵向协作形式。以土地密集型农产品生产为主的农户倾向于采取加入农业社会化服务体系的协作形式。如图 2－5 所示。

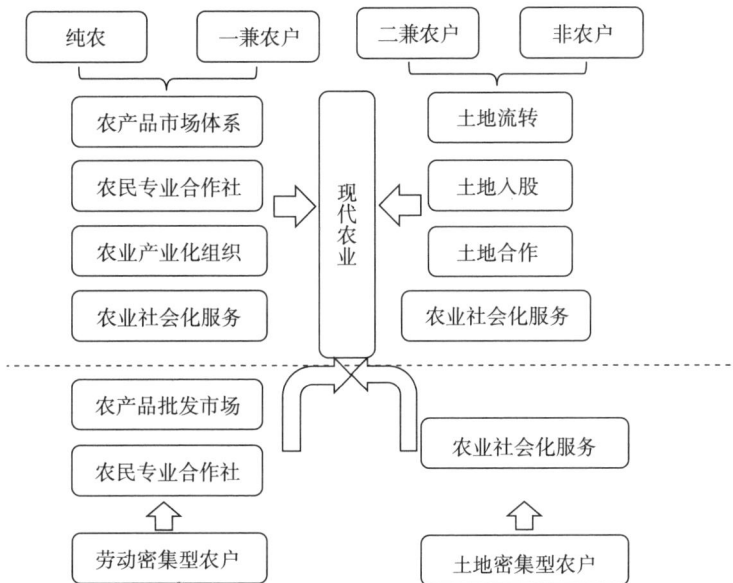

图 2－5　小农户与现代农业发展有机衔接的作用机制

第五节　新型农业经营主体与小农户利益联结类型

随着农业经济与各种经营主体的不断发展，新型农业经营主体在与小农户建立利益联结的过程中产生了一系列复杂机制，以突破当下限制小农户融入现代农业发展的各种障碍。从生产要素的角度可归纳出，当前新型农业经营主体与小农户之间建立利益联结机制的主要模式有以下五种。

一是土地契约模式。土地契约模式是指新型农业经营主体的生产经营以农地作为基础资源，小农户以其所拥有的土地资源（承包权）为基础与新型农业经营主体签订关于土地使用的合同，进而形成以土地要素为核心的契约关系。土地契约模式一般包括两种形式：其一是以小农户的土地使用权转让为核心建立的契约关系；其二是小农户以土地要素入股，在新型农业经营主体中占有股份，参与主体的分红。

二是劳动契约模式。劳动契约模式与土地契约模式相似，是指把小农户的劳动力作为核心要素与新型农业经营主体建立的契约关系。劳动契约模式也可以分为两种具体形式：一种是小农户与新型农业经营主体签订劳工合同，即小农户与新型农业经营主体建立传统的劳动雇佣关系；另一种是小农户以劳动力要素入股，融入新型农业经营主体的产业链条，在新型农业经营主体中获得股份，享受分红。

三是资本契约模式。资本契约模式是指小农户以自身资本作为核心要素与企业建立的契约关系。常见的资本契约模式可以分为两种：①债权契约关系。指新型农业经营主体与小农户之间建立资金借贷关系。这种借贷关系又分为两种形式，一种为新型农业经营主体向小农户进行债权融资。另一种为小农户基于扩大再生产的需求或者医疗、住房等生活需求，向新型农业经营主体借款，形成债务契约关系。②股权契约关系。指有条件的新型农业经营主体因扩大规模、购置新资产等生产需求向产业链内部及外部的小农户发行股票进行股权融资而建立的契约关系。

四是技术装备契约模式。技术装备契约模式是指小农户与新型农业经营主体之间以农业技术、机械装备作为核心要素建立的利益联结关系。在这种机制下，经营主体常常作为农业技术或机械装备的供给方，小农户作为需求方。该机制下常见的模式又分为两种：①技术服务模式，该模式主要是指新型经营主体向小农户提供纯粹的技术或装备支持，农户按照市场化方式接受外部服务，并支付相应的费用，模式不改变集体土地所有制的性质、不改变土地承包关系及土地用途，主体之间关系相对独立，利益联结比较松散，如"山东土地托管服务模式"。②技术合作模式，该模式主要是指新型农业经营主体向农户提供技术、装备等生产资料标准化服务的同时，还要与小农户形成农产品定向收购或劳动雇佣、土地租赁等比较紧密的合作关系，如"四川圣乐迪模式"。

五是农产品市场渠道模式。即通过农业产业化经营，实现小农户与新型农业经营主体的利益联结关系。一方面由新型农业经营主体组织牵头和农户之间签订具备法律效力的产销合同，在合同中确定小农户所种植的品种、种植面积、种植数量等。同时，对农产品的收购采取保护措施。另一方面农户保证农副产品的生产数量和质量，由企业提供加工、销售和其他服务，农户的生产经营活动依靠企业的订单关系实现和市场的紧密衔接。

第六节　新型农业经营主体与小农户利益联结程度

当前新型农业经营主体与小农户的组织方式存在着"龙头企业＋合作社＋农户""龙头企业＋农户""合作社＋农户"等组织模式。区分不同类型的利益联结机制的关键在于新型农业经营主体是采用何种方式与小农户进行合作，是单纯的买卖关系，如家庭农场、合作社和农业企业向农户支付土地租金、劳动工资或者产品金额，还是采用股份合作方式，如农户把土地入股到新型农业经营主体中。显然，新形势下要着力构建股份制、合作制等紧密型利益联结机制，鼓励新型农业经营主体和农户形成利益共同体，让农民充分参与和分享发展的红利（汪洋，2017）。因此，根据合作制和股份制的二维划分，我们将两者的利益联结机制总体上划分为紧密型、半紧密型和松散型，如图 2-6 所示。

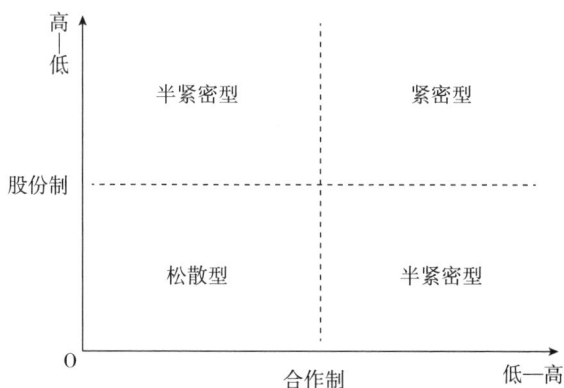

图 2-6　新型农业经营主体与小农户的利益联结程度示意图

根据在山东、河北、安徽、陕西和吉林五省的调研发现，不同类型的新型农业经营主体与小农户的利益联结程度存在着较大的差异：多数家庭农场、合作社和农业企业与小农户利益联结多是以单纯的产品买卖、雇工发放工资和要素买卖为主的松散型，只有很少一部分的合作社和农业企业与农户建立了股份合作等较为紧密的利益联结机制。一直以来，国家大力倡导构建紧密型利益联结机制，但是迄今仍没有很好地解决：一方面由于农户是风险规避者及转移者；另一方面则是因为信息不对称，企业等外部主体与农户打交道需要较高的交易成本。

由于缺少紧密的利益联结机制，许多新型农业经营主体因成本过高、经营难以持续，导致倒闭关门，甚至"跑路"。例如，重庆永川区农民梁某 2009 年租种了 1 万多亩粮田搞规模经营。为提高种粮效益，梁某设计了完整的集约化生产方案：组建劳务合作社，解决无人种地问题；建立农机服务队，提高种粮效率；统一供种、施肥，保证粮食品质。但三年中，梁某始终面临劳务成本过高、农田基础设施薄弱、自然风险大等现实困难，集约化设计不仅未能破解这些难题，反而处处碰壁。"粮王"累计亏损 200 多万元，最终于 2012 年破产，重庆曾经的"粮王"最终以失败收场。倘若梁某与农户构建更为紧密的利益联结机制，鼓励农户以土地入股的方式，能够有效地降低经营过程中高昂的地租成本，合作社也不会仅仅三年就轰然倒下，结果值得后来者深刻反思。

对比建立了较为紧密型的利益联结机制的合作社、新型农业经营主体经营状况相对较为乐观，都是在与农户合作的基础上遵循了股份制这一标准，如鼓励农户采用要素入股的方式。具体来说,紧密型利益联结机制在不同农业子行业之间存在着差异:种植行业多以要素入股分红的方式为主。如黑龙江省克山县仁发现代农业农机专业合作社的"合作社 + 农户"的模式鼓励农户将自身的土地入股到合作社中,以土地要素作为盈余分配的重要依据指标,实现了小农户收益水平的提升;养殖行业因畜产品价格的波动频繁,多以"保底收益 + 分红"为主。如广东温氏集团的"龙头企业 + 农户"模式通过保障产业链上游的养殖农户收益,在养殖业收益波动较大的背景下保证了小农户收益的稳定性。

第三章 小农户与现代农业发展有机衔接的意愿、模式以及路径[①]

第一节 小农户生产现状及其从事现代农业的意愿

促进小农户和现代农业发展有机衔接，必须按照分层分类的思想，考察不同类型小农户的差别化意愿和政策需求，进而制定相关政策。为此，赴山东东平、宁夏平罗、四川崇州等全国农村改革试验区和改革试点实地调查的基础上，又于 2018 年初在黄淮海农区 6 省 20 个县（市、区）随机抽取了 1026 户农户进行问卷调查（以下简称"黄淮海 1026 户农户"）。在此基础上，本章分析了小农户的生产现状及从事现代农业的意愿、创新小农户生产和现代农业衔接的典型做法，进而依据不同类型小农户的发展趋向和政策需求，提出了相应的改革建议。

当前，中国正处于城乡经济社会转型的关键期，农村劳动力持续向城镇转移，农业经营方式迅速改变。农业机械化和农民的非农就业，让小农户的农业生产经营状况、对待农业及土地的态度发生了显著变化，主要体现在以下四个方面。

一、绝大部分农户土地经营规模小、兼业程度高

大量的农户在小块土地上分散经营，是当前中国农业的基本特征。农业农村部的数据显示，截至 2016 年底，在全国 2 亿多农户中，多达 78.6% 的农户经营耕地面积不足 10 亩。如果按照世界银行在 2008 年世界发展报告中提出的标准，将经营土地面积小于 30 亩的农户界定为小农户，中国小农户的比例高达 89.1%（魏后凯、刘同山，2017）。由于土地太少，单纯依靠农业收入难以保障基本生活，兼业成为小农户生存发展的现实选择。近年来，随着小农户兼业程度越来越高，非农收入成为农户家庭收入的主要来源。据农业农村部固定观察点对全国 31 个省 355 个县 2 万多农户的监测数据，2016 年，仅有 12.8% 的农户的农业收入多于非农收入，非农收入占比超过八成的农户比例高达 64.0%，比 2003 年提高 30.7 个百分点。对黄淮海 1026 户农户问卷调查发现，2017 年，只有 14.2% 样本

农户的农业收入多于非农收入，非农收入占比超过八成的农户比例高达 65.1%，两个比例都非常接近农业农村部固定观察点的数据。

二、不少小农户借助机械化与土地流转脱离农业生产

经济上不划算，让很多小农户不愿在农业上花费过多精力，而农业机械的普及和土地流转的兴起，又为小农户退出农业生产提供了条件。一方面，农业机械化程度的提高，让农村劳动力全面退出耕、种、收环节，仅部分田间管理仍需人工完成。以小麦为例，黄淮海 1026 户农户中有 782 户种植小麦（以 2017 年是否收获小麦作为标准），其中不论地块大小，小麦耕、种、收环节全部实现机械化的农户数分别为 753 户、711 户和 736 户，占比 96.3%、90.9% 和 94.1%。另外，有 480 户（占比 61.4%）农户，连收获后的"送粮回家"都交由社会化服务主体来完成，每亩花费 10～20 元。一些农户甚至把打药、追肥等田间管理工作也以每亩 5～10 元的价格委托他人完成。"种田不下地"成为一种普遍现象。另一方面，很多小农户借助土地流转或通过家庭内部分工，减少参与甚至退出农业生产。在黄淮海调查的 1026 户农户中，有 148 户（占比 14.4%）把全部承包地流转出去，成为离农农户；有 193 户（占比 18.8%）农户把部分承包地部分流转出去；有 232 个受访者（占比 22.7%）完全不参与农业生产，其中 197 人年龄不满 65 岁；多达 53.3% 的 80 后年轻农民，2017 年全年不曾从事一天农业劳动。

三、一些小农户生产效率很低且愿意退出农村土地

对非农收入占绝大部分的深度兼业小农户而言，农业不过是一种"补充收入"来源。与"以农为生"的小农户相比，深度兼业农户不在意耕地产出和农业收入，也没有发展现代农业的动力。对黄淮海 1026 户农户调查发现，非农收入占比高的小农户，其亩均产值和亩均产量都更低。种地但农业收入占比不到 20% 的 567 户（深度兼业）农户，亩均产值为 1443.0 元，小麦、玉米平均亩产分别为 822.2 斤、895.4 斤；农业收入占比超过 80% 的 76 户（专业）农户，亩均产值为 2652.2 元，小麦、玉米平均亩产分别为 954.2 斤、1017.9 斤，远高于深度兼业农户。而且，农业已经不再是小农户"安身立命之所在"，相当一部分小农户愿意有偿放弃土地使用权。在黄淮海 1026 户农户中，除了 148 户农户已经把全部承包地出租之外，还有 378 户（占比 36.8%）农户愿意把一部分自家正在种的地租出去；有 619 户（占比 60.3%）农户愿意把全部承包地入股到村里，交由村里统一经营管理；如果一次性给 40 年的当地最高租金，分别有 362 户（占比 35.2%）、477 户（占比 46.5%）农户愿意把一部分承包地永久转让给本集体成员或交给国家。其中，分别有 194 户（占比 18.9%）和 236 户（占比 23.0%）农户甚至愿意把全部承包地都转让给本集体成员或交给国家。

四、很多小农户愿意扩大经营规模长期从事现代农业

小农户之所以被称为小农户，一个主要原因是其经营着超小规模的土地。现代农业发

展，需要一定的经营规模，否则不利于采用现代科技、打造品牌等（刘同山、李竣，2017）。不少小农户愿意扩大经营规模，但是受各种情况限制没能如愿。黄淮海1026户农户调查问卷结果显示，2017年，有172户（占比16.7%）农户租入了土地，最多的租入400多亩，最少的租入0.1亩以实现连片经营。在当前条件下，有332户（占比32.4%）农户愿意再多种一些土地，其中有155户农户甚至愿意花钱从本集体成员手中受让一些承包地。但是，有160户农户因租不到而没种更多的地，分别有52户和7户因"租金太贵"或"土地不连片"而没有租地。如果务农很难获得与外出务工经商相近的收入，无疑会打消小农户扩大经营规模、长期从事农业的积极性。如果务农能与外出务工经商的收入一样多，愿意长期从事现代农业的农户数将增加至504户（占比49.1%）。

第二节　创新小农户和现代农业发展衔接机制的典型做法

农业是弱质产业，农民是弱势群体。发展现代农业，不仅要为城乡居民提供优质农产品，还要提升农业竞争力，让从业农民获得合理收入。当前工农收入差距、城乡收入差距依然明显，因此判断小农户生产和现代农业发展衔接好坏的一个重要标准是小农户能否在现代农业发展中改善收入状况。近年来，作为农村改革的排头兵，农村改革试验区和各改革试点根据不同类型小农户的差别化政策需求，在创新小农户和现代农业发展衔接机制、以现代农业发展促进小农户增收方面，探索出不少行之有效的创新做法，主要包括以下几种。

一、规模扩大型：增加规模提高小农户的经营收入

小农户生产对接现代农业的一个重要障碍，是土地经营规模过小且细碎化严重。为扩大小农户的经营规模、破解土地细碎化难题，各地主要采取了以下三种方式。

一是支持小农户租入土地，扩大经营规模。根据国家发改委编制的《全国农产品成本收益资料汇编2017》的数据，如果不考虑小农户家庭用工折价和自营地折租，2016年小麦、稻谷、玉米三大主粮的亩均收益为512.1元。提高土地经营规模，可以在亩均收益不变的基础上，让小农户借助规模经济获得更多农业收入，从而缩小与外出务工经商的收入差距。很多试验区和地方政府出台了促进小农户成长为专业化大户和家庭农场的相关政策，对租入一定规模土地的农户给予奖励。据农业农村部对30个省44.5万户家庭农场的专项统计调查，有2.9万个家庭农场获得了财政资金扶持。虽然只有一部分土地流转行为得到财政资金扶持，但相关政策在激活土地流转市场、引导小农户扩大经营规模方面发挥了积极作用。

二是推行小农户承包地"互换并块"，提高单个地块面积。当初分地时，为减少矛盾，大部分地区都采取了"肥瘦搭配"的方式将所有地块按人均分，致使每户在不同块上都分得一小片，造成承包地严重细碎化。调查发现，广东清远平均每户不过3.5亩承包

地，但地块数一般都在 10 块左右；天津宁河区杨泗村很多农户承包地不足 10 亩，地块却多达 20 块。承包地细碎化不仅不便于管理，还会增加农机服务成本。为减少地块数量，在黄淮海 1026 户农户中，已经有 31 户（占比 3.0%）自发进行了承包地互换；有 686 户（占比 66.9%）农户想进行调串、互换；即便每亩地需要不超过 200 元的费用，也仍然有 419 户（占比 40.8%）农户愿意通过地块调串、互换减少地块数量。一些试验区基于小农户的需求，开展了承包地"互换并块"工作。比如，甘肃金昌市金川区按照"分地人口不变、承包面积不变"的原则，考虑灌溉机井的覆盖范围，引导小农户把零散的土地互换、合并，也即"以井定田"，目前金川区 27 个行政村的 25.23 万亩耕地已全部完成"多处变一处、小块变大块"。广东清远市近年来也大力推进土地"互换并块"，以求实现"一户一块田"，至 2017 年 10 月，全市实际整合耕地面积 150 万亩，耕地细碎化情况显著改善。

三是引导小农户以土地入股村集体或合作社，统一经营管理。即便把小农户分散的承包地合并成一块，"人均一亩二、户均不过十亩"的土地规模，也难以满足现代农业发展的需要。因此，不少试验区借助集体资产股份合作制改革，引导小农户把承包地入股到村集体或合作社，统一对外出租或由合作社直接经营。2015 年启动改革试点任务以来，山东东平县在全县范围内推行土地股份合作制改革。该县马流泽村把农户承包地和集体荒地折股量化后入股到村集体领办的合作社，合作社利用其中 300 多亩地，在政府支持下建设了 18 个大棚，其中 8 个由合作社统一经营，10 个出租给某农业公司。借助统一出租和合作社经营，农户每亩土地收益从分散出租时不足 500 元，增加到接近 1000 元。一些不愿或不能外出务工的村民，可以在合作社种植蔬菜或者到公司承租的大棚务工。四川崇州市采取了小农户将土地入股到村里的土地股份合作社，再交由职业经理人统一经营管理的模式，收益分配和东平试验区一样，采取"租金保底 + 盈利分红"的方式。对于想继续种地而不愿把承包地入股或出租的小农户，各试验区一般会通过"地块调串"将其土地调整至不影响集中连片的区域。

二、劳动力友好型：节约成本改善小农户的经营效益

长期来看，借助现代科技和农业机械把农民从农业生产中解放出来是大势所趋。但是，当前城镇就业机会少、工作不稳定，很多农民尤其是 50 岁以上的农民想"离农、进城"，却无法在城市找到稳定的工作，只能偶尔外出"打零工"。由于非农就业不稳定、不充分，很多农民还不能彻底离开农业农村，土地仍然有很强的"劳动力蓄水池"功能。如果过于强调机械化，会造成农村劳动力的闲置和浪费，也容易引发一些社会问题。因此一些试验区在以农业机械化推动现代农业发展时，将重点放在农村劳动力不愿干、不能干或干起来不划算的领域，充分注重小农户的就业需求，为其在农业生产中发挥作用留有空间。

宁夏平罗县稻谷种植的"统种分管"和河南荥阳市小麦、玉米种植的"生产车间"，是由新型农业经营服务主体为小农户统一提供农资、农机服务和农技指导，而生产过程中的打药、施肥、田间管理等工作，仍是由小农户分散完成的一种劳动力友好型农业合作经

营模式。它是新型农业经营服务主体针对农村集体经济组织虚化、农业生产"统"得不够，而发展出来的"统分结合"新形式。目前，平罗县已有7家新型主体在7300多亩耕地上实行了"统种分管"模式（刘同山，2018）。以2016年最先开展"统种分管"的宁夏平罗县宁禾谷米业公司为例，其具体做法：一是公司与农户所在村集体签订"统种分管"协议，在某一地块统一种植指定的水稻品种；二是公司统一采购农资和购买农机服务，然后以低于市场的价格为农户提供服务；三是生产过程中需要人工较多的环节，如打药、田间管理等，由小农户分散负责；四是对于"统种分管"地块收获的达到质量要求的稻谷，公司以高于市场价8%的价格收购；五是公司收购农户的稻谷时，按耕地面积扣除为农户垫付的农资、农机服务等费用。2017年，宁禾谷米业公司"统种分管"面积接近2000亩。

除上述做法外，由于成员更多、种植规模更大，河南荥阳市新田地合作社还在每个村设一个"车间主任"，负责维护成员关系、管理本村的农业生产要素投入。目前，新田地合作社以"车间制"为食品企业订单种植优质小麦和玉米5万亩，辐射带动60多个村的1.2万户农户（张璟，2016）。山西朔州市通过"套餐式、增益型"农业生产托管和粮食银行，把分散经营的小农户和农资供应、农机服务、粮食销售加工企业等产业链上下游市场主体整合起来，一方面借助供货渠道优势降低10%～20%的农业生产成本；另一方面通过种植优质品种、减少粮食流通环节，让小农户粮食售价每斤比市场价格高1～5分。借助"降本"和"提价"，改善了小农户的农业经营效益。

三、产值提升型：让小农户在小块土地上获得更高收入

除扩大经营规模和兼业务工外，还可以通过提升单位面积的农业产值或者说提供更具市场价值的农产品，让小农户获得更多收益。在城市周边，一些小农户利用亲子农场、果蔬采摘园、有机农产品等吸引城市居民消费者，从而提高农产品的市场价值，将原本15元一斤的草莓卖到30元一斤。在普通农区，可以通过改善生产条件、调整作物结构来提高单位土地上的产值。

比如，山东青州市南小王村先是将全村569亩耕地入股到合作社，再以"926斤小麦（折价）保底收益＋年终分红（3000元左右）"的方式把集中后的土地交给天禄农业公司统一投资经营。天禄农业公司在中信信托的资金支持下，对南小王村及周边耕地进行连片整治、改良路网水网，然后建设成高标准蔬菜大棚，并配备5个沼气池为蔬菜种植户提供有机肥。至2018年1月，天禄农业公司已经累计投资近亿元，在南小王村及周边建设成了1000多个蔬菜大棚，然后以每个大棚2.5万元/年的价格出租给当地农户。南小王村的牟某把自家4亩多承包地入股合作社后，承租了一个较大的新棚和两个较小的旧棚，和妻子二人经营，每年净收入在8万～9万元，高于外出务工收入。

一些试验区为了提升单位土地的产值，也采取了类似南小王村"整体提升＋农户承包"的做法。比如，安徽龙亢农场投资建成1370亩连片西瓜大棚，以租赁承包、联合经营等方式，吸引周边农民从事高效农业种植。50岁左右的农民夫妻二人一般可以承包2～

3个大棚，仅此一项，每年纯收入达5万~6万元。山东东平县采取农民以土地和部分资金入股、政府160万专项扶贫资金扶持、相关企业以技术和设备折股的方式，投资455万在夏谢五村联合建设了14栋现代化养殖大棚，出租给村集体和愿意从事规模养殖的农户经营。出栏草鸡由入股企业按订单收购。政府扶持资金分红在本村贫困人口中平均分配，2017年500名贫困人口人均分得320元。不仅推动了小农户从事专业化养殖，还借助产业发展保障了贫困户的收益。

四、产业拓展型：让小农户分享资源资产增值收益

将小农户引入现代农业发展轨道，还需要利用农业的多功能性，不断推动农业从传统的种植、养殖向生态观光、休闲旅游等领域迈进，让小农户从农业功能拓展中分享产业融合的价值。

山东东平县南堂子村是电视剧《新水浒传》的主要取景地。为了发展乡村旅游业，2014年以来，南堂子村采取"固定土地股、变动户口股"的模式，成立了土地股份合作社，利用银行贷款对村庄进行旅游开发。为了激发各方的积极性，南堂子村设计出了兼顾土地、户口和劳动贡献的收益分配机制：土地股每年1000元/亩的保底收益＋年终分红；户口股随人口变动而变化，并仅参与年终分红；管理人员的收益，直接与当年合作社盈余情况挂钩。合作社优先安排本村村民就业。截至2017年底，南堂子村的门票和鲜果采摘收入已经从几年前的10万元快速增加至500万元，合作社的年盈余达到了50万元，带动了本村及周边4000多人就业。

河南济源市花石村是集体资产股权改革的一个试点村，2015年8月完成集体股改后，采取"村干部带头、村民自愿入股、收益按股分红"的方式筹资220万元（其中村干部占60%，其他每户可以投资1万~3万元，最终38户农户入股），组建了股份经济合作社，合作社租赁村里的土地，投资建设了"南山森林公园滑雪场"。由于地理区位好、生态环境优美且选择的项目合适，2015年一个月的经营收入达115万。2016年4月合作社决定筹建"水上乐园"，看到滑雪场项目赚钱后，很多村民要求入股，最终97户农户成为第二个项目的股东。冬季滑雪，夏季玩水，合作社旺季的日均营业收入超过2万元，入股万元每年分红超1000元（苑鹏、刘同山，2016）。

第三节　小农户和现代农业发展衔接的崇州模式

一、崇州农业共营制的出现

崇州市全境"四山一水五分田"，有人口67万人，其中农业人口46.2万人，是成都市农业大县和粮食主产区，有"西蜀粮仓"之称。进入21世纪以来，与其他地区的情况

相似，崇州市农业农村发展面临严峻挑战：一方面，农村耕地较少，人均不足一亩且细碎化严重，农业基础设施建设缓慢，农户兼业的情况普遍，传统农业向现代农业转型受到阻滞；另一方面，农村外出务工人员持续增加，2012 年崇州市外出务工的农村劳动力比例已经高达 73.4% （谢琳等，2014），从事农业的大多是 60 岁以上的"高龄农民"，大多数年轻农民不愿种地也不会种地，农业"谁来经营""如何经营"等问题日益突出（课题组，2016）。

为了解决上述问题，近年来，从鼓励生产大户农地流转，到引进农业龙头企业租赁农地进行规模经营，再到支持农民专业合作社引导农民抱团发展，崇州市进行了多种形式的探索实践。但是，由于各种规模经营主体各自为战，且与普通农户的利益联结不紧密，这些尝试均未取得预期效果，甚至险些出现群体事件。比如 2009 年，鹰马龙罐头食品有限公司毁约退租崇州市榿泉镇 3000 余亩耕地后，农户不愿意收回承包地，而要求此前鼓励农民将土地连片流转给该公司的地方政府承担责任。受此事件影响，为了突破困境，维护农业生产和农村稳定发展，自 2010 年起，崇州市开始推行"农业共营制"试验。

顾名思义，所谓农业共营制，是指拥有土地承包权的农户（组成土地股份合作社）、农业职业经理人、社会化服务组织等多种主体共同经营农业的一种制度安排。最初的农业共营制主要涉及三方面内容：一是引导农户以土地承包经营权入股，成立"土地股份合作社"，推进农业规模化经营；二是土地股份合作社聘请懂技术、会经营的种田能手担任职业经理人，负责合作社土地的生产经营管理，推进农业专业化生产；三是适应规模化、现代化种植的要求，推动专业化服务体系建设，打造"一站式"农业服务综合平台，推进农业专业化服务。

随着土地股份合作社、农业职业经理人以及专业化现代农业服务体系等规模化、专业化与组织化运行机制的逐步完善，最终形成了"土地股份合作社 + 农业职业经理人 + 现代农业服务""三位一体"的农业共营制模式（罗必良，2014）。

近年来，随着农业经营规模的提高，崇州市开始引导一些土地股份合作社与农业产业化企业联合、合作，以保障农产品销路、提高农民在农产品增值中分享的比例。农业共营制逐步从"土地股份合作社 + 农业职业经理人 + 现代农业服务""三位一体"进入了"农业产业化企业 + 土地股份合作社 + 农业职业经理人 + 现代农业服务""四位一体"的 2.0时代（见图 3 - 1）。

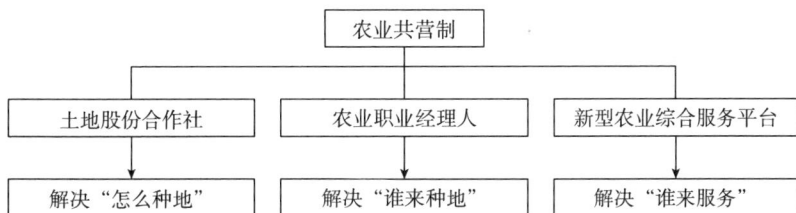

图 3 - 1　崇州"三位一体"农业共营制的组织架构

二、农业共营制的具体做法

第一，小农户以承包地入股土地股份合作社。按照"入社自愿、退社自由、利益共享、风险共担"原则，引导小农户以土地经营权作价折股入社，制定符合自身特点的《章程》，并到工商注册成立土地股份合作社。入社社员是土地股份合作社经营主体，生产决策、农业职业经理聘用、分配方案等全程参与决定。合作社设理事会、监事会。理事会根据当地作物常年平均产量、入社土地的位置、地力状况等因素，充分结合社员的意见，按质定股，确定适宜的股权份额和成员分配的比例。比如，在土地折股时，以上等田为基数，中等田、下等田分别为其9折和8折，记载成员入社的土地股数，建立成员登记册并由社员签字确认。对于因各种原因不愿意加入土地股份合作社的农户，村里协调对其承包的土地进行调换，使其零散分布的多块承包地集中、连片。理事会代表全体社员负责决策"种什么"。监事会代表全体成员监督理事会和农业职业经理人的工作。

土地股份合作社的利益联结机制和分配方式灵活多样，由成员（代表）大会、理事会和农业职业经理人共同协商决定。2017年6月在崇州调研时发现，约有80%的土地股份合作社与合作社成员、农业职业经理人采取了"保底收益+二次分红"的模式。如集贤乡涌泉土地股份合作社采取每年向成员支付720元/亩的保底收益，并按照2∶3∶5的比例对其余盈余进行二次分红（20%作为土地股份合作社的公积金、风险金和工作经费，30%用于成员土地入股的二次分红，50%作为职业经理人的佣金）。另外一些土地股份合作社则采取了"按比例分配盈余"或者"向职业经理人支付佣金+设定目标产量后的超奖短赔"的方式。

目前，全市已组建土地股份合作社226个，入社面积31.6万亩，占全市耕地面积的61%；入社农户9.2万户，占全市总农户的61%。以隆兴镇丰乐村为例，80%左右的劳动力都外出务工，全村共有60余户，其中只有7~8户没有加入合作社。尽管大部分耕地和农户都加入了土地股份合作社，但是仍然有相当一部分比例的农户未将土地交由合作社统一经营。为了全面了解未加入土地股份合作社的小农户的生产经营状况，对丰乐村的一个未加入土地股份合作社的农户进行了深度访谈：

傅卫刚，男，44岁，除配偶外，家里还有一个老人和一个儿子。老人已经70岁，儿子今年19岁，初中毕业后在外打工，但目前勉强能挣够自己花的（钱）。媳妇常年在崇州市打工，每个月工资2000元。自己在村周边打零工，有时也在土地股份合作社工作，一年大概能工作7个月，每个月收入约为3200元。家里共有2.5亩地，共分成四块。大春（5~10月）种水稻，小春（10月~来年5月）种小麦。

种水稻一般需要整地、育苗、插秧、施肥、打药、浇水、收获等环节。他们家这2.5亩地，从种到收，总经营成本为1420元，具体支出如下：由于地块零碎、作业不方便，雇大型农机具整地和收获均需要花费300元（2.5亩地总费用，下同）；购置种子需要400元（因主要是自己家吃，买的种子较好，花费也较高），肥料需要300元，农药120元；自己育苗、插秧、打药没有费用支出。2016年，2.5亩地共产稻谷3000斤，市场价格为1.3

元/斤，毛收入为 3900 元。扣除成本 1420 元，不算人工，其 2.5 亩地水稻种植收入为 2480 元。由于小麦亩产只有 450 斤，每斤价格 1.1 元左右，收益与成本大致相抵，所以这 2480 元也是该农户农业经营总收入，仅占家庭总收入的不足 5%（＝2480 元/49840 元×100%）。

当问及他是否愿意多种一些土地时，傅卫刚回答说："肯定不想多种，因为种地的收入还不如一个月打工的工资。""那你为什么不把土地交给合作社统一经营？"他说："主要原因是加入土地股份合作社不如自己种合适。入社每年只能收入 600～700 元，种一亩地能收入 1000 元左右。而且如果把地交给合作社，全家都要吃'商品粮'，大米要 3 元一斤，自己家的稻谷加工成米，成本也就 1.5 元左右。""为什么种小麦基本没收益，还辛苦种而不撂荒？"他说："不能撂荒，要不别人会说闲话。"

第二，农业职业经理人负责连片土地的田间管理。土地股份合作社通过农村产权交易中心网站、张贴公告等发布农业职业经理人招聘信息。根据经营能力不同，每个农业职业经理人一般负责 300～500 亩土地。较大的土地股份合作社可以将土地划片，分别招聘职业经理人。如隆兴镇青桥土地股份合作社，把 1636 亩耕地划分为 4 个经营片区，由不同的职业经理人负责。农业职业经理人具体负责"怎样种""如何种"，提出具体生产实施意见、生产成本预算、产量指标等，交由合作社理事会讨论通过后执行。

农业职业经理人是"农业共营制"的关键环节。近年来，崇州市积极选择有志于农业的大中专毕业生、返乡农民工、种养能手等作为培育对象，吸引多层次人才到农村创业兴业，对其加强培训引导，为其成为农业职业经理人提供条件。另外，为了更好地培育和管理农业职业经理人，崇州市不仅建立了农业职业经理人初、中、高"三级贯通"证书等级评定制度，根据其经营规模、生产技能、管理能力和经营水平等，每年评定一次，对符合条件的颁发相应等级《农业职业经理人证书》，还设立了农业职业经理人专项培训经费，纳入本级财政预算，制定并完善粮食规模种植补贴、城镇职工养老保险补贴、信用贷款贴息扶持、经营权抵押贷款补贴等配套扶持政策，切实加大对农业职业经理人的扶持力度。如中级以上农业职业经理人享受提高 10% 的粮食规模经营补贴；农业职业经理人以个人身份参加城镇职工养老保险的，财政补贴 60%；初级、中级、高级农业职业经理人分别可以信用贷款 10 万元、20 万元、30 万元，给予银行同期贷款基准利率 50% 贴息等（课题组，2016）。

2014 年 9 月，成都市在总结崇州做法的基础上下发了《关于加强农业职业经理人队伍建设的意见》，提出要建立农业职业经理人选拔机制、培养机制、管理机制和服务机制，为崇州市进一步大力发展农业职业经理人提供了制度保障。截至 2017 年 6 月，崇州市共培育农业职业经理人 1887 人，其中初级、中级、高级农业职业经理人分别为 401 人、119 人、21 人。其中，在土地股份合作社、农业企业、家庭农场等新型经营主体上岗的农业职业经理人超过 800 人。

为了比较深入地了解农业职业经理人及当前土地股份合作社的情况，选择了隆兴镇青桥村土地股份合作社的一位农业职业经理人进行访谈：

孔开全，男，50 岁，家里有 5 口人：本人、50 岁的妻子、28 岁的儿子、26 岁的儿媳和一个 4 岁的孙女，家里共有 3 亩地，分成 7 块，最大的一块 1.1 亩，最小的只有 0.2 亩。自 2012 年起，家里把全部土地都加入了股份合作社。孔开全 2012 年之前，曾长期在广州打工，后来又在当地开出租车。2016 年受当地政策和农业发展状况吸引，成为了一名农业职业经理人，和爱人一起，负责管理 350 亩地。儿媳负责家务和照顾孙女，儿子外出打零工。农忙时儿子也会帮忙。

据孔开全介绍，青桥村有 900 多户农户，其中约 300~400 户没有加入土地股份合作社。他认为，村里有些农户之所以没有加入合作社，可能有三个原因：一是一部分 60~70 岁的农民不能外出务工，把地交给合作社以后没事儿干，也担心没地之后，家里人的口粮没保障，这些人以后慢慢干不动了，会交给合作社；二是有些农户的田太远、太偏，种水稻放水不方便，合作社不愿意要；三是有些农户通过个人渠道出租出去，让别人种蔬菜等经济作物，给的租金比加入合作社合适。

由于合作社的土地集中连片，而且有专门的农业综合服务平台为职业经理人服务，不算人工和土地成本，孔开全大春（水稻）的生产成本为 1370 元/亩，其中经营成本为 750 元/亩（远低于傅卫刚的 1420 元/亩）。每亩地的稻谷产量约为 1300 斤，市场销售价约为 1.2 元/斤，故每亩地的销售收入为 1560 元。扣除成本，大春每亩地纯收入为 810 元。小春种植小麦，成本为 350 元/亩，每亩可产 550 斤（比农户分散种植高 100 斤左右），市场价格为 1.1 元/斤，销售收入约为 600 元，小春的每亩纯收入约为 250 元。扣掉每年 620 元/亩的土地成本（土地股份的保底收益），孔开全管理的每亩地的年纯收入约为 440 元，350 亩地总收入为 15.4 万元。如果收益按照 2∶3∶5 的比例进行二次分配、农业职业经理人获得 50% 收益的话，其夫妻两人专业经营农业的年收入约为 7.7 万元，与外出务工的收入大致相近。考虑到一家五口不用长期分离，而且参加城镇居民养老保险还可以获得补贴，当农业职业经理人显然有一定的吸引力。

第三，政府和社会机构做好各项农业综合服务。做好农业共营制，需要为农业职业经理人，即农业经营主体提供全方位的支撑。近年来，崇州市整合资源、积极创新、多措并举，通过携手各种社会机构打造新型农业社会化服务综合平台，有效地提升了"为农服务"尤其是为农业职业经理人服务的能力和水平。

一是组建农业科技推广团队和"专家大院"，创新农业技术培训方式，提高培训的针对性和有效性。一方面，崇州市聘请了"一校两院"（四川农业大学、四川省农科院、成都市农林科学院）的专家学者，并遴选市、乡农业技术人员，组建了 225 人的农业科技推广团队和 101 人的专家大院，形成专家学者、农技推广人员互为补充的教学队伍，对当地农民尤其是农业职业经理人进行培训。目前，专家大院的专家，已经与当地 119 家农业企业、农民合作社等签订了科技服务协议，有效解决了农业科技"转化难"的问题。另一方面，崇州市改变传统的单一技术培训的方式，组建了 30 人的培训教师团队，优化整合农村实用技术培训、专业技术人员培训、科技人员技术培训等资源，把原来单一的农业技术培训拓展到产品营销、农村金融、品牌打造等，培育产、加、销复合型的农业职业经理人。

　　为了提高培训的有效性，崇州市还建立了农业培训的导师制度，由市级和基层农技专家组建农业技术指导组，在全市分 12 个片区对农业职业经理人开展一对一"保姆式"教学指导和跟踪服务。农业职业经理人掌握农业技术之后，在生产经营管理过程中对合作社务工的普通农民进行"面对面"指导、"手把手"示范，让普通农民在"干中学、学中干"，形成受聘于土地股份合作社的"农业职业经理人 + 普通农民"的专业经营管理团队，也为普通农民工日后成长为"农业职业经理人"提供了条件。

　　二是政府主导搭建为农服务综合平台，探索农业社会化服务新模式。崇州市整合农业公益性服务资源，引导供销合作社、农业龙头企业、专业大户等各类资金，组建了三家综合性农业社会化服务公司。这三家农业社会化服务公司，一方面，筛选产品质量好、服务能力强、服务价格优的农业企业、农民合作社等经营性主体作为合作伙伴，并对经营性服务主体提供的服务内容、服务质量进行全程指导监督，建立信息反馈渠道，对出现的问题及时予以纠正和反馈，确保服务质量不走样。凡是因服务质量问题被服务对象投诉三次以上的经营性服务主体，农业公司将取消与之合作。目前，三家农业公司整合农机专业合作社（大户）22 个，拥有大中型农机具 320 套、专业从业人员 662 人；整合农资供应商（企业）22 家，每年可提供肥料 8000 余吨、种子 100 余吨；整合劳务合作社 6 个，从业人员 1000 多人；整合植保专业合作社（植保机防队）17 个，拥有植保机械 700 余台（套）；整合专业育秧公司、育秧合作社，建成工厂化育秧中心 2 个、水稻集中育秧基地 25 个，年供秧能力 10 万余亩，农业服务超市服务面积达 20 余万亩。三家农业服务公司从事农业社会化专业服务人员达 5000 余人。

　　另一方面，按片区建立"农业服务超市"，为土地股份合作社、农业职业经理人和普通农户提供农业技术咨询（免费）、农业劳务、农业机械化、农资配送、专业育秧（苗）、病虫统治、田间运输、粮食代烘代储、粮食银行、金融服务等全程农业生产"一条龙"社会化经营性服务。目前，农业公司已在桤泉、集贤、隆兴、燎原、王场、济协、锦江、羊马等基层农业综合服务站建立农业服务超市 10 个，服务全市 25 个乡镇（街办）、231 个行政村（涉农社区）。

　　政府农业部门和基层农业综合服务站对"农业服务超市"销售的农资、提供的服务实行登记备案制度，从源头上确保农业投入品的质量安全。同时，基层农业服务站依托"农业服务超市"开展农业技术培训、技术指导、服务质量监督等。利用政府公益性和市场主体的经营性为农服务"两个资源"，崇州市形成了"农业技术人员 + 农业服务超市 + 农业经营主体"上下贯通、可塑性好、瞄准性强的农资、农技和农机作业服务综合服务体系。

　　此外，三家农业社会化服务公司在"为农服务"模式上也进行了创新，建立了农资和服务价格的"三方协商机制"，以及对农资和服务价格的"菜单式"管理。具体做法是：农业公司结合适度规模经营主体的需求，在每年大春、小春开始之前，邀请经营性服务主体、适度规模经营业主、市农发局技术人员等代表，召开需方、供方、技术人员三方参加的农资和服务价格协商会议，根据当年农业生产实际，汇集各方意见和建议，达成共识后形成当年的服务价格。在农资和服务价格协商完成后，将农资和服务项目、内容、质量、价格等在"农业服务超市"公开公示、明码标价，服务对象根据农业生产的实际需要进行"点菜"，签订全程或者单项服务协议，实行"菜单化"农业社会化服务模式。

三是完善"农业共营制"发展的金融支持。近年来，崇州市加快整合政府部门、人民银行、涉农金融机构等服务资源、政策资源、项目资源和金融资源，搭建"农贷通"综合融资服务平台，为"农业共营制"发展提供支持。其做法主要包括以下五个方面：

（1）创新和扩大农村产权抵押贷款品种。成都农商银行、邮储银行、农业银行等8家银行参与，实现土地经营权、林地经营权等农村产权抵押贷款。截至2017年2月底，累计发放土地经营权、林地经营权等农村产权抵押贷款394宗、3.42亿元。

（2）构建农村产权流转交易体系。依托成都农村产权交易所，设立崇州市农村产权交易公司，搭建"农贷通"综合融资服务平台，整合分散在各部门、单位和金融机构的农村信用信息，构建完善综合融资征信服务平台。依托基层乡镇农业综合服务站，建立"农贷通"综合融资服务中心，承担农村金融贷款和保险、农业农村电子商务、农村产权流转、农业监测等供需信息汇集、融资审核相关职责，开展一站式服务。在每个行政村和涉农社区，依托村级公共服务便民中心，采取农村金融综合服务站、农业农村电商服务站、农村产权交易服务站和农业监测综合服务站"四站合一"，设立"农贷通"综合融资服务站，形成"村收集、乡镇审核、市级指导"三级服务管理体系。

（3）健全新型农村经营主体信用等级评定体系。加大对各种农民合作社、家庭农场、农业职业经理人等新型农业经营主体的信用评定力度，并把诚实守信作为享受各种财政扶持政策的必备条件，纳入"农贷通"平台项目库管理。目前，已评定信用乡镇23个，信用村167个，信用农户1.18万户，信用专业合作社36个，信用家庭农场26个，信用职业经理人131个。

（4）构建农村产权担保收储体系。崇州市财政注册资金10277万元成立崇州市蜀兴农产担公司，建立粮食适度规模经营担保贷款基金2824.56万元。同时，构建"政府+合作社+企业"分工协作的农村产权抵押贷款担保收储体系：搭建政府担保收储平台；组建2个村级互助担保合作社，探索农民自治组织担保收储平台；探索引进农业产业化企业参与，搭建企业担保收储平台。

（5）构建产权抵押政策扶持体系。建立农村产权抵押贷款的贷款利率、担保费用收取和政府贴息等优惠扶持政策，搭建起行之有效的产权抵押政策扶持体系。以农村土地经营权抵押贷款，对直接用于粮油、蔬菜、林竹果茶种植和畜禽养殖，发展适度规模经营的，按人民银行同期贷款基准利率的50%给予贴息；对用于农产品加工流通、农业品牌营销、农村电子商务、农业社会化服务的，按人民银行同期贷款基准利率的30%给予贴息。

四是借助"社企联合"延伸产业链条，让农民获得更多增值收益。虽然"土地股份合作社+农业职业经理人+现代农业服务"三位一体的农业共营制解决了"怎么种地""谁来种地""谁来服务"的问题，但是1.0版本的农业共营制只是解决了农业生产的问题。实际上，当前农产品已经进入了供给过剩阶段，没有销售渠道的农业职业经理人和土地股份合作社，生产的优质产品难以卖出好价格。为了解决这一问题，2015年以来，崇州市开始探索农业共营制的2.0版本，即"土地股份合作社+农业产业化企业"，并初步形成了"你来""我往""另起炉灶"三种经营模式。

（1）入股经营——农业产业化企业入股土地股份合作社的"你来"模式。入股经营，是指农业产业化企业承认土地股份合作社的章程，并以技术、资金等要素入股，成为土地股份合作社的团体成员，并负责土地股份合作社按其要求生产的农产品的销售。在加入土地股份合作社后，农业产业化企业与农民成员一起，公开选聘农业职业经理人，并规范土地股份合作社的财务管理和核算。作为企业入股的回报，土地股份合作社按照农业产业化企业的需求进行生产。农民成员以土地经营权作为优先股，并按照约定优先获得一定的基本收益（不少于开展入股经营前的收益）。在支付土地股份合作社基本收益后，再对剩余利润按股分红。

比如，四川普润生农业科技有限公司入股崇州市燎原乡迎新土地股份合作社，作为合作社的新股东，通过社员代表大会选举公司董事长为合作社的理事长，土地股份合作社以1875亩土地经营权，参照本地土地经营权流转价格，以每亩每年500斤稻谷折资作为优先股，土地合作社按照四川普润生农业科技有限公司的需求开展羊肚菌种植，公司投入种子、肥料和生产性投入资金，由合作社统一经营，合作社监事会监督生产经营管理，经营纯收入在支付每年每亩土地经营权500斤稻谷折价（约650元/亩）优先股收益后，剩余经营纯收入按公司80%、土地股份合作社公积金10%、入社社员10%的比例进行二次分红。

（2）产品联营——土地股份合作社以其农产品（主要是稻谷）交给农业产业化企业进行加工、包装、销售并从中获得增值收益的"我往"模式。在产品联营模式中，土地股份合作社的农产品生产要按照农业产业化企业的要求，统一技术、统一投入品、统一标准、统一管理。在农产品收获后，土地股份合作社将其以当期市场价格折资，交给农业产业化企业作为股份。企业投入资金、仓库、加工设备、包装、宣传等作为股份，由企业统一储藏、统一加工、统一品牌、统一包装、统一销售。产业化企业销售净收益在按照市场价格支付土地股份合作社稻谷价格后，剩余收益按股权份额进行分配。

比如，崇州市隆兴镇杨柳土地股份合作社、集贤乡涌泉土地股份合作社等20家农业经营主体，以4400亩土地经营权入股成都西蜀粮仓农业发展有限公司，合作社按照公司"稻虾藕遇"优质粮油品牌标准开展生产，统一种子、肥料、农药、植保、收割、烘干，建立农产品溯源体系，合作社以实际入库公司稻谷的数量按比例持有股份，作为盈余分配的依据，由公司统一储藏、加工、包装、营销，销售的纯收益按照当年市场优质稻价格，优先支付合作社交付的农产品费用，剩余经营纯收入的80%作为公司收益、20%以各合作社实际入库稻谷数量进行二次分红。2016年，土地股份合作社每公斤稻谷分红不少于0.2元。

（3）资产联营——土地股份合作社与农业产业化企业共同出资成立农业企业的"另

起炉灶"模式。资产联营，顾名思义，是指土地股份合作社以土地经营权折股、农业产业化企业以技术和资金等要素折股，组建新的农业公司。由新的农业公司公开聘用总经理、农业职业经理人从事生产经营管理，并按照农业产业化企业的需求制订生产计划，独立经营。土地股份合作社参与监督生产经营管理，公司采取"优先股 + 分红"分配方式：首先确保合作社土地经营权入股（优先股）的基本收益（相当于给土地股份合作社一个保底收益），剩余利润再在土地股份、资金股份、技术股份之间分红。

比如，崇州市白头镇龙翔土地股份合作社以 610 户农户的 1740 亩农村承包土地的经营权占股 40% 作为优先股，四川润地远大生态农业开发有限公司以技术、生产种植成本投入（每亩每年生产经营成本 1200 元）占股 60%，共同组建成都润地汉通农业开发有限公司，润地汉通公司经营纯收入在支付土地股份合作社每亩每年 500 斤稻谷折价（约 650 元/亩）优先股后，剩余经营纯收入按公司 80%、土地股份合作社 20% 的比例进行二次分红。

在上述三种模式下，土地股份合作社实际上相当于农业产业化企业的生产基地。农民通过与掌握销售渠道、能够增加农产品附加值的农业产业化企业合作，可以更多地参与产后各环节的价值增值分配。目前，崇州市有 23 家土地股份合作社、4 家农业产业化企业参与了"土地经营权 + 农业产业化企业"经营试点，其中：入股经营试点 1 个，涉及耕地面积 1875 亩；产品联营试点 1 个，涉及耕地面积 4300 亩；资产联营试点 3 个，涉及耕地面积 4671 亩。崇州市"农业共营制"正在从"土地股份合作社 + 农业职业经理人 + 现代农业服务""三位一体"进入"农业产业化企业 + 土地股份合作社 + 农业职业经理人 + 现代农业服务""四位一体"的 2.0 时代（见图 3 - 2）。

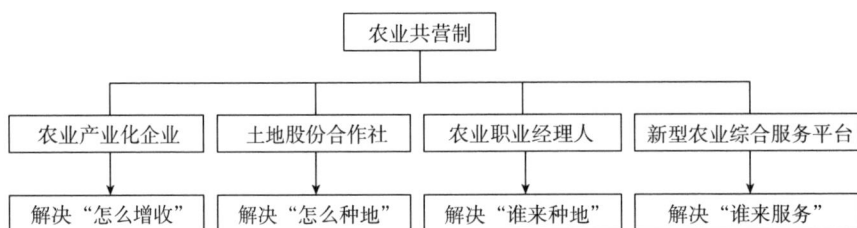

图 3 - 2 崇州"四位一体"农业共营制的组织架构

三、农业共营制的成效

崇州市通过"农业共营制"，将土地、人才、资金、技术、政策等各种资源整合在一起，解决了怎么种地、谁来种地、谁来服务、怎么增收的问题，大大改观了当地农业经营面貌（郭铖，2017）。其成效突出表现在以下几个方面：

一是在保有小农户土地承包权、经营权的基础上，提高了农业经营规模。全市已组建土地股份合作社 226 个，入社面积 31.6 万亩，占全市耕地面积的 61%；入社农户 9.2 万户，占全市总农户的61%。土地股份合作社将土地划片后，交由选聘的农业职业经理人代为管理，并与农业职业经理人约定种植的作物品种和保底收益等，仍然拥有一定的土地经营权。

为了保障农业适度规模经营的稳定性，保障土地流转当事人的合法权益，崇州市引入平安保险、太平洋、锦泰3家保险机构开展土地流转履约保证保险，制定出台了《关于推进土地流转履约保证保险工作的通知》《崇州市土地流转履约保证保险实施办法（暂行）》，对土地流转双方的合同行为进行担保保险，保额为每亩1000元/年，费率3%左右，政府补贴保险费比例50%、流入人承担保险费比例40%、流出人承担保险费比例10%，探索构建土地流转风险防范机制。

二是通过联合与合作，成立三家综合性农业社会化服务公司，统一为区域农户采购农资、农业机械服务等，降低了农业生产成本。从服务对象反馈的情况来看，以全年种植粮食为例，种子、肥料、农药、机耕、机收通过农业服务超市"订单"服务，每亩每年直接节约生产成本150元以上。我们调查发现，以水稻种植前的整地为例，加入土地股份合作社后，农业职业经理人从"农资超市"获得农业机械服务，每亩地只需60元左右，而未加入合作社的分散农户每亩地的农机服务费用则超过100元——比如由于前文提到的普通农户傅卫刚未加入土地股份合作社、土地规模小且比较细碎，其亩均整地成本多达120元。

三是提高了农产品单位产量。土地股份合作社有效提高了农产品的单位产量。据调查，2016年全市土地股份合作社通过应用农业科技成果、科学种田，水稻亩产平均可达1300斤，明显高于四川省成都市、崇州市的水稻平均单产水平，比农户分散经营亩均产量增加70~80斤。而且，2016年，土地股份合作社的小麦亩均产量约为550斤，比周边农户分散种植亩产高出150斤。

四是增加了当地农民尤其是土地股份合作社成员农户的收入。农户入社后，不仅有稳定的保底收益，能参与二次分红，还可以在土地股份合作社打工挣钱。此外，承包地交由土地股份合作社统一经营，可以把一部分农村劳动力从小规模分散经营中解脱出来，让其可以稳定地长期外出务工、到土地股份合作社担任农业职业经理人或者到"农资超市"上班。据崇州市农村发展局估计，通过土地股份合作社和"农业共营制"，当地农户户均年增收达6000元以上。而且，新出现的"土地股份合作社+农业产业化企业"模式强化了企业和农民的利益联结，让小农户可以分享到农产品流通环节价值增加产生的收益，有利于进一步提高当地农民的收入。以资产联营模式为例，2016年，每亩耕地在650元的保底收入基础上，每亩又得到300元左右的二次分红，分别高出土地股份合作社自我经营150元、农户家庭经营300元。

五是提高农业现代化水平，促进了区域高标准农田建设和农业结构转变。近年来，崇州市依托土地股份合作社，借助各方紧密合作的"农业共营制"，推动农业科技创新应用，助推农业品牌打造，提高农产品附加值，形成了农业科技"产、学、研、用"的完整链条。2016年，实施"百千万丰产示范"，建成100亩主要农作物新品种试验基地、

1000 亩超级稻示范基地、10000 亩标准化稻鱼（蟹、虾）等综合种养示范基地、20000 亩绿色防控及统防统治示范基地，土地股份合作社应用测土配方施肥、水稻机插秧、绿色防控等节本增效技术 15 项，应用面积 20 万亩以上。

由于在推动农业规模经营、农产品增产、农民增收等方面的突出作用，2013 年以来，崇州市连续四年被评为四川省"三农"工作先进县，2015 年、2016 年获四川省农民增收先进县。作为崇州农村改革的重要举措，"农业共营制"也受到社会各界的高度关注。

四、农业共营制的问题与挑战

一是农作物种植选择困境：民主决策的代价。在采取"保底收益＋二次分红"的土地股份合作社中，合作社成员代表、理事会与农业职业经理人共同决定作物品种。农业职业经理人（甚至其家庭）的收入主要来源是土地股份合作社，因此，追求土地股份合作社的利润最大化符合其理性选择。但是，理事会和合作社成员代表，需要对本合作社的全体成员负责，否则将会承担来自左邻右舍的巨大的社会压力。收益归全体成员分享、风险由理事会和成员代表承担，理性的理事会和成员代表显然会让风险最小化。于是合作社成员代表和理事会在农作物品种选择上，就会比职业经理人更保守，这导致职业经理人不能根据市场变动情况合理调整农产品品种，比如将小春的小麦生产转换为收益更高但潜在风险也更大的蔬菜种植。既然已经设置了保底收益，那么，将生产经营决策权完全交由农业职业经理人，显然有助于激发其经营积极性，从而为土地股份合作社产生带来更多经济效益。民主决策农作物品种，对职业经理人的经营决策权进行限制，是一种无谓的效率损失，即治理机制"民主的代价"。笔者认为，既然农业职业经理人已经承诺了保底收益，为了让其更好地发挥职业经理人的作用，应该给予他更加充分的经营决策权。

二是农业职业经理人队伍的"劣币驱逐良币"。之所以出现农业职业经理人和农业共营制，是由于当地相当一部分小农不想再种地。但是，随着地方支持力度的加大和农业职业经理人的增多，一些农业职业经理人为了上岗（才能获得政府各种补贴政策，以及收回前期人力资本投资），在竞聘时向土地股份合作社承诺更高的保底收益，从而拉动了当地土地租金。与 2011 年土地股份合作社每亩 450～500 元的保底收益相比，2017 年每亩地保底收益已经到了 550～600 元，而且其他投入，比如农资、人工的费用也在上升。但是，农产品价格和销售收入并没有明显提高。保底收益的增加意味着，职业经理人的盈利空间被压缩，土地租金开始侵蚀农业经营利润。职业经理人要想保持与外出务工大致相近的水平，需要扩大经营的土地面积（但是在当前的技术条件下，每个职业经理人能管理的土地面积是一定的）或者放弃这份职业——2015 年和 2016 年，确实有一些农业职业经理人离开。长此以往，农业职业经理人市场上将会出现"劣币驱逐良币"的问题，最有能力的农业职业经理人因拿不到合理的报酬而离开。对于这个问题，一个解决思路是逐步将土地承包权向农业职业经理人转移，使其成为拥有完整的承包权和经营权，从而真正对农业经营状况负责。当然，这需要给予放弃承包权的农户相应补偿，促使其放弃土地经营权。

三是山区实行农业共营制的困难与潜在风险。课题组调查中发现，崇州市正在将农业共营制从平原地区向山区拓展。但是，从农业职业经理人和普通小农户经营的比较来看，农业共营制的收益主要来自两方面：因农资、农机作业服务等引发的农业经营成本的降低和因科学种田、土地整治等造成的亩均粮食产量的增加。而这都是以国家财政资金的支持为基础，尤其是每亩4000元的土地整治费用。但是，仅就土地整治费用而言，据崇州市有关部门负责人估计，山区每亩整治费用多达万元，远高于平原地区。而且，受地形的限制，即使经过土地整治，山区想通过农业机械连片耕作，大幅降低农业经营成本也很困难。因此，山区实行农业共营制要想获得成功，一方面需要国家财政投入大笔资金进行土地整治，另一方面需要土地股份合作社和农业职业经理人愿意从事高附加值农业并顺利销售。显然，考虑到各级财政资金压力以及各种农产品整体进入"供大于求"阶段，上述两个方面都有很大的不确定性，故将"农业共营制"模式延展至山区仍有不小的风险。

四是规模化组织化之后农业共营制如何助农增收。整体而言，农业共营制在坚持农村土地家庭承包的基础上，实现了农业的规模化、专业化和组织化，很好地回答了"谁来种地""地如何种"和"谁来服务"的问题。但是，如何让土地股份合作社和农业职业经理人获得更多收益，仍然是当前农业共营制发展面临的关键难题。为了让农民更多地获得农产品在产后流通环节的价值增值，崇州市采取了"土地股份合作社+农业产业化企业"的农业共营制2.0模式。但是，追求利润最大化是企业的核心目标，除非土地股份合作社拥有某种让企业无法忽视的"市场势力"，否则在与之合作的过程中，理性的、能够有更多选择机会的农业企业没有必要让渡太多的利润给土地股份合作社。这也是推出"土地股份合作社+农业产业化企业"试点两年多以后，仍然只有4个试点、很少有土地股份合作社参与的内在原因。考虑到实行农业共营制之后，农业的规模化程度和农民的组织化程度都已经有了很大提高，也许支持土地股份合作社进一步联合与合作，进而建立真正属于合作社的农业企业和农产品品牌，是未来的一个发展方向。

第四节　促进小农户生产和现代农业发展有机衔接的建议

多种类型小农户并存的局面将会在中国长期存在。由于不同类型的小农户发展现代农业的意愿、能力存在差异，现代农业发展对资源要素的需求也不尽相同，因此，小农户生产和现代农业发展衔接机制应当具有灵活性、多样性和包容性。既要鼓励一部分有意愿、有能力从事现代农业的小农户获得更多土地和政策支持，从而让其获得与务工经商相近的收入水平，又要让兼业小农户通过土地入股、收益共享等方式分享更多现代农业发展成果，还要完善相关体制机制，为已经进城的小农户自愿有偿退出农村资源资产提供出口，分类施策，各得其所。

一、支持有意愿、有能力发展现代农业的小农户经营更大规模土地，促其向"新中农"转变

尽管近年来农业经营收益持续下滑——考虑到家庭用工折价和自营地折租成本后，2016 年三种粮食每亩地赔 80.3 元，但是黄淮海 1026 户农户调查表明，仍有近 1/3 的小农户愿意种更多地。如果务农收入与外出务工经商的收入一样，接近一半的小农户愿意长期从事农业。而且，兼业程度较低的小农户，从事现代农业的意愿比较强，农业经营效率比较高。农业农村部的数据显示，目前平均每个家庭农场经营耕地在 175 亩左右，其中 200 亩以上的占比 36.8%。过大的经营规模，既积累了过多的经营风险，又挤压了小农户成长为"新中农"的空间。因此，土地流转支持政策目标，一方面应尽快从"垒大户"调整为"育中农"，另一方面要加快支持进城落户农民将农村土地权益退出，推动农村土地等资源向有意愿、有能力发展现代农业的小农户手中转移，促进兼业化小农户向职业化、专业化的"新中农"或者适度规模的家庭农场转变。

以山东为例，若不考虑小农户家庭用工折价和自营地折租，小麦、玉米两季轮作，一般每年亩均收益约为 1000 元（即当地农民口中的"种两季赚一季"），那么想让农村居民人均纯收入达到 2017 年全省城镇居民可支配收入的水平——36789 元，每个农民需要经营 36.8 亩地。考虑到农户家庭劳动力一般为 2~4 人，土地流转政策应从扶持大规模、超大规模流转，向支持不少于 50 亩不超过 150 亩的土地流转转变，以加快把有意愿、有能力的小农户培育成更加职业化、专业化的"新中农"。达到较大规模后，农业收入将成为"新中农"的主要收入，那么无论是农业技术采纳、社会化服务还是农业支持保护政策等，都会更加有效。当然，对于东北、西南等地区而言，需要根据复种指数对土地经营面积进行调整。

二、强化小农户和其他主体的利益联结，保障不能或不愿成为"新中农"的小农户的经营收益

现代农业发展道路可能是土地规模型、资本密集型、劳动力密集型等。但土地、资金、劳动力和企业家的现代经营理念等要素，由小农户、乡村能人和新型农业经营服务主体分散占有。现代农业稳定持续发展，需要整合各种资源要素，并让各种资源要素获得合理报酬。然而，土地和劳动力资源相对丰富，导致小农户的可替代性强，市场谈判能力弱，在合作时难以保证自己的利益。而且，很多常年在外务工的兼业小农户，不在意农业产出，也没有精力监督合作方，他们主要关心土地流转收益。因此需要强化新型农业经营服务主体和小农户的利益联结，保障小农户尤其是兼业农户的土地权利，使其分享更多现代农业发展成果。

强化新型农业经营服务主体和小农户的利益联结，需要重点做好以下工作：第一，加强国家财政补贴对小农户和现代农业发展有机衔接的促进作用，总结推广行之有效的小农户与各类主体的利益联结机制。第二，明确承担国家财政扶持项目应与带动小农户的数量

挂钩，推动国家财政补贴资金经各类农业经营服务主体增值放大后向小农户滴流。第三，在更大范围内推行把国家项目扶持资金、扶贫专项资金等转化为小农户尤其是贫困户的股份，让小农户直接获得国家财政资金的帮扶。第四，支持小农户将资源资产折资入股到现代农业企业，采取"优先股保底收益＋盈余二次分红"等分配方式保障小农户的收益。

三、深化农村集体产权制度，赋予小农户，尤其是想退出农业的小农户更多财产权利

农村集体产权制度改革是完善农村基本经营制度的必然要求，是维护农民合法权益、增加农民财产性收入的重要途径。推动小农户和现代农业发展有机衔接，需要借助农村集体产权制度改革尤其是土地制度改革，为离农小农户自愿退出农村资源资产提供出口，让其他小农户获得更多资源要素，以更好地发展现代农业。为此，要着重做好以下三个方面的工作。

一是整体推进集体资产的产权制度改革。农业农村部的数据显示，截至2016年底，全国无经营收益的村和经营收入5万元以下的村分别占51.5%、23.4%。与土地资源和非经营性资产相比，经营性资产只是农村集体资源资产的很小一部分。能够盘活农村的各种资源资产，是农民市民化和农业农村现代化的一个重要条件。农村集体产权制度改革，应结合城乡发展一体化的大背景，从资源要素自由流动的角度，协同推进农村承包地、宅基地及其他资源资产的产权制度改革。

二是赋予集体资产股份更多权利权能。目前，很多农村集体产权制度改革试点都完成了成员界定、清产核资、股份量化配置工作，但是在赋予股份更多权能方面进展缓慢。一些改革试点对成员的股份能否交易、如何交易等没有做出明确规定，对股权分红和股权退出、继承的规定也很笼统。确权是前提，赋能是目的。下一步，应遵循市场经济的逻辑，赋予农民持有的集体资源资产股份更多权利权能，完善股份流通的制度设计。

三是加快制定进城落户农民农村"三权"退出政策。十八届五中全会、2016年和2018年中央一号文件都提出，引导进城落户农民自愿有偿退出土地承包权、宅基地使用权和集体收益分配权（简称"三权"）。为了让有意愿、有能力发展现代农户的小农户获得更多农业生产要素，要按照进退联动的思路，采取灵活多样的方式，既为进城落户农民自愿有偿退出"三权"提供制度安排，又为小农户承接"三权"提供财政、金融和政策支持（刘同山、孔祥智，2017）。

四、促进城镇人才、资金等回流，以先进理念和经营模式引领小农户发展现代农业

与城镇发展变化的日新月异相比，农业农村发展明显滞后，这在很大程度上是由于乡村资源要素连续几十年单方向流入城镇导致的。农村最优秀的人才，以升学、招工和外出务工经商等方式流向了城镇，农村土地、资金等也通过各种渠道从农村流失。不改变资源要素从乡到城的单向流动，仅依靠小农户自身发展现代农业，显然在资金、人才方面都存

在严重不足。因此，2018 年中央一号文件提出，"研究制定管理办法，允许符合要求的公职人员回乡任职。吸引更多人才投身现代农业，培养造就新农民。加快制定鼓励引导工商资本参与乡村振兴的指导意见"。落实中央精神，推动小农户和现代农业发展有机衔接，需要加快城镇人才、资金回流农村，具体来看，可以从以下两个方面着手。

一方面，探索集体成员身份多样化，消除人才回流农村、发展农业的制度壁垒。可以在农村集体资产股份制改革的基础上，从农村社区的封闭性有可能逐渐打破的大趋势出发，按照"政经分离"的思路，将农村社区居民分为有集体土地股份的成员和无集体土地股份的成员，打通城乡户籍壁垒，为更多人才投身现代农业、带动小农户发展提供制度安排。可以借鉴山东东平等地的做法，将成员分为"土地股成员"和"户口股成员"，二者具有不同的经济权利。户口股成员在满足一定条件后，可以通过受让、赠予、继承等获得集体土地股，从而获得土地股成员的经济权利。

另一方面，引导工商资本到农村发展现代农业，强化其与小农户的利益联结。工商资本尤其是农业企业，一头对接市场，一头直接带动小农户或通过合作社等中介组织联结小农户，是帮助小农户对接大市场、引领小农户发展现代农业的重要力量。可以总结借鉴一些试验区和试点的做法，鼓励引导工商资本和相关企业以设备、资金、技术等入股，小农户和村集体以土地资源等入股，在保证小农户收益的前提下，联合成立股份公司，发展现代化的种养殖和乡村生态观光旅游等。

此外，推动小农户和现代农业发展的有机衔接，还应当进一步提高农民的组织化程度，继续做好土地整治、区域农产品品牌建设、农田基础设施建设等工作。

第四章　小农户与现代农业
发展有机衔接研究[①]

——基于资金需求视角

实现小农户与现代农业发展有机衔接，需要从要素市场予以分析探讨。一直以来小农户贷款难、难贷款的问题难以解决，金融机构也不愿意与小农户打交道。新型农业经营主体作为实现小农户与现代农业发展有机衔接的重要抓手，其资金需求与融资状况不仅决定了自身成长与发展，也决定着引导小农户进入现代农业发展轨道的效果。

当前农村经济蓬勃发展，新型农业经营主体融资需求不断增长，截至 2016 年底，银行业金融机构涉农贷款余额 26.4 万亿元，同比增长 11.7%，涉农新增贷款在全年新增贷款中占比 32.9%。融资方式更加灵活多样，信用贷款、联保贷款、担保贷款、抵押贷款、质押贷款和民间借贷等方式在满足三农融资需求过程中发挥了日益显著的作用。随着农业标准化、规模化、融合化发展进程的提速，仅依靠传统银行加大贷款投放显然是不够的，供给不足、需求被抑制成为当前农村金融发展亟须破解的难题。"融资难"的问题依旧突出，当前农村金融机构网点密度远远低于全国平均水平，在一万平方千米内，新型农业经营主体可获取服务的金融机构数量仅为 89.61 个，远低于全国平均水平 659.65 个；新型农业经营主体到达金融机构网点耗时平均为 0.42 小时，日常获取金融服务的时间成本相对较高。从总体贷款比例来看，新型农业经营主体信贷获批率较低，贷款供给稍显不足。贷款次数较少，新型农业经营主体自成立以来获得的贷款次数均值仅为 1.36 次/个。"融资贵"的困局短期内难以改变，贷款期限较短且利率较高。绝大多数的贷款期限在一年以下，平均年利率超过 10%。新型农业经营主体获得的政府金融支持力度还有待加强。

第一节　新型农业经营主体资金需求状况

基于此，本小节先对小农户、家庭农场、农民专业合作社、农业企业的资金需求状况进行分析，重点从资金需求的视角探究如何依托新型农业经营主体实现小农户与现代农业发展有机衔接。

---

① 执笔人：毛飞、高强、谭智心。

一、家庭农场资金需求状况

家庭农场是我国家庭农业的重要实现形式之一，探究其资金需求情况，具有重要意义。根据 2017 年农业部农村固定观察点调查系统对全国 20 多个省份的 800 多个家庭农场开展问卷调查数据，我们认为当前家庭农场资金需求状况具有以下五个方面的特点：

第一，当前家庭农场的贷款额度难以满足其基本需求。11.3% 的家庭农场获得贷款额度在 5 万元以内。35.6% 的家庭农场获得 5 万 ~ 30 万元的贷款额度，13.8% 的家庭农场获得 30 万 ~ 50 万元贷款额度。25.3% 的家庭农场获得 50 万 ~ 80 万元的贷款额度。贷款额度 80 万元以上的共有 56 个，仅占 14.0%。问卷结果表明，当前多达 58% 的家庭农场主对贷款额度不太满意。

第二，政府担保支持额度低及覆盖面较窄。调查显示，家庭农场得到政府信贷担保支持十分有限，占比仅为 0.69%。从金额来看，贷款获得政府担保额度以 10 万元以上为主。41.76% 的家庭农场享受政府信贷担保扶持的额度在 10 万元以上；37.2% 的家庭农场享受政府信贷担保扶持的额度为 5 万 ~ 10 万元。

第三，家庭农场贷款普遍面临贷款短缺，以民间借贷为主。问卷调查结果显示，85% 的家庭农场面临贷款短缺的情况。超过一半以上的家庭农场（52.3%）采用民间借贷的方式进行融资。

第四，足额批贷比例低，贷款频率较少。问卷结果显示，668 个家庭农场中有 469 个申请过银行贷款，但只有 184 个获得足额批贷，占比为 39%，有 210 家获得部分批贷占比为 45%，没有批贷的 75 个，占比为 16%。家庭农场的贷款可得性依然较低，因为大多数没有希望得到银行贷款的家庭农场根本不会去申请。从贷款频率来看，获得贷款的家庭农场中 71% 的农场仅得到 3 次以下的贷款，获得 3 次以上的农场不足 1/3。

第五，以信用贷款为主，以担保贷款为辅。从获得贷款的方式来看，信用贷款占比最高，达到 34.6%；其次为担保贷款，占到 28.0%；抵押和质押贷款合计占到 23.3%。有 79 个家庭农场获得了联保贷款，占 12.0%。这说明家庭农场在有效抵押物不足的困境下，主要靠信用、联保、担保等方式获得银行贷款，也说明了农业金融支持机构介入家庭农场融资前景广阔。

二、农民合作社资金需求状况

课题组在考虑区域分布、经营产品类型、所处发展阶段、规模特征等因素的基础上，采取判断抽样的方法，在全国选取了四川、贵州、广东、浙江、江苏、山东、山西、河南 8 省 22 个县的 220 家组织结构和规章制度较为健全、运作模式相对成型的合作社作为调研对象。调研发现当前合作社资金需求具有以下特征：

一是大多数合作社信贷需求旺盛。超过一半的合作社申请过贷款；53.85% 的合作社向正规金融机构申请过贷款；48.9% 的合作社获得过正规金融机构的贷款。不同合作社年贷款额度为 3 万 ~950 万元，单个合作社年贷款额度也在不断提升。

二是合作社贷款主要来源于农信社，贷款主体以个人为主。农村信用社是合作社正规信贷的最主要来源，数据显示，合作社获得贷款的71%来源于农村信用社，贷款的9.5%来源于城市商业银行。贷款申请主体多为个人。多达53%的获批贷款申请主体为个人，而以合作社名义申请获批的贷款仅占获批贷款总数的42.5%。

三是贷款期限较短且利率较高。绝大多数的合作社贷款期限在一年以下，合作社的贷款期限为1年和半年的贷款分别占82%和7%。合作社贷款的利息成本较高，正规信贷的年利率为9.92%，更有超过1/3的贷款年利率超过10%。

四是抵押、信用是合作社贷款最主要的类型。34.5%的合作社获批贷款为抵押贷款，31%的合作社获批贷款为信用贷款。合作社成员之间的联保并没有成为银行等金融机构重要的抵押替代机制，因为合作社贷款一旦违约，追偿成本高和追偿可能引发的事件会影响银行商誉。

五是贷款主要用于农资采购、农业生产设施建设与农产品收购。38%的合作社将贷款资金用于统一采购、配送种苗和农用物资。20.5%的合作社将贷款资金用于建设生产基地、仓储场所，购置各类设施。18.5%的合作社将贷款资金用于统一收购、销售社员农产品时的流动资金。

三、农业企业资金需求状况

课题组调研发现，当前农业企业资金需求具有以下几个特征：

一是农业企业普遍存在资金缺口。如所调研的河北企业中，资金缺口在300万元以下的占被调查企业总数的80.5%。被调查农业企业自有资金占企业总资产比例为低于20%、20%~40%、40%~60%、60%~80%、80%以上的企业分别为18家、29家、47家、60家和15家。

二是农业企业从银行获得的贷款比例较低。农业企业从银行所得的贷款在银行同期全部贷款余额中所占比例很低，不到金融机构贷款总额的10%。169家农业企业中，141家企业表示当遇到资金困难时首选向银行、信用社贷款。其中获批贷款占申请贷款比例低于20%的企业有91家，20%~40%、40~60%、60%~80%、高于80%的企业分别有64家、9家、5家和0家。

三是农业企业管理体制落后，尤其是农业企业财务体系落后。多数农业企业的所有制形式多以个人所有制为主，在实际经营过程中难以采用现代企业管理体系。同时，因为企业过度注重短期目标，且在生产经营中"小农意识"浓厚，导致企业对市场把握能力不足、产品生产盲目性大，从而导致经济效益不佳。农业企业财务体系不健全，多数农业企业规模偏小、组织结构不健全、资本实力薄弱，财务信息的缺失增加了金融机构对企业资质的审查难度，使金融机构承担过多的信用风险，从而增加了企业获得金融机构贷款的难度。

四是企业融资观念落后。农业企业经营者多数出身农村，有较深的小农意识和家族垄断意识，进而在企业内很少出现向员工发行内部股票、债券等有效的内源性融资方式，仍然多是以自有资金筹集作为主要的融资方式。另外，在外源性融资方面，农业企业多依赖银行借款、信用社借款以及私人借款的资金获取渠道，尚未打通更丰富的资本市场融资渠道。

四、小农户资金供需状况

小农户对生产资金的需求呈现出明显的规模小、周期短、季节性突出、贷款抵押物缺乏、渠道单一等特点，研究小农户的资金需求，有助于更好地把握小农户信贷的特点，从而为农业金融支持机构介入企业与小农户的利益联结机制提供重要依据。

小农户作为农村金融主要需求者之一，通常具有居住分散、收入低、单笔贷款规模小且季节性明显、生产项目的自然风险和市场风险较大、缺乏必要抵押品等特点，正规金融机构向农户提供信贷要承担较高交易成本和面临较大风险，往往采取谨慎性风险控制策略和信贷供给行为。1984 年以来的三次重大农村金融改革，开始力图解决农村融资难题，但成效甚微，农村"缺血"现象反而日益突出（周立，2007）。农户受到正规信贷约束的现象仍非常普遍和严峻（韩俊，2008）。出于对民间金融扩张内在机理（王曙光、邓一婷，2007）和农村金融市场固有问题（周立，2007）的考虑，有学者提出通过发展农村内生金融来化解农户金融困境（温铁军等，2007）。

当前农户资金需求呈现多元化趋势，大致可分为生活消费资金和农业生产资金两大类需求。生活消费资金是指用于生活用品、建房、子女教育、婚丧嫁娶、治病等方面的资金需求；农户生产性资金又分为两部分：一是农户的农业生产资金需求。满足农户简单或扩大再生产的资金需求，即种、养殖业大户对资金的需求。二是非农业经济发展资金需求。满足农业产业化、产业融合发展的资金需求，即农户从事农产品加工运输销售、休闲农业等方面的资金需求。农户的生产性借贷用途结构反映有多少生产性借贷投向农业生产领域，多少投向非农业生产领域。随着农业升级转型速度加快，未来投向的现代农业要素的资金需求将持续上升。

以李明贤和刘程滔（2015）对湖南省 4 个地级市 227 户农户的问卷调查为例，调研发现，有借贷需求的农户达到 124 户，占总样本的 54.63%。农户从金融机构申请贷款额度在 5 万元以下的有 38 户，占有贷款需求农户总数的 30.65%。申请贷款额度在 5 万元以上的农户有 12 户，占有贷款需求农户总数的 9.68%。结果显示：第一，当前农户在生产、生活过程中，普遍存在资金方面的需求；第二，虽然有融资需求的农户很多，但是在有资金需求且能从正规金融机构获得贷款的农户中，多数农户获得的融资额度相对较低；第三，一部分有融资需求但未能从银行等正规机构获得贷款的农户，主要通过依靠亲戚朋友或民间借贷的方式获得借款。

五、新型农业经营主体对小农户资金需求的影响

机构调查结果显示，当前新型农业经营主体的信贷获批率是 39.4%，比农户正常信贷获批率高约 12%。这说明，新型农业经营主体因其市场化、规模化、集约化、专业化

的特征在农业生产过程中能够比单个农户获得更多的正规贷款，而小农户对资金需求除了具有获批率低以外，还有单笔贷款规模小、风险高、缺乏抵押品等特点，小农户在与新型农业经营主体建立了利益联结后，新型农业经营主体的外部性能够激发小农户更大规模的资金需求。首先，小农户与新型农业经营主体建立联结后能够同企业获取更多的外部信息。企业将更先进的经营方式、理念传递给了小农户，小农户扩大再生产欲望得到提升，进而对于资金需求有了进一步增加。其次，小农户的资金需求依然保留了一贯的季节性、周期性特征，且额度更大、更加集中。农作物种植具有典型的季节性特点，资金使用的集中性较强；畜禽养殖也同样具有鲜明的周期性，在资金需求方面也具有较强的周期性和季节性，在新型农业经营主体的带动下，小农户的生产逐步迈向规模化和标准化，资金需求周期以及节奏与新型农业经营主体的生产周期逐渐同步。

第二节　金融机构介入的方式、违约风险和防控手段

一、金融机构介入家庭农场融资的方式与风险防控

1. 介入家庭农场融资的创新方式

一是依托园区的产业链外部融资模式。银行等金融机构通常依托某个农业园区来实现与家庭农场的对接。一般以农业园区内的农业产业集群为合作对象，利用供应商、生产商、销售商、服务中介以及专业协会间纵向一体化的合作关系，满足农业产业链上下游经营主体资金循环需求的金融服务。该模式主要依靠产业集群内家庭农场与其他经营主体之间在信息、资源、技术、销售渠道上的相互依存来分散农业信贷风险，提高外部金融机构收益，降低其信贷风险。对金融机构的启示有：一是农担产品设计要着眼全产业链，对家庭农场的主营业务进行分析，摸清上下游关系及衔接紧密度，将其与相关联企业进行捆绑担保，在担保金额、用款期限等方面进行差异化的设计，以求符合产业链资金流向，并能满足金融机构的风险节点控制。二是金融机构要依托园区、产区、基地、集群等各类载体，将优质成熟的、载体内的家庭农场作为优先服务范围，与政府合作积极引导家庭农场转型升级，有序向各类载体集中。

二是借鉴"险资直投"产业链扶贫融资模式。"险资直投"模式是指，保险机构将自身募集的资金向资金需求方直接发放贷款。以兴安盟科尔沁右翼前旗探索实施的"险资直投"产业链扶贫融资项目为例，该项目由当地政府、中国人保财险公司兴安盟分公司和兴安盟农牧业融资担保公司建立共管账户，当地扶贫办按总融资额的10%提供风险保障金，并按3%~5%的年利率进行贴息。"险资直投"项目优先支持有扶贫带动效应的家庭农场，实现了保险机构从单纯提供保障到开展涉农综合金融服务的跨越，产业链扶贫项目建立起了"龙头企业+家庭农场+金融机构+贫困户"的风险共担、利益联结机制。

对金融机构的启示在于：土地是农户家庭农场最重要的资源资产。金融机构介入家庭农场融资担保还是要在土地上做文章。与家庭农场其他资源资产相比，确权后的农村土地承包经营权证是最有效的抵押物。金融机构要注意围绕土地证书设计担保产品，在扩大确权成果应用范围的同时，解决家庭农场融资难的问题。

三是建立针对家庭农场的融资风险补偿基金。融资风险补偿基金模式是指统筹整合财政资金，以担保金的形式放入合作银行账户，合作银行按照担保金额放大一定比例发放无抵押无担保贷款，一旦贷款出现风险，由风险补偿基金代偿。以安徽省融资风险补偿基金模式为例，2015 年 6 月安徽省统筹整合中央和省级财政资金，设立试点融资风险补偿基金，撬动银行按照不低于 5 倍放大对家庭农场信贷资金投入，有效地缓解了家庭农场因缺少抵押物、融资风险责任难以分担等因素所导致"贷款难"的问题。对金融机构的启示在于：金融机构作为一种政策性金融工具，要突出政治挂帅，积极与地方政府合作，充分利用涉农资金整合后的市场空间，与地方政府、保险公司、银行机构广泛合作，放大财政支农政策效应，提高财政支农资金使用效益。

2. 金融机构介入家庭农场的违约风险和防控手段

金融机构介入家庭农场融资存在的风险是如何有效识别家庭农场的贷款需求，如果出现逆向选择则会产生违约风险，这就需要通过一些制度措施予以防控和完善。

为了防范家庭农场出现违约风险，金融机构应建立担保风险防范机制，从事前、事中、事后各个环节严把贷款风险。加强事前审核，合理设置农业担保准入条件。从种养周期、经营收入、从业年限、性格特征、诚信记录等信息进行风险评判，将经营的成长性、主体的诚信度、涉农业务的关联性作为衡量信贷担保准入的主要标准，防止高风险客户进入担保范围，从源头上控制担保的主体风险。加强事中监管，建立健全业务操作规程、业务评审制度和风险管理制度，优化担保业务操作流程，建立全程风险管理模式，将风险防范融入项目受理、立项、尽调、评审、放款和保后管理等各个环节之中。提高事后风险处置能力，创新反担保方式，开发财政补助收益权等反担保措施，建立与合作银行分担风险机制、风险预警和业务暂停机制及代偿上限控制方式。强化风险拨备，按规定足额提取各项风险准备金和法定公积金，进一步提高防风险能力。

二、介入合作社融资的方式与风险防控

1. 介入合作社融资的主要模式

一是与贸易信贷相结合为社员提供银行贷款担保。该模式下，金融机构应将合作社与上下游企业是否形成稳定产销关系作为农业担保开展的前置条件，同时与合作社及其上下游企业合作，把农业担保业务嵌入他们的业务运营模式中。模式服务于合作社与上下游企业的商品贸易，与各类贸易信贷相结合，通过固定的农产品购买商或农资供应商与合作社间形成了紧密利益联结机制。模式有效地稳定合作社与企业间的市场关系，降低了农业担保的风险。同时，关联交易的存在增大了社员担保违约的成本。

二是在核心成员缴纳风险保证金的基础上为社员提供银行贷款担保。该模式下，金融

机构应密切关注合作社是否形成成熟、稳定的股权结构、利益分配与决策机制，重视对合作社核心成员资产状况的考察。在农业担保中调动核心成员的积极性，通过设计与核心成员的利益联结机制将部分担保风险控制的职责外包给核心成员。金融机构的担保金定位于"补充"合作社内部担保金的不足。其中一部分担保金来源于核心成员，担保风险和收益与核心成员的利益直接挂钩。另外，还需要政府为一些农业资产（用地、林木等）提供评估与鉴证服务，以增大这些资产的流动性，降低这些资产金融处置的难度；合作社核心成员资产实力比较强，合作社在股权配置、利益分配、决策等方面已经形成了稳定、成熟地偏好于核心成员的机制。模式有效地调动了核心成员控风险的积极性，降低了农业担保中的信息不对称。

2. 介入合作社融资的违约风险和防控手段

第一，强化合作社准入条件。主要面向依法成立的合作社，对合作社实行名单制管理，将获得国家、省或市级荣誉以及生产经营和内部管理较规范的合作社优先纳入名单。名单内的合作社法人代表和普通社员均可为担保适用对象，金融机构根据不同合作社农业生产经营规模给予授信担保。

第二，完善风险控制机制。注重对上下游关联主体担保能力的评估。一旦关联主体的经营和对外担保状况发生恶化，金融机构要提高警惕并采取措施。另外，要注意农产品市场风险变化。

第三，加强与地方政府的合作。一是金融机构应该积极推动地方政府转变对合作社的扶持方式，由"输血"变"造血"。推动政府将各种分散的直接补贴转变为集中的间接融资保证。二是金融机构可考虑牵头组建专门的农民专业合作社融资担保公司，为农民专业合作社的融资进行保证担保。实现政府、银行、担保机构和农民专业合作社的多方共赢。三是与政府土地流转等平台强化合作，推动或者配合政府为一些农业资产（用地、林木等）提供评估与鉴证服务，以增大农业资产的流动性，降低农业资产金融处置的难度。

第四，提升对农民专业合作社担保业务的风险管理能力。一是金融机构应制定专门的农民专业合作社贷款担保制式合同，明确承贷合作社及其社员的权利义务，通过合同约束使合作社成为"准法人"，有效落实其承贷主体资格。既要避免少数社员以合作社名义贷款为自己所用引起的法律纠纷，也要避免社员将投入合作社的财产抽离，合作社"空心化"后贷款悬空。二是要鼓励合作社与外部市场主体通过订单销售等方式展开密切合作，推进合作社服务功能的增强和内部一体化程度的不断提高，支持合作社做大做强，提升在产业链中的话语权，进而降低市场风险。

三、介入农业企业融资的方式与风险防控

1. 介入农业企业融资的主要方式

农业担保介入农业企业与农户利益连接模式的前提是，农业企业与农户必须建立起紧密型的利益联结机制。在此前提下，农业担保公司要通过科学的产品设计和风险管理策略，将政府、企业、农户、信贷机构和金融机构结成利益共同体，充分利用产业链金融等

模式，发挥核心企业的带动作用，为农户提供信用担保，助力现代农业发展。

一是"银行＋担保＋企业＋农户"合作模式。该种模式下，金融机构可以和产业链上的农业核心企业进行合作，通过专业的担保服务能力为核心企业上下游经营主体（农户）提供服务，实现共赢。设计担保产品时，要充分利用农业核心企业的信用（包括应收账款、未来订单收入、保险、担保等）来为其上下游主体（农户）提供服务，在机制设计上可以通过农业担保公司的谈判，让农业核心企业、信贷机构和农户共同承担部分风险，形成利益共同体，从而降低系统性风险。

二是"银行＋担保＋企业＋政府＋农户"合作模式。该种模式与"银行＋担保＋企业＋农户"合作模式相比，融入了政府信用，并在风险分担机制中加入了政府主体，进一步稀释了各方主体的风险责任，但也存在着政府与市场信息不对称造成的政策性风险。该模式的核心还是利用农业产业链金融来构建风险分担机制。但是，此种模式下，政府信用不能过于透支使用，特别是产业基础不是特别优越的地区，产业风险和政策性风险叠加后，将放大整体信贷担保的风险，建议农担业务开展前期通过政府支持扩展业务范围，中后期严格按照市场规则进行业务审批及发放。

三是"银行＋担保＋企业＋农户＋互联网"合作模式。此种模式与前两种模式相似，也是通过产业链金融为与企业有着紧密利益连接关系的农户提供生产性融资。该模式的独特之处在于：通过网上提交资料、网上审批、网上放款系统等基于互联网的信息化操作，节约尽调成本和审批时间。此种方式适用于申请贷款额度30万元以下的小客户，未来这种模式将成为互联网时代的主要商业模式。金融机构利用互联网技术，将企业、个人和银行纳入相对封闭的交易生态系统，并将财务管理、生产管理、物流管理、客户管理等服务集合成为线上高效统一的服务，使得账户和信息获取真实简易，解决信息不对称难题，并衍生出金融服务。这种模式在电商中应用较广，通过"金融机构搭台＋信息共享＋交易撮合"的方式，推动核心企业进入电商服务平台，进而将其上下游经营主体都纳入进来，使得整个链条上的企业都在此平台上进行交易活动，从而构建农担金融生态链服务平台。借此平台，充分利用大数据技术带来的多维数据比对和信息对称优势，以整个供应链条上形成的交易数据为基础，降低风险和成本。采用线上"数据质押"与线下实际抵、质押相结合的方式开展金融服务，借助网络在线操作，使流程简化、处理高效。

2. 介入农业企业的违约风险和防控手段

在农业企业与小农户利益对接模式中，双方只有建立紧密型利益连接机制，才能保证以企业信用为农户增信的方式得以持续。在农业担保介入后，应该抓住产业链条中的关键环节，通过利益共同体的方式构建集信贷机构、企业、政府、农户、金融机构等多方共同参与、共担责任的风险防范体系。

一是科学设计农担产品。农担产品设计是对农担业务风险控制的直接检验。由于农业担保业务涉及粮食、生猪、农特产品等关系国计民生的重要农产品，农业担保公司要有大局意识、责任意识、民生意识、底线意识，科学设计农业担保系列产品，将当地主要和重要农产品均纳入农业担保范畴，产品设计要体现以下风险防范原则：一是产品标准化。按照不同农业产业划分，金融机构要事先进行深入调研，将需要担保的农业品种各项指标进行标准化设计，如种植水稻每亩担保的借款额度、担保年限等。二是农业担保品种的确定。农产品种类众多，要优先满足粮食、生猪等主要农产品及地方特色优势产品的供给保障，建议设置正面或负面清单制，将不合适的品种排除出担保体系。三是多方合作共同设计农担产品。金融机构和信贷机构要主动沟通，共同设计担保信贷产品，避免重复尽调，节约手续和时间。

二是合理确定风控机制。农业担保产品确定后，要科学设计产品审批及监管机制，确保农担产品风险在操作层面可控。①建立授权审批机制。针对不同的担保额度进行分级授权。例如，50 万元以下的风控部门审批，50 万元以上公司管理层审批等，200 万元以下分公司决定，500 万元以上需报省公司批准等。②建立保后检查机制。担保贷款发放后，要建立渠道对其进行跟踪检查或进行不定期抽查，对于没有按照合同约定履行相应条款的借贷主体，要有相应的惩戒措施。③明确反担保机制。农业担保业务政策性强，系统性风险较大，必须创新存货质押、应收账款质押以及股权质押以及数据质押等反担保方式，以降低农业担保风险。

三是密切关注核心企业。农业担保介入企业与小农户利益对接模式中，基本是由产业链中的核心企业作为资产推荐方和反担保提供方的角色，即以其自身信用或其应付账款作为小农户还款的保障。所以，金融机构在选择合作的核心企业时，应对核心企业的财务状况、信用情况等着重调查，避免因核心企业出现经营问题以及不履行合作责任、不按时足额偿付应收账款等导致风险。此外，金融机构介入产业链金融时，要对整个行业有较为充分的研究与认识，特别是对行业整体风险的研判，并与期货、期权等金融衍生品相结合，合理规避行业系统性风险。

四是充分利用信息化手段。从金融机构和银行的角度看，小农户具有小、散、广的特点，而且抗风险能力较弱，这样势必造成金融机构较大的经营成本，金融机构必然倾向于做批量化集成化的业务，农业适度规模经营成为基础担保门槛。从实践看，金融机构担保贷款的额度也大多在 50 万元以上，真正意义上的小农户业务并不多。所以，引入信息化手段将大大降低金融机构的业务成本与操作风险，并可以将贷款最低额度降下来，以支持真正意义上的小农户发展。

四、介入农业供应链金融方式、违约风险和防控手段

1. 介入农业供应链金融的主要方式

基于农业产业链的全流程控制是金融机构在提供基于农业产业链的担保服务时必须要考虑的问题，金融机构应该和核心企业（不仅是农业企业）组织一起基于产业链再造和一二三产业融合的全流程控制进行商业模式和业务模式的创新，完善利益联结机制，积极推行多种产业链衔接模式，实现小农户与现代农业发展的有机衔接。目前，金融机构介入农业产业链主要有以下方式：

一是依托与核心企业合作。金融机构可以和核心企业合作，通过专业的担保服务能力

为核心企业上下游经营主体提供服务，实现双赢。经典的供应链金融服务中，主要是利用农业核心企业的信用（包括应收账款、未来订单收入以及担保等）来为其上下游主体提供服务，担保机构在和核心组织合作的过程中，如果再让合作组织提供反担保的话，可能会降低其合作的积极性（因为要依赖核心企业自身信用的话，其可以直接和银行的金融机构合作）。因此，金融机构和合作组织合作应该通过更加多元化的合作方式而不是仅担保与反担保关系，多元化的合作方式包括通过嵌入企业 ERP 系统获取核心企业上下游主体的经营信息，将核心企业之前的信用担保活动专业分包给担保机构。同时，金融机构可以充分发挥自身涉农专业优势，为农业经营主体提供诸如咨询、市场、技术等方面的服务，提升农业经营主体市场、技术可得性、盈利能力和市场风险防范能力。总之，各级金融机构要围绕农业产业链上各主体的交易行为，与各类核心企业（农资企业、批发市场、龙头企业、电商平台等）深入合作，一方面利用交易信息，另一方面利用交易过程中产生的债权、存货等开发担保产品，简化产业链上各个主体获得信贷的审批流程。

二是金融机构自建生态系统。有能力的金融机构也可以尝试和政府以及农业核心企业合作自建生态系统（鉴于自己单独成立实在太困难）。生态思维和平台思维是互联网思维的精髓，也是互联网时代的主要商业模式。金融机构的生态圈通过利用互联网技术，将企业、个人和银行纳入相对封闭的交易生态系统，并将财务管理、生产管理、物流管理、客户管理等服务集合成为线上高效统一的服务，生态系统使得账户和信息获取真实简易，解决信息不对称难题，从而衍生出金融服务。以京东、淘宝、融 e 购为代表的互联网电商平台及其背后的金融服务集团是这种模式的典型代表。

三是利用农业供应链金融开发相关产品及服务。金融机构利用农业供应链金融模式开发担保业务，首先需要设计担保产品，从技术上而言，主要有两种：一种是纯粹基于交易关系的信用担保；另一种是基于抵质押制度创新的担保产品。具体来说，基于交易关系的信用担保核心在于金融机构要和核心企业建立紧密的合作关系，对融资需求主体的信息有充分的了解。金融机构开展的担保服务应该是通过和核心企业合作对接，提供综合化授信服务，以此扩大担保规模以及降低担保获客成本。所谓综合化授信服务是提前和合作组织合作，对其上下游进行评估，然后提供担保授信额度，以实现客户随时申请担保可以随时受信。此外，金融机构要通过提供咨询等多样化服务、参与各类生态平台建设，加强金融机构和具体的农业行业的对接程度。

2. 介入农业供应链的违约风险和防控手段

金融机构利用现代农业供应链金融的核心风险控制机制在于通过与农业产业链上核心企业建立关系，提供多样化服务，利用核心企业的信息优势、抵质押物处置优势，控制风险。在条件允许的情况下，可以通过信息化平台建设，慢慢积累全产业链的信息，实现全流程信息控制。

第一，严格筛选核心企业。农业供应链金融以核心企业的信用为基础展开，核心企业通常充当资产推荐方、担保方的角色，推荐其产业链中的上下游主体向金融机构申请融资，并以其自身信用或其应付账款作为上下游企业还款的保障。另一方面，核心企业居于产业链的主导地位，核心企业的经营状况、信用状况和发展前景决定了上下游主体的生存经营状况。因此，金融机构在选择合作的核心企业时，应对核心企业的财务状况、信用情况等着重调查，避免因核心企业出现经营问题以及不履行合作责任、不按时足额偿付应收账款等导致产业链融资风险。

第二，做好产业链整体风险的应对。在产业链背景下，上下游主体的信用风险不仅受自身风险因素的影响，而且还受该产业的整体运营情况、业务交易情况等各种因素的综合影响，任何一种因素都可能导致上下游主体出现信用风险。供应链金融也面临整体性的市场风险：一方面市场因素会对核心企业、上下游企业的经营状况造成整体影响；另一方面也会导致抵质押物价值下降。因此，金融机构在参与产业链融资的过程中，应该做好整体产业链的研究，特别是整体风险的判断，避免出现系统性风险。

第三，做好应收账款等抵押资产以及对真实贸易信息的监控。金融机构应该做好基于产业链交易关系的风险控制措施，一方面对基于资产质押类担保业务，加强对抵质押资产如应收账款、存货的动态监控，特别要对应收账款的真实性、有效性进行考察；另一方面，基于核心企业或者生态平台，搜集核心企业、上下游主体的主体信息、贸易信息、融资信息，利用大数据提供信用画像和决策算法来分析风险。在上下游组织融资期间，应持续关注、监测其经营状况，如发现可能影响上下游组织的还款能力风险事件时，应及时采取应对措施。

第三节　政策启示

一是瞄准重点领域和重点主体。为落实中央要求，围绕促进适度规模经营和土地有序流转的战略目标，建议涉农金融机构以担保服务作为瞄准重点领域和重点主体的重大战略。结合乡村振兴战略，紧紧围绕发展现代农业的总要求，服务于当地农业主导产业发展，瞄准重点领域，服务于根植于县、乡、村，以农业农村资源为依托，以农村一二三产业融合发展为核心，着力支持发展彰显地域特色、体现乡村气息、承载乡村价值的农业产业。以小农户及新型农业经营主体为重点服务对象，发挥政策协调效应，将重点主体纳入优先支持范围，特别是针对先建后补的财政补助项目给予等额贷款担保，有效解决新型农业经营主体项目建设期间的资金缺口问题。

二是开发多种担保产品。针对不同类型的农业经营主体特征和贷款需求特点，建议涉农金融机构树立"农业优先"的担保理念，侧重对直接开展种植养殖等农业生产经营的主体提供担保服务，综合其经营规模、从业经验、发展前景和经济效益考核，研究定制个性化信贷担保产品和服务方式，逐步放宽贷款抵押物范围，积极探索农村水利工程产权抵押、大型农机具抵押、大额订单质押、应收账款质押、农业保险保单质押、土地流转收益保证等担保贷款业务。同时，突破传统重资产、重抵押的做法，逐步转向以信用担保为主，设计专门的制式合同，降低准入门槛、简化审批流程，实行优惠担保费率，精心做好担保产品设计。在经营理念、支持对象、营销手段、个性化需求等方面进行差异化服务创新，针对不同规模、不同行业的经营主体开发多元化系列产品，主动适应市场各种类型主体的担保需求。

三是探索灵活多样的担保方式。建议涉农金融机构探索新型农业经营主体使用土地承包经营权、林权、农业保险单进行抵押、质押担保，最大限度地解决新型农业经营主体融资难的问题。创新担保机制，因地制宜采取"银担合作""政担合作""担担合作""网担合作"等多种担保模式，探索组合式担保路径，分散化解担保风险。比如，可以与村级的互助担保资金合作，对不同主体的贷款进行联合担保，还可以采用多主体的方式与企业进行联合担保。推广农业产业链金融模式，对产业化程度高的农业经营主体开展基于供应链的融资担保服务，创新农业订单融资、应收账款融资及仓单质押融资。

四是创新农担服务体系。建议涉农金融机构积极与地方政府、金融机构、签署合作协议，采取合作共建、协同支农、资源共享、风险共管等方式，在农业发展基础好的市县建立业务分支机构。同时，打破地域性限制，针对种业、农机、乳业、农垦等行业，设立行业性担保产品，支持特定行业领域新型农业经营主体的发展，进一步丰富完善农业信贷担保服务网络体系。

五是建立风险防范机制。建议金融机构从事前、事中、事后三个环节严把贷款风险。合理设置农业担保的准入条件，从种养周期、经营收入、从业年限、性格特征、诚信记录等信息进行风险评判，将经营的成长性、主体的诚信度、涉农业务的关联性作为衡量信贷担保准入的主要标准，防止高风险客户进入担保范围，从源头上控制担保的主体风险。加强事中监管，建立健全业务操作规程、业务评审制度和风险管理制度，优化担保业务操作流程，建立全程风险管理模式，将风险防范融入项目受理、立项、尽调、评审、放款和保后管理等各个环节之中。创新反担保方式，开发财政补助收益权等反担保措施，建立与合作银行分担风险机制、风险预警和业务暂停机制及代偿上限控制方式。强化风险拨备，按规定足额提取各项风险准备金和法定公积金，进一步提高防风险能力。

六是构建利益协调机制。为防止出现严重的合同纠纷事件，建议涉农金融机构应该着力构建并完善借贷保各方的利益协调机制，保护合同双方的合法权益。在利益调节机制建设上，着眼建立紧密型股份制利益联结机制政策目标时，要强化对新型农业经营主体的激励。尤其是在农业产业化经营领域，在市场机制的作用下，较难形成以股份制为基础的利益联结机制，因此，合理、灵活的利益调节分配机制的构建显得尤为重要。

七是优化农担业务管理。建议涉农金融机构对新型农业经营主体的融资担保业务进行分类指导，在逐步提高涉农业务比例的同时，制定专门面向新型农业经营主体的担保管理办法。应对新型农业经营主体担保费用合理定价，在有效覆盖风险和成本的前提下，适度降低新型农业经营主体融资成本。建议国家农担联盟公司探索建立基层金融机构对新型农业经营主体融资担保业务"尽职免责"机制，提高对不良贷款容忍度，对于因自然灾害等不可抗力因素造成的贷款损失可免于追责。

　　八是完善农担配套政策体系。积极争取政府税务部门对涉农金融机构的支持，争取较低的营业税率，降低税收负担，建议财政部门根据担保贷款余额和年度增长情况给予一定比例的财政补贴。争取有条件的地方政府部门积极介入，建立相应的财政支持基金，发挥地方财政的杠杆引导作用，探索建立包括融资奖励、税收优惠、担保奖补、保险补贴和风险补偿的配套体系。有一定基础的地方，还可以广泛吸纳社会和民间资本参与设立农业发展基金，新型农业经营主体提供融资性担保支持和服务。在地方政府支持下，在乡镇一级试点牵头建立由村集体、新型主体和农户参股，县财政配套入股的现代股份制担保公司或互助基金，带动农村担保业务发展。鼓励和支持新型主体设立互助担保基金，开展信贷合作。同时，加强评估、公证、咨询等涉农金融中介机构和服务组织的培育发展，提高服务水平。

第五章　小农户与现代农业发展有机衔接

——基于农户分化视角[①]

农户分化的本质是农业收入占比在农户家庭收入中的占比下降。随着经济社会的快速发展，中国农户分化呈现出"纯农户—兼业户—非农户"的演化过程。农户家庭不仅可以作为一个经济分析单元，也可以看作是一个管理学分析对象，即农户家庭内部如何通过合理地配置各种要素实现自身生产水平的提升。随着多学科交叉研究的不断深入，探究微观主体成长演化的重要理论由原先管理学中的战略管理理论逐步转变为融合多学科的组织生态学理论。

农户分化的演化路径可以分为以下三种路径：第一，由纯农户分化为一兼农户；第二，由纯农户分化为一兼农户并进一步演化为二兼农户；第三，由纯农户分化为二兼农户并进一步演化为非农户。本章在已有研究的基础上，根据组织生态学中的"变异—演化—发展"的研究主线着重通过分析农户分化的变异因素，来揭示农户分化背后的演化逻辑。

第一节　农户分化的变异因素及演化逻辑

本章将农户分化的演化逻辑变异因素总结为两个方面的因素：一是制度政策的放活；二是农业转型发展的驱动。

一、制度政策的放活

改革开放初期，农户基本上以从事农业经营为主，劳动力流动受到限制。随着制度政策的逐步开放与放活，农村劳动力开始出现了逐步流动，非农收入占比不断上升。

从改革开放开始到 20 世纪 80 年代初，国家对于农村劳动力转移到城市处于管控状态。1981 年 12 月 30 日，国务院在《国务院关于严格控制农村劳动力迁向城市和农业人口转为非农业人口的通知》（国发〔1981〕181 号）中指出 1978~1980 年，非农人口增加了 1800 万人，平均每年增加接近 600 万人。政府出于对农业提供商品粮和副食品的定位需要以及城市负担能力的实际情况，要求严格控制从农村招工、认真清理企事业单位使

---

① 执笔人：张琛、彭超、孔祥智。

用的农村劳动力和加强户籍制度管理。随着农村商品生产和商品交换的迅速发展，乡镇工商业的蓬勃发展，越来越多的农户转向农村集镇务工、经商，迫切需要解决迁入集体落户的问题。1984年10月13日，国务院颁布出台了《国务院关于农民进镇落户问题的通知》，逐步放活对入城农户的限制，并鼓励支持有经营能力和有技术专长的农户进入集镇落户。在这一时期，1986年7月12日出台的《国营企业实行劳动合同制暂行规定》也在第二十三条指出，"从农村招用的户、粮关系不变的劳动合同制工人……他们的劳动报酬、保险福利待遇，按照国家有关规定执行"。同年10月1日，在国务院出台的《国营企业招用工人暂行规定》中也指出，"企业招用工人，应当公布招工简章，符合报考条件的城镇待业人员和国家规定允许从农村招用的人员，均可报考"，这为农村劳动力的转移开辟了政策保障通道。

进入20世纪90年代后，劳动力向城镇转移的数量开始增加，也是得益于制度政策的放活。1990年4月27日，国务院在《国务院关于做好劳动就业工作的通知》（国发〔1990〕28号）中指出，"合理控制农村劳动力的转移，减轻城镇就业压力……农村劳动力向城镇转移，要同建设事业的发展和城镇的承受能力相适应……防止出现大量农村劳动力盲目进城找活干的局面"，同时也要求对农村劳动力进城务工通过多种手段实行有效控制，严格管理。控制农村劳动力的盲目流动是20世纪90年代初期的政策着力点。

1992年党的十四大为中国改革开放和现代化建设进入新的阶段奠定了基础。1993年，中共十四届三中全会审议通过了《中共中央关于建立社会主义市场经济体制若干问题的决定》，明确指出"逐步改革小城镇的户籍管理制度，允许农民进入小城镇务工经商，发展农村第三产业，促进农村剩余劳动力的转移"。1994年8月8日，劳动部颁布出台了《促进劳动力市场发展，完善就业服务体系建设的实施计划》，要求开展农村劳动力跨地区流动有序化工程和农村劳动力开发就业试点工作。同年11月17日，劳动部颁布出台了《农村劳动力跨省流动就业管理暂行规定》，明确指出"本地劳动力无法满足需求……用人单位可跨省招用农村劳动力"。中共中央办公厅、国务院办公厅于1995年9月19日颁布出台了《关于加强流动人口管理工作的意见》，指出"促进农村剩余劳动力就地就近转移……允许农民进城务工经商，兴办企业，并根据一定条件，允许农民在小城镇落户"，并同时要求"实行统一的流动人口就业证和暂住证制度"。随后，小城镇户籍制度改革开始逐步启动。1997年6月10日，《国务院批转公安部小城镇户籍管理制度改革试点方案和关于完善农村户籍管理制度意见的通知》中指出，"从农村到小城镇务工或者兴办第二产业、第三产业的人员可以办理城镇常住户口"。20世纪90年代中后期国家对于农村劳动力转移的政策由"严格控制"逐步转变为"规范引导"，这进一步为农村劳动力从事非农提供了契机。

进入21世纪，国家一系列政策文件的出台，逐步取消了对农村劳动力流动的限制。在《中华人民共和国国民经济和社会发展第十个五年计划纲要》中，在城镇化战略第三节中指出"取消对农村劳动力进入城镇就业的不合理限制，引导农村富余劳动力在城乡、地区间的有序流动"。2003年1月5日，国务院办公厅发布《关于做好农民进城务工就业管理和服务工作的通知》，要求各地不仅要取消对农民进城务工就业的职业工种限制，而且要切实解决拖欠和克扣农民工工资问题、改善农民工的生产生活条件。2004 年 12 月 27 日，国务院办公厅发布《关于进一步做好改善农民进城就业环境工作的通知》，要求做好促进农民进城就业的管理、服务工作和切实维护农民进城就业的合法权益。从 2004 年起，中央连续出台了 15 个关于农业农村发展的中央一号文件。2004 年中央一号文件指出"进城就业的农民工已经成为产业工人的重要组成部分……健全有关法律法规，依法保障进城就业农民的各项权益。推进大中城市户籍制度改革，放宽农民进城就业和定居的条件"。2005~2007 年中央一号文件都要求加强农民转移就业培训和权益保护，通过农村劳动力转移培训阳光工程加快农村劳动力转移。2008 年中央一号文件指出"改善农民工进城就业和返乡创业环境……全面加强农民工权益保障"。2009 年中央一号文件和 2010 年中央一号文件都要求要不断扩大农村劳动力就业，健全农民工社会保障制度，切实保障农民工的各项权益。2012 年中央一号文件更是明确指出"鼓励涉农行业兴办职业教育，努力使每一个农村后备劳动力都掌握一门技能"，这为农村劳动力通过学习技能日后从事非农就业提供了制度保障。2013 年中央一号文件提出要"有序推进农业转移人口市民化"，2014 年中央一号文件更是指出要加快推进农业转移人口市民化。2015~2017 年中央一号文件都关注了如何实现农民工职业技能提升，如何维护农民工合法劳动权益，开展新生代农民工职业技能提升计划和建立农民工工资正常支付的长效机制是重要的举措。2018 年中央一号文件则要求"大规模开展职业技能培训，促进农民工多渠道转移就业，提高就业质量"。从对 2004 年以来历年中央一号文件的梳理可以发现，以人为本的科学发展观在农村劳动力转移过程中显现得淋漓尽致。国家对农村劳动力转移由"规范引导"转变为"服务保障"再转变为"带动提升"，多渠道提升农民工的职业技能培训，为农村劳动力的非农就业夯实了基础。

因此，制度政策的放活是农户分化的演化逻辑首要变异因素，正是劳动力要素市场由限制到放活再到逐步完善，为农户分化奠定了基础。

二、农业转型发展的驱动

以生产力变革为驱动因素所导致生产关系、资源配置方式和经济结构的转变，是一个国家或某个部门在实现现代化进程中所必然经历的过程。中国农业部门经历的上述这种变化被称为农业转型发展。改革开放以来中国农业发展符合诱致性技术变迁理论，具体来说是以土地要素为基础变量，以劳动力要素为最能动变量，要素之间相互替代的农业技术变迁路径（孔祥智等，2018）。农业转型包括以下四个方面：农业现代化发展中的农业资本有机构成变化、城镇化快速发展、农业产业内部结构变化和农村就业结构的变化。

首先，改革开放以来农业现代化水平不断迈向新台阶，中国农业现代化是一个具有时代性、区域性和整体性的概念（毛飞、孔祥智，2012），农业现代化水平的提升也伴随着农业资本有机构成的提升。依据定义，由资本技术构成决定并且反映技术构成变化的资本价值构成，叫作资本的有机构成（马克思，2004）。农业资本有机构成数值越大，意味着单位劳动力占用的农业生产资料越多，农业资本有机构成与中国农业现代化的过程是同步的。孔祥智等（2018）对改革开放以来的农业资本有机构成的测算发现，改革开放以来农业资本有机构成总体呈上升趋势，但到2008年以后则出现下降势头，可能的原因在于农村劳动力成本在2008年后呈现出快速上升的趋势。本节认为，2008年前后出现的大批农民工返乡创业是造成农业资本有机构成下降的重要因素，同时这也是影响农户分化的重要因素：农民工回乡返乡创业带动了农村内部就业结构的变化，进而会影响农户家庭收入结构的变化。许多媒体报刊都报道了返乡创业带动当地农户致富的例子，如光明网以《返乡创业一人带动致富一方》报道了周口郸城县新东方农民专业合作社理事长王某返乡创办新东方农民专业合作社，吸纳带动返乡农民工120人，有效解决本村和周边村庄劳动力的非农就业问题。对河南省荥阳市新田地种植专业合作社的跟踪调研也发现，返乡创业的合作社理事长李某于2011年3月26日创办合作社。与当地普通农户种植玉米所需工时相比，新田地合作社社员种植玉米每亩能节省9个工，农业生产的省工意味着农户有更多的时间选择外出务工或者闲暇，这为农户选择外出务工或在本地务工提供了便利条件。

其次，城镇化的快速发展对农户分化起到了"拉力"作用。改革开放以来中国的城镇化水平呈现高速发展的态势，从1978年的17.92%快速增长到2017年的58.52%。城镇化的发展离不开劳动力要素的贡献，这就为农村劳动力提供了大量的非农就业岗位，进而对农村家庭收入结构产生影响。许多学者的研究结论都表明非农就业的工资率的快速上升是影响农户非农就业的关键因素（Mesnard，2004；许召元，2014）。张琛等（2017）通过数理模型推导得出劳动力非农就业的关键因素在于外出就业工资率与本地就业工资率二者的比率，可以看出改革开放以来城镇就业工资水平一直高于农业劳动力工资，直接反映的是乡村就业人员数和第一产业就业人员数的逐步下降，二者的差值（农村劳动力转移人员数）呈现出不断上升的趋势。

再次，农业产业结构变化对农户分化起到了"推力"。改革开放以来，随着农业生物化学技术的进步和农业机械技术的进步，在保证大农业健康发展的同时，农业产业的内部结构也发生变化，结构不断优化。具体来说，改革开放以来中国农业发展取得了可喜的成绩，按照不变价格计算（以1978年为基准），中国农林牧渔总产值由1978年的1397亿元增加到2016年的17850亿元。从农林牧渔业占农业总产值的比重来看，农业产值占农林牧渔总产值的比值由1978年的79.99%逐步下降到2016年的52.89%，下降幅度最大，为27.1个百分点。采用农林牧渔总产值与第一产业就业人员数的比值作为农业劳动生产率的指标，剔除了价格因素后，改革开放以来中国农业劳动力生产率和农业综合机械化率二者均呈现出快速上升的趋势，1978年农业劳动力生产率为493.33元/人，2016年农业劳动生产率为8303.87元/人，年均增长7.71%；农业综合机械化率由1978年的0.20%增加到2016年的0.65%，年均增长2.2%。农业产值占比下降、农业劳动生产率和农业机械化率水平的快速上升意味着农业生产中不再像以前需要大量的农业劳动力，大量农村劳动力从农业生产中解放出来，加上制度政策的放活，为农户分化起到了推动作用。此外，农业内部种植结构也发生了变化。粮食作物的种植比例由1978年的80.34%逐步下降到 2016 年的 75.30%，经济作物的种植比例也随之上升了 5.04%，主要原因在于粮食生产的比较效益下降，农户转而选择种植经济效益更高的经济作物，由于经济作物的农业机械化率水平较低，从事经济作物种植的农户不得不选择雇工这一形式，这也为农户增加工资性收入开辟了新渠道。

最后，农户就业结构的变化是农户分化的另一"推力"。农户就业结构的多元化为农户非农就业开辟了多种路径，因此能够充分反映出农村本地非农产业的发展情况。鉴于现有统计资料没有针对农户就业结构的详尽统计，本章基于农业部全国农村固定观察点的微观农户数据分析农户就业结构的变化情况。农业部全国农村固定观察点是 20 世纪 80 年代中期经中央书记处批准建立，由中共中央政策研究室和农业部具体组织指导，在全国 31 个省份连续跟踪的一项农村调查工作，能够充分反映出农户生产生活的情况，目前共覆盖全国 31 个省份 355 个行政村和 2 万多户农户。

改革开放初期农户就业结构较为单一，仅从事农业生产，农户分化状况还不明显。鉴于农业部全国农村固定观察点办公室于 2003 年对问卷进行大幅修改，对农户家庭劳动力信息进行了详细调查。本章从 2003 年开始探讨农户就业结构变化的情况。值得注意的是，根据经济形势的变化，农业部全国农村固定观察点数据在 2009 年对调查问卷进行了大幅修改。其中，2003 ~ 2008 年农户问卷中"从事主要行业"这一问题共有六个选项（农业、工业、建筑业、运输业、商业饮食服务业及其他）。2009 年之后的农户问卷"从事主要行业"这一问题共有 11 个选项（农林牧渔业、采矿业、制造业、电力、燃气及水的生产和供应业、建筑业、交通运输仓储和邮政业、批发和零售业、住宿和餐饮业、租赁和商务服务业、居民服务和其他服务业及其他）。为了便于分析的一致性，本章以 2003 ~ 2008 年农户问卷的问题选项为基准，将 2009 年农户问卷的选项按照"农业、工业、建筑、运输业、商业饮食服务业及其他"进行匹配，具体结果如表 5 - 1 所示：

表 5 - 1　农户就业结构的变化情况　　　　　　　　　单位：%

年份	农业	工业	建筑业	运输业	商业饮食服务业	其他
2003	35.79	19.13	7.51	3.81	13.61	20.14
2004	36.99	17.97	7.85	4.09	13.87	19.24
2005	36.84	18.60	8.27	3.92	13.48	18.89
2006	36.39	18.35	8.47	4.17	13.64	18.99
2007	35.12	18.63	8.66	3.90	13.32	20.37
2008	32.51	19.42	9.32	4.12	13.43	21.20
2009	30.59	21.96	10.25	6.86	17.29	13.05
2010	29.70	21.57	10.12	6.17	18.47	13.97
2011	29.10	21.71	10.68	5.76	18.19	14.56

年份	农业	工业	建筑业	运输业	商业饮食服务业	其他
2012	29.15	22.08	10.92	5.42	17.42	15.01
2013	27.15	21.09	10.73	5.28	18.95	16.80
2014	26.49	20.39	11.18	5.14	19.24	17.56
2015	25.34	20.12	11.17	5.11	20.16	18.09
2016	24.43	19.31	11.62	4.94	21.04	18.66

注：以上数据由笔者根据农业部全国农村固定观察点数据计算可得。

从表 5-1 的结果可以看出，2003~2016 年农户家庭就业结构呈现出以下三个方面的特征：一是从事农业的比例不断下降。2003 年农户家庭从事农业的比例为 35.79%，占比最高，而到了 2016 年这一比例下降到 24.43%，降低了 11.36 个百分点；二是农户在第二产业从事比例总体上呈现上升趋势，但是在不同行业中存在着差异，其中从事工业的比例基本保持不变，从事建筑业和运输业的农户比例不断上升；三是服务业已成为农户就业的重要行业。从表 5-1 的结果中可以得出，2003 年商业饮食服务业的就业比例为 13.61%，2016 年这一比例上升到 21.04%，增加了 7.43 个百分点。根据农业部全国农村固定观察点数据分析可得，当前农业就业结构具有多元化的特征，不同的就业结构意味着农户家庭收入存在着差异，这也推动了农户的分化。

基于上述分析，农户分化的演化逻辑的另一重要变异因素是农业转型发展的驱动。农业现代化发展中的农业资本有机构成意味着农业现代化的发展，通过"涓滴效应"影响着农户分化；城镇化快速发展的"拉力"与农业产业内部结构变化、农村就业结构变化的"推力"影响着农户分化。

根据张琛、孔祥智（2018）提出的组织成长演化模型：组织因变异因素实现自身演化，因演化而发展，再因内外部因素的变化再次变异，进而再一次演化和发展。农户分化的演化逻辑可以表述为：制度政策的放活和农业转型发展的驱动两大变异因素推动着农户由纯农户向兼业户再向非农户不断演化。农户由纯农户向兼业户再向非农户的过程意味着只从事农业生产的农户比例不断降低，从事非农就业的农户比例呈现出不断增加的趋势，也会对农业产业结构和农户就业结构产生影响，对农户分化的"推力"效应更加明显，即农户因外部环境的变化再次演化。具体来说，一是农户分化带来的一个直接影响是从事农业生产的农村劳动力数量减少，劳动力与机械要素替代便会发生，具体表现为农业综合机械化率的不断增加。在农户分化和农业机械化发展存在着结构性矛盾的背景下，农户会尽可能提高机械化程度较高作物的种植比例，农业产业结构也会发生转变；二是农户分化意味着从事非农就业的农村劳动力数量增加，也会影响着农村就业结构的变化，具体表现在表 5-1 中工业、建筑业、运输业、餐饮业服务业就业比例的变化。作为外部因素的农业产业结构和农户就业结构发生变化，会影响农户由纯农户向兼业户再向非农户不断演化的过程。

因此，农户分化的演化逻辑是：制度政策放活和农业转型发展驱动两大变异因素诱导着农户不断演化。农户分化过程中通过影响变异因素实现自身进一步演化发展。

第二节　农户分化的历史演变与现状

根据上述分析，农户分化的演化逻辑是由制度政策的放活和农业转型发展的驱动两个因素所导致的。那么，中国农户分化的现状是如何呢？是怎样的历史演变过程呢？通过梳理已有关于农户分化的研究，鉴于数据的获得性，许多学者都是以 1993 年作为分析农户分化的起点，所依据的资料为全国农村经济社会典型调查数据汇编（1986～1999 年）资料。具体来说，1993 年农业部全国农村固定观察点样本中纯农户占比为 49.90%，以农业为主兼营非农业户（一兼农户）为 26.85%，以非农业为主兼营农业户（二兼农户）占比为 17.16%，纯非农户占比为 4.86%，其他户为 1.24%。1995 年纯农户占比为 47.14%，一兼农户占比为 28.35%，二兼农户占比为 16.31%，纯非农户占比为 6.36%，其他户为 1.85%。2000 年纯农户、一兼农户、二兼农户、纯非农户和其他户分别为 47.20%、28.68%、17.14%、5.37% 和 1.61%。但是，需要说明的是，已有研究中农户分化的指标是以村为单位进行测算的，而不是依据农户家庭收入结构进行测度的，因此并不能完全反映出农户分化的实际情况。

鉴于农户分化主要开始于 20 世纪 80 年代，纯农户的比例由较高的比重逐步下降。但囿于数据的可获得性与连续性，本章采用 2003～2016 年农业部全国农村固定观察点数据从农户家庭收入结构对农户分化情况进行测算。首先，本章先对农户家庭农业劳动时间和非农劳动时间进行测算，如表 5-2 所示：

表 5-2　农业部全国农村固定观察点农户家庭劳动时间分配情况　　单位：天,%

年份	农业劳动时间	农业劳动时间占比	非农劳动时间	非农劳动时间占比
2003	100.896	44.06	128.087	55.94
2004	107.362	45.96	126.230	54.04
2005	104.558	44.43	130.750	55.57
2006	100.013	42.35	136.151	57.65
2007	94.306	39.48	144.535	60.52
2008	92.219	39.36	142.099	60.64
2009	90.926	38.08	147.851	61.92
2010	86.131	36.50	149.837	63.50
2011	82.577	34.93	153.859	65.07
2012	81.022	34.29	155.285	65.71
2013	77.602	32.55	160.815	67.45
2014	74.067	31.54	160.739	68.46

年份	农业劳动时间	农业劳动时间占比	非农劳动时间	非农劳动时间占比
2015	71.210	30.63	161.281	69.37
2016	68.836	29.81	162.107	70.19

注：上述数据由笔者根据农业部全国农村固定观察点数据计算可得。

2003~2016年，农户家庭对农业劳动和非农劳动的时间配置呈现出农业劳动时间占比逐年下降和非农劳动时间占比逐年提升的趋势。具体来说，2003~2016年农户家庭从事农业劳动的时间从2003年的44.06%下降到2016年的29.81%，降低了14.25个百分点，而非农工作时间则呈现出快速上升的趋势，由2003年的55.94%增加到2016年的70.19%。2016年农户家庭的平均农业劳动时间为68.836天，较2003年的100.896天，下降了46.57%。2016年农户家庭的平均非农劳动时间为162.107天，较2003年增加了34.02天，增加了26.56%。

随着农户非农就业时间比例的不断增加，工资性收入逐步成为农户家庭收入占比中最大的一部分。当前学术界对农户类型划分的依据分为两类：一类是将农业收入占家庭总收入的80%以上称为纯农户，50%~80%称为一兼农户，20%~50%称为二兼农户，20%以下称为非农户（中共中央政策研究室 农业部农村固定观察点办公室，1997）；另一类是将农业收入占家庭总收入的95%以上称为纯农户，50%~95%称为一兼农户，5%~50%称为二兼农户，5%以下称为非农户（苏群等，2014）。

根据上述两种划分，表5-3和表5-4汇报了2003~2016年农业部农村固定观察点农户分化情况。从表5-3和表5-4的结果中可以明显地看出，随着年份的推移，当前中国农户分化呈现出明显特征：一是纯农户的比例不断下降。无论是表5-3还是表5-4，从2003年起，纯农户的占比都呈现出较大幅度的下降。其中，表5-3中纯农户的占比从2003年的11.18%下降到2016年的2.90%，表5-4中纯农户的占比从2003年的3.92%下降到2016年的0.64%；二是非农户的比例不断上升。近些年非农户的比例呈现出快速上升的趋势，表5-3中2003年非农户占比仅为33.28%，2016年非农户占比增加到64.04%，年均增长率为5.16%，而表5-4中非农户占比从2003年的16.93%增加到2016年的41.05%，年均增长率为7.05%；三是兼业农户的比例呈现出小幅下降的趋势。表5-3和表5-4中2003~2016年，一兼农户和二兼农户的占比整体上呈现出下降的趋势。此外，兼业农户中二兼农户的比例明显高于一兼农户，二者之间的差值总体上呈现出扩大的趋势，这表明二兼农户是兼业农户中最为重要的组成部分。

表5-3　农业部全国农村固定观察点农户分化情况　　　　　　单位:%

年份	纯农户占比	一兼农户占比	二兼农户占比	非农户占比
2003	11.18	23.14	32.40	33.28
2004	11.45	26.36	31.43	30.77
2005	10.24	22.78	32.85	34.13

续表

年份	纯农户占比	一兼农户占比	二兼农户占比	非农户占比
2006	9.35	20.93	32.98	36.75
2007	8.96	19.86	31.65	39.52
2008	7.62	19.38	31.96	41.03
2009	7.64	17.34	31.34	43.68
2010	7.42	16.53	29.44	46.61
2011	6.80	15.62	29.21	48.38
2012	6.69	14.85	28.05	50.41
2013	5.92	13.13	26.13	54.82
2014	5.75	12.11	24.81	57.33
2015	4.27	10.53	23.32	61.88
2016	2.90	9.85	23.21	64.04

注：纯农户、一兼农户、二兼农户和非农户是以80%、50%和20%为标准进行划分的，以上数据由笔者根据农业部全国农村固定观察点数据计算可得。

表5-4　农业部全国农村固定观察点农户分化情况　　　　单位：%

年份	纯农户占比	一兼农户占比	二兼农户占比	非农户占比
2003	3.92	30.40	48.74	16.93
2004	3.35	34.45	45.20	16.99
2005	2.80	30.22	49.07	17.91
2006	2.43	27.84	50.02	19.71
2007	2.45	26.38	49.20	21.97
2008	1.73	25.27	49.64	23.35
2009	1.76	23.22	49.64	25.38
2010	1.63	22.32	49.39	26.66
2011	1.46	20.96	49.72	27.86
2012	1.38	20.16	49.25	29.21
2013	1.12	17.93	47.79	33.16
2014	1.20	16.66	45.58	36.56
2015	0.83	13.96	46.28	38.92
2016	0.64	12.11	46.20	41.05

注：纯农户、一兼农户、二兼农户和非农户是以95%、50%和5%为标准进行划分的，以上数据由笔者根据农业部全国农村固定观察点数据计算可得。

第三节　农户分化的历史展望及启示

制度政策放活和农业转型发展驱动是农户分化的重要因素，正是这些因素进一步推动了农户分化与发展。劳动力要素空间移动由"严格控制"转变为"规范引导"转变为

"服务保障"再转变为"带动提升"表现为制度政策的放活。农业资本有机构成提高的"涓滴效应"，城镇化发展的"拉力"与农业产业内部结构变化、农村就业结构变化的"推力"是农业转型发展的重要表现形式。基于农业部全国农村固定观察点数据的测算，当前农户分化态势明显，纯农户比例不断下降而非农户的比例不断上升。基于此，未来农户分化将会出现以下三个方面的态势：

一是纯农户比例会进一步下降，兼业农户是农户的主流类型。随着制度政策的进一步放活、农业转型发展的进一步驱动和"人、地、钱"要素的进一步放活，工商资本逐步进入农业农村，为农村劳动力提供更多的非农就业机会。农户家庭收入构成中农业经营收入的占比将会持续走低，纯农户的比例将会进一步下降，兼业农户的比例将会进一步上升，逐步成为农户的主流类型。

二是纯农户中种粮农户的经营规模将会增加。纯农户的家庭收入来源主要是农业经营，未来纯农户中粮食种植农户的经营规模将会增加，主要原因是由于粮食作物的比较收益低下，发挥适度规模经营的优势是提高农业经营收入的关键因素。如果纯农户中种粮农户经营规模没有扩大，较低的农业经营收入会使得部分纯农户选择离开农业，放弃耕种土地甚至选择撂荒。如果出现大量种粮农户弃耕撂荒的现象，这对保障中国粮食安全是极为不利的。

三是部分非农户会选择离开农业生产。国际经验表明，工业化和城镇化的发展会造成农户与土地二者的分离。随着新型城镇化的发展，农户与土地的分离更可能会发生在非农户，因为这些农户的收入来源基本不再依赖农业生产。当前农户存在着退出农业生产的意愿，地方实践也探索出农户退出农业生产的实现路径。因此，未来部分非农户将会退出农业生产。

党的十九大提出要实现小农户与现代农业发展有机衔接，是新时代实施乡村振兴战略需要解决的重大问题。这一观点是在充分认识到"大国小农"的国情下所提出的。因此，在政策层面需要首先清晰地认识当前我国农户分化的发展现状，依据农户分化的发展现状对症下药，不断优化政策体系，以解决小农户在现代农业发展中的地位问题。针对未来农户分化可能出现的三种情景，政府需要基于不同类型农户予以差别化扶持与引导：

第一，兼业农户是农户未来的主流类型，这就需要全方位对兼业农户进行扶持。兼业农户既从事非农就业又从事农业生产，大多数兼业农户家庭中大量青壮年劳力外出务工。针对兼业农户的特点，在农业生产中需要充分发挥农业社会化服务和新型农业经营主体的带动效应，引领兼业农户融入现代农业发展全过程。在农业社会化服务组织数量提升的基础上，需保证社会化服务质量的稳步提升，农业社会化服务体系向多元化、专业化和市场化方向迈进；创新符合新型农业经营主体发展的体制机制，在规范各类新型农业经营主体的基础上，鼓励支持新型农业经营主体衔接带动小农，形成合力为实现乡村振兴中的产业兴旺提供基础。此外，在构建完备的风险防范体系前提下鼓励支持工商资本进入农业农村，为兼业农户提供丰富非农就业机会，这应是未来的政策走势。

第二，纯农户中种粮农户的经营规模将会增加。"手中有粮、心中不慌"，粮食安全作为国家重大战略,保障粮食安全刻不容缓。因此,政府应该对纯农户中种粮农户予以政策上的扶持,引导种粮农户以现代理念经营农业,加大扶持力度。例如:有序引导有能力的农户适度扩大农业经营规模;依托政府和市场等多方主体为种粮农户提供全方位服务;逐步改善"撒胡椒面"式农业补贴。改革财政支农制度包括完善农业补贴制度与改革财政支农投入机制,农业补贴需要逐步转向针对特定群体的特惠制补贴,尤其要瞄准从事粮食种植的纯农户。

第三,一部分非农户在未来将退出农业生产,政府应该有序引导愿意退出农业生产的非农户离开农业。对宁夏平罗等地的成功经验予以总结推广,为部分有条件、有意愿的农民放弃土地、离开农业提供多样化的制度安排,如依托农村产权交易中心、构建退地农户的社保体系等方式,逐步完善非农户离开农业的制度顶层设计。

第六章　小农户与现代农业发展有机衔接

——基于农民组织化视角[①②]

农民专业合作社联合社是合作社发展到一定阶段的必然产物。当合作社之间存在深层次合作需求，就会选择合作与联合的方式走向再合作，组建农民专业合作社联合社。国际合作社联盟（ICA）1995 年发布了《关于合作社界定的声明》，其中，"原则"第六条即为"合作社通过地方性、全国性、区域性和国际性的结构一起工作，来最有效地为它们的社员服务，并加强合作社运动"（唐宗焜，2012）。说明合作社的再合作已经成为一种世界性趋势，当下发达国家具有一定市场竞争力的合作社都是区域性或全国性联合社。

合作社间的再合作是其发挥作用的重要途径，联合社仍然遵循着合作社的本质属性。然而，联合社不再仅是合作社之间的简单规模加总，而是深层次的要素、产品、产业等多维度的再合作。显然，单个合作社的发展经验是不足以指导联合社长期发展的。为此，以农民专业合作社联合社发展为研究导向，既能为中国合作经济理论提供重要补充，也能为合作社事业的长远发展提供有益的现实指导。

为确保研究工作兼具广度与深度，2019 年 7 ~ 11 月，先后赴吉林、黑龙江、山东、湖北 4 个省 14 个县（市、区）（见表 6 – 1）开展专题调研，召开了 20 多次基层干部代表、联合社负责人、联合社成员参加的座谈会，实地走访了 25 家联合社，广泛听取并记录意见，探寻当前联合社发展的症结，寻求破解之道。报告初稿完成后，组织两次小型研讨会充分听取专家意见，经课题组成员讨论并数易其稿后，形成本调研报告，希望能在一定程度上揭示联合社发展规律，并为主管部门完善联合社发展政策提供参考。

表 6 – 1　调研地区与访谈联合社分布

省份	湖北	吉林	山东	黑龙江
县名及联合社个数	洪湖市（3 家） 新洲区（1 家） 黄陂区（1 家） 孝昌县（2 家）	农安县（1 家） 德惠市（2 家） 公主岭市（2 家） 双阳区（1 家）	罗庄区（2 家） 沂南县（1 家） 临朐县（3 家） 诸城市（3 家） 昌乐县（2 家）	松北区（1 家）

---

① 执笔人：孔祥智、黄斌、张怡铭、卢洋啸。

② 从农民组织化角度讨论小农户与现代农业发展有机衔接，主要内容应该是农民专业合作社和近年来发展起来的联合社对农户的带动作用，前者在附录分报告 2《农业金融支持农民合作社带动小农户发展研究》中已经有了比较深入的探讨，因此，本章重点讨论农民专业合作社联合社对农户（通过成员社）的带动问题。

第一节　分析框架

农民专业合作社联合社是实现小农户与现代农业发展有机衔接的重要组织载体。引导与鼓励农民专业合作社联合社发展，首先需要回答好以下五大问题：合作社为什么选择再合作组建联合社？联合社是怎么成长起来的？联合社具体运作机制是怎样的？有什么成功经验？面临哪些困境与风险？研究好这些问题将有助于构建鼓励和引导农民专业合作社联合社发展的政策体系（见图6-1）。

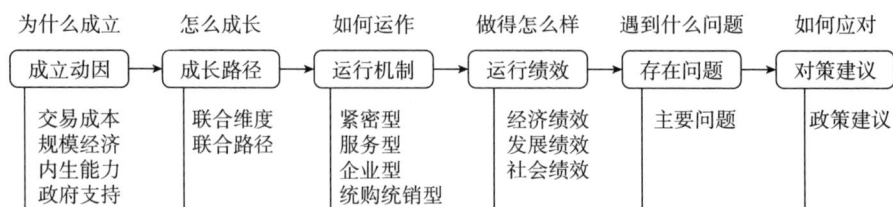

为什么成立	怎么成长	如何运作	做得怎么样	遇到什么问题	如何应对
成立动因	成长路径	运行机制	运行绩效	存在问题	对策建议
交易成本 规模经济 内生能力 政府支持	联合维度 联合路径	紧密型 服务型 企业型 统购统销型	经济绩效 发展绩效 社会绩效	主要问题	政策建议

图6-1　农民专业合作社联合社发展研究框架

一是要回答联合社的成立动因，这有助于厘清联合社组建动机以及建立有效的激励机制，引导合作社理性走向联合。相比单个合作社，联合社规模更大、制度更为复杂，将各有所需的成员社联合起来可能会带来高成本、高风险，投资回报周期较长。从成本收益角度来看，合作社之间仅仅保持浅层的契约合作关系即可，为什么还要走向再合作，形成这一新的合作经济组织形式呢？对于这一问题的回答，既有助于掌握联合社组建的真实动机，还能明确引导有潜在合作需求的合作社走向联合的政策支持方向。

二是要回答联合社的成长路径，这有助于化解合作困境并引导合作社之间形成稳定的再合作成长方式。合作社从选择再合作到联合作用的显现有相当一段距离。从已有文献与调查情况看，合作社再合作路径分为强制性制度变迁与诱致性制度变迁。那么，为什么合作社会选择不同制度变迁路径？与联合维度之间会构成怎样的关系？对这些问题的深入研究，有助于探索联合社从"单打独斗"转变到"联合对外"的路径导向与作用机理。

三是要回答联合社的运行机制，这有助于明晰影响联合社经营效率的关键因素与作用机制，寻找提升经营效率的途径。合作社是对"人"的管理，而联合社是对管理人的"社"的管理。对待"社"与对待"人"之间理所当然存在差异。那么，联合社是如何调动成员社参与到联合社的运作过程中的呢？联合社是通过哪些运行机制使其能够稳定持续运转的呢？对这些问题的深入研究，将有助于发现影响联合社经营效率提升的主要影响因素。

四是要总结联合社发展的运行绩效，这对引导其他联合社发展具有示范参考价值。具体而言，联合社得到发展的运行绩效是什么？是什么能够推动联合社经营走向成功，取得良好运行绩效？这些运行绩效的实现过程可以为其他联合社提供怎样的参考经验？深刻剖析这些问题，将有助于发展经验的总结。

五是要深入研究联合社发展面临的困难，这有助于从问题导向出发促进联合社的发展。在联合社发展过程中，遇到的困境会阻碍联合社的成长。那么，联合社发展过程中到底会面临哪些主要困境？剖析联合社发展的存在困境，能够为制定切合实际的政策措施提供参考。

六是要深入研究促进联合社发展的政策建议，为联合社面对发展困境与成长瓶颈提供应对之道。联合社健康有序发展受到多方面的约束，不利于联合社潜在作用的显现。为此，本部分将针对存在的主要问题，尝试提出鼓励与支持联合社发展的政策建议。本报告将在本次调研的基础上，结合已有案例进行分析，回应上述待研究问题。具体而言，在第二部分政策梳理的基础上，第三部分为联合社的成立动因，第四部分为现有的成长路径，第五部分将梳理出典型的联合社运行机制，第六部分将从不同层面提炼出联合社的运行绩效，第七部分将总结当下联合社发展过程中存在的主要问题，第八部分将提出针对性的政策建议。

第二节　政策梳理

实现小农户和现代农业发展有机衔接，需要强化小农户和其他主体之间的利益联结关系、进一步提高农民组织水平。联合社作为合作社事业发展过程中的新型组织形式，在辐射带动合作社与农户方面发挥着重要作用。截至 2019 年 4 月底，我国依法登记注册联合社数量达到 1 万多家。全国性、地方性政策文件的指引与鼓励为联合社发展营造了良好的政策环境，推动了联合社规模的扩张，加快了联合社成长的步伐。

近年来，中央政府出台了一系列引导与鼓励联合社发展的政策，一些地方政府也先后出台了涉及引导与鼓励联合社发展的意见、条例和实施办法（见表 6 - 2）。在中央层面，2013 年中央一号文件《关于加快发展现代农业进一步增强农村发展活力的若干意见》首次提出引导合作社之间开展合作与联合，并探索合作社联社登记管理办法，为联合社的出现与发展奠定良好的基础环境。2014 年中央一号文件《关于全面深化农村改革加快推进农业现代化的若干意见》正式使用"农民专业合作社联合社"这一全称，提出"引导发展农民专业合作社联合社"。2013 年国家工商总局、农业部联合发布的《关于进一步做好农民专业合作社登记与相关管理工作的意见》规定了联合社成员应为农民专业合作社的方向，并规定成员社至少在 3 个以上。2017 年中共中央办公厅、国务院办公厅联合发布《关于加快构建政策体系培育新型农业经营主体的实施意见》，突出了联合社在新型农业经营主体中的重要地位。2019 年中共中央办公厅、国务院办公厅联合发布《关于促进小农户和现代农业发展有机衔接的意见》，明确了联合社在促进小农户和现代农业发展有机衔接方面的重要地位，强调了合作社走向再合作能提升小农户合作层次与规模的重要作用。

表6-2　全国、地方有关联合社的代表性政策梳理

	时间	出处	有关内容（原文）
中央政策文件	2012 年 12 月 31 日	关于加快发展现代农业进一步增强农村发展活力的若干意见	引导农民合作社以产品和产业为纽带开展合作与联合，积极探索合作社联社登记管理办法
	2014 年	关于全面深化农村改革加快推进农业现代化的若干意见	推进财政支持农民合作社创新试点，引导发展农民专业合作社联合社
	2013 年	工商总局、农业部关于进一步做好农民专业合作社登记与相关管理工作的意见	农民专业合作社联合社成员应为农民专业合作社，且成员数应在 3 个以上
	2017 年	中共中央办公厅、国务院办公厅关于加快构建政策体系培育新型农业经营主体的实施意见	鼓励农民以土地、林权、资金、劳动、技术、产品为纽带，开展多种形式的合作与联合，积极发展生产、供销、信用"三位一体"综合合作，依法组建农民合作社联合社
	2019 年	中共中央办公厅、国务院办公厅关于促进小农户和现代农业发展有机衔接的意见	支持合作社依法自愿组建联合社，提升小农户合作层次和规模
地方性政策文件	2013 年	湖北省关于农民专业合作社联社登记管理工作的试行意见	农民专业合作社联社成员以农民专业合作社为主体；企业、事业单位、社会团体成员不超过成员总数的 20%，且应与农民专业合作社成员产业相关联。自然人和具有管理公共事务职能的单位不纳入联社成员
	2013 年	山东省农民专业合作联合社登记管理意见	合作联社应当有 2 个以上农民专业合作社作为成员，农民成员至少占成员总数的 80%。从事与合作联社生产经营活动直接有关的企业、事业单位或者社会团体，承认并履行合作联社章程，履行章程规定的入社手续的，可以成为合作联社成员
	2013 年	浙江省农民专业合作社联合社登记管理暂行办法	成员为农民专业合作社以及从事与联合社业务直接有关的生产经营活动的企业、事业单位或者社会团体
	2013 年	黑龙江省农民合作社联社登记管理暂行办法	有 2 个（含）以上成员，各成员为从事同类生产经营或相互提供上下游服务的，并且登记注册 1 年以上的农民专业合作社
	2016 年	甘肃省农民专业合作社联社登记管理暂行办法	成员以从事同类或有互补业务的农民专业合作社为主体

	时间	出处	有关内容（原文）
地方性政策文件	2017 年	黑龙江省关于加快构建政策体系培育新型农业经营主体的实施意见	引导各类新型农业经营主体通过重组、并购等形式做大、做强，促进融合发展，培育和发展农民合作社联合社、农业产业化联合体，鼓励建立农业类产业协会
	2017 年	江苏省关于加强政策体系建设促进新型农业经营主体发展的实施意见	落实各项税收优惠政策，对农民合作社（联合社）销售本社成员生产的农产品、向成员销售农资的，按规定免征增值税
	2018 年	甘肃省关于加快构建政策体系　培育新型农业经营主体的实施意见	支持发展集生产、供销、信用"三位一体"的综合社，鼓励支持依法组建农民合作社联合社，加强合作社之间的联合与协作
	2019 年	吉林省农民专业合作社条例	农民专业合作社联合社接受的财政直接补助和他人捐赠，应当平均量化到成员社，其产生的收益可以由成员社按照章程进行分配

　　在地方层面，2013 年以来先后出台的湖北省工商局、农业厅《关于农民专业合作社联社登记管理工作的试行意见》《山东省农民专业合作联合社登记管理意见》《浙江省农民专业合作社联合社登记管理暂行办法》《黑龙江省农民合作社联社登记管理暂行办法》《甘肃省农民专业合作社联合社登记管理暂行办法》等地方性文件在联合社成员结构方面的规定存在差异，黑龙江省强调联合社成员须为农民专业合作社，而湖北省、山东省、浙江省则强调从事与联合社业务直接有关的企业、事业单位或者社会团体同样可以成为联合社成员。联合社作为重点培育的新型农业经营主体，不少地方文件已有关于引导和鼓励联合社发展的意见规定。黑龙江省 2017 年出台的《关于加快构建政策体系培育新型农业经营主体的实施意见》，引导联合社规范发展，依法提取公积金。江苏省 2017 年出台的《关于加强政策体系建设促进新型农业经营主体发展的实施意见》规定了联合社与合作社在向成员销售农产品、农药方面实现税收优惠政策的一致性，拉近了联合社与合作社在政策优惠方面的距离，间接强调了联合社本质属性仍属于合作社范畴。甘肃省 2018 年出台的《关于加快构建政策体系培育新型农业经营主体的实施意见》强调了鼓励支持联合社在加强合作社之间联合与协作方面的基本作用。吉林省 2019 年出台的《吉林省农民专业合作社条例》明晰了联合社接受的财政直接补助与他人捐赠的资金，应以平均量化到成员社的方式保障成员社的收益权不受联合社的侵犯。

　　中央政策一贯肯定联合社在推动合作社合作与联合方面的积极作用，鼓励与支持联合社组建与发展。随着新型农业经营体系的逐步完善，联合社已经成为新型农业经营主体的重要组成部分，在推动小农户和现代农业发展衔接方面发挥着不可替代的作用，提升了小农户进行合作与联合的层次。地方政策在联合社的构成主体、组建条件等方面有所放宽，联合社与合作社之间逐渐走向地位平等,强调了联合社与合作社在本质属性上的一致性。在部分省份,联合社不仅仅只能由农民专业合作社组成,只要不同主体间存在着合作需求,合作社同样可以与家庭农场、农业企业等农业经营主体联合起来。此外,联合社正逐步与合作社同等享受政府的政策优惠。

第三节　联合社的成立动因

在中央和地方政府政策的支持下,实力薄弱的合作社纷纷走上再合作道路,联合社规模稳定增长。联合社是指以自愿联合为原则,由三个以上农民专业合作社为基本成员,以实现农业生产经营和服务的跨区域合作或产业链延伸为目的,实行民主管理,开展独立核算的有限责任型农民经济合作组织。联合社作为一种新型组织的出现,实质上是制度变迁的结果。根据新制度经济学理论,制度变迁的实现取决于制度净收益的大小。当制度收益大于制度成本时,即制度净收益大于零时,组织将倾向于实现制度变迁。组织制度创新的过程实质上就是追求制度净收益的过程。在新组织制度的作用下,新型组织将会继续通过优化资源配置方式,提高制度收益,降低制度成本,获取组织化潜在利润。也就是说,合作社走向再合作的最终目标就是获取组织化潜在利润,使得再合作"有利可图"。具体来看,合作社再合作将受四方面因素的驱动:规模经济、交易成本、内生能力以及政府支持(见图6-2)。

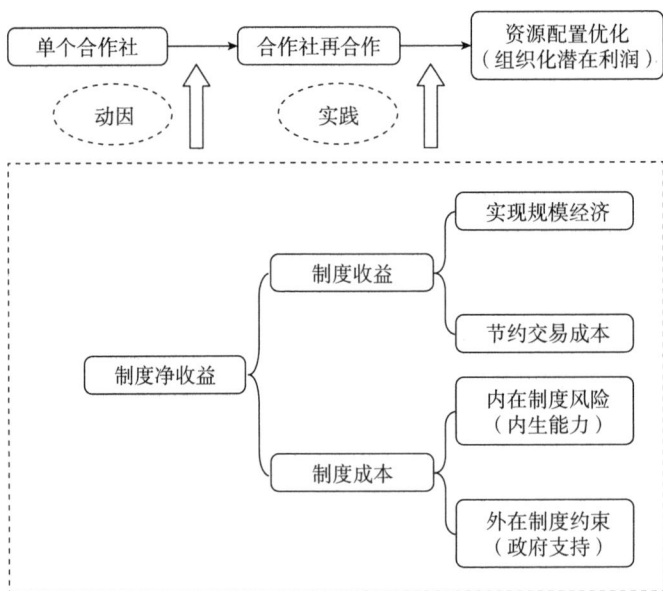

图6-2　联合成立动因的分析框架

联合社能够将合作社的资源要素集聚起来，形成要素规模、产品规模、产业规模，推动规模经济效益的实现。规模经济一旦形成，联合社便能够推动资源要素在不同生产环节、不同产业环节之间配置，以降低综合经营成本；联合社还能通过在产品规模形成的基础上，推动生产流程的标准化、规范化，为产品质量提供充分保障，打造区域品牌效应，进一步推动规模效益的显现；联合社能够促进产业规模经济的形成，既能提升分工协作效率、推动产供销一体化运营，还能以产业聚集的方式提升产业技术创新的可能性，进而提升生产效率，降低综合经营成本。例如，湖北省武汉市首佳水产养殖联合专业合作社与同样经营水产养殖的其他五家合作社进行强强联合，以追求同类产品的规模效益，提升区域市场竞争力。

联合社将各家合作社联系起来，能够降低单个合作社各环节对外所产生的交易成本。交易过程中各环节的节本成效实质上就是制度收益显现的过程。通过组建联合社，合作社的部分甚至全部交易环节可以在合作社之间完成，从而实现外部交易内部化，降低不必要的交易成本。根据威廉姆森（Williamson，1985）的观点，交易成本主要包括三部分：交易频率、交易不确定性以及资产专用性。在交易频率方面，联合社往往提高"一次性"大批量交易的比例，调整交易频率，减少散而短的交易方式，强化议价能力所带来的收益；联合社还会对关联性产品进行内部组合，间接减少外部交易的频率。在交易不确定性方面，联合社的信息共享机制能够缓解交易过程中的信息不对称问题，以相对确定性的交易合作关系降低监督成本、搜寻成本。在资产专用性方面，联合社能将各成员社专用性资产集中起来，提升交易过程中的资产使用频率，降低资产闲置带来的沉淀成本。例如，山东省昌乐县自然邦果蔬专业合作社联合社属于典型的同业型联合社，以标准化地方式统一经营管理"黄金籽"西红柿的生产，最终获取高价高量的大额订单，通过优化交易方式创造利润空间。

联合社在联合合作社过程中各取所长，提升综合实力，最终形成保障组织稳定成长、制度平稳运作的内生发展能力。单个合作社由于谈判实力弱、资源要素规模小，难以在面对市场竞争环境中独立成长，难以形成平稳运作的规范性制度，未能达到内生发展所应具备的基本能力。按照已有理论，内生发展能力至少包括协同能力与持续能力。在协同能力方面，联合社作为再合作的新型组织形式，在协同合作社之间要素流动、资源匹配、产品组合、产业衔接等方面能发挥重要作用。在持续能力方面，联合社是在不同合作社基于自身利益需求寻找合作平衡点基础上所形成的经济组织，相比各家散户而成的合作社，利益一致性更为明确，能够集中力量办大事。此外，单个合作社的谈判实力难以应对大市场，市场不确定性大，组织制度难以从真正意义上构建起来，而联合社面对外部市场环境时由于谈判实力较强，交易关系稳定，可以建立起平稳运作的组织制度，推动组织稳定成长。例如，黑龙江省龙联农民专业合作社联社引入公司治理方式，从低效运作走向高效的商业化运作，正是因为通过创新经营方式，提升了联合社的协调能力与持续能力，最终形成联合社的内生发展能力。

联合社组建还可能受到政府推力的影响。加入联合社对于合作社来说是"互补性行为"，对于政府来说是"互利性行为"，有助于社会总福利的提升，这就决定了政府部门具有主动引导和协调某家合作社牵头成立联合社的积极性。合作社走向再合作，需要将周边合作社召集起来，准备好必要的前期投入，这会使得联合社组建过程的搜寻成本与经营成本过高，一些合作社会因此打消发起组建联合社的念头。在这一情况下，政府能够在联合社从无到有的过程中发挥牵头和协调的重要作用。组建联合社后，政府的支持也能够降低联合社从低水平均衡向高水平均衡发展的转换成本，推动联合社从有到好的过程的实现。例如，吉林省双阳区欣铭农民专业合作社联合社正是在对政府政策环境具有良好的预期情况下成立的，认为联合社的成立有利于获取相关项目支持。上述四个方面动因可归纳为表6-3。

表6-3　联合社成立动因与代表性实例

主要动因	代表性实例
实现规模经济	1. 吉林省长春市农安县乾溢农业发展专业合作社联合社充分利用当地几家水稻合作社经营能力而成立联合社，以服务规模效益应对日趋激烈的市场竞争环境。从2017年开始，由于服务规模化成效显著，联合社还承担起农安县马铃薯生产全程机械化、玉米籽粒直收深松整地、高效植保、秸秆捡拾打包等五个作业项目。 2. 湖北省武汉市首佳水产养殖联合专业合作社将五家水产养殖合作社强强联合，发挥产品规模效应。其中，联合社开办的隶属于自身的饲料加工厂，能够以农业产业化的方式进一步凸显产品规模价值增值效应，以产品竞争综合优势打破当时水产品销售市场上相互压价、恶性竞争的局面
节约交易成本	1. 湖北省荆州市洪湖市世元水产专业合作社联合社通过整合内部资源，发挥各合作社特长优势，实施产品多元化战略，提高资源利用效率；同时采用统一生产管理标准，突出水产品牌效应，增强议价能力和市场竞争力，以品牌效应应对市场不确定性。 2. 在"倒逼式"拉动和"适应式"推动下，山东省潍坊市昌乐县自然邦果蔬专业合作社联合社，依托多样化创业人才团队和潍坊自然邦生态农业科技有限公司，联合同业果蔬专业合作社，以"黄金籽"西红柿为切入点，通过"订单合同"构建利益共同体，降低交易频率
培育内生能力	1. 吉林省长春市德惠市荣丰农业专业合作社联合社将周边优秀的合作社发展成为成员社理事单位，采用"利益共享、风险共担"的商业合伙人模式，搭建规避风险的养殖平台。 2. 山东省临沂市罗庄区金源合作社联合社母社所打造的葡萄产业已经覆盖全镇，但葡萄产业在其他县区的影响力还比较弱。联合社组建后，规范组织架构，发挥制度优势，以基地管理部推广技术，建立可持续发展的区域核心竞争力
政府外部支持	1. 吉林省长春市双阳区欣铭农民专业合作社联合社负责人表示，联合社发展到一定规模后，项目申请机会多，而常年在外经商经历使其具备更高的政策灵敏度，更容易获得政府的项目支持。 2. 湖北省孝感市孝昌县梦里花园花木专业合作社联合社经营规模较小，且内部竞争激烈，而园林绿化工程建设对于建设单位资质要求普遍较高，所以难以将当地的苗木产业资源对接工程建设。如果获得政府外部支持，联合社将获得与工程建设项目（政府的和大企业的）对接的机会

近年来，合作社选择再合作，以四类动因为主要推动力的联合社不断出现。总体来看，降低交易成本、实现规模经济、培育内生能力是合作社之间选择再合作的内在动力，

是基于合作社之间实际合作需求与现实运营匹配程度的理性决策，以再合作的方式反推合作社之间内部要素的有效组合，实现组织化潜在利润。政府外部支持是合作社之间选择再合作的外在推力。外在推力改变了合作社之间对于生产经营效益的预期，将政府支持机会与政府要素投入视为生产经营的重要因素。从调研实践来看，联合社获取外部支持的机会仍不如单个合作社成熟，联合社之所以以外力支持为主要动因，主要是以追求区域性的竞争力提升为主要目的，对改善区域性成员社、农户的总体福利发挥着重要作用。

第四节　联合社的成长路径

上一部分我们讨论了农民合作社联合社形成的动因，那么，联合社是如何形成的？形成以后的发展方向或路径是什么？为此，本部分将首先分析联合社是如何从不同联合维度组建起来的，会组建成什么类型的联合社，接着从制度变迁视角阐述联合社的成长方向，并总结出不同类型联合社的成长机制。

1. 联合社的联合维度

合作社再合作并非简单数量、规模层面的加总，而是多维度的再合作，最终形成能够为多维度联合创造稳定条件的新型合作经济组织——农民合作社联合社。目前来看，联合社主要是实现了三个维度的再合作：要素、产品以及产业（见图6-3）。一是要素层面的联合。区别于企业，合作社要素联合主要在于土地、劳动等基础性生产要素，要素聚集规模较大是要素联合的一大重要方面，是实现规模经济、降低交易成本的重要手段。此外，要素类型互补是要素联合的另一重要方面。知识、技术、资本等专用性资产的互补能够促使不同合作社之间的比较优势充分结合，形成内生发展能力，推动联合社稳步成长。在调研案例中，并不存在以土地规模经营、劳动力要素聚集等单一要素联合为目的，而往往需要与产品层面的联合交织在一块。二是产品层面的联合。联合社一方面实现产品规模的聚集，以订单农业等方式降低交易成本；另一方面实现产品类型的优化组合，即充分发挥联合起来的多产品优势，实现价值增值。湖北省孝昌梦里花园花木专业合作社联合社利用每家合作社种植品种多样的优势，聚集各品种的种植规模，保障其产品在苗木市场上具备充足的销售供应能力。三是产业层面的联合。即联合社利用合作社之间业已存在的纵向协作关系，衔接产业上游、中游与下游各个环节，以紧密产业链的方式提高分工协作效率，降低综合经营成本。山东省临沂市罗庄区食用菌产业化联合体由山东效峰生物科技股份有限公司领办（简称效峰科技），联合罗庄区效峰香菇专业合作社、山东效峰食品有限公司、临沂效峰园林绿化有限公司和山东樱桃文化传媒有限公司五个单位自发联合成立。合作社主要业务范围为杏鲍菇、香菇等食用菌种植，而公司主要业务范围为中下游环节，包括加工、运输、销售等业务。

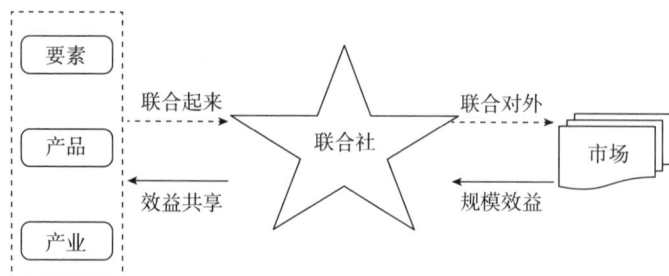

图6-3 合作社再合作维度示意图

通过要素、产品、产业三个维度的再合作，合作社联合起来组建起联合社，并把从大市场中获得的规模效益共享到要素、产品、产业的贡献群体中。需要说明的是，再合作维度不同、侧重点不同，会形成不同类型的联合社。按照刘同山等（2014）类型划分方式，以要素规模、产品规模为主的联合维度会形成生产型联合社，旨在通过合作社的联合来扩大生产规模，节约成本。以产品联合为主的联合维度会形成销售型联合社，着眼于农产品流通环节，通过联合不同种类的专业合作社来提高产品多样性、供给稳定性和销售营利性的一种产加销同盟。以产业联合为主的联合维度会形成产业链型联合社，是以产业链协作为方式，以提高链条整体的市场响应能力和盈利水平为目的的纵向一体化联合。而综合型联合社是要素、产品、产业三个维度联合的体现，是以增强社区成员联系、提高区域经济活力为目标，通过资源整合而实现的一种区域性联合体。

2. 联合社的联合路径

课题组在调研中发现合作社走向联合的路径并不唯一，不同合作社会根据合作需求的差异选择最为合适的再合作路径。从实地调研来看，合作社之间抱团取暖仅仅是再合作的一条路径，还包括企业、村集体、供销社等的领办与参与等多条路径。从本质来看，这些联合路径都属于制度变迁路径。根据林毅夫（Lin，1989）的观点，制度变迁可以分为强制性制度变迁与诱致性制度变迁两种形式。强制性制度变迁是自上而下的制度变迁方式，关键在于外力的有效干预。诱致性制度变迁指的是现行制度安排的变更或替代，是由个人或一群人在响应获利机会时自发倡导、组织和推行的变迁路径。

本章将成长路径划分为外部领办型、外部参与型、内部治理型和内部服务型四大类。外部领办型与外办参与型的关键在于"外"，属于强制性制度变迁路径，而内部治理型与内部服务型关键在于"内"，属于诱致性制度变迁路径。外部领办型是指公司、村集体、供销社等其他主体根据自身需求与能力主张合作社再合作，并主导着联合社的核心事务，运用自身已有优势为联合社发展注入外部力量，在服务自身需求的同时也推动了联合社的成长。例如，湖北省洪湖市华贵水生蔬菜联合社就是在公司领办下于2015年正式成立的。湖北华贵食品有限公司成立于2006年，早在2012年就开始从事水生蔬菜加工业务。领办联合社后，公司处于绝对控股地位（占股50.8%），按照"公司+合作社+农户"模式，由公司负责农产品加工等产业化业务，合作社负责种植生产业务，将辖区内水生蔬菜合作社的资源要素与企业经营优势充分结合起来,形成与市场相抗衡的核心竞争力。外部参与型是指公司、村集体、供销社等其他主体参与到联合社的运营过程之中,但由于这些主体资产规模较大、管理经验较丰富,在影响联合社发展道路上常常起到关键作用。例如,湖北省洪湖市春露农作物种植专业合作社联合社为推进水稻产业化道路,联合了在产业链后端环节具有优势的企业,充分发挥了企业在推动联合社产业链延伸方面的作用。内部治理型是指以合作社再合作所形成的联合社为基本依托,通过创办企业等方式引入公司治理理念,将具体经营权交由自己创办的公司企业,将利益分配权、决策权留在联合社,是通过职能合理分离以提升管理效率的成长路径。例如,黑龙江省龙联农民专业合作社联社在保持联合社独立地位基础上采取公司治理模式,兼顾了企业治理的效率优先与合作社治理的公平优先双重原则。内部服务型即我们通常所理解的合作社再合作路径,即合作社通过合作与联合实现抱团取暖,搭建服务型平台,共同参与重大事务的决策,根本目的是共同维护并利用联合社平台为自身发展服务。例如,山东省诸城市中农粮食专业合作社联合社,是一家集粮食生产、种子培育、农产品加工销售以及提供社会化服务等为一体的联合社,专注于为社内成员服务,搭建起土地托管平台,托管土地面积达到3万亩,实现有效节约农业经营成本,同时解决了部分劳动力转移就业问题,拓宽农民增收渠道。上述分析可概括于表6-4。

表6-4　联合社发展路径与代表性实例

制度变迁类型	成长路径类型	代表性实例
强制性 制度变迁	外部领办型	1. 湖北华贵食品有限公司在洪湖辖区组建28家水生蔬菜专业合作社,成立华贵水生蔬菜联合社,按照"公司+合作社+农户"模式,公司负责农业产业化链条延伸,全力打造中国水生蔬菜第一"航母" 2. 山东省临沂市罗庄区食用菌产业化联合体由山东效峰生物科技股份有限公司领办(简称效峰科技),联合罗庄区效峰香菇专业合作社、山东效峰食品有限公司、临沂效峰园林绿化有限公司和山东樱桃文化传媒有限公司五个单位自发联合成立,充分发挥公司与合作社在不同环节农业经营过程中的优势
	外部参与型	湖北省荆州市洪湖市春露农作物种植专业合作社联合社为做大做强洪湖再生稻产业,走产业化之路。联合社在联合周边水稻合作社的同时,还联合了洪湖市共兴资产经营管理有限公司和洪湖市惠春农业科技有限公司,充分发挥企业在推动产业化方面的作用
诱致性 制度变迁	内部治理型	黑龙江省哈尔滨市松北区龙联农民专业合作社联社在组建联合社的基础上,以联合社为依托全资创办龙联农业开发投资有限公司,以公司治理理念来管理联合社,但仍维持联合社与成员社原有的利益联结关系
	内部服务型	1. 山东省潍坊市诸城市中农粮食专业合作社联合社专注于为社内成员服务,托管土地面积达3万亩,推动成员社内劳动力要素的高效配置,综合提升经济效益与社会效益 2. 吉林省公主岭市华兴农民合作社联合社主要提供全程或半程社会化服务,为成员社提供服务内容全面,包括科学育苗、种植管理、产品加工、品牌营销等,覆盖产前、产中、产后全过程

外部领办型与外部参与型属于强制性制度变迁路径。从调研情况来看，当合作社之间进一步合作需求的目标无法通过简单的再合作实现时，外部主体（政府、企业或者其他主体）就有可能介入，在这个过程中产生的交易费用主要由外部主体承担。内部治理型与内部服务型属于诱致性制度变迁路径。当具有再合作的合作社之间能够达成合作意向，或者其中至少一家合作社具有较高的带动能力时，联合社生成的诱致性变迁路径就会发生，在这个过程中产生的交易费用由成员社共同分担或者由领办合作社承担。从调研中看，无论哪种制度变迁方式，承担交易费用的主体在日后联合社的运营中都将会获取更大的制度净收益。

第五节　联合社的运行机制

根据调研所获得的案例情况，本章将联合社的运行机制概括地分为四种：紧密型、服务型、企业型和统购统销型。其中利益联结最为紧密的是紧密型联合社运行机制，利益联结相对紧密的是服务型和企业型联合社运行机制，利益联结相对松散的是统购统销型联合社运行机制。下面结合案例总结这几种联合社运行机制的特点。

一、紧密型联合社运行机制

紧密型的联合社运行机制最大的特点可以总结为：多方合作，合理分配。一是通过多方合作实现盈利，产品从生产到销售需要成员社和联合社的共同参与，共同投入生产要素，仅靠其中一方无法完成或是完成的效果远不如共同完成的效果好；二是具有成熟的盈余返还制度，联合社的可分配盈余会按照入股资金和交易额等标准进行返还，若出现亏损时联合社成员也会以其出资额为限共同承担。一般情况下，紧密型联合社的运行方式为：首先是生产要素的共同投入，由成员社通过生产过程投入劳动力、土地等要素，配合联合社提供的服务（如管理、统筹、农资、技术、营销等服务），共同形成联合社的收益；其次，联合社将所得收益扣除成本费用，弥补亏损，提取公积金、公益金和风险金等（通常根据经营情况拟定提取的种类和比例）后，形成可分配盈余；再次，按照联合社章程中约定的盈余返还规则进行盈余返还，通常分为按股金（出资额）分配以及按交易量（额）分配两个部分（见图6-4）。

在调研案例中，符合紧密型联合社运行机制的有两家。下面以山东省临朐县志合奶牛专业合作社联合社为例，重点分析如图6-4所示的运行机制。联合社负责各成员社做不了、做不好的事情，具体包括：①拓宽销售渠道。2019年，联合社为五个小型合作社（牧场）开辟了新的销售渠道，保障了小型合作社（牧场）的利益。②提高牛奶价格。组织成员代表与乳制品企业进行奶价谈判，收购价格比原来提高20%。③降低原料成本。联合社先后与临沂利豪饲草公司、青岛普兴饲料公司、北京优利农畜牧机械公司等多家企

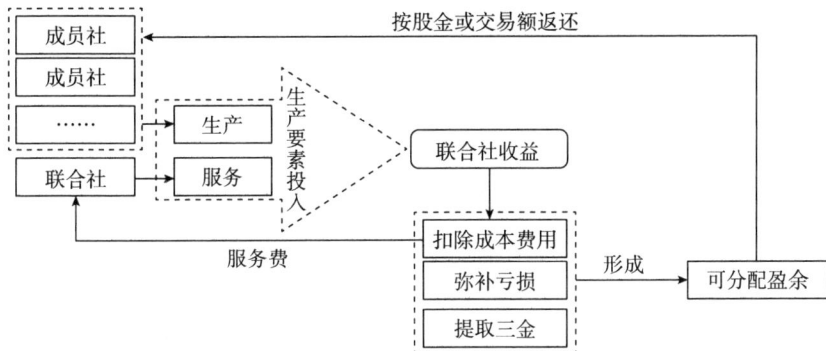

图 6 - 4　紧密型联合社运行机制

业建立业务关系，以优惠价格统一购进价值 3000 万元的饲料、饲草及相关实物，给成员社节省投入 50 万元以上。联合社还与电力部门协调，将原先工业用电改为农业用电标准，每度电节省 0.3 元。并配备了鲜奶专用运输车，每天将成员社的鲜奶直接运输到乳品公司，节约了成员社的运输费用。④解决资金困难。联合社积极与临朐农村商业银行、中国银行等多家金融部门联系，先后争取利息优惠的贷款 2800 多万元，投放给成员社中的养殖户，解决了养殖户在购买奶牛、饲料等方面的资金困难。⑤提供技术服务。主动联系多位国内外奶牛专家举办技术讲座，推广应用新产品、新技术；与澳大利亚饲草公司达成了供应优质饲草的协议；取得利拉伐公司支持，为合作社奶厅提供专门清洗液；与蒙牛塞克星有限公司合作，为联合社奶牛品种改良提供技术支持。截至 2019 年，联合社开展技术培训六次，培训奶厅管理人员 80 人次，推广新技术、新产品 4 项，成员社生产效益比入社之前提高了 30% 以上。⑥争取政策扶持。联合社利用自身联系面广的特点，争取 176 万元扶持资金，配套 200 万元，扶持了成员社中的 280 个贫困户，每年帮扶贫困户增收 101 万元。联合社盈余返还制度明晰：获得本年度的收益以后，扣除各项成本费用如专职人员的工资支出、办公经费、奶农结算的奶款（扣除农资赊销）等以后形成可分配盈余，可分配盈余的 20% 作为联合社发展积金，80% 作为盈余返还；在返还的盈余中，40% 按股东的出资额进行分配，60% 按照成员社的交易额进行分配。

二、服务型联合社运行机制

服务型联合社最主要的特点是，成员社通常分为服务提供主体和服务接受主体两类（有些服务型联合社只有服务提供主体），服务提供主体通过为服务接受主体提供产前、产中、产后的农业社会化服务获利。其他类型的联合社虽然也会为其成员社提供服务，并且通过一部分服务获利，但服务型联合社与其最大的区别是通过组建联合社提高服务提供主体的服务收入。通过联合，服务供给主体可以获得稳定的服务对象；服务接受主体可以获得较低的服务价格和稳定的服务关系，二者都减少了搜寻成本、谈判成本等交易费用。服务型联合社的成员社之间往往在财务上没有交叉，也没有相应的盈余返还制度，一般由联合社统一调度、财务各自结算。服务型联合社提供的服务类型主要有：生产性服务、信息共享型服务、资金互助型服务等。从调研看，生产性服务的提供主体主要由农机合作社发展而来，为成员社的农业生产提供农机、农资等生产性服务，服务接受主体需要向服务提供主体缴纳相应的费用；信息共享型服务的提供主体往往具有联合会、产业协会等类型组织的性质，在行业中具有一定的话语权，具有制定农产品生产标准、打造区域品牌、进行规模化生产的能力，成员社可以通过联合社统一销售农产品，但必须符合质量要求并支付服务费；资金互助型服务的提供主体可以是部分成员社也可以是联合社，服务接受主体为成员社中有资金借贷需求者，需要缴纳资金使用的利息作为服务费（见图 6 - 5）。

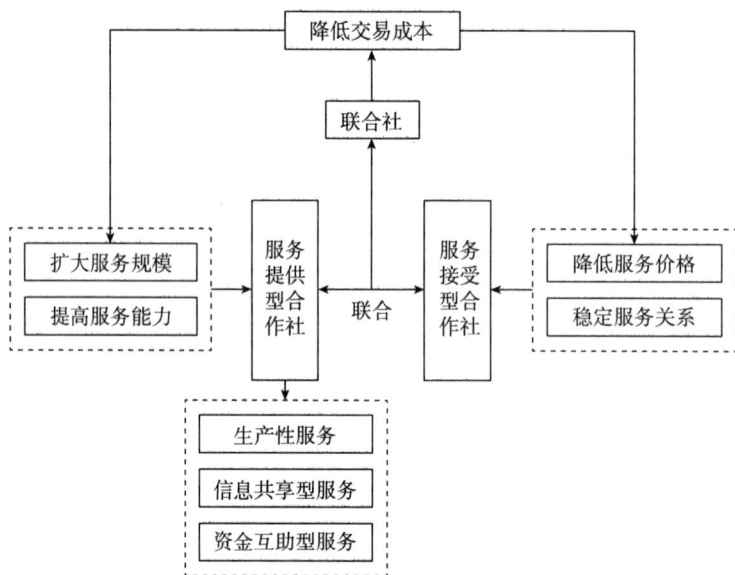

图 6 - 5 服务型联合社运行机制

调研案例中，以提供生产型服务为主的联合社主要有两家。下面以吉林省农安县乾溢农业发展专业合作社联合社为例，重点分析如图 6 - 5 所示的运行机制。联合社的成员社主要包括服务型合作社和生产型合作社两大类，在 112 家成员社中，有 53 家服务型合作社和 9 家生产型合作社。服务型合作社主要包括农机专业合作社、农资专业合作社两种类型。生产型合作社主要包括种植专业合作社、养殖专业合作社、农作物专业合作社、农牧专业合作社四种类型。服务型合作社加入联合社的盈利点在于能够通过联合社扩展服务规模，薄利多销，提高收益。一些农机手在访谈中表示，合作社加入联合社后，农机手的分红增幅超过 10%。生产型合作社加入联合社的盈利点在于一方面可以降低购买农机服务的价格，另一方面能够以较低的价格购买联合社（或服务型合作社）提供的种子、化肥、农药等农业生产资料，以降低生产成本，提高合作社的效益。部分生产型合作社的成员表示，加入联合社后合作社给成员的分红大约提高了 5%。各成员社的财务和日常经营是独立的，联合社并不干预。因此，联合社对成员社不进行盈余返还。

调研案例中，以提供信息共享型服务为主的联合社有两家。下面以湖北省孝感市七仙红林果农民专业合作社联合社和安徽省泾县兰香茶营销专业合作社联合社为例，重点分析信息共享型联合社运行机制。湖北省孝感市七仙红林果农民专业合作社联合社由湖北省孝昌县冠昌源农产品专业合作社领办，由 18 家成员社组成，服务内容有：制定种植标准、搭建技术与市场信息交流平台、共享"七仙红"品牌、承接政府科研项目。成员社可以通过联合社代为销售符合质量要求的鲜桃，并按销售额支付服务费，每千克为 0.6 ~ 1.0元。安徽省泾县兰香茶营销专业合作社联合社由 13 家成员社组成，在为成员社提供生产服务、加工技术服务的基础上，通过整合泾县茶叶资源，提升成员社茶叶品牌的质量，打造区域公共品牌，并为成员社茶叶销售提供平台。成员社可使用泾县茶业协会注册商标，并向联合社缴纳商标管理费。

调研案例中，提供资金互助服务的联合社较少，只有两家联合社提供了资金互助服务，但资金互助服务并不是联合社的主要服务内容，下面以湖北省武汉市荆地养蜂专业合作社联合社为例，重点分析联合社提供资金互助服务的运行机制。该联合社由 18 家养蜂专业合作社组成，成员社的成员可以以资金入股到联合社，以 500 元/股为股金起点，以3 万元为股金上限。联合社将入股资金作为互助资金，向所有入股的成员开放资金互助服务，贷款额度最高不超过 10 万元。贷款手续较为简单，有贷款需求者在申请资金互助服务时，只需所在成员社为其做信贷担保，即可完成贷款。贷款者需要向联合社缴纳贷款利息作为服务费。为了防范风险，联合社采取差别利率的方式收取贷款利息，对于资金用途为发展蜂业的贷款，贷款年利率为 10%，对于其他资金用途的贷款，贷款年利率则为 12%。

三、企业型联合社运行机制

企业型联合社最主要的特点是企业通过领办或参加联合社，吸纳具有农产品生产能力的主体作为成员社，并通过为成员社统一供应农业生产资料、统一提供质检服务、统一收购农产品、统一加工和销售获取相应的利润。调研中发现，农业产业化龙头企业发展到一定规模后往往需要数量稳、质量高的原料来源，或于供应商处购买，或自己组建生产基地。相对于从供应商处购买，企业自己组建生产基地能够更加灵活有效地控制农产品品质，并降低交易成本，包括对供应商的搜寻成本以及与供应商的谈判成本。企业看到了以联合社作为生产基地的可能性（如企业直接向联合社注资或组建合作社后注资等方式）和优越性（如联结小农户、申请政府支持等方面的优越性）。相对于其他主体（如合作社、大户等），龙头企业也更具备组建联合社所需要的资金、社会资本和人力资本。成员社通过加入联合社可以提高农产品销售价格，降低市场风险，掌握种植或养殖技术，便利地利用种苗、农资、销售等服务。企业一般直接收购成员社交来的产品，有时也直接与农户进行交易。部分企业采用高于当年或往年平均市场价格的保底价格进行收购，如果当年市场价格高于这个保底价，则按照市场价格收购。有些联合社在收购产品时会与成员社和农户签订书面协议,有些则不签订书面协议,在收购前或收购时告知略高于市场价格的收购价格。如山东省诸城市中农粮食专业合作社联合社历年均采取略高于市场的价格收购小麦,于小麦收购季开始时,充分了解当季小麦市场价格,收购价格一般在市场价基础上每千克加价 0.2 元,并在收购时告知农户。在企业型联合社中,联合社所属各部门的工作人员往往是企业派来或者招聘的,其工资由企业支付,从而不构成联合社的经营成本。企业型联合社的经营目标多为提高农产品质量和稳定原料来源,因而往往免费提供技术和培训等服务,对于种苗和农资则按成本价格进行销售,收入较少,一般不进行盈余返还。调研中没有发现具有明确盈余返还制度的企业型联合社。目前一些学者对于企业领办联合社或合作社存在质疑(高海,2017;张晓山,2017),但我们在调研中发现,企业型联合社存在的合理性在于:尽管成员社和农户难以分享到农业产业链下游诸环节的利润,但能够稳定销售渠道和销售价格,促进区域产业的成长(见图6-6)。

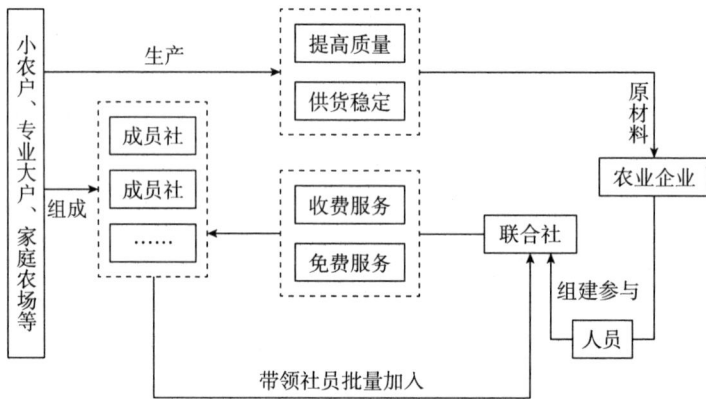

图 6-6 企业型联合社运行机制

在本次调研的 25 家联合社案例中,企业型联合社数量高达 10 家(占 40%),都没有将产业链下游的利润分享给成员社或参与农户。下面以山东省沂南县广汇畜禽养殖专业合作社联合社为例,重点分析如图 6-6 所示的运行机制。李某于 2012 年了解到青岛康大集团的兔肉养殖产业具有较好的发展前景,决定与其合作,由李某在沂南县组织肉兔养殖,为企业提供品质高、供货稳的肉兔货源。同年李某领办了沂南县家园兔业养殖专业合作社并任理事长,带领农户养殖肉兔并组建合作社,后又在 2016 年出资 80% 成立了临沂康大家园食品有限公司。随着养殖合作社数量的增加,李某于 2018 年领办了由 3 家合作社组成的山东省沂南县广汇畜禽养殖专业合作社联合社并任理事长。联合社响应精准扶贫的号召,扶持贫困户发展肉兔养殖,按照优惠价格提供种兔,并免费向贫困户传授人工授精、喂养、防疫等技术,提高了肉兔质量。当区域内养殖户达到一定数量后,李某从养殖户中选择学习能力强、有责任心者担任理事长,组建合作社。合作社理事长承担该片区的养殖户管理工作,包括向联合社订购饲料、对合作社成员进行技术指导、统一出栏时间、组织肉兔出栏和运输等。合作社每出栏一只肉兔，联合社便给理事长提成1元作为奖励。肉兔出栏后，联合社按照保底价进行收购。联合社与青岛康大集团签订收购合同，将收购的肉兔销售给康大集团。由于统一了肉兔出栏时间，保证了联合社的供货量。

四、统购统销型联合社运行机制

统购统销型联合社运行机制的主要特点是：同业合作社联合后，统一采购农业生产资料、统一销售农产品，实现节本增效。统购统销型联合社的盈余来源主要是统一购买农资销售给成员社时产生的差价，一般没有盈余返还。统一销售农产品时会扩大联合社销售规模，提高议价能力。在调研中发现，统购统销型联合社并没有对成员社在购买农业生产资料和销售农产品方面进行强制性约束，而是尊重成员社及农户的意愿。其中，在统一购买农业生产资料时，由于价格较低通常会得到所有成员社与农户的参与；在统一销售农产品时，则通常根据成员社或农户的意愿自愿选择。可以看出，统购统销型联合社在利益联结方面较为松散（见图6-7）。

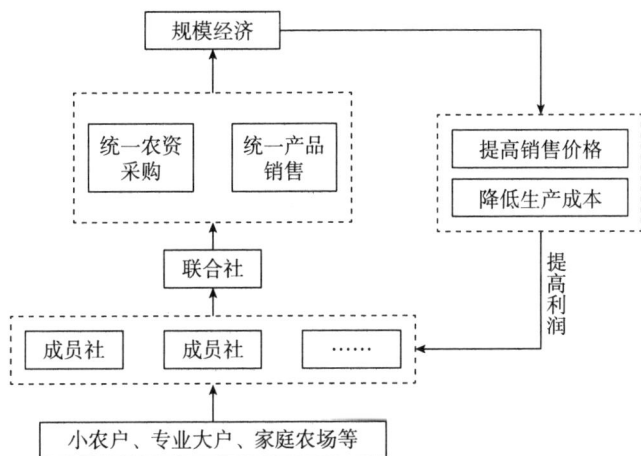

图6-7　统购统销型联合社运行机制

本次调研中有3家联合社的运行机制属于统购统销型。下面以湖北省洪湖市世元水产专业合作社联合社为例，重点分析如图6-7所示的运行机制。该联合社在生产过程中实行"四个统一"：统一种苗繁育，统一投入品（鱼虾饵料及药物）采购与销售，统一技术培训，统一品牌、包装与销售。在统一购买农资时，饲料生产厂家由于直接与联合社对接，省去了大量的人力、宣传和中间商环节，降低了联合社购买农资的成本，使成员社采购饲料每吨节省210元。在水产品销售时，成员社可以选择交由联合社销售或自行销售。如果选择联合社统一销售，成员社则在销售之前需要先就数量和规格进行报备，再由联合社统一筹划，与市场对接，采取订单销售。

第六节　联合社的绩效分析

绩效是对组织功能实现度、组织运行有效性的综合衡量。联合社作为兼具企业属性与共同体属性的经济组织，目前尚处于发展的初期阶段，有关联合社的研究更多地聚焦于联合逻辑、内部组织制度安排、激励与监督机制设计、盈余返还等方面，对联合社绩效的研究则主要集中于其经济、社会等功能的实现与评价（刘同山等，2015；周振等，2015）。1995 年国际合作社联盟成立 100 周年大会时提出，"合作社是由自愿联合起来的人们通过其联合所有与民主控制的企业来满足他们共同的经济、社会和文化的需求与抱负的自治联合体"。可见，联合社的绩效至少包括经济和社会两大方面。增强盈利能力、强化经济功能是联合社成立的主要目的之一，合作社通过联合的方式能够进一步提升市场竞争力、降低交易成本，并在更大范围内实现规模经济。综合已有关于联合社绩效方面的研究，本书将联合社经济方面的需求细化为经济和发展绩效，社会和文化需求归纳为社会绩效，下面从经济绩效、发展绩效和社会绩效三个维度进行分析。

一、经济绩效

联合社的经济绩效可以细分为经济规模和经济效益，前者主要包含联合社成立前后社员数量、辐射农户数量、总体经济体量等方面变化，后者主要侧重于联合社成立前后利润率、社员收入、产品增值、生产效率等方面的变化。联合社作为合作社再合作形成的经济组织，衡量其经营水平最重要的角度就是经济绩效，也是学者们关注的重点问题。

经济规模方面，同一业务类型合作社的横向联合，同一产业链条产前、产中、产后环节合作社的纵向联合，均实现了联合社经济规模的快速增长。例如，山东省沂南县广汇畜禽养殖专业合作社联合社通过联合三家同类型养殖类合作社，将营业总收入从 300 万元提升到 3000 万元，辐射农户数量也从 100 余户增加到 500 余户。又如，湖北省洪湖市春露农作物种植专业合作社联合社将产前环节的农机、农资合作社，产中环节的多家水稻专业种植合作社，产后环节的农产品加工、销售合作社，共计 25 家合作社，进行统一整合。该联合社的营业总收入从 1100 万元增加到 2400 万元，辐射农户数量从 1253 户增加到 3450 户，辐射土地面积从 1.36 万亩增加到 9.75 万亩。

经济效益方面，联合社通过横向与纵向联合，促使其盈利能力，以及对农户增收带动能力的大幅度提升，农户收入在联合前后实现质的飞跃。例如，临朐县志合奶牛专业合作社联合社通过对 31 家种牛合作社、饲料合作社、奶牛养殖合作社、牛奶销售合作的资源整合，净利润从不足 100 万元增加到 720 万元，带动社员户均增收 1.2 万元。又如，吉林省欣铭农民专业合作社联合社净利润从负利润增加到 80 万元，带动社员户均增收 1.4 万元。课题组调研的 25 家联合社，通过直接与间接带动的方式，推动了社员和临近非社员收入的提升。

由于篇幅有限，表 6 – 5 中仅列示了实地调研中 9 家联合社经济绩效的具体数据。但根据课题组的实地调研发现，不同类型的联合社尽管在经营范围、治理结构、发展模式等方面存在着差异，但在运行过程中均实现了经济绩效的提升，只是幅度不同。

表 6 – 5　联合社经济绩效分析

序号	类型	名称	成员社数量（家）	经济规模 + 经济效益
1	紧密型	临朐县志合奶牛专业合作社联合社	31	辐射养殖户 600 户，2018 年实现年营业收入 4350 万元，净利润 720 万元，平均带动农户增收 5 万元
2	统购统销型	吉林省欣铭农民专业合作社联合社	3	辐射种植户 350 户，辐射经营面积 7200 亩，2018 年实现年营业收入 1200 万元，净利润 80 万元，平均带动农户增收 1.4 万元
3		盛世果蔬专业合作社联合社	11	辐射棚膜种植户 1700 户，辐射经营面积 1200 亩，2018 年实现年营业收入 3000 万元，净利润 300 万元，平均带动农户增收 0.7 万元
4	企业型	广汇畜禽养殖专业合作社联合社	3	辐射养殖户 500 户，2018 年实现年营业收入 3000 万元，净利润 800 万元，平均带动农户增收 1.2 万元
5		鑫联蜂业农民专业合作社联合社	3	辐射养蜂户 339 户，2018 年实现年营业收入 1000 万元，净利润 200 万元，平均带动农户增收 6.5 万元
6		自然邦果蔬专业合作社联合社	6	辐射棚膜种植户 120 户，辐射经营面积 4000 亩，2018 年实现年营业收入 1105 万元，净利润 304 万元，平均带动农户增收 2.6 万元
7		春露农作物种植专业合作社联合社	25	辐射种植户 3450 户，辐射经营面积 97500 亩，2018 年实现年营业收入 2400 万元，净利润 852 万元
8		武汉首佳水产养殖联合专业合作社	5	辐射养殖户 386 户，辐射经营面积 15300 亩，2018 年实现年营业收入 14609 万元，净利润 439 万元，平均带动农户增收 2.37 万元
9		公主岭市华兴农民合作社联合社	5	辐射棚膜种植户 3000 户，辐射经营面积 15000 亩，2018 年实现年营业收入 1030 万元，净利润 120 万元，平均带动农户增收 1.5 万元

资料来源：课题组成员根据调研资料整理所得。

二、发展绩效

联合社发展绩效主要反映其成长能力，可从组织稳定性、社会关系稳定性和市场竞争力来衡量（谭智心，2018）。合作社的再合作不仅有利于组织功能实现，也会强化组织可持续发展能力。联合社相对于传统合作社，拥有更强的资源整合能力。鉴于本次调研所得的资料有限，本部分将发展绩效细化为从上下游链条的稳定性、政府项目支持程度和品牌知名度三方面，以实地调研中的 14 家案例具体分析（见表 6 – 6）。

表 6-6　联合社发展绩效分析

序号	联合社名称	上下游链条稳定性				政府项目支持	品牌知名度
		农资采购与供应	农产品贮藏、加工	农产品营销	观光旅游	政府项目支持	注册品牌
1	罗庄区食用菌产业化联合体	—	√	√	—	√	√
2	临沂市罗庄区金源葡萄种植专业合作社联合社	√	√	√	√	√	√
3	沂南县广汇畜禽养殖专业合作社联合社	√	√	√		√	√
4	临朐县志合奶牛专业合作社联合社	√	—	√		√	√
5	临朐县盛世果蔬专业合作社联合社	√	√	√	—	√	√
6	临朐鑫联蜂业农民专业合作社联合社	√		√		√	√
7	昌乐农立德农业科技专业合作联合社	√	√	√		√	√
8	昌乐县自然邦果蔬专业合作社联合社	√	√	√	√	√	√
9	诸城市北端茗茶叶生产专业合作社联合社	—	√	√		√	√
10	诸城市绿华源苗木专业合作社联合社	√	√	√		√	√
11	诸城市中农粮食专业合作社联合社	√	√	√	—	√	√
12	洪湖市春露农作物种植专业合作社联合社	√	√	√	—	√	√
13	洪湖市华贵水生蔬菜种植专业合作社联合社	√	√	√	—	√	√
14	武汉首佳水产养殖联合专业合作社	√	√	√		√	√

注："√"表示该联合社产业链条有延伸到该领域，由课题组成员根据调研资料整理所得。

　　联合社发展绩效分析，包含以下三个方面：第一，上下游链条的稳定性。农业产业链条的产品附加值遵循"微笑曲线"，产前和产后部门的产品附加值要远高于产中养殖与种植环节，因此联合社倾向于将产业链条向产前和产后部门延伸。如表 6-6 所示，14 家联合社中有 8 家实现了农业全产业链发展，包括产前农资投入、产中养殖种植、产后农产品加工销售等不同环节。其中，有 2 家联合社进一步将产业链条延伸至休闲观光服务行业。第二，政府项目支持为联合社的可持续发展提供外部保障。表 6-6 中 14 家联合社均获得了国家项目资金的扶持，为提升联合社发展绩效提供了政策与资金支持。政府的资金项目扶持，成为联合社向高质量发展的重要推动力，增强了其凝聚力、吸引力和辐射力，促进了其规范化运行。第三，品牌知名度增强了联合社产品的市场竞争力。品牌作为一种无形资产是联合社实现产品增值的重要环节，能够提高联合社的知名度，强化在同类产品中的竞争力，促进合作社文化的形成与推广。品牌是通过产品质量、文化以及独特性的宣传来创造消费者心中的价值认可，最终形成经营主体的经营效益，是推动联合社发展和进步的重要因素。表6-6中14家联合社有12家注册了农产品品牌与商标，提升了联合社的发展绩效。

三、社会绩效

联合社的社会绩效集中体现在解决农民就业、专业技能培训、带动贫困户和残疾户增收、基础设施建设等方面。联合社实现了"社的合作"，具有独特的社会属性。联合社利用组织优势带动成员社外的农户发展生产，广泛吸纳贫困户就业，帮助贫困户掌握实用技能，从根本上实现脱贫。随着联合社功能的不断拓展与完善，文化内涵日渐丰富，在精准扶贫、美丽乡村建设、乡村振兴战略中扮演着越来越重要的角色，在提高人们合作意识方面也起到了重要的示范作用。早在1995年国际合作联盟修订的国家合作社七项原则中就增加了"关心社区原则"，合作社在承担社会责任方面率先示范，促进地区社会发展，当前我国联合社主动肩负起社会责任，有效发挥其社会功能，在全面决胜小康社会的关键时期，联合社的社会绩效显得愈发重要。

下面以实地调研中的5家联合社为例，分析其社会绩效（见表6-7），主要表现为以下几点。第一，带动贫困户脱贫，帮助残疾户增收，通过提供初始生产资料，给予贫困户初始生产资金，带动贫困户脱离贫困陷阱，同时为贫困户、残疾户提供就业岗位以保障其获得稳定收入流，提高收入，摆脱贫困。例如，表6-7中5家联合社累计带动1081户贫困户成功脱贫，扶贫功能得到充分发挥。第二，通过专业技能培训提升农户人力资本水平。表6-7中的3家联合社组织了专业技能培训，提高了农户获取更高收入的能力。第三，提供公共服务、投资公益事业。例如，吉林省公主岭市华兴农民合作社联合社每年慰问南崴子福利院1~2次，为福利院提供物资援助。另外，联合社通过劳动雇佣的方式提供就业岗位，为周围的农户提供就近就业的机会，为农户收入可持续增长提供保障。又如吉林省德乐农业合作联合社每年提供就业岗位200余个，带动周边300余户农户就近务工就业。再如孝昌梦里花园花木专业合作社联合社2018年全年用工16.3万多人次，为联合社周边农户提供大量就业岗位。

表6-7 联合社社会绩效分析

序号	联合社名称	技能培训人数	带动贫困户、残疾户	社会服务
1	临沂市罗庄区金源葡萄种植专业合作社联合社	培训会员葡萄种植技术累计160余人次	补助57户贫困户生产支出，15户残疾户联合社就业，30户脱贫	—

序号	联合社名称	技能培训人数	带动贫困户、残疾户	社会服务
2	沂南县广汇畜禽养殖专业合作社联合社	累计专业技能培训500余人次	资助贫困户，低价购入种兔，累计帮扶243户贫困户脱贫	—
3	临朐县志远奶牛专业合作社联合社	为奶农提供技术指导与疫病防控培训	扶持280个贫困户，每年帮扶贫困户增收101万元	—
4	公主岭市华兴农民合作社联合社	—	扶贫社员8户，资助贫困大学生1名	每年慰问南崴子福利院1~2次
5	孝昌梦里花园花木专业合作社联合社	—	直接连接建档立卡贫困户105户并户均增收4800元，连接带动贫困户520户；以创业带动就业帮扶困户8户	—

注：在25个联合社案例中，选取5家联合社作为分析对象，由课题组成员根据调研资料整理所得。

第七节　联合社存在的问题

总的来看，我国联合社发展时间较短，经验较少，一些地区刚刚起步，在发展中还存在诸多困难和问题，主要表现在以下几个方面。

一、治理结构不规范

在实地调研中发现，许多联合社还尚未建立完善的民主管理机制，呈现出"中心社—外围社"的形态，运行管理时常出现由某一个合作社或中心社"说了算"的情况。联合社中出资额占比较高的成员社，往往掌握了绝对的话语权，其他成员社无法有效表达自身诉求。这也导致许多合作社理事长认为联合社就是其中某一家合作社的，自己仅仅是"俱乐部"的一名参与者，久而久之参与意愿逐渐降低，易产生矛盾和纠纷。例如，在调研访谈时，许多成员社理事长认为联合社"就是某某合作社办的"。虽然多数联合社都制定了章程，规定了内部治理的各项要求，但在实际中却很少落实章程约定的内容，演变成了"给外人看"的制式文本。

新修订的合作社法第五十九条规定，"农民专业合作社联合社不设成员代表大会，可以根据需要设立理事会、监事会或者执行监事。理事长、理事应当由成员社选派的人员担任"。但目前多数已成立监事会、理事会的联合社未充分发挥其职能，部分联合社治理机构的功能虚置。例如，某家联合社虽成立了监事会，但并未定期对财务进行审计，对于内部财务管理出现的疏漏未及时发现。调研中还发现某些联合社没有独立的财务核算账户、财务管理不规范、会计核算制度不严格。例如，某家联合社在政府部门的例行检查中，由于没有财务报表等基础数据，临时伪造数据而受到了严厉处罚，对联合社的品牌声誉造成了负面影响。

二、激励机制不健全

部分联合社激励机制不健全，主要表现为部分成员社存在"搭便车"现象。联合社集体产权特征是成员社"搭便车"的重要制度诱因，规模越大、成员异质性越高，内部"搭便车"的问题越严重。成员社以规避损失为前提选择"搭"集体"便车"的行为屡见不鲜，具体表现在某些成员社不积极参与联合社的日常经营，不出谋划策也不贡献力量，仅形式上参与成员大会，坐享其成"搭"联合社"便车"。又如以非货币方式出资，成员社以库房、农机具等资产作价入股的方式加入联合社。但这些资产是维持其自身经营的必需品，因此在后期使用上难免按照满足自身需求优先的原则，"搭"联合社"便车"。

由于缺乏有效监督、缺少兼具吸引力和约束力的激励机制，当成员社"搭便车"行为发生时，制度约束成本极低，既能实现良好的预期回报，又不易被其他成员社察觉，也从未受到惩罚，而不"搭"集体"便车"的成员社，也未受到任何与经济利益直接相关的奖励。在调研中发现，存在某些成员社以"搭便车"为动机加入联合社的现象，由于初始动机不纯，致使成员社完全不考虑联合社的长远利益，只关心自身利益是否得到有效满足，甚至出现某联合社由于无法有效开展合作，逐渐沦为空壳。成员社"搭便车"致使联合社利益受到损害，不利于成员社间持久稳定合作，更不利于联合社健康发展。

三、与新法不相符

部分联合社出现与现行新法不相符的问题。新修订的《中华人民共和国农民专业合作社法》自2018年7月1日起实施，第五十六条明确规定："三个以上的农民专业合作社在自愿的基础上，可以出资设立农民专业合作社联合社。"但在新法实施前已注册的联合社，大部分由公司领办，并由公司作为主要股东。调研中发现某家联合社成立于2013年，股东成员中有两家公司，其中一家持股比例超过35%。某家联合社股东成员只有3家，其中一家是经贸公司。

四、专业人才缺乏

随着规模的逐渐扩大，联合社日常经营更需要懂经营、懂管理、懂销售、懂市场的综合型人才，但人才匮乏是其面临的主要难题。部分联合社想通过电商渠道销售产品，但苦于没有懂技术的专业人才，导致错失电商销售的发展契机。例如，调研中的某联合社缺乏电商运营的专业人才，尝试过淘宝店铺的注册，但不懂维护和管理，电商销售业务无法开展。部分联合社负责日常工作的人员多是中心社或某一个合作社的工作人员，而且大多属于临时工，在日常运行中，由于缺乏管理人才，不利于业务推进和规范化管理。例如，在调研中某联合社由于缺乏管理人才，由理事长一人身兼数职，不利于提升联合社整体的经营管理能力和运行效率。

部分联合社的初期运营投入成本较高，支付高薪吸引人才加重负担，又很难留住人才，而且大部分联合社办公地点偏远，工作环境较为艰苦，吸引人才较为困难。例如，调研中某家联合社理事长表示："缺人才是最头疼的问题，好不容易招到的人，多数会选择主动辞职，个别的又无法胜任工作。"既无高素质的管理人才，又缺专职的管理人员，是当前联合社发展中人力资源缺乏的真实写照。

五、金融服务缺乏

联合社的发展相对于合作社需要投入更多的资金，单凭成员社的注资远不能满足其生产经营需要。少数联合社内部通过信用合作开展资金互助，但也存在服务供给单一、资金监管不到位、资金总量有限的现实问题。总的来看，联合社融资难、融资贵的问题较为突出。

目前由于联合社名下缺乏有效抵质押资产，无法作为借款主体在金融机构获得贷款。通常只能以理事长个人名义融资，但以个人名义所能获得的贷款杯水车薪，完全无法满足扩大生产经营规模的需要，而且生产经营的潜在风险都转嫁给理事长一人，超过其能承受的负荷。若以成员社作为借款主体，由于金融机构的监管条例要求专款专用，联合社依然无法使用该资金。金融机构缺乏适合联合社的金融产品，金融服务严重匮乏。

联合社的成员社均为独立法人，对于金融机构是全新的借款主体。银行内部流程无联合社这类经营主体，信贷系统无法与之匹配。而且以目前的审核流程需全面考察与联合社关联主体的征信状况，涉及的人员多，违约风险大，尽调成本高，致使银行不受理此类贷款业务。我国农业信贷担保体系已初步建立，目前仍无法以联合社作为借款主体申请贷款，但以合作社作为借款主体，可以在部分省份的农业信贷担保公司获得融资贷款。即便以合作社为借款主体，受理该业务的银行也十分有限，且尽调时间长、手续繁琐、审批实效性较差。

六、政策支持缺乏

目前针对联合社的专项支持政策严重缺乏。在调研中发现，部分合作社可以申请的政府扶持项目，未将联合社纳入申请范围。针对联合社发展水平参差不齐的现实情况，地方政府缺乏分类别、有针对性的政策扶持。少数省份联合社可以申请的财政扶持项目，项目申请程序复杂、手续繁琐、申请难度较大。有人脉资源的联合社，更易获取政府项目申请信息。由于政策宣传不到位，多数联合社不知道政府部门有可申请的项目。

第八节　联合社发展的政策建议

联合社反映了广大农民在更高层次上合作的需求，是农民专业合作社发展的必然趋势。鼓励和引导农民合作社发展联合与合作、组建联合社，能够扩大合作社的规模，发挥规模效应，增强合作社在市场竞争中的主动权，最大限度地实现合作社成员的经济利益。为引导联合社健康发展，结合实地调研发现的问题，本报告提出以下政策建议。

一、完善治理机制，严格规范财务管理制度

联合社内部运营的规范性尤为关键。一是要建立清晰透明的财务核算制度，并及时进行内部审计。充分保证成员社的参与权益，发挥成员社的自身优势，提升成员社的归属感、责任感和使命感。二是完善治理机制。可以借鉴现代企业管理制度，对内部机构设置、职能界定、违规处置办法等具体内容加以规范和细化，出台内部管理制度，明确分工、落实责任人，充分发挥内设机构的部门权能，及时防范风险，促进联合社规范化运行。

在规范联合社发展过程中，可效仿合作社的办法，在全国范围内开展联合社"示范社"评比工作。地方政府可参照 2018 年 12 月 17 日农业农村部发布的《农民专业合作社联合社示范章程》，根据当地实际自行制定出台联合社评比的考核办法，着重将规范化管理纳入考核指标之列，并赋予较高的考核权重。通过政策的吸引、鼓励，逐步引导、推进联合社完善内部治理机制。

二、健全联合社激励机制

建立健全联合社内部监督激励制度，完善民主决策的议事流程。新法第五十九条中规定，"农民专业合作社联合社应当设立由全体成员参加的成员大会，其职权包括修改农民专业合作社联合社章程，选举和罢免农民专业合作社联合社理事长、理事和监事，决定农民专业合作社联合社的经营方案及盈余分配，决定对外投资和担保方案等重大事项"。第六十一条规定，"农民专业合作社联合社可分配盈余的分配办法，按照本法规定的原则由农民专业合作社联合社章程规定"。

在充分遵照法律规定的前提下，联合社可以制定适合自身发展特点的盈余分配管理办法，重大事项和经营决策坚持民主商议，充分保证成员社权益，避免流于形式。联合社充分发挥抱团取暖的合作优势，对当年可分配盈余按时返还，通过与年底分红挂钩等激励形式，细化奖惩激励制度。健全联合社的激励机制，对成员社的贡献进行量化考核，促进其互相监督，调动其参与积极性，有效约束其"搭便车"行为。

三、有序引导不合规联合社优化成员结构

针对在新合作社法实施前成立的联合社，存在企业入股的现实情况。一方面，在遵循法律规定的前提下，政府职能部门有序引导不合规联合社优化成员结构，将企业退出的影响降至最低，避免对其生产经营产生巨大波动。各级工商部门主动核查存在此问题的联合社，积极引导宣传，督促存在该问题的联合社到市场监管部门进行成员社变更登记，并适当简便成员社变更手续，提供"一站式"便捷服务。

现实问题是，一旦领办的企业退出，相当部分的联合社则会处于名存实亡状态。建议采取三种方式，一是企业领办合作社，以合作社为成员加入联合社，企业以成员社成员的身份继续发挥作用。二是企业不再入股联合社，而是以"公司＋联合社＋合作社"的合作模式作为联合社上游或下游合作伙伴，开展更紧密的业务合作。三是对于有条件、有能力、有意愿的联合社，鼓励其入股企业，把领办企业演变为联合社社属公司，只要股份结构合理，领办企业并不吃亏，而且，公司还可以全面负责联合社业务，即可以代替联合社进行经营，联合社负责合作社之间的联合，公司负责延长产业链条，利润按照投资比例进行分配。课题组调研的黑龙江省龙联农民专业合作社联社是联合社成立公司的典型案例，该联合社投资1400万元（占比70%），组建了黑龙江龙联农业投资有限公司。公司全面负责联社运营，可以将公司化的管理和运作模式应用于联社的日常管理。在公司专业化的运作下，联社的资本实力逐步增强，财务制度日益规范，投资决策更加科学，产业链条逐步延伸。公司根据市场需求为联社提供最优的设计方案，促进联社转型升级。实践证明，联合社与公司"二位一体"的运营方式更有利于推动联合社与市场接轨，促进农业产业融合发展。

四、建立联合社人才引进与培养机制

人才是联合社发展的重要支撑。联合社完善人才梯队、注重内部人才的选拔与培养、积极引进专业技术人才。针对联合社在引进人才面临的现实困难，一方面政府部门配套人才引进支持政策，通过提供周转住房、协助子女入学、安置配偶、进行适当的资金奖励或补贴等方式吸引优秀人才入职联合社。另一方面，在联合社内部逐步探索设立职业经理、市场营销经理等岗位，政府部门将专属岗位的人才纳入"大学生村官"计划，吸引大学毕业生到联合社就业。大力支持联合社引进经营管理、市场营销人才，依托现代农业人才支撑计划及各级政府的人才培养方案，采取集中学习、考察观摩、专家指导等方式，重点培训联合社的实用型人才。

五、鼓励资金互助，多渠道解决融资难题

单个合作社的成员少，资金互助难以发挥规模效益。在联合社框架下，提供合作社的再合作，农民成员人数大大增加，资金互助的意愿、实力都大为提高。因此，借鉴浙江经验，鼓励农民以土地、林权、资金、劳动、技术、产品为纽带，开展多种形式的合作与联合，积极发展生产、供销、信用"三位一体"综合合作，发展"三位一体"的农民合作社联合社是必要的。应出台相应政策鼓励联合社开展内部资金互助业务，但要按照2014年中央一号文件的精神，坚持社员制、封闭性原则，不对外吸储放贷、不支付固定回报，重点发展社区性农村资金互助组织。要鼓励地方建立风险补偿基金，有效防范金融风险。中央层面和省级层面要根据需要适时制定农村合作金融发展促进和管理办法。

调研中发现，各地的金融机构普遍对联合社认识不足。政府部门有必要通过加强培训与宣传，加深金融机构对联合社的了解，以便于形成系统清晰的认知，有利于开发设计真

正适合其发展需求的金融产品。各级农业信贷担保公司，应充分利用机构优势和专业力量为联合社提供金融指导，建立健全联合社与成员社的信用档案，在信用评定基础上为其授信开通绿色渠道，简化申请手续并根据实际情况予以贷款贴息，减轻联合社贷款负担。

六、完善政策体系，加大政府扶持力度

加强联合社相关政策的顶层设计，尽快出台针对联合社发展的财政支持政策与具体项目扶持政策。地方政府要按照中共中央办公厅、国务院办公厅《关于加快构建政策体系培育新型农业经营主体的意见》的要求，落实联合社设施农用地政策，合作社生产设施用地和附属设施用地按农用地管理。落实联合社税收优惠政策。鼓励有条件的联合社加大研发投入。地方政府也可以通过购买服务的方式支持服务型联合社为更多的农民提供服务，扩大联合社的业务范围。各级财政支持的各类小型农田水利等农业项目，也可以优先安排给联合社作为建设管护主体。

加强联合社相关政策的解读和宣传，有效解决由于信息不对称而未及时申请项目的情况。加强联合社相关政策的监督检查，引入社会第三方监督、评估机构，对具体支持项目进行有效的监督、评估和验收。加强联合社相关政策的反馈渠道，联合社对政策的意见、项目的建议可以通过多种渠道及时反馈给政府部门，提高交流效率，及时进行沟通，以便于政府部门及时调整、改进相关政策。同时建立政策信息反馈奖惩机制，避免反馈流于形式，更好地为联合社提供有针对性、时效性的政策扶持。

第七章 小农户与现代农业发展有机衔接

——基于农业社会化服务视角①

第一节 构建新型农业社会化服务体系的重大战略意义

自 1983 年中央一号文件首次提出"社会化服务"的概念以来，我国农业社会化服务体系经历了 20 世纪 80 年代的服务内涵拓展期、90 年代的服务体制机制调整期和 21 世纪以来的战略地位全面提升期等阶段，初步形成了以公共服务机构为依托、合作经济组织为基础、龙头企业为骨干、其他社会力量为补充，公益性服务和经营性服务相结合、专项服务和综合服务相协调的基本格局。当前，我国已经进入工业化、信息化、城镇化发展要求农业现代化同步推进的新时期，城乡要素流动加快，农业发展方式转型提速，农业社会化服务的供给和需求面临新的复杂环境，亟待形成一套行之有效的农业社会化服务新机制。党的十八大以来，中央将构建新型农业社会化服务体系上升到了一个新的高度。2015 年中央一号文件进一步将"强化农业社会化服务"作为"促进农民增收，加大惠农政策力度"的主要措施。这既是对农业社会化服务在提升农业产出效率、提高农民收入方面作用的肯定，也暗示着完善农业社会化服务体系将成为中央惠农政策体系新的着力点。

一、"三农"发展适应新常态的必然选择

随着国家宏观经济进入新常态，"三农"发展亦呈现出农产品供求总量紧平衡、农业生产成本持续走高、农村劳动力有限剩余、农业经营方式日益多样化、农民工资性收入与家庭经营收入双增长等阶段性特点。特别是农业投入和产出的商品化、市场化程度不断提高，农业增长动力更多地来自农业外部因素等趋势日益突出。例如，种子、化肥、农药、机械、设施等物质投入和相关服务主要源自工业化、信息化带来的现代科技与管理成果，农业资金来源已经由主要依靠"三农"内部供给转变为重点依托"以工补农、以城带乡"的反哺机制，农业经营规模的扩大主要源于工业化和城镇化对农业剩余劳动力的吸收和土地流转的促进。同时，农业的资本化、专业化、规模化已由畜牧业、园艺业向涉及农户数量

---

① 执笔人：刘同山、高强、孔祥智、毛飞、钟真。

最大的种植业主要是粮食生产拓展。这必然要求农业社会化服务须紧紧围绕这些新特点和新趋势，不断创新农业社会化服务体制机制，用服务打通和塑造新时期农业发展的动力系统。

二、农业经营体制机制改革的重要内容

党的十八大以来，农业农村改革发展进入了一个新的阶段。新一届党中央提出要"构建以农户家庭经营为基础、合作与联合为纽带、社会化服务为支撑的立体式复合型现代农业经营体系"，2013年和2014年中央一号文件相继对包括农业社会化服务在内的新型农业经营体系建设做出了具体部署。在实践中，农业社会化服务与农业生产经营在多个层次上交织融合。大量新近涌现的各类新型经营主体中，有的既是生产者又是服务者，有的是不直接参与生产的专门性服务者；有的提供专项服务，有的提供综合服务；有的以个体形式存在，有的以组织形式出现，等等。因此创新和完善农业社会化服务体制机制本身就是构建新型农业经营体系的重要内容。而新型农业社会化服务体系的建立，将有利于强化农业双层经营中"统"的功能，为农业突破变分散经营的局限提供多种可能，真正发挥"统分结合"的制度优势。

三、实现中国特色农业现代化的关键举措

当前，伴随我国"四化"进程的加快，农村劳动力大量转移，农业物质技术装备水平不断提高，农户承包土地的经营权流转明显加快，发展适度规模经营已成为必然趋势。但农户小规模分散的家庭经营仍然占据绝对比重。故中国的农业现代化必然绕不开亿万农户分散经营的基本事实。相反，只有正视并在此基础之上采取合理有效措施方能加快我国农业现代化进程。近期中央出台《关于引导农村土地经营权有序流转发展农业适度规模经营的意见》指出，要在坚持农村土地集体所有的基础上实现所有权、承包权、经营权三权分置，在坚持家庭经营的基础上发展多种形式的适度规模经营。可见，以服务的规模化来弥补经营的细碎化是实现农业现代化的一个重要的战略取向。但现阶段农业社会化服务水平尚不能完全适应发展适度规模经营的要求。而唯有建立健全新型农业社会化服务体系方能加快实现中国特色新型农业现代化的目标。

第二节 我国农业社会化服务体系建设的历史经验

改革开放以来，我国政府高度重视农业社会化服务体系建设工作，将其作为稳定和完善农村基本经营制度、深化农村改革的一项重要任务。随着相关政策不断健全和完善，农业社会化服务体系建设取得了快速发展。早在20世纪80年代，中央就曾将"发展农业社会化服务，促进农村商品生产发展"作为农村第二步改革的突破口，进入90年代后，中央明确提出要"建立健全农业社会化服务体系"，并将农业社会服务提到与稳定家庭承包

经营同等重要的高度。2004 年以来，中央多个一号文件都对"健全农业社会化服务体系"提出了要求，其中党的十七届三中全会做出了"构建新型农业社会化服务体系"的重大部署，并明确了新型农业社会化服务体系的发展方向、依靠力量和实现路径，我国农业社会化服务体系建设步伐加快。可见，农业社会化服务体系建设历程始终与我国农业和农村工作的总体任务及发展目标相适应，并表现出一些阶段性特征。因此，对各阶段相关政策的回顾与梳理，不仅可以总结不同时期农业社会化服务的特点及成效，而且可以把握新形势下农业社会化服务体系建设的演变路径及发展方向。

一、以解放生产力为导向的农业服务体系建设（1978～1990 年）

1978 年以后，我国农村普遍推行家庭联产承包责任制，人民公社逐步解体，带来了生产力的解放和商品生产的发展，迫切需要为农业提供社会化服务，以进一步推动农村改革。在这种背景下，"社会化服务"应运而生，并经历了一个内涵不断丰富的过程。针对农产品销路不畅的问题，1982 年中央一号文件指出，要"改善农村商业，疏通流通渠道，加强市场管理"，为我国农业服务指明了方向。1983 年中央一号文件首次提出了"社会化服务"的概念，认识到"诸如供销、加工、贮藏、运输、技术、信息、信贷等各方面的服务，已逐渐成为广大农业生产者的迫切需要"。同年，在一些地区出现了"农业服务公司"。1984 年和 1986 年中央一号文件提出了"社会服务""商品生产服务体系""生产服务社会化"的概念。在对社会化服务内容规定上，1982 年中央一号文件在农业技术推广机构改革的基础上，提出要强化农业服务。1983 年中央一号文件提出，"当前，各项生产的产前产后的社会化服务，已逐渐成为广大农业生产者的迫切需要"。1984 年中央一号文件从加速实现社会主义农业现代化的高度，提出"必须动员和组织各方面的力量，逐步建立起比较完备的商品生产服务体系，满足农民对技术、资金、供销、储藏、加工、运输和市场信息、经营辅导等方面的要求"。1985 年在改革农产品统派购制度基础上，提出"科研推广单位、大专院校及城市企业，可以接受农村委托的研究项目，转让科研成果，提供技术咨询服务，或者与商品基地及其他农村生产单位组成'科研—生产联合体'，共担风险，共沾利益"。1986 年将"组织产前产后服务"作为农村工作总要求之一，并提出"农民对服务的要求也是各式各样的，不同内容、不同形式、不同规模、不同程度的合作和联合将同时并存"，首次对服务供给的方式形式做出明确要求。

可以看出，20 世纪 80 年代有关农村改革的一些政策文件，把农业社会化服务作为解放和发展农村生产力的重要手段，这对于扩展农业社会化服务内涵、明确农业社会化服务定位意义重大。然而，这一时期虽然已经提出农业社会化服务的概念，但仍未对其内涵做出科学界定，服务内容集中在农业产中环节，体现出较强的时代背景。

二、以农业技术推广为主的农业社会化服务时代（1991～2008 年）

以家庭联产承包为主、统分结合的双层经营体制逐渐建立，为农业经济发展注入了新活力，也对农业社会化服务提出了新要求。此后，我国迅速进入以农业技术推广为主的农业服务时代。1990 年中共中央、国务院在《关于一九九一年农业和农村工作的通知》中首次提出"农业社会化服务体系"的概念，并且将服务主体确定为"合作经济组织、国家经济技术部门和其他各种服务性经济实体"。1991 年，国务院就农业社会化服务体系建设发出专项通知，指出"加强农业社会化服务体系建设，是深化农村改革，推动农村有计划商品经济发展的一项伟大事业"，还对"农业社会化服务"的基本形式进行了科学界定，进一步明确了发展方向和原则，并确立了农业社会化服务体系的基本框架。1992～1998 年，我国主要通过制定一系列政策法规，加快农业技术推广体系建设。例如，1993 年《中华人民共和国农业技术推广法》的颁布，以法律的形式明确了农业技术推广机构的地位和作用，为公益性推广体系建设开辟了道路。1999 年，首次对农业技术推广体系和农业社会化服务体系之间的关系进行了界定，提出"农业技术推广体系是农业社会化服务体系和国家对农业支持保护体系的重要组成部分，是实施科教兴农战略的重要载体"。2003 年《中共中央关于完善社会主义市场经济体制若干问题的决定》指出，"深化农业科技推广体制和供销社改革，形成社会力量广泛参与的农业社会化服务体系"，再次将农业社会化服务体系建设确定为深化农村改革、完善农村经济体制的主要内容之一。2004～2007 年中央一号文件多次对深化农业科技推广体系改革和建设做出明确部署，提出通过公益性服务与经营性服务相结合的方法，完善农技推广的社会化服务机制。

在这一阶段，随着农民收入的增速放缓，中央将农民增收问题摆在了突出重要的位置。因此，我国逐步重视科技创新与技术进步在提高农业综合生产能力上的重要支撑作用，开始加大农业科技创新与技术推广体系建设。党的十六大和十六届三中全会把"三农"问题提高到了空前的战略位置。2007 年中央一号文件又将"发展现代农业"作为社会主义新农村建设的首要任务，提出了现代农业的发展战略，为社会化服务体系建设指明了方向。这一时期农业社会化服务的概念内涵得到科学界定，服务内容涵盖农业产前、产中、产后环节，对农业气象服务、农产品质量安全监管和市场服务等服务领域也提出了新的要求，尤其是农业科技推广体制改革取得了重大进展。

三、构建多样化、复合型农业社会化服务体系的新时期（2008 年至今）

尽管前一阶段的改革基本达到预期效果，但是随着农业结构调整向纵深推进，统筹城乡力度的不断加大，迫切需要进一步深化改革与创新服务，构建新型农业社会化服务体系，以顺应经济社会发展阶段性变化和建设社会主义新农村的要求。2008 年中央一号文件提出，"加强农业科技和服务体系建设是加快发展现代农业的客观需要。必须推动农业科技创新取得新突破，农业社会化服务迈出新步伐，农业素质、效益和竞争力实现新提高"。同年召开的党的十七届三中全会对家庭经营和统一经营的发展方向做出全新表述，首次提出"新型农业社会化服务体系"的概念，并指出要"加快构建以公共服务机构为依托、合作经济组织为基础、龙头企业为骨干、其他社会力量为补充，促进公益性服务和经营性服务相结合、专项服务和综合服务协调发展的新型农业社会化服务体系"。2009 年中央一号文件重点对"增强农村金融服务能力""推进基层农业公共服务机构建设"做出具体部署。2010 年中央一号文件再次提出，"推动家庭经营向采用先进科技和生产手段的方向转变，推动统一经营向发展农户联合与合作，形成多元化、多层次、多形式经营服务体系的方向转变"，并要求"积极发展农业农村各种社会化服务组织，为农民提供便捷高效、质优价廉的各种专业服务"。2011 年中央一号文件对"健全基层水利服务体系"做出部署，提出"建立健全职能明确、布局合理、队伍精干、服务到位的基层水利服务体系，全面提高基层水利服务能力"。2012 年中央将农业科技创新提到前所未有的战略高度，提出"提升农业技术推广能力，大力发展农业社会化服务"，并通过政府订购、定向委托、招投标等方式，培育和支持新型农业社会化服务组织发展。2013 年中央一号文件提出"构建农业社会化服务新机制，大力培育发展多元服务主体"，并从强化农业公益性服务体系、培育农业经营性服务组织、创新服务方式和手段三方面做出具体部署。2014 年中央一号文件指出，要大力发展主体多元、形式多样、竞争充分的社会化服务，推行合作式、订单式、托管式等服务模式，扩大农业生产全程社会化服务试点范围，要通过政府购买服务等方式，支持具有资质的经营性服务组织从事农业公益性服务，加快"健全农业社会化服务体系"。

党的十七大以后，工业化、信息化、城镇化、市场化深入发展，农业资源环境和市场约束增强，要求加速转变农业发展方式，加快提升农业竞争力，构建新型农业社会化服务体系。2008 年党的十七届三中全会对新型农业社会化服务体系的地位作用、发展方向、依靠力量与保障制度做出了全新部署。这个阶段改革的重点主要集中在拓展服务领域、完善服务机构、创新服务形式等方面。例如，从 2009 年开始中央每年都强调农村金融服务，并要求加强气象服务、水利服务、农业信息服务、土地流转服务等新兴服务领域的供给能力，逐步培育生产要素服务市场。在机构建设方面，一方面，开始抓紧建设乡镇或区域性公共服务机构，建立政府购买服务制度，提高社会化服务的公益性地位；另一方面，要求积极培育农业经营性服务组织，扶持农民专业合作社、专业服务公司、专业技术协会、农民用水合作组织、农民经纪人、涉农企业等社会力量广泛参与社会化服务体系建设。在创新服务体系方面，鼓励搭建区域性农业社会化服务综合平台，整合资源建设乡村综合服务社和服务中心，探索多种服务模式。表 7-1 列出了改革开放以来中央文件对农业社会化服务体系建设的提法及其演变。

表 7-1　中央文件对农业社会化服务的提法及演变

中央文件名称及年份	对农业社会化服务的提法	对农业社会化服务的关注点及内容
1982 年中央一号文件：《全国农村工作会议纪要》	立足于改善农村商品流通，未明确提出农业社会化服务	改善农村商业，疏通流通渠道；使供销社在组织农村经济生活中发挥更大的作用；开展农副产品的就地加工、产品精选和综合利用；农副产品可以走收购—加工—销售的路子
1983 年中央一号文件：《当前农村经济政策的若干问题》	提出商品流通的"社会化服务"和农业生产的"科技服务"	供销、加工、贮藏、运输、技术、信息、信贷等社会化服务，已成为农业生产者的迫切需要；适当发展并给予农村个体商业和各种服务业必要扶持；办好农业技术服务机构，为农民提供科技服务

中央文件名称及年份	对农业社会化服务的提法	对农业社会化服务的关注点及内容
1984 年中央一号文件：《中共中央关于一九八四年农村工作的通知》	提出以"社会服务"促进农业生产	向农村专业户提供必要的社会服务，满足他们对信息、供销和技术进步等方面的需求；要加强社会服务，逐步建立商品生产服务体系，满足农民对技术、资金、供销、储藏、加工、运输和市场信息、经营辅导等方面的要求；商品生产服务体系"是一项刻不容缓的任务"
1985 年中央一号文件：《中共中央、国务院关于进一步活跃农村经济的十项政策》	提出农业技术服务的"科研—生产联合体"	科研推广单位、大专院校及城市企业，可以接受农村委托的研究项目，转让科研成果，提供技术咨询服务，或者与生产者组成"科研—生产联合体"；地区性合作经济组织，要积极办好机械、水利、植保、经营管理等服务项目；城市应继续办好各类农产品批发市场和贸易中心
1986 年中央一号文件：《中共中央、国务院关于一九八六年农村工作的部署》	指出"农村商品生产的发展，要求生产服务社会化"	农民对服务的需求各式各样，应按照农民的要求，提供良种、技术、加工、贮运、销售等系列化服务；对农民的技术服务应以无偿或低偿为主；以"星火计划"为农村提供科技服务；发展蔬菜和副食品批发市场，为大批量农产品进城创造条件
1990 年中共中央、国务院：《关于一九九一年农业和农村工作的通知》	提出"要大力发展农业社会化服务体系"	明确"合作经济组织内部的服务，国家经济技术部门和其他各种服务性经济实体为农业提供的服务"组成了农业社会化服务体系，并对各主体如何提供服务进行了具体说明
1991 年国务院：《关于加强农业社会化服务体系建设的通知》	指出农业社会化服务体系建设是一项伟大事业，具有极其重要而又深远的意义	进一步明确"农业社会化服务，是包括专业经济技术部门、乡村合作经济组织和社会其他方面为农、林、牧、副、渔各业发展所提供的服务"；详细规定了农业社会化服务的形式、内容和原则；对农业社会化服务如何保障农业生产的产前、产中、产后进行了部署；以乡为重点，建立农业社会化服务四级政府协调制度
1999 年国务院：《关于稳定基层农业技术推广体系的意见》	明确农业技术推广体系是农业社会化服务体系的重要组成部分	技物结合是农业技术服务的有效形式。各级农业技术推广机构要围绕种子、化肥、农药、饲料、疫苗、农机具及配件等农业生产资料经营，开展与技术指导相结合的多种形式的服务
2003 年中共十六届三中全会：《关于完善社会主义市场经济体制若干问题的决定》	要求健全农业社会化服务体系	农村集体经济组织、农民专业合作组织、工商企业、农机推广机构、供销社和社会力量等多方参与的农业社会化服务体系。工商企业投资发展农产品加工和营销，积极推进农业产业化经营，形成科研、生产、加工、销售一体化的产业链

中央文件名称及年份	对农业社会化服务的提法	对农业社会化服务的关注点及内容
2008年中央一号文件：《中共中央、国务院关于切实加强农业基础建设进一步促进农业发展农民增收的若干意见》	指出"加强农业科技和服务体系建设是加快发展现代农业的客观需要"	加快推进农业科技研发和推广应用；建立健全动植物疫病防控体系；大力培养农村实用人才；支持发展农业生产经营服务组织，为农民提供代耕代种、用水管理和仓储运输等服务；加强农村市场体系建设，鼓励商贸、邮政、医药、文化等企业在农村发展现代流通业；积极推进农村信息化
2008年中共十七届三中全会：《中共中央关于推进农村改革发展若干重大问题的决定》	提出"建立新型农业社会化服务体系"	构建以公共服务机构为依托、合作经济组织为基础、龙头企业为骨干、其他社会力量为补充，公益性服务和经营性服务相结合、专项服务和综合服务相协调的新型农业社会化服务体系；支持供销社、农民合作社、专业服务公司、技术协会、农民经纪人、龙头企业等提供多种形式的生产经营服务
2010年中央一号文件：《中共中央、国务院关于加大统筹城乡发展力度进一步夯实农业农村发展基础的若干意见》	要求"建立健全农业社会化服务的基层体系"	积极发展多元化、社会化农技推广服务组织和农业农村各种社会化服务组织，为农民提供便捷高效、质优价廉的各种专业服务；落实农产品批发市场用地等扶持政策，发展农产品市场大流通
2012年中央一号文件：《中共中央、国务院关于加快推进农业科技创新持续增强农产品供给保障能力的若干意见》	提升农业技术推广能力，大力发展农业社会化服务	强化基层公益性农技推广服务；引导科研教育机构积极开展农技服务；培育和支持新型农业社会化服务组织；增强集体组织对农户生产经营的服务能力。通过政府订购、定向委托、招投标等方式，扶持各种社会力量广泛参与农业产前、产中、产后服务
2013年中央一号文件：《中共中央、国务院持续增强农产品供给保障能力的若干意见》	要求"构建农业社会化服务新机制"，明确农业服务分为"公益性"和"经营性"两类	要坚持主体多元化、服务专业化、运行市场化的方向，充分发挥公共服务机构作用，加快构建公益性服务与经营性服务相结合、专项服务与综合服务相协调的新型农业社会化服务体系；强化农业公益性服务体系；培育农业经营性服务组织；创新服务方式和手段
2014年中央一号文件：《中共中央、国务院关于全面深化农村改革加快推进农业现代化的若干意见》	要求"健全农业社会化服务体系"，提出"农业生产全程社会化服务"	稳定农业公共服务机构，健全经费保障、绩效考核激励机制；大力发展主体多元、形式多样、竞争充分的社会化服务，推行合作式、订单式、托管式等服务模式，扩大农业生产全程社会化服务试点范围；通过政府购买服务等方式，支持具有资质的经营性服务组织从事农业公益性服务
2015年中央一号文件：《中共中央、国务院关于加大改革创新力度加快农业现代化建设的若干意见》	提出强化农业社会化服务	抓好农业生产全程社会化服务机制创新试点，重点支持为农户提供代耕代收、统防统治、烘干储藏等服务。稳定和加强基层农技推广等公益性服务机构，健全经费保障和激励机制，改善基层农技推广人员工作和生活条件

中央文件名称及年份	对农业社会化服务的提法	对农业社会化服务的关注点及内容
2016 年中央一号文件：《中共中央、国务院关于落实发展新理念加快农业现代化实现全面小康目标的若干意见》	首次提出实施农业社会化服务支撑工程	支持多种类型的新型农业服务主体开展代耕代种、联耕联种、土地托管等专业化规模化服务。加强气象为农服务体系建设。实施农业社会化服务支撑工程，扩大政府购买农业公益性服务机制创新试点。加快发展农业生产性服务业
2017 年中央一号文件：《中共中央、国务院关于深入推进农业供给侧结构性改革加快培育农业农村发展新动能的若干意见》	提出引入项目管理机制创新公益性农技推广服务方式	创新公益性农技推广服务方式，引入项目管理机制，推行政府购买服务，支持各类社会力量广泛参与农业科技推广。鼓励地方建立农科教产学研一体化农业技术推广联盟，支持农技推广人员与家庭农场、农民合作社、龙头企业开展技术合作
2019 年中央一号文件：《中共中央国务院关于坚持农业农村优先发展做好"三农"工作的若干意见》	首次提出发展乡村新型服务业	支持供销、邮政、农业服务公司、农民合作社等开展农技推广、土地托管、代耕代种、统防统治、烘干收储等农业生产性服务

资料来源：根据相关中央文件整理。

回顾改革开放以来关于农业社会服务的主要政策，可以发现我国社会化服务体系建设经历了一个服务内涵不断拓展、服务体系不断健全、服务机制不断创新、战略地位不断提升的发展历程。进入工业化、信息化、城镇化和农业现代化同步推进的新时期后，我国将继续转变农业发展方式，创新农业生产经营体制，培育新型经营主体，发展多种形式的规模经营。因此，今后我国家庭小生产与大市场之间的矛盾将更加突出，对社会化服务的需求更加迫切，需要构建农业社会化服务新机制，加快完善新型农业社会化服务体系。事实上，进入 21 世纪，特别是 2008 年以来，随着农业政策顶层设计的主动性越来越明显，适应经济新常态的新型农业社会化服务体系构建势在必行，而且涉足农业社会化服务的机构越来越多，农业社会化服务逐渐发展成为支撑中国农业现代化的重要产业——农业生产服务业。

第三节　我国农业社会化服务体系存在的问题

当前，我国农业社会化服务体系总体取得了明显进展：公益性服务网络的基础地位稳步提升，经营性服务主体多元竞争的格局初步形成，农业社会化服务的领域不断拓展、方式不断创新，多层次、多样化的服务机制逐步建立；但由于种种原因，农业社会化服务问题一直是中国农业的老大难，长期以来没有得到根本解决，无论是农业服务的供给者（政府的农技推广机构、农业龙头企业、农民合作经济组织、科研院所），还是农业服务的需求者（农民），都存在一些问题。

一、公益性农业服务体系不够完善

政府公益性的农业服务体系经过近几年的改革，取得了很大成就，但仍然存在一定问题，如科技转化效率较低、管理体制不顺、队伍素质不高、工作经费缺乏、难以满足农业生产需要等。

一是农业科技创新与推广脱节，科技转化效率低。科技创新与推广体制不顺，主要表现为科研、技术服务与生产三部门之间相互独立，缺乏有机的、紧密的联系。由于种种原因，我国农科教分离、产学研脱节、农业科技成果转化"最后一公里"的问题长期以来一直没有得到根本解决，基层农技推广仍然是农业科技工作中最为薄弱、最需要加强的关键环节。目前，我国农业科技成果转化率仍然较低，仅为35%～40%，远低于发达国家80%的水平，能够得到大面积、跨地区推广的科技成果还不到20%。科研院所的许多科研成果不能有效进入农业生产一线，技术服务部门掌握和储备的实用技术少，且尚未形成有效的农业科技推广体系。

二是管理体制不顺，基层农业服务机构存在运转困难。基层农业服务体系存在着体制不顺、机制不活、职责不清的问题。目前全国部分乡镇推广机构由乡镇政府与县级农业部门共同管理，造成管钱与管人分离，管事与管人分离。由于推广项目归口管理部门较多，具体要求和做法各不相同，农技推广资金的政策标准不衔接，管理流程不统一，制度约束力不够，导致推广工作难以落实。一些乡镇农技人员对县级农业部门的任务安排置之不理，把大量时间和精力都用于行政工作，没有时间和精力从事真正的农技推广工作，出现"任务不要、开会不到、情况不报"的严重情况，导致基层农技推广体系"线断、网破、人散"的现象仍然存在。

三是高素质农业服务人员缺乏，整体业务水平有待提高。目前，在全国乡镇农技推广人员中，中专（不含）学历以下的超过20%，具有大专及以上学历的仅占49.7%，大多数乡镇农技站近10年来没有接收到涉农专业的高校毕业生。而美国的农技推广人员，100%为本科及以上学历。同时，我国推广人员不仅年龄偏大，而且专业技术水平较低，拥有技术职称的占67.93%，远低于国务院要求的80%。这表明我国农技推广人才队伍建设滞后，高素质人才数量严重不足，多数农技人员业务知识无法满足工作需要，人员结构老化和知识技能更新慢等问题依然突出。

四是服务经费和设备欠缺，资金投入过于分散。由于长期以来农技推广经费缺口较大，虽然中央近期加大了对农技推广体系财政补贴，目前基层农技推广条件落后、业务和工作经费不足的情况依然有待进一步改善。据统计，目前乡镇农技推广人员的工资平均每月1200～1700元，总收入低于同级行政人员、教师等的60%，人员工资偏低，93%的乡镇农技站业务用房不能满足需要。而且按照现行管理体制，农技推广资金由多个部门管理，资金的政策标准不衔接，具体要求和做法各不相同，有限的财政资金难以形成合力，影响了财政资金发挥使用效益。有些资金的性质和用途基本相近，但却分散在几个部门管理，缺乏总体规划和通盘考虑，导致一些领域资金重复投入，另一些领域却无人问津。

五是服务方式落后和强度不足，难以满足农户生产需要。我国的农技推广机构在农技推广时，主要采用自上而下、"资金＋行政"的方式，带有一定的强制性。通常是就技术谈推广，以农作物推广为重点，以提高产量为目标，较少考虑优势产业发展。推广工作主要集中于产中，对产前、产后的关注较少，忽略了农户的异质性和需求的多样性，不能解决农户生产过程中的实际问题。基层的农技推广活动服务强度不够，个别指导覆盖的范围很小。据调查，乡镇农技站平均每年进行农技推广的次数不到 20 次，推广人员平均每天用在推广工作上的时间不足 5 小时，不到 1/3 的农技人员每年会对农户进行个别指导。受推广人员专业素质的限制，整个生产过程中采用的技术有限，从而使农业生产技术水平和产品竞争力均受到很大影响，农业生产效益得不到提高，群众增收幅度不大。

二、经营性农业服务主体的作用有待提高

在我国现行的农技推广体制下，经营性农业服务模式虽然能够加快农业科技的成果转化率，加快我国的农业现代化进程，是政府公益性农技推广体系的重要补充。但是，受制于我国农业产业化、农业科技创新机制、农民组织化和农业生产等的实际情况，经营性农业服务不可避免地存在以下问题。

一是农业企业、专业农技服务公司的农技推广能力有限，农业科技创新和推广行为不规范。大部分农业龙头企业发展缓慢，且规模较小，导致重大的、长期的、基础性的和市场效益不好的农业科技成果创新和推广动力不足；农业龙头企业和专业农技服务公司从事农技推广工作的人员和资金有限，因此他们推动的农技推广只能在较小的范围、针对具体某一种农业生产进行，而且受市场波动的影响举例；由于政府扶持政策不到位、管理机制与市场体制不适应，导致农业龙头企业、专业农技服务公司在农业科技创新和推广时侵犯知识产权、见利忘义、坑农害农现象时有发生。

二是农民合作经济组织、专业农机服务队（植保队）进行农技推广的主动性不强。一方面，由于农民专业合作社处于发展初期，管理机制不健全，运作不规范，与农户利益联结机制不完善，实体功能有限，农技推广和带动的能力较弱，在进行农技推广时，主要是被动跟随专业大户或骨干社员的农业技术。另一方面，由于农民专业合作社、专业农机服务队（植保队）规模较小，渠道有限，难以主动接触到最适用的农业科技。因此大多合作社是按照农资企业的要求，形成了"公司＋合作社（农机服务队）＋农户"的农技推广方式，对特定企业的依赖性较强。

三是科技、教育、供销等部门参与农技推广缺乏制度性、应用性、带动性和持续性，短期行为特征明显。由于在科研项目前期，科研院所与农业龙头企业、专业农技服务公司、农民专业合作社等的科研合作较少，导致农业科研和生产实际脱节，大部分农业科技创新成果并非市场所急需的，甚至根本无法商业化推广。而且除了政府农技推广机构外，

目前科研院所主要是通过全国农业的"双交会"等活动来将已经研发出来的农业科技成果转化和推广，能否使成果商业化推广有很大的偶然性，因而推广效果有限，导致部分具有重大经济和社会效益的农业科技创新成果被束之高阁。

三、村集体服务能力弱，区域供给能力不平衡

村集体是农民基层自治组织，是农民从事农业生产经营重要的自服务组织，也是其他主体向农民提供服务的桥梁。20世纪90年代以来，中央多次强调村级集体经济组织在农业社会化服务体系建设中的基础性作用，并明确指出村级集体经济组织开展的服务应以统一机耕、排灌、植保、收割、运输等为主要内容。但我国大多数村集体经济组织经济实力薄弱，组织机构涣散，难以有效承担提供农业社会化服务的职能。据全国农村经济情况调查的统计，全国近60万个村集体组织中，无统一经营收益占53%以上。即便提供服务的，服务内容也多以综合性项目为主，并主要集中于产前和产中服务环节，农业产后服务薄弱；同时，有的地区村集体在公益性服务与经营性服务之间定位不准，甚至有借助国家扶持项目"搭便车"收费的现象。此外，由于我国不同区域间农业资源配置、经济发展水平与社会因素相异，各地区农业社会化服务的成本不同，服务能力差异也较大。相当一部分地方政府以配套中央政策为主，鲜有针对区域特点的地方性农业社会化服务计划或工程；而另一些服务供给能力较强的地区，地方保护主义明显，致使区域间"服务市场"分割严重。

四、农民采纳现代农业服务的意愿不强、能力不足

当前，农民对农业新科技的采纳动力和能力都较弱。一方面，我国农户农业生产经营的规模较小，限制了采用新农业技术的经济动力。虽然近几年我国农村土地流转加速、农民专业合作社发展加快，但农村仍以家庭承包经营为基本经营单位，点多面广、个体分散、规模较小，难以实现集中连片的规模化推广优势，也难以带来明显的科技比较效益，影响了农民采用先进技术进行农业生产的积极性。另一方面，我国农民的素质相对较低，阻碍了采用农业新技术的需求。一是部分农民仍然固守传统的农业理念，对采用新的农业科学技术的意愿不强，接受起来需要一个过程。二是目前农村的劳动力大都是年龄较大、文化素质较低的群体，这部分人采用新技术的能力不足，也影响着农业劳动生产率的提高和农业技术推广的实际效果，影响着农业社会化服务体系的建设。

第四节　完善我国农业社会化服务体系的政策建议

中共十七届三中全会和历年中央一号文件为新时期农业社会化服务体系建设指明了方向，就是要按照建设现代农业的要求，建立覆盖全程、综合配套、便捷高效的服务体系，

形成多层次、多形式、多主体、多样化的农业社会化服务格局，为进一步推进我国现代农业的发展服务。因此，要在构建新型农业经营体系过程中，同步推进新型农业社会化服务体系，要坚持主体多元化、服务专业化、运行市场化的方向，促进公益性服务和市场性服务相结合、专项服务与综合服务相协调，强化公共服务组织建设，大力扶持经营性服务组织发展，以专业农户为主要服务对象，以新型农业经营主体为重点扶持对象，通过机制创新、主体培育、领域拓展和区域协调，促进农业社会化服务全面快速发展，形成公共性服务、合作型服务、市场化服务有机结合、整体协调、全面发展的新型农业社会化服务体系。

一、整合为农服务资源，构建社会化服务新机制

在体制建设上，要加强政府主体地位，深化乡镇农业服务机构改革，打破部门、领域、行业界限，整合为农服务资源，健全为农服务网络。中央政府应致力于农业科技创新体系、农业技术推广体系等基础制度建设工作，致力于联结政府、教育、科研、企业等多主体协作机制完善工作以及国家政策落实的监督管理工作。地方政府应该建立熟悉当地农情的基层农业服务队伍，负责具体技术指导，协助推行地方性农业政策。在公共服务体系中应设置专职人员，负责科研、教育、行政与企业等机构之间的沟通，反馈各方的需求与供给信息，促进农业社会化服务、人才教育、政策资源与生产实践之间的互动协作。同时，要提高农民组织化水平，保障农户的生产经营决策权，使村集体、合作社成为维护农民利益的有效组织载体，防止龙头企业联合相关机构形成侵害农户的利益联盟。此外，还需要通过加大制度供给，完善各主体服务衔接机制，提高政府机构服务效能，放活技术市场主体，增强政府宏观调控能力和综合协调能力，加强农业社会化服务法制建设，将一些基础性法规和重要政策进行修改完善，并将其地位提升至法律层面。

在机制建设上，需要构建农业社会化服务新机制。新型农业社会化服务体系建设是一项复杂的系统工程，需要围绕体系确定、评估、完善等环节，创新社会化服务新机制。一是要完善运营机制。农业社会化服务体系涉及多个政府行政部门，既有涉农部门，也有非农部门，要通过政策协调，形成目标明确、权责统一、有统有分、部门协调的运营机制。二是要完善利益协调机制。社会化服务体系因具有主体多元化、内容多层次、方式多样性等特点，既有政府性主体又有市场性主体，既有公益性服务又有经营性服务。在服务供给主体、服务内容及方式上，极易发生矛盾。在新的形势下，要通过完善利益协调机制，协调好各主体的利益关系，确保社会化服务体系的高效运转。三是要完善保障机制。服务要有力度，保障是根本。只有通过完善社会化服务体系保障机制，确保体系运营的人财物落实到位，才能发挥社会化服务体系的长效作用。

二、培育新型服务主体，形成多元化社会服务新格局

近年来，土地流转规模的加大和新型农业经营主体的形成和发展，提高了我国农业现代化水平。新型农业经营主体将是我国商品农产品生产的主体，也是我国农业现代化的主

体。应该按照"四化"要求，积极发挥新型经营主体的社会化服务职能，帮助农户实现与大市场的对接。一是要支持龙头企业开展农业科技创新。通过国家科技计划和专项等支持龙头企业开展农产品加工关键和共性技术研发，将龙头企业作为农业技术推广项目重要的实施主体，承担相应创新和推广项目，鼓励龙头企业通过生产、加工、销售一体化经营，以多种方式开展为农服务，并在服务过程中建立双方紧密的利益联结机制。二是培育壮大农民专业合作社专业技术协会、农机服务组织、专业服务公司等经营组织，重点解决该类主体内部物质资本、人力资本匮乏问题，提高市场竞争力，提升农机作业、技术培训、农资配送、产品营销等专业化服务能力。三是要加大对家庭农场、种养能手、农机服务户、农村经纪人和其他类型能工巧匠等农村各类专业户的培育力度。这些服务主体具有贴近农民、了解农村、成本低廉、持续性强等特点，能够适应农业生产的社会化、专业化方向发展，在社会化服务体系中发挥生力军作用。与我国农业社会化服务的现实需求相比，这些经营性组织还存在数量较少、覆盖面小、服务能力不强等问题。因此，需要对经营性服务组织从政策、税收、资金等方面加大扶持力度，创新政府购买服务模式，鼓励支持经营性服务组织积极参与公益性服务。

在培育新型服务主体的过程中，还必须继续稳定队伍、转换机制，强化公益性服务机构建设，积极改造供销社、信用社、村级集体经济组织、科研院所等传统服务主体，创新现代社会化服务方式和新型农业服务业态，培育多元化、社会化服务主体，构建以农业部门为主，其他部门配合，形成合力提供基础性、公益性社会化服务，以农民专业合作社、龙头企业为骨干，大专院校、科研院所为基础，其他类型的机构为补充的多元化社会服务新格局。

三、以市场化为主导，拓展多层次服务新领域

新型社会化服务体系建设，必须以市场化为主导，充分发挥各类服务主体的比较优势和服务特色，建立"有进有退"的社会化服务市场机制，加强农业社会化服务市场管理，在满足多层次服务需求的同时，实现服务资源优化配置。在市场化建设过程中，要进一步探索社会化服务的内容和发展空间，改变目前以技术服务内容为主的单一服务方式，加快向信息、营销、资金、监管、创业支持等"全要素"服务领域拓展，注重传播现代科技知识、市场信息、管理理念，促进农民经营方式、发展理念的转变，使农业社会化服务从关注农业生产力提高转变为更加关注农业经营支持，从关注生产环节转变为更加关注产业链的延长和衔接。

在服务内容设置上，要针对不同的经营主体提供不同层次的服务。例如，可以针对新型农民、农业创业者、骨干农户和规模经营组织等主体，提供基础农事知识普及、创业指导、政策支援及能力建设等多种类型的服务。同时，还要加强服务供需双方的交流，在持续互动中寻找社会化服务供给的有效衔接点。服务供给既要关注农业产业发展又要促进生态保护与农业多功能实现，既要瞄准现实需要又要着眼于未来发展需求。

四、提高村集体农业服务能力建设，实现农业公共服务均等化

村集体既是直接向农户提供服务的主体，又是其他主体向农民提供服务的桥梁和纽带，在新型农业社会化服务体系建设中处于特殊地位。要发展壮大村级服务组织，提高其农业社会化服务的能力，首先需要在资金、信贷和税收上加大对村集体的扶持，完善农村"三资"管理制度，发展壮大村级集体经济，使村集体具备公共服务的能力。同时，村集体要根据区域范围内农业社会化服务供给现状、结构与特点，明确功能定位，有针对性地调整自身的角色与服务内容。在基础服务机构较完善、龙头企业或合作经济组织发展较好的地区，村集体应该主动承担起组织协调的作用，为其他主体开展服务提供帮助。此外，在有条件的地区可以整合资源，加快建设乡村综合服务社和服务中心，设置专门的动物防疫员、农业技术员、公共卫生员等村级公益服务员，使其逐步承担起农业公共服务的职能。

与此同时，要结合区域发展总体战略，针对不同主体、不同产业、不同区域的特点，促进公共资源均衡配置，实现农业公共服务均等化。首先，要明确中央和地方政府在促进农业公共服务均等化方面的责任和义务，提高统筹层次，制定"基准评价指标"和"地区差异指标"相结合的均等化指标体系，努力实现农业公共服务"无差异"供给；其次，要加强区域社会化服务能力建设，既应充分发挥市场的引导作用，又要赋予地方政府一定的自主发展权，形成各具特色、优势互补、分工协作的服务格局；最后，要建立农业公共服务信息反馈和评价机制，提高广大农户的主动性、积极性、参与性，使广大农户更加充分地参与分享社会化服务的成果。

第八章　小农户与现代农业发展有机衔接

——基于供销合作社为农服务视角①

第一节　引言

　　本章的撰写者在 2018 年 9 ~ 11 月对山东、河北、浙江三省的供销社综合改革及其在乡村振兴中发挥的作用展开了调研，并认真研读了各省份相关的文件和材料，对河北省三县（市）以及浙江省三县（市）的供销社改革及其在乡村振兴中的带动作用进行了详细调研，在各县市级都召开了由供销社干部职工及部分农民成员参加的座谈会，获得了翔实的第一手调研材料。调研工作结束后，由多位教授、副教授、参加调研的博士生硕士生组成的课题组经过多次研讨，并结合 2017 年对山东省十县（市）供销社改革和联合社发展的调研资料，撰写了本章内容。

　　课题组认为，供销社综合改革的总体成效显著，在实施乡村振兴战略、实现小农户与现代农业发展有机衔接，以及健全农业基本经营制度、推进农村社会治理等方面具有重大理论与实践创新，形成了一整套规范化、成体系、可复制、可推广的改革经验。改革在各个省份呈现出不同的组织特点，山东省成立了以土地托管为核心的县乡两级联合社，河北省成立了由省到乡镇的四级联合社，浙江省成立了独具特色的四级农合联，这些都是实现小农户与现代农业发展有机衔接的具体形式。总体来看，即使不同省份的供销社在综合改革中呈现出不同组织架构，但其本质都是为了资源整合，更好地为农服务，为乡村振兴服务，在小农户和现代农业之间搭建桥梁。通过综合改革，各级供销社在密切与农民利益联结的基础上，也发挥了在产业振兴、人才振兴、生态振兴、组织振兴等方面的带动作用，构建了具有供销社体系特征的小农户与现代农业发展有机衔接的体制机制。因此，深化供销社综合改革有利于促进小农户与现代农业有机衔接，有利于乡村振兴战略的实施。

---

　　①　执笔人：孔祥智、赵昶。

第二节　供销社与农民利益联结机制的理论分析

一、供销社成立的目的和改革的目标就是民有、民管、民享

中华人民共和国成立初期，中央政府面对的最大问题是 1.2 亿分散的小农户如何适应工业化、城市化和农业现代化的需要。为此，1950 年 7 月，全国合作社工作者会议第一届代表会议在北京召开，通过了《中华人民共和国合作社法（草案）》、《农村供销合作社章程准则（草案）》等文件，成立了中华全国合作社联合总社，统一领导和管理全国的农业、供销、消费和城市合作社。1954 年 7 月，中华全国合作社联合总社改名为中华全国供销合作总社，并明确了后者在过渡时期的三项基本任务：通过供销业务，开展城乡物资交流，为农业生产服务，以支援国家工业化，并巩固工农联盟；根据国家计划和价格政策，通过有计划的供销业务和合同制度，引导小农经济和个体手工业逐步纳入国家计划轨道，并促进社会主义改造；在国营商业的领导下，扩大有组织的商品流转，领导农村市场。可见，供销社一开始就是为了保护农民利益、连接小农户与现代化大生产、促进农业社会主义改造而出现的，并且基层社主要是由农民入股组成的，是农民自己的组织，当然代表农民利益。即使在 1958 年农村人民公社化以后，基层社改为公社的供销部，1960 年 2 月，国务院批转商业部《关于改进农村人民公社商业管理体制的意见》，仍然强调供销部要挂两块牌子，一是供销部，二是供销合作社，并保留原供销合作社的民主管理制度。

20 世纪 80 年代以后，供销社改革的方向就是恢复原有体制、密切与农民的利益关系。1981 年 12 月 18 日，全国供销合作总社党组向中共中央、国务院报送了《关于供销合作社改为集体所有制试点的报告》，提出通过试点恢复供销合作社的集体所有制性质，通过购销业务，促进农村商品经济的发展，引导农民逐步实现新的联合。1982 年中央一号文件指出："农村供销合作社是城乡经济交流的一条主要渠道，同时也是促进农村经济联合的纽带。要恢复和加强供销社组织上的群众性、管理上的民主性和经营上的灵活性，使它在组织农村经济生活中发挥更大的作用。"[1] 1982 年 12 月通过的《宪法》，正式确立了供销合作社的集体经济性质。1995 年 2 月 27 日，中共中央、国务院下发《关于深化供销合作社改革的决定》（中发〔1995〕5 号），指出："供销合作社的问题实质上是农业、农村、农民的问题。"提出了改革过程中必须做到"三个坚持"，即："坚持供销合作社集体所有制性质"、"坚持为农业、农村、农民提供综合服务的办社宗旨"、"坚持自愿、互利、民主、平等的合作制原则"。1999 年，国务院发布《关于解决当前供销合作社几个突出问题的通知》（国发〔1999〕5 号），指出："基层社应直接体现为农服务宗旨和合作经

---

[1]　由于各种文件可以通过各种渠道查阅，因此，本章不予注明出处。

济性质。……真正做到民有、民管、民享。"提出要创造条件把供销社逐步办成农民的合作经济组织。2009 年 11 月 17 日，国务院发布《关于加快供销合作社改革发展的若干意见》（国发〔2009〕40 号），要求供销社"努力成为农业社会化服务的骨干力量、农村现代流通的主导力量、农民专业合作的带动力量，真正办成农民的合作经济组织"。

党的十八大以来，新一届中央领导集体高度重视供销社改革和发展问题。2014 年，中华全国供销合作总社决定在河北、山东、浙江、广东四省开展供销社综合改革试点，国务院办公厅在《关于同意中华全国供销合作总社在河北等 4 省开展综合改革试点的复函》（国办〔2014〕37 号）中对试点工作所提出了要求，即："改造自我、服务农民。"前者指把自身改造为真正的合作经济组织，后者指在改革中构建为农服务体系。2015 年 3 月 23 日，中共中央、国务院发布《关于深化供销合作社综合改革的决定》（中发〔2015〕11 号。以下简称"中发 11 号文件"），指出供销社改革的第一条基本原则就是"坚持为农服务根本宗旨……做到为农、务农、姓农"。改革的目标是："到 2020 年，把供销合作社系统打造成为与农民联结更紧密、为农服务功能更完备、市场化运行更高效的合作经济组织体系，成为服务农民生产生活的生力军和综合平台，成为党和政府密切联系农民群众的桥梁纽带，切实在农业现代化建设中更好地发挥作用。"党的十九大报告提出实施乡村振兴战略并写入党章，2018 年中央一号文件即要求加快供销社改革，要求"重点解决农产品销售中的突出问题，加强农产品产后分级、包装、营销，建设现代化农产品冷链仓储物流体系，打造农产品销售公共服务平台……加快推进农村流通现代化"。

可见，无论从历史还是改革的方向看，供销合作社都离不开农民，都是农民自己的合作经济组织。"民有、民管、民享"是其基本内核，成为为农服务的生力军是其改革方向。

二、实现小农户与现代农业发展有机衔接供销社不可或缺

党的十九大报告指出："构建现代农业产业体系、生产体系、经营体系，完善农业支持保护制度，发展多种形式适度规模经营，培育新型农业经营主体，健全农业社会化服务体系，实现小农户和现代农业发展有机衔接。"这是基于中国大国小农的基本国情而做出的正确决策，具有极其深远的理论和现实意义。按照十九大报告的规划，我国到 2035 年基本实现现代化，当然也包括农业农村现代化。实现小农户与现代农业有机衔接是农业农村现代化的题中应有之义，也是乡村振兴的题中应有之义。

统计资料显示，中国目前共有农业经营户 2.1 亿，不同类型的农户与现代农业发展有机衔接的作用机制也存在差异。值得注意的是，当前中国农户分化趋势日趋明显，农业收入在其家庭总收入中占比很小（农业收入占比 20% 以下）的农村非农户，农业生产已被高度边缘化，成为周末农业、体验农业、休闲农业；二兼农户（农业收入占比 20% ~ 50%）的主要精力也不在农业上。这两类农户纳入现代农业经营体系的方式主要是土地流转、入股甚至退出，要帮助他们放手发展非农产业或者进城务工。对于那些农业收入占比较高的纯农户（农业收入占比 80% 以上）和一兼农户（农业收入占比 50% 以上），农业是其生

产经营活动的主要产业。因此，小农户与现代农业发展有机衔接应该是分类指导、有序推进，而不是"一刀切"。

长期来看，一部分小农户会继续兼业工农，往返城乡，他们需要质优价廉的社会化服务；一部分有条件又比较"决绝"的小农户有可能彻底放弃土地迁入城镇，他们正在寻求更高的价格以放弃土地承包经营权；一部分市民化能力不太强或比较"审慎"的小农户在进城后可能更愿意保留农村土地作为"退路"，他们主要看重租金收益以及可否随时收回土地；一部分善于经营农业的小农户可能会选择接收其他小农户的土地发展成为规模经营主体（大农户），或者在社会化服务体系的支持下演变为能够从农业经营中获得与外出务工经商相近收入的专业化、职业化农民，他们需要稳定的土地经营权和农业社会化服务。

概括起来可以总结为两大方面：一是从农户分类看，纯农户与一兼农户通过农产品市场体系、农民专业合作社、农业产业化龙头企业以及农业社会化服务体系的方式实现与现代农业有机衔接。二兼农户与非农户通过土地流转、入股、退出以及社会化服务体系实现与现代农业有机衔接。二是从产品分类看，以劳动密集型农产品生产为主的农户倾向于采取利用农产品批发市场（距离市场较近）和加入农民专业合作社等纵向协作形式。以土地密集型农产品生产为主的农户倾向于采取加入农业社会化服务体系的协作形式（农民专业合作社和龙头企业也是社会化服务主体）。

在上述联结机制中，农民合作社处于中间环节，起到支撑作用。这是因为，第一，从长期看，小农户连接市场的发展方向必然是合作社，这是由国内外经验所证明。第二，尽管目前土地流转率已经达到35.1%，但远没有形成足以抵御市场风险的经营规模格局，小规模依然是中国农业经营的基本特征。即使在这个过程中形成的专业大户和家庭农场，依然需要联合起来，或者领办合作社，或者加入合作社。第三，龙头企业自己从事农业生产经营活动的越来越少，其主要任务是加工或者销售农产品，实现价值增值，其基础当然是生产领域的农户。这样，构建企业和农户之间的利益联结机制是至关重要的。实践证明，这个机制就是合作，即"企业+合作社+农户"，或者企业的合作社化，少数企业已经出现了这样的趋势，如广东温氏集团和山东新希望六和集团等。

但应该看到的是，截至2018年6月底，全国共有农民专业合作社210.2万家，平均每个村3家以上。笔者调查过一个人口不过几十万人的中等县，合作社数量达到了3000多家。尽管数量多，但平均每个合作社的成员却很少，全国平均60人左右，很多为20人左右，很难真正发挥作用。这也是一些业内人士批评合作社"空壳社"的原因之一。

2017年是《农民专业合作社法》实施十周年，这部法律对于合作社的发展起到了极大的推动作用。如果说前十年主要推动合作社在数量上的发展，那么进入第二个十年以后，合作社的发展应该以提质增效为主要目标，即提升合作社发展质量，增加合作社给成员带来的实际经济效益。怎样才能实现这个目标呢？课题组的看法是：再合作。

再合作的途径有二，其一是扩大成员数量。从现实看，这个途径难度很大，调查中发现，大部分合作社都保持办社初期的规模，只有少数经济效益较高的才有可能扩大规模，而且非常缓慢。因此，再合作主要依靠第二条途径，即联合，在合作社基础上成立联合社，原合作社继续保持独立经营状态。合作社之所以倾向于成立联合社，是因为联合社能够为它们带来制度净收益。如果这个净收益为零或者为负，或者需要成员社负担较大的成立联合社的交易费用甚至财务费用，那么，这样的联合就会趋于失败。相反，若通过联合降低了生产成本，减少了交易费用，并促进了产品的价值增值甚至品牌溢价，切实提升了农户的利益，那么联合便带来了制度净收益。因此要促使再合作实现正向制度净收益，进而在联合的过程中保障农民的利益。

应该说，修改后的《农民专业合作社法》适应了合作社在第二个十年发展中"再合作"的要求。新法专设一章（第七章）规定了联合社发展问题。其第五十六条规定："三个以上的农民专业合作社在自愿的基础上，可以出资设立农民专业合作社联合社。"第五十七条规定："农民专业合作社联合社依照本法登记，取得法人资格，领取营业执照，登记类型为农民专业合作社联合社。"第五十八条还规定了联合社和成员社之间的财务关系，即："农民专业合作社联合社以其全部财产对该社的债务承担责任；农民专业合作社联合社的成员以其出资额为限对农民专业合作社联合社承担责任。"在这样的制度框架下，联合社和成员社都是独立经营单位，有利于提高合作社自身组建联合社或者加入现有联合社的积极性。

当然，在现实中，并不是有了制度框架，合作社就会自然而然地联合起来，而是要有外力的推动。其中，最有效的外力就是市场压力。从合作社发展的历史看，农民愿意组成合作社，是因为市场压力，即合作起来闯市场，实现合作共赢的目标。而合作社之间的再合作，即成立联合社，也是因为市场压力，即联合起来闯市场。当然，由于两次合作或者联合的层次不同，面对的市场规模以及要实现的目标也差异很大。不仅合作社之间可以联合，联合社之间同样也可以联合为更大的联合社。通过不同层级的联合，联合社规模会越来越大，对市场的影响也会越来越大。在许多欧洲国家，一个国家的某一农产品主要由一家大型合作社控制，这样的合作社大多为联合社，只是由于联合社运作时间过长，最低层次的合作社有的已经自动失去了独立经营职能。

中国的农民专业合作社联合社才刚刚起步，积累的经验不多，出现的类型也极为有限。现实中，主要是同业联合，即同一行业的合作社联合在一起共同面对市场，目前最成功的就是奶业联合社，其主要原因是乳品加工企业的垄断程度高，全国乳业被少数几家大型企业所垄断，这就不可避免地损害奶农的利益。当奶农组建合作社以后，发现单个合作社仍然难以抗衡乳品企业，于是只好再合作，即成立联合社。当然也有异业的联合，即处于产业链不同环节的合作社联合在一起，这种类型联合社的存在大多基于产业链延伸而带来的制度性净收益。

然而，无论哪种联合方式，合作社之间的联合或再合作都需要支付一定的交易成本。如果这个交易成本过大，则联合就不会成功。这就存在着市场失灵问题。市场失灵需要政府力量进行弥补，但合作社之间的联合是市场行为，靠政府机构进行"撮合"是不合适的，并且实践证明大多不能成功。而供销合作社是集体经济组织，同时又可以承担一定的政府职能，在农民眼里，供销社在某种程度上是政府的代表。尤其是县级以上合作社，由于参公管理，实际上具备了政府机构的某些特征，可以承担政府交办的行政事务。也就是说，供销社既可以行使一定的政府职能，又具有市场主体的性质，尤其是基层社更是如此，因此，在合作社再合作的关键时期，供销合作社能够发挥独特作用。河北、山东等试点省的经验表明，供销社正是在推进农民专业合作社再合作过程中找到了"改造自我，服务农民"的连接点，找到了与农民利益密切连接的路径，从而找到了回家的路。

第三节　密切供销社与农民利益联结的路径分析

中发〔2015〕11 号文件指出，要把供销社打造成为与农民利益联结更紧密、为农服务功能更完备、市场化运作更有效的合作经济组织体系。因此如何密切供销社与农民利益联结，使其重归为农、务农、姓农的原点，打造以农民为主体的实体性合作经济组织体系是供销社改革所必须解决的问题。

2019 年 2 月，中共中央办公厅、国务院办公厅印发了《关于促进小农户和现代农业发展有机衔接的意见》，提出"促进小农户和现代农业发展有机衔接是实现乡村振兴战略的客观要求"，要"提高小农户的组织化程度"，并"健全面向小农户的社会化服务体系"，进而实现规模化经营。在小农户与现代农业发展有机衔接的过程中，供销社发挥着桥梁与纽带的平台助推作用，在促进农户联合生产、合作社联合经营的同时，更加密切与农民利益的联结。

具体来看，实现小农户与现代农业有机衔接的组织形式有两种：一种是土地流转，也就是通过土地使用权的转让实现一定程度的规模经营，包括出租、入股、转让、代耕代种以及土地退出等；另一种是"小规模 + 社会化服务"，也就是在现有小规模经营的基础上，通过社会化服务实现规模化。在这两种形式的衔接过程中，供销社作为重要的合作经济组织，通过各种途径密切与农民的利益联结，包括大力发展农民专业合作社，积极组建农合联或联合社，改造基层社，搭建农业社会化服务体系，发展新型庄稼医院，推进农村电子商务的发展等方式，对促进小农户与现代农业有机衔接发挥了重大的作用。具体来看，各种密切与农民利益联结的路径都在不同层面上解决了与农民利益切实相关的问题。

一、发展农民合作社联合社（产业农合联），搭建上下贯通的三级农民合作组织体系，解决农民种什么、怎么种的问题

我国农户的特点是小而散。第三次农业普查数据显示，截至 2016 年底，全国共有农业经营户 20743 万户，但是其中成规模的农业经营户只占 1.9%。这种分散耕种的经营方式造成了农民单打独斗的局面。单个农户信息获取渠道较为闭塞，个人掌握的农业种植技术相对落后，大部分农户都是凭借老一辈的经验和自身的感觉去种植，完全是传统的靠天

吃饭。农民种什么、怎么种的难题是保证农民利益所必须解决的根本问题。

针对这些情况，搭建"村级农民专业合作社＋乡镇农民专业合作社联合社＋县级农民合作社联合社＋市级农民专业合作社联合社"上下贯通的体系建设，真正使供销社通过联合社（农合联）这个组织体系，把广大农民群众组织起来，联系在一起，实现规模化生产和经营，使农民在生产生活中离不开供销社，供销社也离不开农民，解决农民种什么、怎么种的问题，进而实现政府得民心、农民得实惠、供销社得效益的工作目标。政府—农民—供销社三方中，供销社既是政府服务于农民的直接组织，又是农民所需要的支撑。供销社有熟悉农业的管理人才和技术人员，有收集和处理信息的能力，有雄厚的资金保障，焕发出自身强大的辐射功能和联结功能。

以山东省供销社为例，按照强化合作经济基本属性和农民主体地位的原则推进自我改造，通过大力领办农民合作社，依托基层社、县级社自下而上组建农民合作社联合社，推进农民合作社及联合社与基层社、县级社融合，吸纳了全省192.9万户农民入社。这种农民合作社及联合社的组织方式和为农服务中心利益联结机制的精巧设计，极大密切了供销社与农民的利益联结。在村级层面，通过党建带动社建村社共建，领办创办了一批依托当地特色农业产业的农民专业合作社，实现了农民增收、村集体经济壮大、供销社增效、精准扶贫、社会稳定等"多方共赢"。在乡镇层面，以领办创办的农民合作社为核心成员社，联合本区域龙头企业、合作社、家庭农场、专业大户等新型农业经营主体，组建了一批实体性乡镇农民合作社联合社（在工商部门登记为合作社法人），实现了镇级农民合作社联合社、供销社基层社和为农服务中心"三位一体"，彻底重构了基层供销合作社的工作机制，全面强化了基层社"为农""务农"的服务功能，使其再一次焕发了生机与活力。在县级层面，通过发挥县级社的牵头作用，引导县域内乡镇农民合作社联合社、其他产业型农民合作社及联合社再联合，打造县域综合性农民合作社联合社（一般在编制部门注册登记为事业法人，与县级供销社"一套机构、两块牌子"）。可见，山东省供销社通过综合改革，采取村、乡镇、县（市）三级联动的方式建立了一套垂直运作体系，在各个层级都切实保障了农民耕、种、收、售等各个环节的利益。

浙江省则是通过建立农合联组织体系来密切与农民的联系。浙江各地根据省委、省政府的部署和浙委发〔2015〕17号文件的精神，引导农民合作经济组织、各类为农服务组织（企业）联合起来，组建农民合作经济组织联合会。农合联是以生产、供销、信用、服务功能为基础，具有对农民生产生活综合服务功能的非营利性社会团体，实行农有、农治、农享，在民政部门注册登记，接受农村工作综合部门管理。农合联按行政层级设置，以县、乡两级为重点，逐步形成省、市、县、乡镇四级组织体系。各地农合联都建立了会员大会以及理事会、监事会，县级农合联都组建了以供销合作社联合社为依托的农合联理事会执行委员会，选举政府分管领导为农合联理事长，聘任供销社联合社理事会主任为农合联理事会执委会主任。县、乡两级农合联广泛吸纳区域内的农民合作社及联合社、行业协会、农业龙头企业、家庭农场和为农服务组织、涉农企事业单位等为会员，这使农合联不仅有自有集成、自育新生的服务功能，而且有外部转入、协作覆盖的服务功能。各地供销社还根据承担农合联理事会执委会的要求，优化内设机构设置和人员力量配备。因此，浙江省农合联通过发挥自身强大的资源整合优势，形成了各自领域范围内的销售服务网络，使得农民不再为农产品的销售问题困扰，搭建了供销社与农民之间有形的利益联结桥梁。

二、发展土地托管服务，搭建农业社会化服务体系，解决农村土地谁来管、老幼谁来养的问题

农村劳动力大量流出，土地撂荒已成为普遍问题。针对农村缺少劳动力、土地撂荒突出的经营模式，供销社实行"保姆式"全托管以及半托管的方式，对耕、种、管、收、加、储、售等生产环节提供全方位服务，降低生产成本，解决土地无人种的问题，同时促进农民收入增加。

具体来说，供销社以土地托管为核心，以社会化服务促进规模经营，密切与农民的利益联结。按照农民出资、农民参与、农民受益的原则，以为农服务中心为纽带强化产权、服务和利益联结，保证了为农服务中心的可持续运行，同时在"服务农民"方面，探索以土地托管为核心内容的社会化服务模式，通过服务规模化逐步推进农业适度规模经营，从而保证规模效益、促进农民收益的提升。以山东省为例，在供销社改革的过程中主要形成了两种托管模式：一是全托管服务，又称"保姆式"托管服务，主要是为农户提供所有生产经营环节服务。一般情况下，委托和受托双方签订服务协议，事先确定种植作物及产量、服务项目、托管费用等信息。全托管服务对服务主体的能力和实力有较高的要求，需要整合农资、农机、农技等各类生产要素，对农民节支增收效果明显。二是半托管服务，又称"菜单式"托管服务，主要是为农户提供耕、种、管、收、烘干等某个或某些生产经营环节的服务，按实际作业项目结算服务费用。半托管服务相对灵活，也是托管服务的主要方式。随着土地托管模式的成功推广，山东省供销合作社系统积极拓展服务领域，创新服务方式，加快推进"两个延伸""两个提升"，服务对象由龙头企业、农民合作社、家庭农场、专业大户等适度规模经营主体向分散经营农户延伸，服务领域由大田粮食作物向山区、丘陵等经济作物延伸；服务手段由机械化服务向全产业链科技进步提升，服务方式由提高农业生产水平向促进一二三产业融合发展提升。

为增强土地托管能力，山东省供销合作社还建设为农服务中心，在保证土地有人管的基础上，通过提供完备的社会化服务来降低成本，最大化土地托管的收益。按照最佳效益规模，经过反复实践探索，在平原丘陵地区以大田作物托管服务为主的为农服务中心，一般占地20亩左右，服务半径3千米，辐射面积3万~5万亩，形成"3千米土地托管服务圈"，重点开展测土配方和智能配肥、统防统治、农机作业、烘干贮藏或冷藏加工、庄稼医院、农民培训等服务，并为涉农部门设立服务窗口；在山区以林果等经济作物托管为主的为农服务中心，以山体自然形成的小流域为基本单元，服务半径约6千米，辐射面积约10万亩，大致形成服务圈。两者均与2001年合并前的乡镇建制区域基本吻合。在建设主体上，为农服务中心由县级农业服务公司联合镇级农民合作社联合社共同建设和运营，每

处投资 500 万元左右，山东省各级财政扶持 30% ~ 50%，剩余部分由县农业服务公司和镇级农民合作社联合社自筹。本着农民出资、农民参与、农民受益的原则，山东省供销合作社对为农服务中心的出资比例作了设定，原则上县级农业服务公司不超过 30%，镇级农民合作社联合社不低于 70%，其中镇级农民合作社联合社中农民合作社的出资比例不低于 80%，这样就保证了农民社员在为农服务中心的持股比例最低为 56%，体现了农民的主体地位，进而密切了与农民的利益联结。

总之，土地托管之所以深受农民的广泛欢迎，关键在于它不触动家庭承包经营制度的基础，不涉及农民土地财产权利的重大转变，而是通过服务规模化解决了家庭经营的细碎化问题，开辟了一条土地流转之外实现农业适度规模经营的新路径，丰富了农村基本经营制度的内涵，为中国农业现代化道路的探索提供了"山东方案"。通过开展农村土地流转托管模式，既解决了农村土地撂荒和"谁来种地、地怎么种"的问题，也促进了各级农民合作社联合社大力发展特色、高效的农业产业化规模经营，实现了农业生产现代化，服务规模化。

三、发展农村合作金融服务，搭建供销社特色的合作金融体系，解决农民资金少、发展难的问题

制约农民发展规模化的最大问题是资金问题，因此从农户的利益出发，解决农民的核心需求问题、破解经营主体融资难的问题是供销社密切与农民利益联结所必须要面对的问题。2017 年中共中央、国务院《关于深入推进农业供给侧结构性改革加快培育农业农村发展新动能的若干意见》中首次提出积极发展生产、供销、信用"三位一体"的综合合作。因此发展农村合作金融服务，创建具有供销社特色的合作金融体系是"三位一体"综合合作的要求，供销社不仅要在生产、销售等环节给农民带来切实的好处，还应扩大服务范围，在信用、金融等方面破解农民的关键难题。比如，浙江省各地在组建农合联时，都要求农信机构加入农合联，为农合联会员提供授信服务，为农民资金互助会提供"账款分离"的运行服务。浙江瑞安的兴民互助社，是在 2015 年浙江省供销社"三位一体"改革中建立的，由中国保监会正式批复、以服务农业生产财产险为主的农村保险互助社。它采用互助合作机制，由瑞安市马屿镇 22 家农民专业合作社、3552 名农户自愿筹资组建，注册资本 100 万元，营运资金 500 万元，为入社社员提供保险服务。此次战略合作，意味着今后太平洋产险瑞安支公司将为兴民互助社开展的种植保险、农产品货物运输保险、农户小额贷款保证保险等提供分保服务，并帮助开发针对农户生产、销售、金融信用等方面的保险产品。课题组在调查中发现，通过互助社的"货物运输保险"业务，马屿镇柴下村村民郑某种植大棚番茄，此前一旦遭遇冻害就会损失惨重。投保之后，只需每亩交 108 元保费，就能最高获得 1200 元赔偿金，对他来说，一旦作物遇灾，这些赔偿金就是来年再投入生产的本钱。因此，各个联合社在供销社的支持下开展各类信用保险项目，切实解决了农户的核心需求，从根本上密切了供销社与农民群众的关系。

四、提升农产品流通服务水平，加强供销合作社农产品流通网络建设，解决农民销售难的问题

创新流通方式，推进多种形式的产销对接，从而解决农民农产品销售难的问题。供销社成立联合社（农合联）的重要任务之一是与企业联合，组建农业服务公司，建设电子商务平台。例如县级农业服务公司应该作为全县为农服务体系的龙头，统筹推进县域农业社会化服务，发挥承担、承接政府惠农政策和购买服务、农资仓储服务、大型农机具服务、对接二三产业融合发展、关键技术培训、分享创新成果等功能。各地联合社（农合联）应该把构建服务链和产业链不同环节主体之间的合作制联结机制作为推进全产业链发展的核心，努力形成"层层向上参股"的利益共享机制和"层层向下参股"的经营指导机制，打造纵向合作、一体经营的利益共同体。各地联合社（农合联）在组建日用品和农产品销售服务体系的同时，要引导供销社、超市企业、消费合作社、农民合作社等参股组建连锁配送公司，同时引导连锁配送公司分别与农民合作社和消费合作社建立按交易额返利的机制，形成生产者、流通者、消费者的利益共同体，在销售环节切实保障农民的利益。例如河北省供销系统在搭建"三位一体"（供销合作社＋农民合作社联合社＋供销集团）、"五级联动"（省、市、县、乡、村）的全新供销合作社组织架构时，以各级社供销企业集团为支撑，推进跨区域横向联合和跨层级纵向整合，促进资源共享、上下贯通的合作经营服务体系的建立，使得农产品的流通实现了全省范围内的整合流动，解决了农民销售难的问题，极大地保障了农民的利益。

五、推进供销社基层社改造，实现农民得实惠、基层社得发展的双赢

密切与农民的利益联结，还要脚踏实地从最基层的组织抓起，加快推进基层社的改造，领办创办农民专业合作社。一方面，通过共同出资、共创品牌、共享利益等方式，创办一批管理民主、制度健全、产权清晰、带动力强的农民专业合作社。山东省供销社正是在正确认识这一现实的基础上，以"党建带社建，村社共建"，与农村基层党组织紧密合作，共同发展农民专业合作社、农村综合服务社，以及各类农业生产项目，通过"输血""造血"等方式为农村培养干部队伍，不仅促进了农民收入的提高，而且促进了村集体收入的提高。在此基础上，供销社基层社在农业生产经营和农村生活服务两个方面都实现了覆盖，延伸了供销社业务，使供销社从最基层实现了"姓农"的要求。同时，通过共建农民专业合作社，使农民在各个主要产业上实现了合作，为服务规模化奠定了基础。

另一方面，充分发挥供销合作社综合服务平台的作用，带动农民专业合作社围绕当地优势产业开展系列化服务。例如，浙江省在基层社的改造中，以为农服务为宗旨的农合联综合服务体系是一大亮点，充分发挥供销社优势而形成的服务功能和服务体系作为建设生产服务功能和生产服务体系的重点。一是构建以庄稼医院为基础的现代农业服务体系，按照农资配送中心、农技植保专业合作社、庄稼医院"三位一体"的思路，通过开展测土配方施肥、用药、植保门诊、处方供药和农机种收"一条龙"服务，向农民宣传推广高

效优质的新产品、传授生产实用的新技术，积极开展试验示范，组织科技咨询、测土配方施肥用药、植保门诊、处方供药和农机种收等服务，为农民提供全程系列化服务，帮助农民增产增收；二是建设"智慧农资"和"网上庄稼医院"；三是构建特色产业服务体系；四是整合品牌资源，构建品牌体系，着力培育和打响一批以省农合联、省行业协会为载体的农产品区域公共品牌，整合和减少县域品牌，支持龙头企业打造自身品牌，形成"区域公共品牌 + 县域品牌 + 企业品牌"的体系。

第四节　供销社改革服务乡村振兴的实践

党的十九大报告提出的"乡村振兴战略"是新时期农业农村发展的指导方针。实施好乡村振兴战略，需要新理念、新思路、新方法。供销社作为服务农民生产生活的生力军和综合平台，在为农业现代化建设提供新理念、新思路、新方法上发挥巨大的作用，因此供销社必须抓住这一重大机遇，参与到乡村振兴战略的实施过程中。通过综合改革，供销社在乡村振兴战略的指导下，发挥了在产业振兴、人才振兴、文化振兴、生态振兴、组织振兴等方面的作用，试点省份均根据自身条件形成了不同模式。

一、供销社改革与产业振兴

推进乡村振兴伟大战略，产业振兴是基础。党的十九大提出，要"实现小农户与现代农业发展有机衔接"。实现小农户与现代农业相衔接的形式主要有两种：一是通过土地流转的形式让"小农户"实现"大经营"；二是通过加入农民合作组织，例如合作社、联合社等规模经营主体，实现为小规模农户提供统一的社会化服务。可见，合作社等规模经营主体在产业振兴中发挥着核心作用。通过供销社改革，有利于发挥规模经营主体在为农服务中促进现代产业发展的作用。

1. 河北省：实施龙头企业带动，引领现代农业发展

河北省供销社通过强化各级联合社分工协作，统筹社有企业、基层社、农民专业合作社等服务资源，形成了供销社为农服务的规模优势。供销社通过引领并培育多元农业社会化服务主体，构建起了新型的农业社会化服务体系，集"生产、供销、信用"于一体，提供"三位一体"综合服务。通过提供社会化服务，农业要素市场突破流动壁垒，产业结构随着要素禀赋的流动而实现重组，使得农业产业化进程不断推进。随着城乡要素结构交换程度的加深，不同领域产业在农村范围互相渗透，最终推动了农业一二三产业融合的进程。在农业服务业发展过程中，物流产业、互联网产业、金融产业等农村服务业也得到了充分发展，这些产业与农业生产行业结合起来形成了农村的新产业、新业态，促进了农村三产融合的实现，提升了农村经济发展的活力。另一方面，在供销社带领下，唐山蓝猫、天成、枣强欣苑等一批农业产业化龙头企业通过"入社入团"的方式加入到供销社

为农服务的过程中，加快推进涉农企业与农业经营主体走向集团化，为农村三产融合的实现注入经济活力。

案例 8-1：河北政麟食品有限公司

（1）发展现状。

河北政麟食品有限公司是曲周县供销社社属全资控股企业，也是河北省农业产业化重点龙头企业。政麟公司先后获得河北省农业产业化经营重点龙头企业、河北省著名商标企业、河北省明星企业，邯郸市农业产业化经营重点龙头企业、邯郸市食品工业优秀企业等荣誉，被河北省企业联合会评为河北省明星企业，2016 年被河北省品牌节组委会评为"河北名片"。

政麟公司主要生产速冻甜玉米、菜花和水果、蔬菜罐头等有机产品。公司金日牌甜玉米、小杂粮、挂面等产品连续三年在中国（廊坊）农产品交易会上被认定为名优农产品，"金日"商标被河北省工商局评为河北省著名商标。近年来，按照"公司+基地+专业社+农民"的模式，构建了集"种植、加工、仓储、物流、销售"为一体的完整产业链条，实现了产供销有机衔接，走出了一条现代化农业发展的新路子。目前，已经形成了"果蔬速冻、冷链物流、有机粗粮加工"三大支柱产业，建成种植基地 8 个，发展合作社 26 家，辐射带动原料种植 12 万亩，增加农民收入 1.5 亿元。同时，注册成立了河北曲辰食品有限公司，总投资 5 亿元，打造首农有机食品曲周产业园，主要产品为绿色毛菜、净菜、速冻果蔬等，涵盖根茎类、叶菜类、瓜果类、菌类、芽类共 50 多个品种。目前净菜加工车间已竣工投产，将实现从种子到筷子，从田间到餐桌的全产业链食品安全模式，成为华北南部直供北京、天津的农产品供应基地，农业产业化示范区，带动引领曲周县现代农业发展的新格局。

（2）努力创新生产，提高企业核心竞争力。

一是创新技术。牢牢树立"技术立企"理念，加大科技创新投入，政麟公司成立技术研发部，开展新技术新品种新工艺研发。通过改造升级农产品加工设备、农业服务设施，增加科技农业技术含量和水平，发展科技农业示范项目，提升农业产业附加值。刘大寨小米专业社开展菠菜示范种植，采取"示范基地+合作社+龙头企业+连锁商超"模式，发展菠菜种植基地 3000 亩，实现了菠菜的种植、加工、销售"一条龙"，远销国外。

二是创新新产品。先后开发了甜玉米粒、速冻甜玉米、速冻菜花、速冻菠菜、速冻食用菌、水果罐头、蔬菜罐头、冻干蔬菜等有机产品，并对产品包装设计不断改进，各具特点，受到消费者欢迎。公司生产的 60000 千克速冻蔬菜通过海运打入美国市场，摆上美国市民的餐桌，使供销社的企业品牌在国际市场闪耀。

三是注重科技培训交流。组织专业社、家庭农场、种植大户观摩学习，让先进典型现身说法，交流经验。同时，公司与各种植大户建立了技术服务制度，跟踪指导。多管齐下，确保了农产品从种到收的精细化作业。

四是打造科技种植示范基地。以中国农大为技术依托，在富仓公司种植基地采取育苗移栽，多茬种植模式种植甜玉米，即从年初开始以大背垄小株距的方法播种，进行多茬间作，按照统一整地播种、统一肥水管理、统一技术培训、统一病虫防治、统一机械收割的"五统一"生产模式，促进良种良法、农机农艺的有机结合，加快农业规模化、标准化生产步伐，实现了甜玉米一年三熟，产量由 1.2 吨增加到 3.6 吨，增产增收效果显著，极大调动了农民种植积极性。目前，一年三熟种植模式已发展到 9000 多亩，受益农民达 2000 多户。由公司引领的甜糯玉米种植已经成为冀南的一大特色产业，正逐渐成为当地农民致富的一条有效途径，实现了科学种植，实施规模化、集约化、产业化，依靠科技创新促进钱粮双增收。

（3）运用营销手段，提高企业市场竞争力。

一是注重品牌效应。按照"创立一个品牌，带动一个产业，致富一方百姓"的发展思路，大力建设名牌龙头企业、培育名牌合作社和创建名优农产品，积极探索规模化经营新模式，多措并举，增强市场竞争力。目前，"金日牌"甜玉米、"阁韵牌"有机蔬菜、"嫁惠"牌种苗等 10 余种企业产品畅销全国各地，在北京、天津、太原、济南、石家庄等地市场深受消费者欢迎。其中，金日牌甜玉米、小杂粮、挂面等产品，连续三年在中国（廊坊）农产品交易会上被认定为名优农产品，"金日"商标被河北省工商局评为省著名商标。

二是积极对外宣传。积极参与各类产品交易会、洽谈会，广泛宣传供销社的产品，扩大产品的市场影响力，金日牌甜玉米先后被省经贸委评为农业名优新产品，连续三年在中国（廊坊）农产品交易会上被认定为名优农产品，连续两年被中国农产品流通经纪人协会评为全国百佳农产品品牌，在中国（沈阳）国际农业博览会上获得"名优产品"称号。

三是发展物流配送，拓宽分销渠道。公司建立了农副产品配送中心，根据市场运营情况，制定了"巩固华北、东北市场，开拓华东市场，推动国际市场"的销售战略，加强电子商务平台建设，销售触角不断延伸，逐步形成了信息整合、网上交易、仓储物流、终端配送一体化经营模式，带动甜玉米、糯玉米、毛豆角、小杂粮、蔬菜、水果种植面积达 12 万亩、专业合作社 26 家、受益农户 3326 户，户均增收 5100 元，社会效益显著。构建大型农产品冷链物流配送网络，研发生产的高端有机鲜食速冻蔬菜，畅销周边省市，并成功打入美国市场，累计出口速冻蔬菜 5000 余吨。依托县农资公司，构建农资流通网络，发展农资连锁店、农资服务站、经销点等销售网点 275 个，遍布全县 80% 以上行政村。

（4）不忘为农初心，提高企业为农服务水平。

一是帮助农民销售。依托社属农产品龙头企业政麟公司，开展订单式服务，创新服务新体系；2017 年，依托社属企业政麟公司与农户签订了 3000 亩的"托管订单"。2018 年 7 月以来，大名县大蒜严重滞销，价格暴跌，蒜价也由寻常年份的每千克 10 元左右一下子狂跌到三四毛钱都卖不出去，广大蒜农望菜兴叹，苦不堪言。曲周供销社积极发挥龙头企业的信息优势，联系外销，同时，龙头企业政麟公司推出大蒜代储任务，为蒜农代储大蒜 200 吨，减少蒜农损失。与美食林等 12 家大型超市达成了"产销对接"合作，将商品配送到城乡超市、酒店、小区等需求终端。大力开展有机食品、绿色食品、无公害食品、地理标志性农产品"三品一标"创建活动，实现年销售收入 300 万元。

二是开展农民合作。主办了穗丰园甜玉米专业合作社，参股了曲周县龙昇种植专业合作社、曲周县阁润蔬菜专业合作社等3个专业合作社，领办了曲周县耕兴蔬菜种植专业合作社等23个专业合作社；并依托曲周县农民合作社联合社与全县26家农民专业社合作社建立了8个生产基地，总面积12000亩，走出了一条"公司＋专业社＋基地＋农户"的联农机制。

案例8-2：河北曲辰农业科技有限公司

（1）发展现状。

河北曲辰农业科技有限公司是曲周县供销社直属企业，注册资金1000万元，是一家集基地建设、蔬菜加工、果蔬速冻、物流配送为一体的大型农业现代化企业。旨在打造北京首农食品曲周产业园。公司坐落于中原经济圈中的邯郸市曲周县，曲周县是一个典型的平原农业县，位于漳河冲积平原，属黑龙港流域。先后获得全国粮食生产先进县、全国科技进步先进县、全国蔬菜产业重点县、中国甜玉米之乡等多项国家级荣誉。

公司占地面积180亩，总投资3.6亿元，建有净菜加工、芽苗菜智能化生产、鸡蛋自动化清洁、食用菌工厂化生产等项目内容。公司以现代化建设标准，引进世界一流设备，拥有国内一流的追溯、检测、物流三大中心。公司建有保鲜库10000余方，冷链配送车20余辆，拥有完整的冷链物流体系。公司自建产品全程可追溯系统，扫描二维码便能查询每一个环节，让消费者了解产品信息，放心食用。

公司自有、合作果蔬基地5万亩，以全球领先技术优化土壤、管理种植，从根本上保证产品质量。主要销售的产品为绿色毛菜、净菜、速冻果蔬等，涵盖根茎类、叶菜类、瓜果类、菌类、芽类共50多个品种，产品以绿色蔬菜为原料，经自动化加工，可直接烹食，具有安全（无农药残留、无重金属）、营养、新鲜、卫生、方便等特点。公司以完善的设施和健全的制度确保卓越的产品质量，致力于成为国内一流的农业现代化龙头企业。

公司坚持"为农、务农、姓农"的理念，带动全县26家专业合作社，增加蔬菜、水果种植面积12万亩。探索"公司＋基地＋农户""三位一体"的订单式农业发展的新路子，打造集"种植、加工、仓储、物流、销售"为一体的完整产业链，实现产、供、销有机衔接，融合发展。公司建有农技农机服务中心，拥有各类农业机械100多台套，为农民开展系列化、专业化、规模化托管服务。

（2）服务理念。

质优价惠的健康服务。通过严格的全流程质量控制，持续改善每一个环节，旨在为百姓日常生活提供质优价惠、绿色健康的蔬菜产品，为加强食品安全、提升居民健康付出不懈努力。

绿色增长保护环境。采用先进技术，优化解决方案，要求自身在种植、加工、配送、销售等环节保护好土壤、不断降低对能源和水资源的消耗，发展循环农业。净菜产品的推广，还将有效帮助城市减少蔬菜垃圾和用水浪费。

带动农民致富，参与精准扶贫。通过规模化、一体化、现代化的生产经营模式，发挥区域农业资源优势，提供创业创新平台，带领农民致富。积极参与政府精准扶贫计划，为贫困户提供场所设施、工作机会、技术培训等。

提供援助，支持公益。将积极应对地区发生的灾害，提供力所能及的人道主义援助。准备与素质教育、医疗健康等方面的优秀NGOO（非营利公益组织）深度合作，努力成为负责的企业公民。

2. 山东省：以土地托管为核心，探索农村现代流通服务新模式

（1）开展土地托管，打造三公里土地托管服务圈。

土地托管是山东省供销合作社系统在综合改革中，立足于人多地少的基本省情农情和以家庭承经营为基础的统分结合的双层经营体制，探索出的农业适度规模经营的新模式，是以服务规模化推动农业现代化的重要路径创新。在实践中主要形成了两种托管模式：一是全托管服务，又称"保姆式"托管服务，主要是为农户提供所有生产经营环节服务。一般情况下，委托和受托双方签订服务协议，事先确定种植作物及产量、服务项目、托管费用等信息。全托管服务对服务主体的能力和实力有较高的要求，需要整合农资、农机、农技等各类生产要素，对农民节支增收效果明显。二是半托管服务，又称"菜单式"托管服务，主要是为农户提供耕、种、管、收、烘干等某个或某些生产经营环节的服务，按实际作业项目结算服务费用。半托管服务相对灵活，也是托管服务的主要方式。随着土地托管模式的成功推广，山东省供销合作社系统积极拓展服务领域，创新服务方式，加快推进"两个延伸、两个提升"，服务对象由龙头企业、农民合作社、家庭农场、专业大户等适度规模经营主体向分散经营农户延伸，服务领域由大田粮食作物向山区、丘陵经济作物延伸；服务手段由机械化服务向全产业链科技进步提升，服务方式由提高农业生产水平向促进一二三产业融合发展提升。

案例8-3：莒南县洙边为农服务中心——粮食托管收益显著

莒南县洙边为农服务中心是莒南洙边供销社农民合作社联合社下的为农服务平台，主要是由丰禾农业服务公司、洙边供销社农民合作社联合社以及博丰家庭农场按照3∶5∶2的出资比例建设的。洙边为农服务中心占地20亩，总投资500万元（上级政府扶持资金300万元，自筹资金200万元），其中建设性投资320万元，设备投资180万元。洙边为农服务中心的建筑面积共有4200平方米，晾晒场7600平方米，购置农机具20多台套。为农服务中心的经理是博丰家庭农场的农场主庞立虎。博丰家庭农场成立于2013年7月，最初是流转土地种植小麦和玉米；后来由于流转土地比较困难，庞立虎便开始与洙边镇基层供销社合作，开展土地托管服务以顺应当地农民保留土地经营权的需求，同时也减轻了家庭农场流转土地的资金和经营压力。

洙边为农服务中心设有测土配方、智能施肥、统防统治、农机作业（存放维修）、粮食烘干贮藏、庄稼医院（视频对讲系统）、农民培训七大服务功能。同时，中心还整合农业、气象、农产品检测、农机等涉农部门入驻，形成了"一站式""一个窗口"的全程社会化服务中心，服务半径3千米，服务耕地面积达5万亩，服务人口5.2万。

半托管目前是洙边为农服务中心的主要托管方式，托管环节集中在耕种和收获两方面。因此，整合农机具是非常重要的——这可以降低中心自购农机具的资金压力，分散风

险。由服务中心联系作业，便于土地连片，降低农机路耗，提高作业效率，同时也省去了农民和农机手之间的交易成本。因此，通过为农服务中心接受的农机服务，其价格都要低于市场价。关于中心和农机手之间的农机服务费分成，如果农机具持有者自己作业，则其在分成中占大头；如果农机具持有者只提供农机，农机手由服务中心雇用，则其在分成中占小头。此外，为农服务中心还会对农机手进行技术培训以提高作业质量。

毋庸置疑，洙边为农服务中心的社会化服务收益是非常显著的。2016 年，服务中心检测土壤面积 3.7 万亩，智能配肥 1400 吨；实施大田作物托管 5.04 万亩，其中小麦 2.56 万亩，花生 9300 亩，玉米 1.55 万亩；承接政府购买小麦一喷三防 1.6 万亩；烘干小麦 1000 吨、玉米 500 吨。最终实现农资销售收入 308 万元，土地托管服务费收入 320.3 万元，利润合计 79.5 万元，节省农民生产成本 133.5 万元。下面以小麦为例，来说明洙边为农服务中心提供土地托管服务的增效情况。如表 8-1 所示，土地托管的亩均成本可以比农民自己种植节约 47 元/亩，亩均产量能够增加 100 斤/亩，共计可以比农民自己种植的增收 172 元/亩。

表 8-1　洙边为农服务中心小麦托管与农民自己种植的效益比较

项目		农民自己种植	土地托管种植	土地托管增收
亩均成本 （元/亩）	种子	50	45	5
	播种	60	50	10
	化肥	160	150（配方肥）	10
	打药	90	78	12
	收获	80	70	10
	合计	440	393	47
亩均产量（斤/亩）		800	900	100
销售价格（元/斤）		1.25	1.25	0
亩均纯收入（元）		560	732	172

粮食作物土地托管成功后，山东省供销社又向其他作物和畜禽养殖领域进行了拓展。例如，山东省昌乐县供销社与河北双星种业公司合作建设为农服务中心，在两个镇托管甜瓜基地 3000 亩，开展了种子供应、技术指导、产品销售、品牌建设等服务，使亩均收入达 2 万元以上，农民得到了实惠，企业得到了效益，为设施农业托管服务蹚出了一条新路子。山东省蒙阴县岱崮为农服务中心主要以果品种植户为服务对象，为果农提供品种更新、施肥用药、喷灌浇水、剪枝整形、疏花疏果、套袋采收、分级冷藏、运输销售等一条龙服务，托管面积达 3 万多亩。山东省临沂市河东区供销社依托鲁盛养鸭专业合作社，建设肉鸭养殖服务中心，采用"龙头企业+专业合作社+养殖农户"模式，形成覆盖种鸭养殖、鸭苗孵化、饲养技术、疫病防治、饲料供给、屠宰加工等全过程的肉鸭养殖规模化

经营服务体系，延长了肉鸭养殖产业链。该区供销社还建立了为农服务中心与龙头企业对接机制，探索肉鸭养殖与粮食作物规模化服务对接，农民种植的粮食作物收获后，经为农服务中心烘干，直接供给临沂六和配合饲料有限公司（区供销社社属企业），用于生产鸡鸭鱼猪及特种动物配合饲料，实现了种植业、养殖业、加工业、服务业的融合发展。目前，该产业链条每年肉鸭加工能力达 2000 万只，年饲料生产能力 60 万吨，每年可为 60 万亩粮食作物提供包括有机肥在内的规模化服务。可见，托管和服务规模化领域的拓展是无止境的。

案例 8 - 4：鲁盛养鸭专业合作社——托管服务领域向养殖业扩展

鲁盛养鸭专业合作社是依托河东及周边地区肉鸭养殖的资源优势，由河东供销社发起，吸收农民养殖户于 2014 年 10 月组建成立，成员出资总额 216 万元，其中供销社出资 75.2 万元，占 34.81%。合作社现有员工 53 人，社员 326 户，发展养殖户 820 户。合作社充分利用六和品牌优势，组织标准化、规模化、产业化的肉鸭生产经营，提供种苗孵化、合同订购、资金支持、饲料供应、技术指导、卫生防疫、回收加工、市场销售等服务，形成了上联生产基地，下联养殖农户的标准化生产经营服务体系。目前合作社有员工 46 人，社员 326 户，服务车辆 10 余台。

肉鸭规模化经营服务体系如图 8 - 2 所示，2007～2009 年，为解决鸭苗质量不稳定的问题，合作社投资建设了 2 处种鸭养殖场，并配套建设了鲁盛鸭苗孵化厂。在解决种苗问题的同时，鲁盛养鸭合作社继续深入对接区供销社组建的肉食、饲料加工龙头企业，不断延伸服务产业链。以合作社为纽带，实现了与年肉鸭加工能力 1500 万只的六和鲁盛食品公司、年产能均为 30 万吨的 2 家六和饲料公司、年产能 4 万吨的盛宏动物油脂公司的业务对接：饲料公司以优惠价格向合作社提供饲料，由合作社以垫付的方式连同防疫药品、优质鸭苗等一起配送给养殖户；合作社回收的成鸭直接供应给六和鲁盛食品公司；此外，六和鲁盛食品公司生产过程中的鸭板油等，又可供应盛宏油脂公司，用于生产饲料用油脂，循环供应给饲料公司。

图 8 - 1 中的 5 个龙头企业、1 个合作社组成了河东区供销社肉鸭养殖服务中心平台。整合了种鸭养殖、鸭苗孵化、饲料加工、肉食生产、合作社养殖服务等全过程的一条龙服务。其中种鸭场成立于 2007 年，总投资 510 万元，养殖基地 2 处，种鸭存栏量 5 万只，均为英国引进的父母代樱桃谷鸭。孵化场成立于 2007 年，总投资 320 万元，根据合作社的养殖量和订购合同采取自行孵化与市场购销相结合的方法，保证种苗供应。六和饲料厂是供销社与六和集团共同投资建立的股份制企业，以优惠价格向养鸭专业合作社提供科学配置的饲料。鲁盛食品厂是由河东区供销社、山东六和集团、台商三方合资建设的股份制企业，每年加工肉鸭 2000 多万只，解决了养殖户肉鸭的销路问题，同时肉鸭产品统一纳入六和集团销售网络，出库的同时就完成了销售，促进了养殖标准化与规模化。

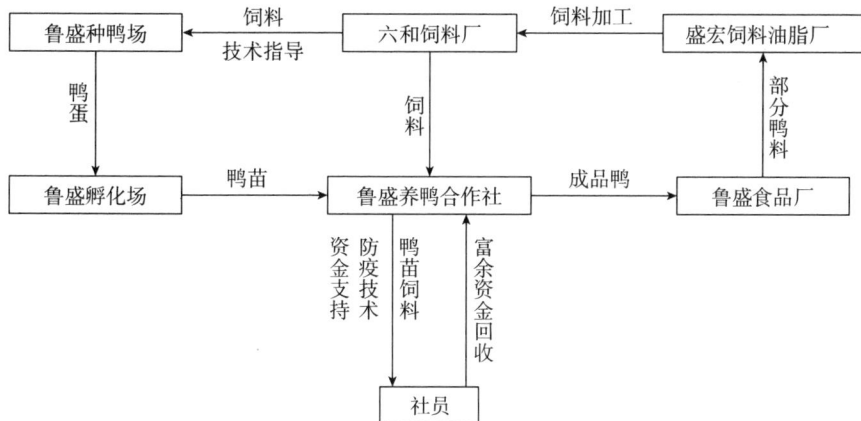

图 8 - 1 鲁盛肉鸭规模化经营服务体系

在规模化肉鸭养殖的同时，为解决资金制约的问题，合作社还开展了内部的信用互助，汇聚社员入股资金，入社社员可以向合作社申请小额互助金，享受优惠利率和便捷手续，用于建设标准化鸭棚、扩大养殖规模等，有效解决了专业合作组织发展过程中出现的"资金难"问题。

合作社提供技术指导，农户按照合同标准化养殖，不受市场波动的影响，每只肉鸭可以获利2~3元。目前，该产业链肉鸭存栏量保持在60万只，一期养殖小区建成后将实现120万只左右，合作社对养殖户的垫付资金保持在1000万元左右，年助农增收达2000万元以上。鲁盛养鸭专业合作社运用"龙头企业＋专业合作社＋养殖农户"的模式，形成了一条较完整的肉鸭全程养殖服务产业链。

（2）升级农村现代流通服务体系，打造全省供销"一张网"。

山东省供销合作社按照"适度规模的众多市场经营主体与构建信息化综合平台提供全渠道服务相结合，是山东供销流通现代化重要路径选择"的顶层设计，整合系统网络资源，大力实施"农村现代流通创新工程"，以"互联网＋流通"为实现形式，积极探索"前台多样化、中台模块化、后台一体化"的电商模式，促进线上线下深度融合发展，加快构建农村现代流通体系。具体做法是：首先，建立省级综合性电商平台。省社出资2000万元成立山东供销综合服务平台有限公司，并与京东集团签署战略合作协议，成立山东供销京东农贸发展有限公司。目前已有93个县（市、区）接入山东供销e家，开设B2B/B2C县（市、区）分站180个，实现了全省县域电商"一张网"。其次，支持县域电商"多样化"发展。县级供销合作社灵活运用微电商、自媒体等手段，积极尝试社区配送、O2O线上线下融合的发展形式。全系统已开设各类县域电商平台137个，有53个县级供销合作社列入当地政府电子商务领导小组，22个市县供销合作社成为领导小组牵头单位。目前电商交易额已达152.6亿元，同比增长4.7倍。再次，"模块化"构建供销电商生态圈。依托浪潮集团的技术优势开发编程，将各地多样化经营的"成功要素"转化成标准化的信息功能模块，研制了山东供销e家模块。目前已在山东供销e家平台建立

"集采平台、农超对接、为农服务"等7个模块，开展日用品统采、农资统采、农产品上行等业务，大幅降低采购成本，保证产品质量。最后，"一体化"统领系统电商发展。通过构建省级综合性电商平台，提升"中间服务"能力，免费提供标准化的交易、结算、仓配等电商模块产品，统一县域电商交易平台，使之在同一平台分区运营，促进网上互联互通、共享共赢。流通体系的建立健全，使农产品流通更加通畅，反之促进了土地托管的深入开展。

案例8-5：东阿县合作社联合社——"两条线一大片"的服务运营机制

东阿县合作社联合社由东阿县联创农业服务有限公司和盛家电子商务有限公司两大公司参股支持，由10个乡镇级农民合作社联合社共同参与组成。其中两参股公司分别引领农业全程社会化服务体系与农村现代化流通服务体系两大线路，为下属"一大片"的10个乡镇联合社成员提供服务，联合社再进一步服务于下属专业合作社，最终实现惠农利农。具体的业务开展情况如图8-2所示。

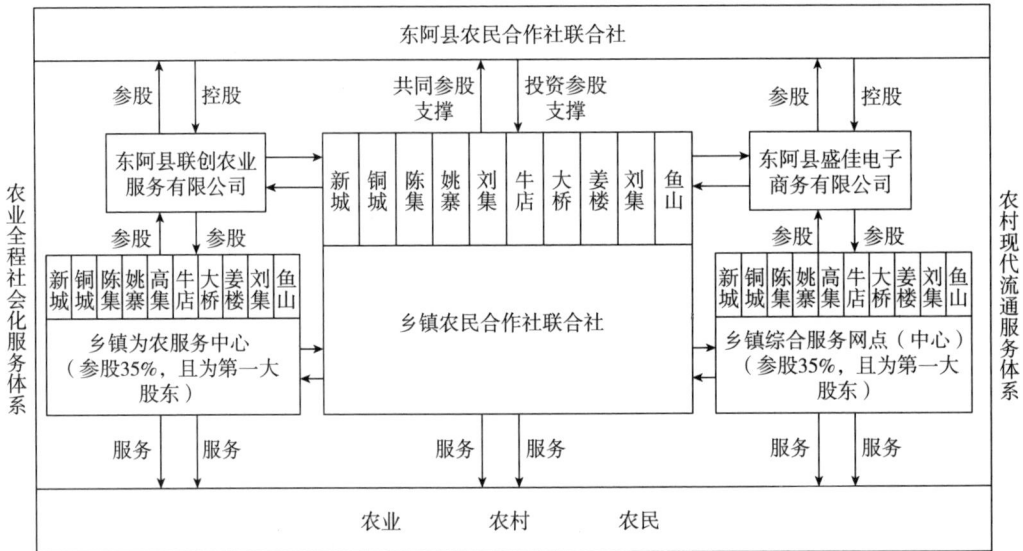

图8-2　东阿县农民合作社联合社双线运营机制

资料来源：东阿县供销社。

社会化服务体系由县级为农服务公司联创公司引领下属乡镇为农服务公司，乡镇为农服务公司由下向上参股，已建成的五家为农服务公司已经实际入股25%，其余正在建设中的为农服务公司也参与了剩余部分股份。全程社会化服务体系以为农服务公司为运作枢纽，县级联创农业服务公司作为龙头企业，承接各项政府购买服务和公益性活动，而各乡镇服务开展以各自为农服务公司为依托，以大田土地托管为切入点，在耕、种、管、收、储、售等主要环节提供全程社会化一条龙服务，开拓农业社会化服务的主渠道，打造既能为农民生产生活提供综合性、规模化服务，又能体现国家意志和政策导向的服务队伍。

在县级服务公司联创公司的领导下，各乡镇为农服务公司旨在打造农资直供、农机服务、农民培训、测土配方与智能配肥、庄稼医院与统防统治、烘干仓储（冷藏加工）、综合服务等方面的全方位一条龙服务，开拓3～5公里托管服务圈，托管服务面积3万～5万亩，以达到助农增收、助村集体壮大、合作社得发展的显著效果。2015年以来，东阿县供销社已先后建成了大李东来顺、大桥田园牧歌、刘集盛欣、关山乐农、牛店飞翔5处为农服务公司，高集金腾、杨柳合利、姜楼农裕、铜城浩泽4处为农服务公司正在建设过程中。按照省社2020年实现为农服务中心镇域全覆盖的要求，县社制定了2018年实现为农服务公司（占地20亩左右）乡镇全覆盖的发展目标，拟在陈集、单庄、黄屯、大桥4乡镇再建设4处为农服务中心。目前已完成选址工作，正等待土地规划调整批复，努力争取政府的扶持政策，最大限度地解决为农服务中心建设中的土地手续、资金困难等问题。截至2016年，全县已实现土地托管服务面积30亩，完成五处为农服务中心建设，同比增长25%，新添智能配肥设备五套，配肥面积7万亩，测土配方面积5万亩，植保飞机配备增加17台，飞防面积达10万亩。

现代化流通服务体系是以东阿盛佳电子商务有限公司为依托，以乡镇综合服务网点为各自的分平台构建的。通过流通服务体系，将传统网络信息化，建立县社主导、盛佳电商公司企业化运营下的"供销e家东阿运营中心＋十个乡镇、一个园区综合服务网点"运营模式。融合东阿县内外资源，将已租赁或已承包的原基层社网点中属于流通类的一并纳入现代流通服务体系中，强化供销e家东阿运营中心的创新孵化能力。目前县级供销e家电商平台正在建设中，十个乡镇供销社传统网络信息化改造和电商网络中心预计在2018年底完成并实现对接工作。依靠已租赁承包的基层社网点和现有的盛佳电商平台，东阿县2016年实现了3000万元的电子交易额，农村服务社共计715家，城乡社区服务中心完成两处，农产品批发市场建立完成两处，填补了以往在实体性流通方面的空缺。东阿县供销合作社发挥流通网络覆盖城乡的优势，加快推进新农村现代流通服务网络建设，改善农村消费环境，开拓农村市场，促进城乡经济社会统筹发展。

（3）推进一二三产业融合发展，转变农业发展方式。

山东省各级供销合作社充分发挥合作经济组织的优势，打破一二三产业条块分割、信息不对称等壁垒，打造创新链，提升价值链，拉长产业链，让农民群众在三产融合发展中有更多的获得感。高密市孚高农业服务公司借助土地托管形成的新优势，与山东望乡食品有限公司联合组建了山东望乡农业发展有限公司，开展专用小麦订单生产和深加工，共同打造从粮食生产到餐桌的完整产业链；还与正大集团合作，推动由玉米订单生产、饲料加工向养殖业发展；已带动当地订单小麦、玉米种植面积10万亩。枣庄市山亭区店子供销合作社，围绕当地大红枣特色产业，组织农民成立枣店香大红枣专业合作社，改良旧品种，引进新技术，实施精准施肥智能化，加工产品多样化，市场销售品牌化，托管的6万亩大枣价值大幅提升，产值由原来的亩均不足3000元，提高到8000元以上。法国罗盖特、美国国民淀粉、泰国正大、中粮集团等国内外大型企业，以及当地农业产业化龙头企业纷纷与供销合作社联合合作，实现了共建共享、多方共赢。

3. 浙江省：做大做强社有企业，建设农合联龙型大产业

浙江省引导农合联成员利用农合联组织网络优势，拓展产业发展范围，做大产业规模；促进产业融合发展，提升产业层次；推进同行一体经营，减少无序竞争。支持较大规模和较强实力的成员企业利用这一优势，充当行业龙头企业。

（1）面向市场需求，打造产业体系。

强化贸易龙头作用，带动精深制造业、高端服务业发展和特色种养业提升，推动"以贸为主"的供销社产业结构向"贸工农服一体"的农合联产业结构转变，形成龙型产业链。通过加快社有企业转型升级进行综合改革，主要内容有：①培育和壮大一批龙头企业，在农资和农产品流通领域确立主导地位，浙农集团已经成为全省农资领域的行业龙头；②培育发展新兴产业，形成为农服务导向明确、主业突出、有限多元的发展格局；③提升企业创新能力，推进管理体制、经营机制和商业模式创新。同时大力推进农村一二三产业融合发展，例如，曹村镇与中青旅、浙江绿城两大集团签订战略合作框架协议，将投入50亿元以上，依托天井垟万亩良田，建设草花基地、彩色稻田，打造环境美、观赏性强、功能配套的田园综合体。同时，依托全镇18个村整体开发建设，打造集农旅、文旅、康养为一体的特色田园小城镇。又如，南滨街道美丽田园综合体项目，已完成一期土地流转500亩，建设草花基地、彩色稻田，打造环境美、观赏性强、功能配套的城郊湿地型田园综合体。

案例8-6：普惠蔬菜专业合作社联合——供销社参与服务规模化

嵊州市蔬菜产业农合联于2017年8月在嵊州市蔬菜专科医院普惠蔬菜基地成立，由专业合作社及联合社、家庭农产农技服务站等新型农业经营主体和涉农企事业单位组成，现有会员98个，其中单位会员93个，个人会员5个，单位会员中包含联合社1家，专业合作社63家，家庭农场23家，涉农企业7家，成员覆盖全市主要乡镇（街道）。蔬菜产业农合联依托蔬菜专科医院和蔬菜产业农合联办公室为服务平台，开展蔬菜产业全程社会化服务。服务内容包括科学育苗、种植管理、产品加工、品牌营销、产业融资"蔬菜贷"等，覆盖产前、产中、产后全过程。截至2018年4月，累计完成种子种苗服务850多万株，提供各类种子可播种面积12000亩左右；销售蔬菜1417多万斤，同比增长11.5%。

嵊州市现代农业特色明显。全市现有各类蔬菜基地12万亩，种植规模较小且分散。市农合联立足蔬菜产业发展现状，引导同业专业合作社、相关经营主体组建产业农合联，并以产业农合联为载体，配备蔬菜专科医院，整合服务资源，增强服务功能，构建专业性服务体系。

A. 组建蔬菜产业农合联。蔬菜产业农合联由普惠蔬菜专业合作社联合社、嵊州市蔬菜产业协会、城关供销社牵头，组织蔬菜产业会员参与成立。蔬菜产业农合联负责研究制定和组织实施本行业的发展规划、指导协调解决会员生产经营中的矛盾和问题，向政府部门反映本行业意见要求，争取扶持政策；开展专业技术培训，组织新品种、新技术引进、推广与研发等。下设服务平台为产业办公室、蔬菜专科医院，负责具体产业服务的实施，提供科学育苗、种植管理、产品加工等生产性服务为主，配备基地统购统销、产业融资等

特色供销、信用服务。蔬菜产业农合联为会员提供优质种苗，实现"浙蒲6号"蒲瓜苗、"浙椒3号"辣椒苗、"浙茄3号"茄子苗等多种作物，全市统一供育苗，全市86家专业合作社、家庭农场纳入社会化服务体系，培育省级家庭农场3家，惠及农户3000余户。

B. 标配蔬菜专科医院。探索"一个产业农合联标配一个作物专科医院"的专业性服务模式，按照"六大统一、八大功能、三大监管、产销贷联动"标准建设蔬菜专科医院，开展技术指导、测土配方、农资供应、品牌营销等服务，成为产业农合联专业化运作的主要抓手。与蔬菜产业相结合，建设专业化服务平台。以蔬菜产业为导向，根据"邻村、便民、近基地"的选址要求，建设具有供销标识特性、互联网特征、嵊州文化特色、农合联特点、蔬菜产业特质的三星级作物专科医院。发挥会员单位专业技术工作人员作用，由嵊州市蔬菜产业协会副会长汪江宁担任蔬菜专科医院院长，外聘省农科院技术专家、草根医生等组建技术团队，负责专科医院具体运作。与"三位一体"农合联服务职责相匹配，增强服务功能。蔬菜专科医院作为蔬菜产业农合联的服务机构，以提供科学育苗、种植管理、产品加工等生产性服务为主，配备基地统购统销、产业融资等特色供销、信用服务。与"共同富裕"基本原则相统一，推动利益联结。以"品牌发展、销售先行"为目标导向，建立"产—销—贷"良性循环运作机制。销售带动生产，把控质量安全放心关。庄稼医院与蔬菜产业农合联会员签订统购统销合同，提供种子秧苗，全程指导生产种植，按照技术标准统一收购，日销蔬菜8000千克以上。销售生成信用，提供"蔬菜贷"信用服务，蔬菜产业农合联会员可享受3000万元免担保低息贷款。

C. 强化产业特色服务。根据蔬菜产业特殊服务需求，发挥市镇两级农合联通用性服务的辐射带动作用，促使服务纵向专业化延伸，横向全产业链拓展。科技辅导与蔬菜产业相结合，更好地实现生产协作精准化。聘请高校、科研机构技术专家与本地能手组成专家团队，制定茭白、儿菜等6类作物标准化种植技术。产品营销与产业发展相结合，更好实现供销协力品牌化。建立区域品牌和产业自有品牌相结合的"母子品牌"精品化，发挥农合联公共品牌"吖吖蔬蔬"带动作用，"吖吖蔬蔬"茭白在2017年浙江精品果蔬展销会上获金奖。资金信贷与产业需求相结合，更好地实现信贷协同个性化。农业银行针对蔬菜种植需求，推出3000万元"蔬菜贷"，利率低至市场同类产品的35%。

（2）整合组织资源，优化组织体系。

浙江各地组建农民合作社联合社、涉农行业协会，切实改变了一些地方农民合作社、农产品加工流通主体数量多、秩序乱、相互竞争过度的状况。全省供销社系统农民合作社联合社已达176家，它们积极引导农合联成员企业和供销社社有企业推进资本运作，打造行业龙头企业。按照"全省一盘棋"的要求，推进经营主体一体化，形成以行业龙头企业为主导、涉农行业协会和农民合作社联合社为协调、农产品加工流通企业和农民合作社为基础的经营组织体系，着力克服恶性竞争。

案例8-7：瑞安市花椰菜产业农合联——组织体系的优化

瑞安市花椰菜产业农合联，是在瑞安市蔬菜产业协会的基础上，吸纳瑞安市农民专业合作社、家庭农场、农业龙头企业、销售商、农资供应商、电子商务、金融机构、物流等组织组建起来的，是一个实行自主经营、民主管理、统一服务的社会团体，属瑞安市农合联派生机构，也是农合联组织服务农民的重要载体。瑞安市花椰菜产业农合联按照"三位一体，服务三农"的要求，通过基地种植、技术指导、生产供应、产品加工、品牌销售、资金互助等规模化运作，为会员提供以下六方面的服务：一是及时提供信息；二是组织指导生产；三是积极开拓市场；四是发展农村互助金融；五是做好会员培训；六是加强典型宣传。初步形成了合作与联合为纽带、强强联合的格局，成为浙南地区最有影响力的花椰菜基地之一。瑞安市花椰菜产业农合联现有会员43名，涉及上望、莘塍、汀田、塘下、飞云等乡镇，花椰菜生产基地5万多亩。2017年花椰菜总产量达3亿吨，农产品销往北京、山东、辽宁、重庆、上海等地。

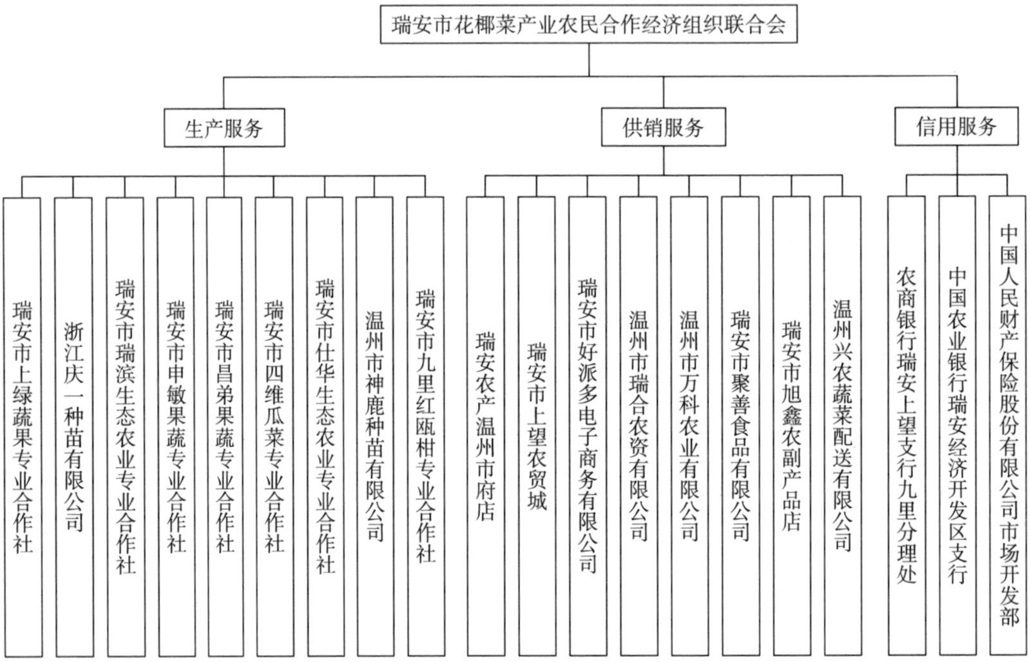

图 8-3　瑞安市花椰菜产业农合联组织示意图

数据来源：瑞安市花椰菜产业农合联。

（3）整合品牌资源，构建品牌体系。

浙江省着力培育和打响一批以省农合联、省行业协会为载体的农产品区域公共品牌，整合和减少县域品牌，支持龙头企业打造自身品牌，形成"区域公共品牌＋县域品牌＋企业品牌"的体系。目前，全省供销社系统已有中国驰名商标8件，省茶叶集团的"骆驼"牌商标被评为中国驰名商标，"天香"牌九曲红梅成为G20会议红茶。

萧山区开展"一村一品一合作社"的建设工作，打造瓜沥镇兴围村萧山传统萝卜干品牌村、进化镇吉山村萧山青梅品牌村、益农镇三围村芹菜品牌村、河庄街道新围村白对虾品牌村、戴村镇南山村粮油品牌村和宁围街道宁东社区花卉苗木品牌村6个农产品品牌村，为发展现代农业，推进社会主义新农村建设奠定坚实基础。

为推进"一村一品一合作社"建设，区供销联社还安排专项资金，用于对品牌村建设的扶持。具体有：①生产加工补贴，包括种子种苗补贴，免费提供萧山传统萝卜干和芹菜种子，粮油种子实施零差价供应，青梅、杨梅和花卉苗木种子种苗实施优惠价供应，具体来讲，农户种植一刀种萝卜在市场价的基础上每 500 克补贴 0.1 元，农户向加工企业投售粗加工萝卜干的，在市场价的基础上每 500 克补贴 0.5 元。加工企业加工萧山传统萝卜干的，在销售价的基础上每 500 克补贴 0.5 元；设备设施补贴，对每个品牌村建设投资额在 5 万元（含）以上的，按实际投资额给予 30% 的补助，最高不超过 10 万元；工资性补贴，组建品牌村建设加工技术团队，特别是组建土专家团队，加强生产加工环节的技术指导，并给予土专家团队以工资性补贴。②品牌创建奖励。对每个品牌村当年成功申报农产品品牌和产品认证的，省部级奖励 5 万元，市地级奖励 3 万元，县区级奖励 1 万元。③工作绩效奖励。对推进"一村一品一合作社"建设工作有力、成效明显的企业和个人，通过"一事一议"的办法给予一次性奖励。

嵊州市供销社努力打造各级联合品牌化，变"一枝独秀"为"百花齐放"。建立区域品牌和产业自有品牌相结合的"母子品牌"精品化，发挥农合联公共品牌带动作用，开拓产业"小"品牌，合作社"微"品牌的精品化销售渠道。绍兴市一级，组织推荐市农合联优质会员产品参与授权使用"会稽山珍""鉴湖鲜"两个绍兴市域公共品牌，积极参与"特色中国·绍兴馆"线下实体馆建设工作，收集 150 个名优名特产品，入馆展销。嵊州市一级，探索建设县域公众品牌，注册一个全县域、全品类、各产业可用的区域公共品牌。产业品牌显特色，加快建设黄泽黄桃、石璜葱姜、长乐葡萄、鹿山蔬菜等一批产业农合联运营区域农产品公共品牌。如黄泽黄桃通过展销会推荐、农旅节庆等多方推广，黄泽镇已成为华东地区知名黄桃精品产地与货源直采地，平均每年实现规模销售 1250 万斤，贡献产值达 5000 万元。自主品牌提价值。发挥桥梁纽带作用，对接省农商院、省经贸学院等高校，开展农企对接合作，建设一批教学实践基地，实施一批产学研联合项目，扶持一批科研成果转化项目；积极组织农企参加农产品展销会博览会、产业论坛，交流品牌建设经验，扩大品牌影响力。

瑞安市以"品牌＋农业"推动产品高端化，创建全省首个县级区域性农产品公共品牌"瑞安农产"。以"品牌＋"带动农产品供需对接，破解"种易卖难"，打通"供给端"，吸纳 24 家农业龙头企业和专业合作社加盟，整合近 200 种农产品，主打"鹿木马蹄笋""荆谷白银豆"等在温州地区最具知名度、最受市民喜欢、最有需求市场的瑞安优势农产品；打通"营销端"，委托浙工大统一品牌视觉形象设计，目前已在温州市区、瑞安开办 6 家品牌形象店，统一打响品牌，拓展销售市场。注册温州市首个农产品地理标志证明商标"瑞安清明早茶"。引导高楼镇 15 个村的 7 家茶叶专业合作社"抱团"成立瑞安市东瓯清明早茶专业合作社联合社，对清明早茶生产、加工、销售、包装全过程"一套标准"，进一步提高产品品质和市场占有率，打响瑞安本地茶叶知名度，有力推动山区经济薄弱村"消薄"。挖掘瑞安乡土文化包装地域特色农产品牌。以文化创意提升农产品附加值，比如，将瑞安非物质文化遗产——杨梅纯酿酒，通过文化创意包装，打造"禾盛农夫"品牌，荣获 2018 温州文博会文化创意金奖，被纳入温州"城市之礼"。

（4）加强流通渠道建设，健全营销体系。

浙江省加强农产品批发市场建设、运营和管理，着力提高同业经营者的组织化程度，切实改变同业经营者过度竞争的状况，促进中小微农产品经营主体有序竞争、公平交易。支持省级行业龙头企业以传播产业文化为纽带，建立覆盖全国各省的高档农产品经销体系。优化出口农产品结构和市场布局，着力提高出口农产品在发达国家和中高档市场的份额。

以瑞安市为例，打造"三位一体"合作经济产业发展示范区。抓住电商竞相进军农产品销售领域的有利机遇，与中国供销集团中合置业有限公司签订框架协议，预计投资10 亿元，建设集办公、仓储、物流、线下展示、线上交易及配套服务为一体的全国农村合作"三位一体"一站式市场化服务基地，大力提高农产品流通效率和定价话语权，项目主体工程预计 12 月底竣工。打造"互联网＋"营销平台。大力推行政府平台引领、专业团队创办等多种网销模式，与瑞安日报社联手创办的"瑞安淘"，汇集 45 家合作社共300 余种农产品，与瑞安农商银行合作的"丰收购"平台，活跃用户达 23 万人，累计实现销售额 1000 余万元，与邮政系统合作的"邮乐网"销售的"天井垟大米"已突破 100万斤，每斤价格提高 0.2～0.3 元。特别是引导平阳坑镇 22 个村参股，组建善康农产品供销平台，搭建了 6 个生产基地和 8 个战略合作基地，生产销售 60 余种优质绿色生态农产品，打开了农村土特产新销路。打造"智慧＋"流通平台。以瑞安农贸城为主平台，以马屿、陶山、高楼、湖岭、滨海为区域集散中心，以其他乡镇（街道）为补充，构建"1＋5＋X"流通平台体系，让瑞安农产品与市场对接更加紧密。引导全市 157 家农业龙头企业，积极开设第三方电商平台旗舰店，借力菜鸟、京东等智慧物流，提高农产品流通效率。农业龙头企业——华盛水产，拥有亚太地区最大海上水产加工船"华盛渔加 1 号"，开创了海上直接加工海产品的先例，通过联手农鲜达、顺丰速递，实现了"30 分钟完成海上鱼虾加工，48 小时送达消费者家门口"。

二、供销社改革与人才振兴

推进乡村振兴伟大战略，关键在人才。供销社通过发挥资源整合的引领作用，集聚人才、引进人才、培训人才，为乡村人才发挥作用提供了重要平台。供销社为农服务的主要优势是能组织有强大经济实力的社有企业及与其保持合作关系的大企业为农业农村提供服务，这些企业与供销社领办的农民专业合作社为农村带来了管理要素、技术要素等先进要素，实现在农村范围内的人才溢出效应。同时，重视基层社带头人的引领作用，也使得农业产前、产中、产后各环节的技术带头人与农民实现充分交流。

山东省寒亭区供销社开展"新型农民社员素质提升工程"，具体为区供销社与山东经贸职业学院开展经常性的校社合作交流培训活动、在供销社为农服务中心设立培训教室、配备必要的教学设施设备，通过聘请农技专家、借助区内外各种培训资源和平台，与区农业局、人社局、农机局和各街道、农资生产厂家联合组织农民社员参加各类培训。该工程具体目标为建立完善多元化、多层次培训农民社员的要求并且保证每年培训不少于5000人次的目标。目前区供销社与山东经贸职业学院正式签署了"科研实训基地合作协议"。通过合作，充分发挥高等职业教育服务地方经济建设和行业产业发展的职能作用，促进校社合作、产教融合，加大各类技能型专业人才和职业农民培养力度。

河北省优化人才集聚的环境，为人才引进提供良好的平台。内丘县金店镇成立"新农协"等新型农村综合服务组织，为"新乡贤"等人才引进以及人才培训提供了新的平台。"新农协"通过组建"矛盾调解中心"，吸引了精通法律的"新乡贤"主动加入到为农服务过程中，给他们专业能力的展示提供了"用武之地"。同时，通过组建"农民大讲堂"，现代先进思想文化以及农业专业知识能够面对面地传递给农民，提升农民的综合素质水平，为农村提供更多的人才储备。曲周县供销社与中国农业大学、首农集团等强强联手，开展系列科技和人才共建项目，建立农业示范园、甜玉米示范基地、蔬菜标准化种植基地、大学生创业基地、旗帜供销示范岗等。在安寨镇投资320万元，采用"村两委+龙头企业+合作社+农户"模式，从当地115户农民流转土地170亩，建成了农业示范园，开展绿色高效农作物种植，实现为农增收。农户以每亩土地年租金1000元价格流转给公司种植，农民还可到示范园工作，使农民既可租地收租金，又可到示范园上班挣钱。辐射带动全镇5000亩土地，为农民提供蔬菜育苗520万株，为农户提供年均9000人次工作岗位，使农民户均增收5500元，受到农民欢迎。通过退城进区，金日食品成功组建为龙头企业河北政麟食品公司，项目总投资5亿元，占地100亩，形成了"果蔬速冻、冷链物流、有机粗粮加工"三大支柱产业，构建了"种植、加工、仓储、物流、销售"为一体的完整产业链，带动农民增收1.5亿元，直接提供就业岗位1800个。

浙江省萧山农业生产资料有限公司是萧山供销社下属的农资供应公司，通过创新人才培养机制，加强人才队伍建设，着力打造为农服务的专业团队，为开展农业社会化服务提供人才支撑。一是加强人才引进。按照"建好一支队伍，带动一个产业"的思路，萧山区供销社与浙江农林大学等多所高校合作共建"大学生社会实践基地"，先后引进浙江农林大学、南京农业大学、江西农业大学的农学、植保、园艺专业硕士、本科生6名，分别组建了植保服务团队、种子种苗经营团队、农技推广服务团队，带动了相关产业发展。二是组建专家团队。通过与科研院所和高等院校的资智合作，聘请浙江大学、浙江农林大学和省、市、区农科院的30多名专家学者，成立萧山区农资商品科技应用专家顾问团，定期开展农技培训和下乡指导活动，提高了公司农业科技服务的专业化水平。三是提升技能素质。萧山区供销社早在2007年就创办了萧山区农资消费教育学校，积极开展农民素质提升工程，已累计举办各类农民素质培训班300余期，免费培训种植大户、农民社员和农资经营人员1.2万余人次，成为萧山培育现代新型农民的重要阵地。

案例8-8：德清县供销社、西湖区转塘供销社——助推返乡创业，建立人才团队

浙江德清县供销社助推返乡创业，实现人才回归。一是通过现有合伙人的示范带动作用，吸引了更多本地青年回归农村，目前，合伙人的月均收入保持在5000元左右，比全省平均月收入高7%，其中最高月收入可达20000元。二是通过出台电商补贴、就业补贴等政策，优化青年创业环境，每年按照《德清县促进电子商务加快发展的若干扶持政策》对村淘项目制定专项激励方案，并依照《德清县一次性创业社保补贴实施办法》给予合伙人相应的创业社保补贴。三是以县职业中专为县电子商务教育培训基地，举办淘宝青年创业大赛，组织电商精英培训交流，邀请淘宝大学老师进行讲授，提升农村青年电商水平，累计培训2000人次以上。

西湖区转塘供销社则是组建人才团队，实现人才振兴。供销社要适应城市化转型发展，人才是最不可或缺的因素。五年前，转塘供销社有近百名股东和职工，大多是老供销人，平均年龄达51岁，文化以中专、高中为主，在城市化、市场化面前存在身体、思想和能力的不适应，转型发展缺乏人力、智力的支撑。转塘供销社面对人员老化、能力不足等困境，实施"育"才计划，推动人才引进和团队培养，一方面，改革股份结构、逐步实行"人走股转"，疏通人员进出通道，另一方面，加快人才引进和培养，5年内新招录大学生17名，职工平均年龄下降了10岁。通过一线锻炼、推进重点工作、管理岗位任用、推荐入党等途径进行培养，在股权分配、奖励激励等方面激发创业热情有朝气、有干劲的新供销人团队逐步形成，为转型发展提供了有力的支撑。

三、供销社改革与文化振兴

在推进乡村振兴过程中，供销社在乡村文化振兴中同样大有可为。供销社通过整合城乡资源，向农村范围注入了先进的现代要素，不仅为农村经济增长注入了活力，也为农村带来了现代文化要素。

1. 建立文化主题馆，聚推合作文化的繁荣

浙江省嵊州市供销社在其农民合作经济服务中心下设立供销文化主题馆，分"一树繁花夺眼红"的辉煌荣耀、"栉风沐雨砥砺行"的艰难岁月、"勠力同心挥彩笔"的崭新实践三大块内容。通过供销文化主题馆，让在岗的供销人，有榜样的激励、精神的感召；让退休回来的供销人，有"社不老"的欣慰、"情未了"的记忆。嵊州舜禹名茶专业合作社以"一种好芽·百家合作·千年文化"为脉络，建成"茶香十里"主题馆。三界社以"始宁旧址·供销情缘·农合新叶·粮油田园·村嫂服务"、黄泽社以"老社稽古·农合长廊·基地揽胜·供销歌拍·黄桃诗词"为内容，建成镇级社史馆。

浙江省瑞安市陈岙村为活跃和丰富群众文化生活，近年来建成了包括科普展示馆在内的温州市级科普文化中心、村级农家书屋、多媒体文化活动室、电子阅览室及乡风文明馆和移风易俗走廊等文化设施。加强了书画、摄影、舞蹈、戏曲活动队伍建设，设置书画摄影沙龙工作室。成立村文明协会、业余太极拳剑和文艺体育爱好者队伍，并在节假日开展活动。

2. 创作诗歌书刊，举办各类文化节

嵊州市供销社提炼出"厚德诚信、合作惠农、务实创新、拼搏奋进"的16字供销精神，创作供销之歌《一树繁花夺眼红》，拍摄改革专题片《而今迈步从头越》。农合联出

版《合作天高》，供销社编辑《永恒记忆》。黄泽供销社利用黄桃产业，举办黄桃丰收节、黄桃诗词会等"黄桃文化"活动，举行香榧炒制等大型节会，助农促销。

瑞安市陈岙村编写《陈岙村史》、陈岙村歌《富在青山绿水间》、越剧新唱《美丽村庄数陈岙》。业余文艺队的两个保留节目《首首都是心里的歌》和《唱一唱陈岙村》还成为省魅力新农村评选节目的重头戏。为推进邻里和睦，制定《陈岙邻里公约》，连续举办"中秋邻里文化节"，评出文明户、好人好事进行表彰。为杜绝旧不良风俗复现，制定了《陈岙村移风易俗村规民约》，建立村民议事会、道德评议会、禁赌禁毒会、红白喜事理事会组织，特别是由村集体出资 300 余万元，将原钱、陈、董、叶、戴姓氏 5 个宗祠和多个宗教活动场所全部集中到"奋斗肚"地块，建成"陈岙宗祠文化园"，为宗族和谐相处提供了阵地，消除了各宗祠祭祀祖先互相攀比、互不服气闹矛盾的现象。同时，开展文明创建工作，制定和落实"垃圾不落地、出门讲秩序、办酒不铺张、邻里讲和睦"的制度，倡导喜事新办、丧事简办，有效地解决了原来办酒席铺张浪费和送丧发放礼金乱象，深得全体村民的好评。举办"醉美陈岙生态旅游文化节"、连续两届的"陈岙九龙杯"跨越大罗山徒步登山越野大赛，利用省级大罗山登山健身步道组织邀请国内外 1600 多名选手参赛；努力办好温州 11 个县（市、区）代表参加的温州市第二届休闲"岙运会"；连续三年协办以"同心·同行·同梦"为主题的海峡两岸瑞台青年交流活动。力求通过这些活动不断提升陈岙的知名度和影响力。

3. 成立公益服务组织，促进乡风文明建设

（1）河北省"内丘好大哥"调解工作室。

通过建立"内丘好大哥"调解工作室，促进了整个内丘县乡风文明、治理有效的建设。"内丘好大哥"调解工作室组建于 2015 年 7 月，在县司法局和上级部门的帮助指导下，到 2017 年底，共调解案件 210 余件，调解成功率 98%，所化解的矛盾纠纷无一例出现反悔反复问题，所在大辛庄村连续 10 年无上访现象，被评为"全国文明村"，有力维护了社会稳定，促进了社会和谐。工作室位于内丘县金店镇大辛庄村，成立者是党支部书记郝保德，兼任"内丘好大哥"调解工作室理事长，被司法部授予"全国模范人民调解员"、"全国孝亲敬老之星"、"全国优秀农民工"、"河北省人大代表"、"邢台市优秀村党支部书记"等荣誉称号。

①完善管理制度，调节流程专业化。"好大哥"调解工作室通过健全完善并有效落实各项制度，大大提升矛盾调解专业化、精细化水平。一是建立学习交流制度。定期互通矛盾纠纷信息、交流经验做法、分析方法对策；定期请法院和司法行政机关专业人员讲解法律执行难点、人民调解工作疑点，等等，使"好大哥"们的职业素养得到全方位提升。二是完善文书管理制度。围绕解决"重结果、轻程序"的问题，切实规范了各类调解文书的制作和保管。对已化解矛盾纠纷的登记原始记录、调查笔录等各类文书，全部以正规卷宗立卷标准装订成册，并按照矛盾纠纷类型进行分类保管，做到了"一案一档"，保障了调解活动的规范性。三是运行信息报告制度。主要包括日常工作的统计性上报、重大敏感事项上报以及典型事例的上报。通过第一手信息的及时规范上报，方便了行政主管部门

了解和掌握基层苗头性、倾向性社会矛盾和信访问题，也确保了各类矛盾纠纷的及时处理。

②"双回访"制度。为做实、做细每一起矛盾纠纷的调解工作，"好大哥"调解室探索实行双重回访的工作方法，即对达成调解协议的案件，定期由调解员和司法行政机关工作人员分别进行回访，以巩固调解成果。特别是针对调处的复杂纠纷中履行调解协议的关键人，进行多次回访，及时了解协议的执行情况，保障调解协议的实效。金店镇后河村两户李姓人家，因为祖坟问题产生争执，双方发生了肢体冲突，矛盾随时有升级的可能。经过"好大哥"的悉心调解，双方达成了和解，并签订了调解协议。但在回访中发现一方当事人有反悔迹象，调解员和县司法局的工作人员迅速进行了回访疏导，最终使当事人履行了调解协议，真正做到了"案结、事了、人和"。

③建设敬老院。在调解过程中，"好大哥"工作室发现部分村贫困老人吃住困难，生活没有保障。郝保德认为，在全面建成小康的路上，不能让一个群众掉队，这些人的吃住问题也是社会问题，如果解决不好，也将成为社会的不稳定因素。为此，他多方筹资300多万元，建起了占地15亩，建筑面积2500多平方米的高标准的"老来乐"幸福院，集休闲娱乐、社会养老、医疗保健等功能于一身。敬老院三栋二层楼房，设置床位80张，院落里花草有序，环境优雅。不仅本村贫困老人免费入住，全县范围内贫困、残疾老人也能在这里安享晚年。目前已有60余人免费入住。敬老院配有卫生室，免费给老人诊病看病，实现了医养结合。

（2）村嫂服务社集聚"嵊州村嫂"。

嵊州市仙岩镇王树村嫂服务社是城关供销社顺应服务美丽乡村环境建设，应王再娥等39位热心公益事业的农村妇女极力要求，于2017年10月组成志愿服务组织。仙岩镇王树村嫂服务社按照自然村分布下设4个服务分社，分别是上王舍村嫂服务分社、中王舍村嫂服务分社、下王舍村嫂服务分社、梓树村嫂服务分社。根据服务内容设有志愿服务队、村嫂排舞队、清洁卫生队、亲情服务队4支服务队伍，为村民提供一系列的公益服务活动。服务社提供文化娱乐、村庄整治、邻里守望在内的三大类9项公益服务内容，分别是文艺表演、政策宣传、文明倡导、卫生包干、污水治理、拆违劝导、邻里守望、扶弱帮残、纠纷调解。通过"嵊州村嫂"的公益服务建设，缓解了当地村民的矛盾纠纷，促进了乡风文明建设，极大地丰富了当地农民的文化生活，在一定程度上促进了文化振兴。

案例8-9：东阳市虎鹿供销社——"文化＋供销＋产业"新模式

近年来，虎鹿供销社积极配合虎鹿镇政府对社内老旧资产进行改造提升，并进行文化产业植入，推动当地文化旅游产业发展。

（1）助力蔡宅村精品旅游线打造。虎鹿供销社蔡宅分社所在的蔡宅村近年来被列为浙江省首批历史文化村落保护重点村、中国传统古村落，至今仍保留着200多处历史古建筑，具有较高历史和文物保存价值的有50余座，并且有许多非物质文化遗产，文化旅游休闲产业发展潜力巨大。为了配合东阳市"三宅一体"古民居休闲旅游建设，打造蔡宅精品旅游线，虎鹿供销社启动了蔡宅综合楼项目建设工程，项目总建筑面积9702平方米，投资 160 多万元，建造符合蔡宅的古建筑风格的仿古建筑，以实际行动发挥供销社助力"三农"的乡村振兴战略力量。一方面，引进文化产业项目。虎鹿供销社为蔡宅综合楼引进了文化产业项目——古风画院，正式开班后将有大批文艺师生入驻。另一方面，引进医药服务网点。蔡宅村要转型升级为集旅游、休闲、文化于一体的古村落，医疗服务必不可少，虎鹿供销社为蔡宅综合楼引进了一家中西医药销售服务网点，为蔡宅村当地及外来游客提供必要的医疗咨询和购买服务。

（2）助力厦程里村影视文化产业发展。厦程里村日前被列为第四批中国传统古村落，共有 42 处不可移动文物，以明清古建筑为主，其中"八面朝厅"的位育堂古建筑群为省级文物保护单位，是古建筑专家眼中的中华大地第一民宅。古建筑外还有秋车、抬阁等金华市非物质文化遗产，古建、文化等旅游资源丰富。为支持厦程里村古建、文化旅游产业建设及虎鹿镇"小城镇"建设。虎鹿供销社对虎鹿综合商店老旧房屋进行拆后重建，并按照镇村规划，建造融合厦程里村特色的古建、文化风格建筑，以支持省级历史文化名镇建设。建成后，计划引入培训班、茶叶销售与加工业。为支持厦程里村影视文化产业全域化发展机遇，深度挖掘虎鹿镇传统文化内涵，东阳市社和虎鹿供销社正就虎鹿肥料部土地租赁事宜与投资者进行磋商，计划引进一家影视投资公司，将虎鹿镇打造成为一个集市镇公园为一体的影视外景拍摄基地，作为横店镇影视外景的补充。

虎鹿供销社通过"文化＋产业＋供销"新模式的建立，实现了"文化资源＋供销资产"的双盘活。①资产盘活，形象提升。虎鹿供销社配合虎鹿镇"小城镇"建设及厦程里村、蔡宅村美丽乡村建设，对老旧房屋进行古建筑风格的改造提升。有利于提升供销社在当地政府和群众中的形象，也符合供销社服务"三农"，支持当地古建、文化产业旅游发展。同时有利于虎鹿供销社开展低效、老旧资产的改建、重建工作，资产盘活，提高建筑安全性的同时使资产得以保值、增值。②产业发展，多方受益。配合虎鹿镇政府和当地村引进文化产业项目，既带动虎鹿供销社自身资产的使用价值，也盘活了当地的闲置存量建设用地，直接提升村集体经济效益，又有效促进虎鹿镇整合生态、古建、文化、农业等资源融合，实现多方资源的盘活。同时发展旅游经济，培育虎鹿镇的东白山—厦程里—蔡宅—西坞的生态旅游观光精品线项目，让文化产业成为经济增长的新引擎、农民增收的新渠道。

四、供销社改革与生态振兴

乡村生态振兴战略的实施主体是农民，受益者也是农民。推进生态振兴，关键是要通过实行标准化生产，使得农民进入农业绿色生产的轨道中，让农民能切实参与到生态振兴的贡献与受益中。在为农服务过程中，供销社为了提高农业生产综合效益，通过组建、领办现代农业示范园等方式，打造集生态、科技于一体的现代农业，既提高了农产品的科技含量、质量，提升农业生产价值，也培养了农民在农业经营过程中的环保行为。同时，供销社在供应有机肥、提供施肥用药配方、技术的指导过程中，也广泛地影响了农户的农业经营环保行为。

1. 环境整治

河北省供销社加快再生资源流通网络建设，成立了河北省再生资源有限公司，并在市级、县级设置分公司，同时还建设了再生资源循环经济产业园，提高了城乡资源的利用效率，缓解了垃圾随处填埋等在农村常见的污染问题。

浙江省瑞安市陈岙村通过宣传和加大对垃圾清扫、管理力度，全面实行垃圾分类和资源化处理，既扮亮了村庄，又进一步增强了全体村民的环保意识，爱护环境成为广大村民的自觉行动。由此获得了"全国文明村"等荣誉。

案例 8－10：内丘县小辛旺村——人居环境整治三部曲

金店镇小辛旺村，位于内丘县城东南 2.5 千米处，地理位置优越。全村 201 户，721 人，耕地面积 1500 亩。如今，该村年平均收入已从 2013 年的 6780 元增加到 11000 多元。村主导产业是种植、养殖业。先后荣获"2013 年河北省美丽乡村""2012—2013 年度省级文明村""2014 年全国防震减灾先进村"以及"河北省美丽乡村""全国乡村旅游模范村"等称号。特别是，该村重点打造生态园，发展千亩樱桃园，壮大集体经济，促进美丽乡村与乡村旅游结合，做到人居环境美、特色产业兴，实现"西边山区有富岗，东边平原有小辛旺"的奋斗目标。自从村委会换届以来，小辛旺村强化乡村环境卫生整治，着力建设"美丽乡村"，对民居进行改造提升工程。王书记带领村民在短短八个月之内，做出大量的工作，清垃圾、修街道、改厕所、绿化庭院、按照红瓦白墙设计标准统一改造，完成了全坡改造 58 户，半坡改造 95 户，铺设小巷 13000 平方米，墙壁粉刷 32000 平方米。具体而言，环境治理的成效主要体现在修路、改厕、清垃圾。

第一件事是修路。小辛旺村把街道加宽，拆除违法乱建现象，铺上水泥路，极大地便利了车辆的来往，并且环村绿化植树达 3500 棵，绿化了道路环境。特别是，为了把进村的路取直，王书记主动做出表率，先动了自家的祖坟，把大爷爷的坟南挪 3 米，没有要村里一分钱补偿。没有资金，先从自己的积蓄中拨出 30 万元，对村内 3 条主要街道进行了硬化。

第二件事是改厕。改厕的困难更多在于难以纠正村民们的传统意识，他们认为：厕所建在家外是多年的传统，在家里建厕所是不可理喻的。为了打破这一传统认识，王延昌书记通过让班子成员带头，展示在家里建设厕所的好处，并多次到村民家里展开思想工作。此外，改厕由于是环境整治中的重点内容，这项工作得到县政府的大力支持，批发提供每户村民的改厕便器。改厕工作的完成除了提升人居环境质量外，更重要的是避免了因不注重卫生条件而带来的疾病问题，让村民真正过上卫生健康的生活。并且，全村 201 户旱厕改造完后，原来的地方被规划成小菜园，提升了土地利用效率并优化了村庄家家户户的空间布局。因为改厕力度大，任务进度顺利，小辛旺成为内丘改厕的第一个示范村。

第三件事是清理垃圾。小辛旺村的垃圾治理过程建造统一垃圾倾倒处，由村民自觉前往。王延昌在村外租了 2 亩地，挖了一个 4 米深、12 米宽、60 米长的垃圾填埋坑，解决大家倒垃圾的难题。然而，村民清理垃圾的意识仍较为淡薄，缺乏这一卫生习惯。因此，王延昌书记通过实时监督的惩罚机制，来提高村民集中清理垃圾的自觉性，王书记介绍道："村里在胡同口安装了监控，发现谁乱扔垃圾，就到大喇叭上喊。"往往广播还没结束，被点名的村民就赶紧去清理了。在每天9时垃圾清运车来之前，各家各户只需推着小辛旺村标配的小车去村东倒垃圾即可，这就避免了生活垃圾堆放产生的细菌和蚊虫。

2. 新农村建设：瑞安市陈岙村的实践

浙江省瑞安市陈岙村通过新农村建设，由一个落后、闭塞的偏僻小村，蜕变成了新型农村社区、国家AAA级旅游景区以及全国文明村。从1999年开始，全村经济借助发展电镀、水暖等行业崛起，逐步调整了产业结构。2002年以来，村集体对陈岙溪流域进行治理，建成自来水厂，有偿向外供水，并从"千百工程"入手，通过"三改一拆"，建成村属标准厂房用于租赁等多元化创收，使村集体每年收入达500多万元。同时实施"青山白化"治理，迁移村域范围内2000余座坟墓，另外通过土地整理开发出75亩土地，经招拍挂为集体得到2.43亿元资金。相继投入资金建成科普文化公园、文体活动中心、村民活动中心、图书阅览室和老人公寓等公共设施，免费开放并向全村老年人提供居家养老照料服务。多年以来，陈岙村把生态文明建设作为抓手，率先实施农村生活垃圾分类处理，建成垃圾资源化利用中心，始终坚持"一张蓝图画到底"的原则，在美丽陈岙建设的同时，以根治劣V类水质为目的，率先在全省开展水环境综合治理，2011年以来，相继投入资金5000多万元，对陈岙溪流域4千米范围内的80多家企业进行搬迁，拆除违法建筑60000多平方千米，对两岸的景观进行综合提升，达到了"五水共治"的战略要求和效果。水质改善后，陈岙村还成功推出了游泳、漂流、皮划艇运动等水上项目，实现了可观的经济效益和解决富余劳动力出路的社会效益，为产业"退二进三"转型升级闯出了一条新路子。

在此基础上，该村于2008年着手旧村改造工作，现旧改一期"中溪花苑"安置房已建成。该小区建筑以庭院为基本单元。景观建设融入青山、绿水、古榕的江南民居风格，使小区的品位得到提升，成为浙南地区农房建设的示范窗口。陈岙村已经邀请全国最高端的专业团队为陈岙编制乡村旅游规划，打造一个功能设施全、生态环境好，集乡村民宿、水上娱乐、温泉养生、露营探险、休闲度假为一体的美丽旅游乡村。

3. 大田托管美丽田园建设

不同于山东省供销社以粮食托管为主的大田作物土地托管，浙江省萧山区供销社通过"大田托管"来促进美丽田园的建设，开创了为农服务的生态新模式。一是搭建平台，组建团队。牵头组建了杭州广农粮油专业合作社联合社，吸收萧山农资公司等农业龙头企业和区内18个镇街的34家合作社、861户社员入社，把区内的专业合作社、种粮大户联结起来，有效构建起试验示范、病虫防治、栽培技术、农机服务等为农服务的综合平台。同时，出资组建了全资的杭州萧农农业科技有限公司，配备专业技术人员8人，作业施工队6支，作业人员400多人，主动承接美丽田园建设工作。二是创新模式，复绿造景。萧山区供销社以土地托管为切入点，对城区及周边收储地块创新托管模式，实施复绿造景。2016年7月，由萧山区政府牵头专门举办了萧山区大田托管美丽田园建设签约仪式，明确了由区供销社承接相关平台、镇街收储流转土地的美丽田园建设工作。目前供销社大田托管面积近 3 万亩，其中钱江世纪城的 65 个区块近 3000 亩土地及湘湖三期都通过大田托管营造了城市景观亮点。

受钱江世纪城管委会委托，亚运林期区块配套工程交由萧山供销社承接。作为亚运村首个项目，规划建设的"亚运林"是 2022 年亚运会喜迎中外嘉宾、展示杭州美丽形象的窗口，也是钱江世纪城沿铁路景观带的一部分。位于世纪城板块东北角，是亚运村与高铁线间狭长形绿地的起点，是与亚运村配套的示范林之一，也被选定为 2018 年植树节省市区党政军义务植树点。

五、供销社改革与组织振兴

推动乡村组织振兴，需要充分发挥基层组织的堡垒作用。山东省供销社在综合改革中，通过"村社共建"工程，实现了组织振兴，在增强村集体实力的同时，也促进了村级组织的建设，实现了供销社自身的发展壮大。具体做法是：紧紧依靠农村基层党组织，坚持与农村基层服务型党组织建设、精准扶贫、第一书记、经营服务相结合，与村"两委"共建农民合作社、农村综合服务社、农业生产发展项目和干部队伍，促进村集体和农民"双增收"、供销社基层组织向农业生产经营和农村生活服务"双覆盖"，使供销社从最基层实现了为农服务的要求。村"两委"组织农民以土地托管、土地入股等方式自愿加入合作社，或将村级资产资源折价入股共建产业项目；供销社利用健全的经营服务网络，领办创办农民合作社，为农民提供生产生活"一揽子"服务；农民合作社开展规模化生产经营，实现了"服务规模化 + 农民组织化"的有效衔接和真正落地。更重要的是通过村集体、供销社、农民共同开展生产经营和服务，形成了利益共享、风险共担的利益共同体，保证了农民对村级重大事务的参与权、知情权、监督权，避免了利益分配上可能产生的矛盾纠纷，促进了乡村共建共享、和谐共赢。有了村社共建，特别是村社共建农民专业合作社，后续发展起来的农民合作社联合社才成了有本之木，故村社共建是供销社改造自我的源头和基石。它不仅是对供销社自身的改造，也是对当前农村社会治理机制的完善，有助于巩固党在农村的执政基础，促进农村社会治理现代化。全省所有市、县党委或组织部门都发文推动村社共建工作，共建村已达 16087 个，共建项目 24547 个，为村集体和农民分别增收 4.76 亿元和 26 亿元，实现了农民增收、村集体经济壮大、供销社增效、社会稳定发展的"多方共赢"。莱芜市、莒南县分别实现了村社共建市级全覆盖和县级全覆盖。

案例 8-11：临沂市河东区供销社——村社共建带动村级组织发展

"村社共建"体系的建设是河东区供销社联合社进行精准扶贫工作的切入点，联合社发挥"基层社 + 合作组织 + 村两委 + 信用互助"的推进机制，结合组织部门党建工作，因地制宜开展公建项目，实现村集体、农户、供销社共同发展。为此专门成立了精准扶贫办公室，对贫困村的情况进行调研，深入了解各个贫困村的发展现状、产业优势、扶贫需求。同时制订了扶贫计划，建立工作台账，与村"两委"共建农民专业合作社、示范基地、发展项目，近两年来累计在 168 个村建立了村社共建点，设置共建项目 260 多个，这些共建项目直接服务于农民的生产生活，每年为集体增收 398 万元。

从具体开展情况来看，一是将后西庄村作为村社共建工作的重点村，区社在为其提供了 5 万元扶贫资金的同时，与村委共建了特色农家乐项目与标准化社区服务中心。二是在八湖镇，区社投资 55 万元与树沂庄村委共建了社区服务中心，并设立了祥瑞葡萄种植专业合作社等。三是通过协调供销社下的盛业超市，与汤河镇、周家官庄等 6 个贫困村进行了合作，在每个村组建成立了专业合作社，针对各地超市的需求，合理安排种植品种与数量，签订购销合同并开展农超对接。四是与小程子河、大程子河、曲坊村等 11 个贫困村合作建设农资超市。从项目数量分布来看，日用品超市、农资超市是村社共建的主要对象，除了个别乡镇之外，每个乡镇都有区社共建的联合社，目前各乡镇在农产品市场和农产品基地方面的共建项目还是空缺，各乡镇共建项目数量存在两极分化。

以八湖镇树沂庄为例，目前主要开展四个方面的共建项目：一是共建社区服务中心。河东区供销社参与社区服务中心建设，投资 50 万元建立沿街楼，这些沿街楼租用给超市、农资直供点以及合作社；二是专业合作社和祥瑞葡萄种植基地，在整合村内"小农水"设施基础上，成立了三生水利专业合作社，开展"小农水"规模化服务，降低了生产经营成本。同时，合作社内部开展了信用互助业务，优先为贫困户提供生产经营互助金；三是共建农资直供点。合作社与供销社农资经营龙头公司签订协议，由其在村里设置农资直供点，统一为社员农户优惠供应各类农资，并为贫困户提供免费测土化验等各类技术增值服务，每年可为社员节支增收 3 万元，可为村集体增收 1.5 万元；四是共建日用品超市，商品由供销社龙头公司统一配送，保证了商品来源安全，保障了村民消费安全，使农民享受到城里的商品标准。通过村社共建项目，有利于解决八湖镇产业规模缺乏、农民收入偏低的问题，由于树沂庄村本身就是省定重点贫困村，所以精准扶贫工作也是区供销社对该村工作部署的重点，在村社共建的同时也开展"双百工程"，帮助解决贫困户的就业问题。

第五节　结论与政策建议

一、基本结论

第一，供销合作社的本质特征就是民有、民管、民享，是农民自己的组织。改革开放以来，供销社历次改革都是朝着这个方向艰难推进。中发〔2015〕11 号文件提出了"为农、务农、姓农"的基本原则，是"民有、民管、民享"在新时代的具体化，符合时代要求。国办〔2014〕37 号文件对于供销社综合改革试点工作提出"改造自我、服务农民"的要求，就是要求供销合作社系统通过改革找到回家的路，构建与农民的紧密利益联结机制，从而实现为农服务的基本功能。

第二，随着《农民专业合作社法》的实施，各种类型农民专业合作社迅速发展，目前的数量已超过210万家，但平均每个合作社的成员只有60人左右，不足以影响市场，带动成员的能力较低。因此，未来合作社的发展方向必然是再合作，即在单个合作社的基础上联合成为农民专业合作社联合社。这就需要外力的推动。而县级以上供销合作社具备政府机构的某些特征（参公管理），基层供销社又是独立核损的市场主体，既具有行政主体的权威性，又具有市场主体的灵活性，可以在推动合作社再合作中发挥独特作用。实践证明，在综合改革过程中，通过组建农民专业合作社联合社，密切了与农民之间的利益关系，推动了小农户与现代农业发展有机衔接机制的形成。

第三，实践证明，通过综合改革，供销合作社系统的体制机制逐步理顺，在产业振兴、人才振兴、文化振兴、组织振兴等各个方面都发挥着不可替代的作用，是为农服务的国家队和生力军，也是实施乡村振兴战略的国家队和生力军。

二、政策建议

一是认真总结供销合作社综合改革经验，其中最重要的是供销社组建农民专业合作社联合社（会）经验。山东、浙江、河北等省综合改革的经验十分丰富，而最重要的一条，就是在村级层面领办农民专业合作社，在乡镇和县级层面组建农民专业合作社联合社。其中，山东省供销社的做法是乡镇、县两级联合社；浙江省供销社的做法是组建乡镇、县、市、省四级农合联，前两级是实体，后两级主要侧重于协调和服务；河北省供销社的做法是组建乡镇、县、市、省四级农民专业合作社联合社。通过领办合作社、组建联合社，供销合作社密切了与广大农民的利益联结机制，实现了中发〔2015〕11号文件提出的"为农、务农、姓农"的要求，找到了为农服务的途径和回家的路。

以浙江省为例，四级农合联把合作社、大型家庭农场、龙头企业都纳入其中，很值得在全国范围内推广。按照现行的《农民专业合作社法》，联合社无法吸收除了合作社之外的经营主体，而农合联则可以将联合社、龙头企业、合作社、金融机构等都纳入统一的为农服务的旗帜下，以联合会这种形式，将农民合作经济组织和为农民合作经济组织提供服务的组织联合起来，为"三农"领域打造了一个庞大的社会组织体系，使社会力量参与"三农"治理成为可能。这是在现有政策框架下所能进行的最大限度的制度创新，充分发挥了农合联这一社会组织的协同治理作用，能够集中各种资源开展为农服务，而各类主体又都能从中获益，既能有效弥补市场失灵，又能弥补政府失灵，还能使供销社在改革中密切与农民之间的利益关系，实现"民有、民管、民享"。

二是完善相关法律，确立供销社的法人地位。供销合作社系统作为特殊类型的合作经济组织，在为农服务领域具有明显的独特优势，单位性质在政府部门中也具有排他性。应当努力使供销社这个为农服务的重要载体、重要力量，尽快成为各级党委政府的重要抓手。但在实践中，由于供销社的法人地位没有确立，影响了各级供销社为农服务作用的正常发挥。

《民法总则》第九十六条规定："本节规定的机关法人、农村集体经济组织法人、城镇农村的合作经济组织法人、基层群众性自治组织法人，为特别法人。"这就是说，作为合作经济组织的一种类型，供销合作社是一种特殊法人主体。第一百条同时规定："城镇农村的合作经济组织依法取得法人资格。""法律、行政法规对城镇农村的合作经济组织有规定的，依照其规定。"也就是说，供销合作社究竟应该归属哪种具体的特殊法人类型，由具体的法律或者行政法规规定。这就在客观上要求尽快出台《供销合作社条例》，明确供销社的法人主体地位以及各级供销社的职能。这必将对于供销社系统综合改革、密切与农民的利益联结机制具有重大推动作用。

三是加快新时期供销系统人才队伍培育。进一步加大对供销社系统机关干部、基层社职工、社有企业职工等培训力度，重点提高其市场化意识和为农服务自觉性，形成一支事业责任心强、改革落实效率高、创新能力突出的新型供销社系统干部职工队伍。针对改革后新拓展的大量为农服务领域，大力开展人才培育工程，重点在土地托管、农业生产、电子商务、机械作业、涉农金融、合作社经营管理等方面打造一支专业化农业服务人才队伍。

四是继续深化综合改革，使供销社更加适应乡村振兴的需要。激发内生动力和发展活力，使供销社自身更加适应乡村振兴的需要。改革过程中必须把创办乡镇级和县级农民专业合作社联合社作为供销合作社改革的目标和任务。与此同时，还应与农村一二三产业实现融合发展，积极发挥供销社的辐射带动作用，尤其是农业产业化龙头企业的带头作用，根据自身独有特色优势产业，对现有产业进行改造和提升，同时还应发展新型的农产品加工企业和农产品批发市场，促进农产品转化和价值增值。此外，推进社有企业、专业大户、家庭农场等新型经营主体的有效对接，以相互参股、股份分红、利润返还等形式不断实现利益联结机制的完善。为更好地促进生态振兴，还应推动供销社发展生态农业、休闲农业、乡村旅游、健康养老等多种功能，拓展农村合作金融等经营服务领域。

五是切实发挥供销社为农服务功能，更加密切与农民群众的利益联结。作为三农服务的综合平台，供销社理应发挥生力军的作用。各地供销社要主动顺应农民群众日益增长的美好生活需要，对农民的利益和需求进一步深入了解。发挥基层组织的作用，对社有企业业务进行网络整合，在省、市、县三级开展经营，进而实现优势互补、共同发展。在基层组织改革的过程中，必须把领办或创办农民专业合作社作为基层供销合作社改革的基础性工作。在努力完善自身的同时，还应借助社会力量，引进社会资本，学习管理、技术、品牌、渠道等先进生产要素，为社有资本赋能。在高起点推进自身全面发展的基础上最大化发挥供销社服务"三农"的生力军和综合平台作用。

六是要因地制宜发挥供销社在乡村振兴中的作用。应该看到，目前供销社系统在实施乡村振兴战略中所发挥的作用主要是"点"，有的地方已经连成了"片"，但还远未形成"面"，因而，要尽快在全国范围内推广综合改革试点经验。但任何地区在改革和推广新模式时都不能忽视地域差异。由于各地区存在差异性，供销社在乡村振兴中发挥作用的同时，要充分尊重当地的群众和经济特色，不能盲目改革，破坏原有的经济命脉。巩固和扩大改革成果的过程中，既要采取组织体系整合重组的方式，也要号召更多农民合作社及其联合社的建立。切实增强风险防范意识，严格遵循监管制度，确保不发生系统性风险。

七是各级政府加大财政扶持力度，提高供销社在乡村振兴工作中的地位。各级党委政府更加重视发挥供销社的作用，在财政支持乡村振兴过程中，对供销社开展农业社会化服务、建设农产品市场等加大扶持力度，在制定乡村振兴规划时，将供销社纳入整体安排统筹部署，在实施乡村振兴有关工程时，将供销社作为承接载体，赋予更多工作任务。

参考文献

[1] Ali I, Zhuang J. Inclusive Growth toward a Prosperous Asia: Policy Implications [R]. ERD Working Paper Series, 2007.

[2] Angus M. Development Centre Studies Chinese Economic Performance in the Long Run [M] . Paris: OECD Publishing, 1998.

[3] Chaudhuri S, Ravallion M. Partially Awakened Giants: Uneven Growth in China and India [M] . New York: The World Bank, 2006.

[4] Davis L E, North D C, Smorodin C. Institutional Change and American Economic Growth [M] . Cambridge: CUP Archive, 1971.

[5] Duclos J Y, Esteban J, Ray D. Polarization: Concepts, Measurement, Estimation [J] . Econometrica, 2004, 72 (6): 1737 – 1772.

[6] Esteban J M, Ray D. On the Measurement of Polarization [J] . Econometrica: Journal of the Econometric Society, 1994 (2): 819 – 851.

[7] Ezcurra R. Does Income Polarization Affect Economic Growth? The Case of the European Regions [J] . Regional Studies, 2009, 43 (2): 267 – 285.

[8] Lin J Y. An Economic Theory of Institutional Change: Induced and Imposed Change [J] . Cato Journal, 1989 (9): 1.

[9] Lin J Y. Collectivization and China's Agricultural Crisis in 1959 – 1961 [J] . Journal of Political Economy, 1990, 98 (6): 1228 – 1252.

[10] Lin J Y. Rural Reforms and Agricultural Growth in China [J] . The American Economic Review, 1992 (2): 34 – 51.

[11] Marx K. Capital, Volume I: A Critique of Political Economy [M] . New York: Dover Publications, Inc, 2011.

[12] Mesnard A. Temporary Migration and Capital Market Imperfections [J] . Oxford Economic Papers, 2004, 56 (2): 242 – 262.

[13] North D C. Institutions, Institutional Change and Economic Performance [M] . Cambridge: Cambridge University Press, 1990.

[14] Roemer J E. A Pragmatic Theory of Responsibility for the Egalitarian Planner [J]. Philosophy & Public Affairs, 1993 (2): 146 – 166.

[15] Sen A. The Idea of Justice [M] . Cambridge: Harvard University Press, 2009.

［16］Šuković D. Did Economic Inequality Cause the Economic Crisis ［J］. Panoeconomicus, 2014, 61 (3): 369 –387.

［17］Wan G. Accounting for Income Inequality in Rural China: A Regression – based Approach ［J］. Journal of Comparative Economics, 2004, 32 (2): 348 –363.

［18］Williamson O E. The Economic Intstitutions of Capitalism ［M］. Pennsylvania Penn: Simon and Schuster, 1985.

［19］World development report 2006: Equity and development ［M］. New York: World Bank Publications, 2005.

［20］Yang X, Ng Y K. Theory of the Firm and Structure of Residual Rights ［J］. Journal of Economic Behavior & Organization, 1995, 26 (1): 107 –128.

［21］Zuñiga M, Miroff N. Venezuela's Paradox: People Are Hungry, but Farmers Can't Feed Them ［J］. The Washington Post, 2017 (2): 167 –185.

［22］白南生. 试析劳动力和资金的状况及使用方向 ［J］. 农业经济丛刊, 1982 (2): 37 –40.

［23］陈春生. 中国农户的演化逻辑与分类 ［J］. 农业经济问题, 2007 (11): 79 –84.

［24］陈华山. 论农业劳动组织规模及其变化的规律性 ［J］. 经济评论, 1992 (5): 25 –31.

［25］陈廷煊. 1949—1952 年农业生产迅速恢复发展的基本经验 ［J］. 中国经济史研究, 1992 (4): 26 –38.

［26］陈锡文. 坚持农村基本经营体制积极创新农业经营形式 ［J］. 上海农村经济, 2013 (11): 4 –5.

［27］陈锡文. 中国农村改革: 回顾与展望 ［M］. 天津: 天津人民出版社, 1993.

［28］陈云. 陈云文选 (第二卷) ［M］. 北京: 人民出版社, 1995.

［29］程漱兰. 中国农村发展: 理论与实践 ［M］. 北京: 中国人民大学出版社, 1999.

［30］崔红志, 刘亚辉. 我国小农户与现代农业发展有机衔接的相关政策、存在问题及对策 ［J］. 中国社会科学院研究生院学报, 2018 (5): 34 –41.

［31］邓大才. 农村双层经营体制的轨迹分析及现阶段的对策思考 ［J］. 西北民族学院学报, 1997 (4): 73 –77.

［32］邓乾秋. 不应当把"统分结合"与"双层经营"等同起来 ［J］. 中国农村经济, 1992 (5): 61 –62.

［33］杜润生. 当代中国的农业合作制 ［M］. 北京: 当代中国出版社, 2002.

［34］杜润生. 杜润生自述: 中国农村体制变革重大决策纪实 ［M］. 北京: 人民出版社, 2005.

［35］杜志雄, 肖卫东, 詹琳. 包容性增长理论的脉络、要义与政策内涵 ［J］. 社会

科学管理与评论，2010（4）：42－54.

［36］冯开文. 一场诱致性制度变迁——改革开放以来中国农村经济制度变迁的反观与思考［J］. 中国农村经济，1998（7）：70－72.

［37］高海.《农民专业合作社法》修改的思路与制度设计［J］. 农业经济问题，2017（3）：4－14.

［38］高鸿业. 西方经济学（微观部分）［M］. 北京：中国人民大学出版社，2004.

［39］郭铖. 农业共营制效率及其利益相关者筛选、激励机制——基于崇州市的经验分析［J］. 湖南农业大学学报（社会科学版），2017（6）：7－12.

［40］国家农业委员会办公厅. 农业集体化重要文件汇编（1949—1957）［M］. 北京：中共中央党校出版社，1981.

［41］国务院发展研究中心农村部. 服务规模化与农业现代化：山东省供销社探索的理论与实践［M］. 北京：中国发展出版社，2015.

［42］韩荣璋. 统分结合双层经营体制与农业的两个飞跃［J］. 马克思主义研究，1997（1）：44－46.

［43］姜长云. 论双层经营的依据与规范［J］. 农村经济，1992（5）：7－9.

［44］孔祥智，程漱兰. 中国农村经济体制变迁及其绩效的经济分析［J］. 教学与研究，1997（10）：23－28.

［45］孔祥智，何安华. 新中国成立60年来农民对国家建设的贡献分析［J］. 教学与研究，2009（5）：5－13.

［46］孔祥智，刘同山. 论我国农村基本经营制度：历史、挑战与选择［J］. 政治经济学评论，2013（4）：78－133.

［47］孔祥智. 城乡差距是怎样形成的——改革开放以来农民对工业化、城镇化的贡献研究［J］. 世界农业，2016（1）：222－226.

［48］孔祥智. 改革开放以来国家与农民关系的变化：基于权益视角［J］. 中国人民大学学报，2018（3）：16－25.

［49］孔祥智. 健全农业社会化服务体系实现小农户和现代农业发展有机衔接［J］. 农业经济与管理，2017（5）：20－22.

［50］孔祥智. 崛起与超越：中国农村改革的过程与机理分析［M］. 北京：中国人民大学出版社，2008.

［51］孔祥智. 实施乡村振兴战略是供销社改革与发展的重要契机［J］. 中国合作经济，2017（12）：26－27.

［52］孔祥智. 以结构调整推进农业现代化［N］. 农民日报，2015－4－11（3）.

［53］孔祥智. 中国农业社会化服务：基于供给和需求的研究［M］. 北京：中国人民大学出版社，2009.

［54］孔祥智等. 农业经济学［M］. 北京：中国人民大学出版社，2014.

［55］孔祥智，张琛，张效榕. 要素禀赋变化与农业资本有机构成提高——对1978

年以来中国农业发展路径的解释 [J]. 管理世界, 2018 (10): 147 - 160.

[56] 蓝万炼, 朱有志. 试论构建新型农村双层经营体制 [J]. 中国农村经济, 2000 (8): 16 - 20.

[57] 李谷成, 范丽霞, 冯中朝. 资本积累、制度变迁与农业增长——对1978～2011 年中国农业增长与资本存量的实证估计 [J]. 管理世界, 2014 (5): 67 - 79.

[58] 李宪宝, 高强. 行为逻辑、分化结果与发展前景——对1978年以来我国农户 分化行为的考察 [J]. 农业经济问题, 2013 (2): 56 - 65.

[59] 梁涛. 邓子恢对统分结合农业经营体制的历史贡献 [J]. 渤海大学学报 (哲 学社会科学版), 1994 (3): 18 - 22.

[60] 刘同山, 孔祥智. 治理结构如何影响农民合作社绩效?——对195个样本的 SEM分析 [J]. 东岳论丛, 2015 (12): 16 - 23.

[61] 刘同山, 孔祥智. 农业规模经营的支持措施、实现方式及改革思考——基于农 村改革试验区的调查研究 [J]. 农村经济, 2017 (5): 97 - 102.

[62] 刘同山, 孔祥智. 参与意愿、实现机制与新型城镇化进程的农地退出 [J]. 改 革, 2016 (6): 79 - 89.

[63] 刘同山. "统种分管"的平罗经验 [J]. 农村经营管理, 2018 (4): 10 - 11.

[64] 楼建中. "统分结合、双层经营"是农业经营体制的最佳选择 [J]. 宁波大学 学报 (教育科学版), 1992 (2): 66 - 71.

[65] 罗必良, 李玉勤. 农业经营制度: 制度底线、性质辨识与创新空间——基于 "农村家庭经营制度研讨会"的思考 [J]. 农业经济问题, 2014 (1): 8 - 18.

[66] 罗必良. 农业经营制度的理论轨迹及其方向创新: 川省个案 [J]. 改革, 2014 (2): 96 - 112.

[67] 罗必良. 中国农业经营制度——理论框架、变迁逻辑与案例解读 [M]. 北京: 中国农业出版社, 2014.

[68] 罗楚亮. 居民收入分布的极化 [J]. 中国人口科学, 2010 (6): 49 - 59.

[69] 马克思. 资本论 (第一卷) [M]. 北京: 人民出版社, 2004.

[70] 毛铖. 利益缔结与统分结合: 立体式复合型现代农业经营体系构建——统分两 极化向统分结合的理性与回归性演变 [J]. 湖北社会科学, 2015 (6): 83 - 88.

[71] 毛飞, 孔祥智. 中国农业现代化总体态势和未来取向 [J]. 改革, 2012 (10): 9 - 21.

[72] 毛泽东. 毛泽东文集 (第五卷) [M]. 北京: 人民出版社, 1996.

[73] 毛泽东. 毛泽东文集 (第七卷) [M]. 北京: 人民出版社, 1999.

[74] 米运生, 罗必良. 契约资本非对称性、交易形式反串与价值链的收益分配: 以 "公司+农户"的温氏模式为例 [J]. 中国农村经济, 2009 (8): 14 - 25.

[75] 倪国华, 蔡昉. 农户究竟需要多大的农地经营规模?——农地经营规模决策图 谱研究 [J]. 经济研究, 2015 (3): 159 - 171.

［76］农业部经管司、经管总站研究组．构建新型农业经营体系，稳步推进适度规模经营——"中国农村经营体制机制改革创新问题"之一［J］．毛泽东邓小平理论研究，2013（6）：44 － 51.

［77］宋洪远等．改革以来中国农业和农村经济政策的演变［M］．北京：中国经济出版社，2000.

［78］苏群，汪霏菲，陈杰．农户分化与土地流转行为［J］．资源科学，2016（3）：377 － 386.

［79］孙中华．关于稳定和完善农村基本经营制度的几个问题（上）［J］．农村经营管理，2009（5）：6 － 9.

［80］谭智心．联合的逻辑——农民合作社联合社运行机制研究［M］．北京：人民日报出版社，2018.

［81］唐宗焜．合作社真谛［M］．北京：知识产权出版社，2012.

［82］王成吉．试论农业联产承包制的统分结合［J］．苏州大学学报，1984（3）：31 － 33.

［83］王春光，赵玉峰，王玉琪．当代中国农民社会分层的新动向［J］．社会学研究，2018（1）：63 － 88.

［84］王贵宸，秦其明．对双层经营方式的再思考［J］．中国农村经济，1985（9）：18 － 20.

［85］王吉泉，沈贵川，冯龙庆，蒋鹏．成都农业共营制发展研究——以崇州市为例［J］．中共四川省委党校学报，2016（4）：65 － 67.

［86］温铁军．"三农"问题与制度变迁［M］．北京：中国经济出版社，2009.

［87］温铁军．农村税费改革及"后税费时代"相关问题分析［J］．税务研究，2006（7）：3 － 5.

［88］"我国新型农业经营体系研究"课题组，程国强，罗必良，郭晓明．农业共营制：我国农业经营体系的新突破［J］．红旗文稿，2015（9）：19 － 21.

［89］谢琳，钟文晶，罗必良．"农业共营制"：理论逻辑、实践价值与拓展空间——基于崇州实践的思考［J］．农村经济，2014（11）：31 － 36.

［90］谢茹．试论农村双层经营体制的必要性及制度创新［J］．南昌大学学报（社会科学版），1995（1）：66 － 70.

［91］许召元．"刘易斯转折点"的学术论争及劳动力转移新特征［J］．改革，2014（12）：12 － 21.

［92］严瑞珍，龚道广，周志祥，毕宝德．中国工农业产品价格剪刀差的现状、发展趋势及对策［J］．经济研究，1990（2）：65 － 71.

［93］严瑞珍等．中国工农产品价格剪刀差［M］．北京：中国人民大学出版社，1988.

［94］杨园争，方向明．中国农村居民的收入分配与收入流动性［J］．劳动经济研

究, 2018 (5): 3 - 19.

[95] 姚洋. 土地、制度和农业发展 [M]. 北京: 北京大学出版社, 2004.

[96] 叶敬忠, 豆书龙, 张明皓. 小农户和现代农业发展: 如何有机衔接? [J]. 中国农村经济, 2018 (11): 66 - 81.

[97] 叶兴庆. 从三个维度看我国农业经营体制的 40 年演变 [J]. 农村工作通讯, 2018 (14): 25 - 28.

[98] 叶兴庆. 农业经营体制创新的前世今生 [J]. 中国发展观察, 2013 (2): 9 - 11.

[99] 袁永康. 农业生产组织弱化的后果及出路 [J]. 中国农村经济, 1994 (4): 62 - 63.

[100] 苑鹏, 丁忠兵. 小农户与现代农业发展的衔接模式: 重庆梁平例证 [J]. 改革, 2018 (6): 106 - 114.

[101] 苑鹏, 刘同山. 发展农村新型集体经济的路径和政策建议——基于我国部分村庄的调查 [J]. 毛泽东邓小平理论研究, 2016 (10): 6.

[102] 张琛, 彭超, 孔祥智. 农户分化的演化逻辑、历史演变与未来展望 [J]. 改革, 2019 (2): 5 - 16.

[103] 张琛, 彭超, 孔祥智. 中国农户收入极化的趋势与分解——来自全国农村固定观察点的证据 [J]. 劳动经济研究, 2019 (2): 21 - 41.

[104] 张琛, 周振, 孔祥智. 撤县 (市) 设区与农村劳动力转移——来自江苏省的经验证据 [J]. 农业技术经济, 2017 (7): 18 - 30.

[105] 张琛, 孔祥智. 农民专业合作社成长演化机制分析——基于组织生态学视角 [J]. 中国农村观察, 2018 (3): 128 - 144.

[106] 张红宇. 农村经营体制的探索与创新 [J]. 农村经济, 2008 (8): 3 - 6.

[107] 张璟. 合作社成为农业供给侧改革的领头羊——以河南省荥阳市新田地种植专业合作社为例 [J]. 农村工作通讯, 2016 (18): 58 - 60.

[108] 张士杰, 曹艳. 中国特色现代农业发展中的农村双层经营体制创新 [J]. 马克思主义研究, 2013 (3): 47 - 53 + 161 - 162.

[109] 张晓山. 理想与现实的碰撞:《农民专业合作社法》修订引发的思考 [J]. 求索, 2017 (8): 16 - 24.

[110] 张云华, 郭铖. 农业经营体制创新的江苏个案: 土地股份合作与生产专业承包 [J]. 改革, 2013 (2): 153 - 160.

[111] 张云华. 完善与改革农村宅基地制度研究 [M]. 北京: 中国农业出版社, 2011.

[112] 赵光元, 张文兵, 张德元. 中国农村基本经营制度的历史与逻辑——从家庭经营制、合作制、人民公社制到统分结合双层经营制的变迁轨迹与转换关联 [J]. 学术界, 2011 (4): 225 - 233.

[113] 赵佳, 姜长云. 兼业小农抑或家庭农场——中国农业家庭经营组织变迁的路

径选择［J］．农业经济问题，2015（3）：11 - 18.

［114］赵树凯．"大包干"政策过程：从"一刀切"到"切三刀"［J］．华中师范大学学报（人文社会科学版），2018（2）：19 - 30.

［115］中共中央政策研究室，农业部农村固定观察点办公室．农户收入结构变动分析［J］．中国农村观察，1997（6）：2 - 7.

［116］周彬彬．人民公社时期的贫困问题［J］．经济研究参考，1992（18）：39 - 55.

［117］周其仁．中国农村改革：国家和所有权关系的变化（上）——一个经济制度变迁史的回顾［J］．管理世界，1995（3）：178 - 189.

［118］周振，孔祥智．盈余分配方式对农民合作社经营绩效的影响——以黑龙江省克山县仁发农机合作社为例［J］．中国农村观察，2015（5）：21 - 32.

［119］周振，伍振军，孔祥智．中国农村资金净流出的机理、规模与趋势：1978 ~ 2012 年［J］．管理世界，2015（1）：63 - 74.

［120］周振，张琛，钟真．"统分结合"的创新与农业适度规模经营——基于新田地种植专业合作社的案例分析［J］．农业经济问题，2019（8）：49 - 58.

［121］朱启臻，杨汇泉．农地承包关系长久不变与农村双层经营体制创新［J］．探索，2008（6）：96 - 100.

［122］朱诗娥，杨汝岱，吴比．中国农村家庭收入流动：1986 ~ 2017 年［J］．管理世界，2018（10）：63 - 72.

附录 小农户与现代农业发展有机衔接中的农业金融支持运行机制与发展政策研究

分报告 1：我国家庭农场的金融需求与农业金融支持研究[①]

近年来，家庭农场在各级政府的大力支持下在全国各地蓬勃发展，在现代农业建设中的基础性、承载性作用日益凸显。一方面，家庭农场作为在家庭承包经营基础上提高农业效率的有效形式，在新型农业经营体系中发挥着重要的骨干作用；另一方面，作为新生事物，家庭农场的发展还处于初级阶段，需要在实践中不断探索、逐步规范。融资约束是当前制约我国家庭农场发展的一个重大现实问题。自 2008 年以来，中央一号文件相继提出要加快农村金融制度创新，加大对以家庭农场为代表的新型农业经营主体的信贷支持力度。2018 年，中国人民银行下发了《关于做好家庭农场等新型农业经营主体金融服务的指导意见》，要求各银行"切实加大对家庭农场等新型农业经营主体的信贷支持力度"。与普通农户相比，家庭农场的信贷需求资金量大、中长期贷款比重高、贷款投向主要为生产性投资等特点，由于缺乏合格的抵押物，导致出现了批贷率低、期望不能满足以及主要依靠民间融资等问题。实践中，各地在信贷担保方面进行了一些有益探索，为优化家庭农场金融服务，提高农业金融支持机构系统在缓解家庭农场融资困境中的作用提供了借鉴。

一、我国家庭农场发展特征与现状

家庭经营是我国农村基本经营制度的核心。家庭农场以家庭经营为基础，融合科技、信息、农业机械、金融等现代生产因素和现代经营理念，实行专业化生产、社会化协作和规模化经营的新型微观经济组织，是家庭农业的重要实现形式之一。它可以将传统农民转型升级为职业化、专业化的法人农民，是一种新型农业经营主体，也是农业现代化的重要组织形式。

自 1978 年改革开放以来，家庭承包经营制度在全国迅速铺开。与此同时，一些具有经营头脑和专业特长的农户生产热情被调动起来，开展了专业化、商品化乃至规模化的探

[①] 执笔人：高强。

索，产生了一批专注农业生产、以农业收入为主的专业户。这些可以算作家庭农场的雏形或萌芽。进入 21 世纪以来，这种专业户数量越来越多，并逐渐分化为储运专业户、农机专业户、农运销专业户和种养大户等多种类型。2008 年，党的十七届三中全会提出了专业大户和家庭农场的概念，这是家庭农场第一次出现在中央的文件中。2013 年中央一号文件又进一步明确了针对专业大户和家庭农场在农业补贴、土地流转、技能培训等方面的扶持政策。2013 年 11 月召开的十八届三中全会强调加快构建新型农业经营体系，鼓励承包经营权在公开市场上向家庭农场等新型农业经营主体流转，发展多种形式的规模经营。

（一）法人特征

结合我国国情，家庭农场的特征可以归纳为家庭经营、适度规模、市场化经营、企业化管理四个显著特征。第一，家庭经营。家庭农场是在家庭承包经营基础上发展起来的，它保留了家庭承包经营的传统优势，同时又吸纳了现代农业要素。经营单位的主体仍然是家庭，家庭农场主仍是所有者、劳动者和经营者的统一体。因此，可以说家庭农场是完善家庭承包经营的有效途径，是对家庭承包经营制度的发展和完善。第二，适度规模。家庭农场是一种适应土地流转与适度规模经营的组织形式，是对土地流转制度的创新。家庭农场必须达到一定规模，才能够融合现代农业生产要素，具备产业化经营的特征。同时，由于家庭仍旧是经营主体，受资源动员能力、经营管理能力和风险防范能力的限制，使经营规模必须处在可控的范围内，不能太少也不能太多，表现出适度规模性。第三，市场化经营。为了增加收益和规避风险，农户的突出特征就是同时从事市场性和非市场性农业生产活动。市场化程度的不统一与不均衡正是农户的突出特点。而家庭农场则是通过提高市场化程度和商品化水平，不考虑生计层次的均衡，而是以营利为根本目的的经济组织。第四，企业化管理。根据家庭农场的定义，家庭农场是经过登记注册的法人组织。农场主首先是经营管理者，其次才是生产劳动者。从企业成长理论来看，家庭农户与家庭农场的区别在于，农场主是否具备有效协调与管理资源的能力。因此，家庭农场的基本特征就是以现代企业标准化管理方式从事农业生产经营。

家庭农场无论是在土地、资本和劳动等生产要素构成上，还是经营者劳动和产品属性上，家庭农场都比较接近于农业企业。相对于普通农户，家庭农场更加注重农业标准化生产、经营和管理，重视农产品认证和品牌营销理念。在市场化条件下，为了降低风险和提高农产品的市场竞争力，家庭农场更注重收集市场供求信息和建立农产品营销体系。同时，为了追求更大的收益，家庭农场有选择性地针对市场需求，依托当地的自然资源条件，采用新技术和新设备，生产高附加值农产品。家庭农场区别于普通农户的根本特征，就是以市场交换为目的，进行专业化的商品生产，而非满足自身需求。而区别于农业企业的根本特征，就是以自有劳动为主，依靠家庭劳动力就能够基本完成经营管理，如附表 1-1 所示。

总结家庭农场内涵和外延的演变特点，可以概括为以下两点：第一，家庭农场作为市场主体，有其自身的演进特点和成长规律。一方面，为了提高生产效率，家庭农场必然通

附表 1 - 1　家庭农场与农业企业、普通农户的区别

项目	农业企业	家庭农场	普通农户
土地	主要靠租赁土地	以租赁土地为主，以自有土地为辅	以自有土地为主，以租赁土地为辅
资本	以外投资本为主，拥有明晰的资本收益率	外投资本与自有资本相结合，拥有较为明晰的资本收益率	以自有资本为主，缺乏明晰的资本收益率
劳动	以雇佣劳动为主，很少自有劳动	以自有劳动为主，以雇佣劳动为辅	以自有劳动为主，偶有邻里间换工
经营者劳动	以管理性劳动为主，以生产性劳动为辅	生产性劳动与管理性劳动相结合	以生产性劳动为主，以管理性劳动为辅
产品属性	产品担负着交换盈利功能	产品主要担负着交换盈利功能	产品担负着维持生计功能

资料来源：笔者整理。

过优化和完善纵向产业链，降低交易费用，实现分工细化和要素融合，从而提高整个产业链的资源配置效率；另一方面，为了获取规模收益，家庭农场必然通过合理的方式适度扩大经营规模，相应提升技术和管理水平，从而提高农业生产率和规模效益。这两方面因素的交互发展，共同构成了家庭农场不断成长的创新路径。第二，家庭农场作为家庭经营的扩展和延伸，可以有混合型、多样化的实现形式。一方面，家庭农场既保留了家庭经营的传统优势，又可以吸纳现代科技要素，能够适应现代农业的发展要求；另一方面，家庭农场扎根于农村社区，进退自由度较高，可以通过股份合作、联户经营等形式，降低经营风险、共享收益。可见，家庭农场既与我国农村基本经营制度相契合，又有着广阔的适应空间，体现出强大的生命力。

（二）发展现状

一是数量快速增长，示范性农场占比显著提高。在各级惠农政策的支持下，全国家庭农场发展成效明显，数量快速增长。截至 2016 年底，全国范围内通过农业部认定的家庭农场数量为 44.5 万个，比 2015 年增长 29.9%，其中，被县级以上农业部门认定为示范性家庭农场的数量为 61837 个，比上年增长 57.9%，增幅较为明显，约占全国家庭农场总量的 13.9%，如附表 1 - 2 所示。

附表 1 - 2　家庭农场数量　　　　　　　　　　单位：个，%

项目	数量	占比	比上年增长
家庭农场	444885	100	29.9
示范性家庭农场	61837	13.9	57.9

资料来源：《全国农村经营管理统计年报（2016 年）》[①]。

---

① 本报告所引用数据为农业部门认定的家庭农场数量，与工商部门登记的家庭农场数量略有差异。本报告所引用资料来源于：农业部农村经济体制与经营管理司、农业部农村合作经济经营管理总站主编的《全国农村经营管理统计年报（2016 年）》一书。

二是经营土地面积迅速扩大，其中流转土地占七成。家庭农场经营的土地有自有土地和租赁土地之分。家庭农场必须达到一定规模，才能实现规模效益。由于我国地域广阔，各地自然经济社会条件差别很大，很难提出一个在全国范围内普遍适用的具体面积标准，但从地方标准来看，一般至少在 50 亩以上[①]。数据显示，近年来我国家庭农场经营土地面积迅速扩大，其中七成来源于流转土地。家庭农场自有耕地面积为 1288 多万亩，占其总经营耕地面积的 22.7%；流转经营的耕地面积 4014 多万亩，占 70.8%；以其他承包方式经营的耕地面积 371 多万亩，仅占 6.5%。从经营土地类型来看，有耕地、草地、水面以及其他等多种类型。到 2016 年底，全国家庭农场的经营土地面积总数高达 9570 多万亩，比 2015 年增长 84.4%，增幅十分明显。分土地类型来看，家庭农场经营土地面积中耕地面积占经营总面积的 59.3%，居于首位。草地占比约为 32.6%，其他类型土地面积占比 5.2%，水面面积占比最低，仅为 2.9%。从增长速度看，草地增长最为迅猛，比上年增长 1276.7%，其余的耕地、水面以及其他类型，分别比 2015 年增长 31.7%、18.4%、17.9%，如附表 1-3 所示。

附表 1-3　家庭农场经营土地面积　　　　　　单位：亩，%

类型	数量	占比	比上年增长
经营总土地面积	95708916	100	84.4
耕地	56750450	59.3	31.7
草地	31239985	32.6	1276.7
水面	2779881	2.9	18.4
其他	4938601	5.2	17.9

资料来源：《全国农村经营管理统计年报（2016年）》。

三是劳动力供给以家庭成员为主，常年雇工占比约为 1/3。从劳动角度来看，除一些农户联合经营组成的合伙企业外，农业企业的劳动要素主要依靠雇佣劳动力，而普通农户的劳动要素主要依靠自有劳动力，偶有邻里间换工。家庭农场的劳动要素则同时来源于家庭成员劳动力与雇佣劳动力，但是以家庭成员劳动力为主。附表 1-4 显示，全国家庭农场劳动力总数为 2656626 人。其中家庭成员劳动力为 1836143 人，占比 69.1%，常年雇工劳动力为 820483 人，占比 30.9%。这说明，家庭成员劳动力仍是家庭农场的主要劳动力来源。平均每个家庭农场劳动力 6 人，其中家庭成员 4 人，常年雇工 2 人。

[①]　以粮食生产为例，安徽提出集中连片规模应在 200 亩以上，重庆提出应达到 50 亩（一年两熟地区）或 100 亩（一年一熟制地区）以上，江苏提出 100~300 亩为宜，上海提出 100~150 亩为宜。

附表 1-4　家庭农场劳动力数量　　　　　　　　单位：人，%

	数量	占比
总劳动力	2656626	100
家庭成员劳动力	1836143	69.1
常年雇工劳动力	820483	30.9

资料来源：《全国农村经营管理统计年报（2016年）》。

四是行业分布中种植业占比最高，种养结合增速最快。如附表 1-5 所示，我国家庭农场从事的主要行业有种植业、畜牧业、渔业、种养结合和其他。其中，从事种植业的家庭农场总数为 270557 个，占总数的 60.8%，比上年增长 27.6%；从事畜牧业的为 86525 个，占总数的 19.4%，比上年增长 31.1%；从事渔业、种养结合以及其他类型的家庭农场分别为 25099 个、44067 个、18637 个，占比分别为 5.6%、9.9%、4.2%。从事种养结合的家庭农场的个数比 2015 年增长 43.6%，反映出产业融合步伐的加快。

种植业家庭农场中以粮食生产为主，且经营土地规模集中在 50~200 亩，占种植类家庭农场总数的 65.8%。在畜牧业中，从事生猪产业的家庭农场总数为 32628 个，占总数的 37.7%；从事奶业的家庭农场为 1615 个，占比仅为 1.9%。

附表 1-5　家庭农场行业分布情况　　　　　　　　单位：个，%

行业	数量	占比	比上年增长
种植业	270557	60.8	27.6
畜牧业	86525	19.4	31.1
渔业	25099	5.6	24.2
种养结合	44067	9.9	43.6
其他	18637	4.2	36.9

资料来源：《全国农村经营管理统计年报（2016年）》。

五是品牌化建设速度加快，经营收入较少，收益亟待提升。家庭农场越来越注重品牌化经营，通过注册商标、进行农产品质量认证等方式，提升产品知名度。截至 2016 年，全国拥有注册商标的家庭农场数仅为 16848 个，占全国家庭农场总数的 3.8%，但增幅较为明显，比上年增长 47.2%，同时，通过农产品质量认证的家庭农场数为 9223 个，占2.1%，但同样呈现迅猛的上涨趋势，比 2015 年增长 74.9%，如附表 1-6 所示。

附表 1-6　家庭农场商标品牌认证情况　　　　　　　　单位：个，%

类型	数量	占比	比上年增长
拥有注册商标	16848	3.8	47.2
通过农产品质量认证	9223	2.1	74.9

资料来源：《全国农村经营管理统计年报（2016年）》。

2016年，全国各类家庭农场年销售农产品总值接近1482亿元，比上年增长17.6%，平均每农场销售额为33.3万元。其中，年销售额在10万元以下的家庭农场153881个，占总数的34.6%；10万~50万元的家庭农场为197862个，占44.5%；50万~100万元的家庭农场为64257个，占比14.5%；超过100万元的家庭农场数为28785个，占家庭总数的6.5%（见附图1-1）。全国家庭农场购买农业生产投入品总值为660多亿元，比2015年上涨11.9%，平均每个家庭农场14.8万元。如果忽略投入品中农业机械等固定资产的折旧因素以及土地流转租金和人工成本，平均每个家庭农场的毛收入仅为18.5万元，亟须进一步提升。

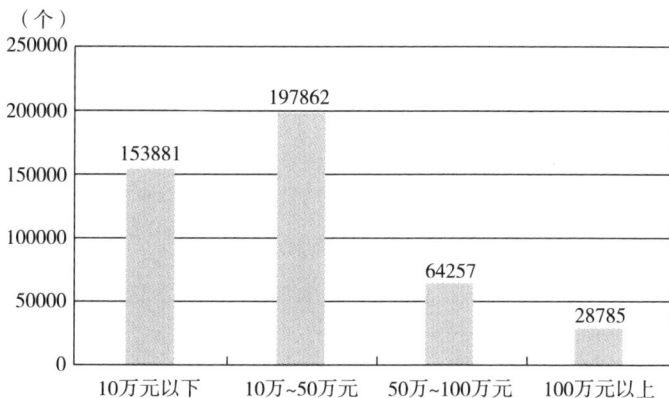

附图1-1 2016年全国家庭农场销售农产品总值情况

资料来源：《全国农村经营管理统计年报（2016年）》。

二、我国家庭农场融资情况及特点

2017年，农业部农村固定观察点利用调查系统针对全国二十多个省份的800个家庭农场开展问卷调查，共发放问卷800份，其中有效问卷668份。本部分将结合全国面上统计数据和问卷调查结果，对家庭农场的融资情况及特点进行分析。

（一）财政扶持资金和贷款支持规模总体偏小

从整体情况来看，尽管近年来国家不断加大对家庭农场的支持力度，但数据表明获得财政扶持及贷款支持的家庭农场数量仍然较少。从全国面上来看，截至2016年底，全国共有29314个家庭农场获得财政扶持资金，仅占总数的6.6%；全国获得贷款支持的家庭农场数为29067个，仅占总数的6.5%，两者的占比均没有超过7%，如附表1-7所示。

从财政扶持规模来看，扶持资金总额约为15.5亿元，平均每个享受财政扶持的家庭农场获得扶持资金5.7万元。在资金信贷方面，贷款数额在20万元以下的家庭农场为18919个，占贷款家庭农场总数的65.1%，贷款数额20万~50万元的家庭农场为7454

个，占25.6%，贷款总额高于50万元的家庭农场数为2694个，占9.3%，如附图1-2所示。

附表1-7 家庭农场获得扶持情况　　　　　　　　　　　　　　　　单位：个,%

	数量	占比	比上年增长
获得财政扶持资金	29314	6.6	29.1
获得贷款支持	29067	6.5	44.3

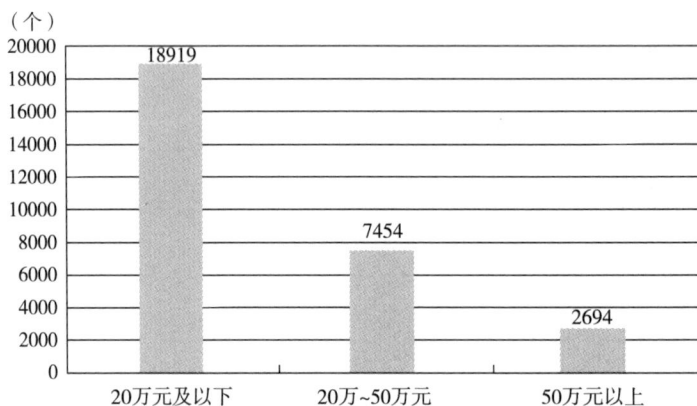

附图1-2 获得贷款支持的家庭农场情况

资料来源：《全国农村经营管理统计年报（2016年）》。

（二）融资渠道日趋多元化，非正规渠道仍占相当高的比例

问卷调查结果显示，668个家庭农场中有568个面临贷款短缺的情况，占总样本的85%。从融资途径来看，民间借贷和成员筹资分别占到52.3%、16.9%，这说明非正规渠道融资相当高的比例。从正规融资渠道来看，农村信用社是最主要的融资来源，占到57.2%，其次为商业银行、村镇银行，分别为17.1%和6.0%，如附表1-8所示。

附表1-8 家庭农场的融资途径　　　　　　　　　　　　　　　　单位：个,%

途径	没有解决	农村信用社	民间借贷	商业银行	村镇银行	成员筹资	其他
数量	37	325	297	97	34	96	42
占比	6.5	57.2	52.3	17.1	6.0	16.9	7.4

注：此问题为多选，各选项占比之和不能简单加总。

（三）足额批贷难，信用担保贷款占比高

问卷结果显示，668个家庭农场中有469个申请过银行贷款，84%获得了批贷，但

批贷程度不一。其中，只有 184 个（占 39%）获得足额批贷；210（占 45%）个获得部分批贷；没有获得批贷的家庭农场 75 个（占 16%）。事实上，家庭农场的贷款可得性没有这么高，因为大多数没有希望得到银行贷款的家庭农场根本不会去申请。从贷款频率来看，获得 3 次以下贷款的家庭农场占比 71%，获得 3 次以上贷款的家庭农场不到 1/3。

从贷款类型看，信用贷款占比最高，达 34.6%，其次为担保贷款，占 28.0%，抵押和质押贷款合计占 23.3%。有 79 个家庭农场获得了联保贷款，占 12.0%。这说明家庭农场仍然面临有效抵押物不足的情况，主要靠信用、联保、担保等获得银行贷款，说明农业金融支持机构介入家庭农场融资的前景广阔。

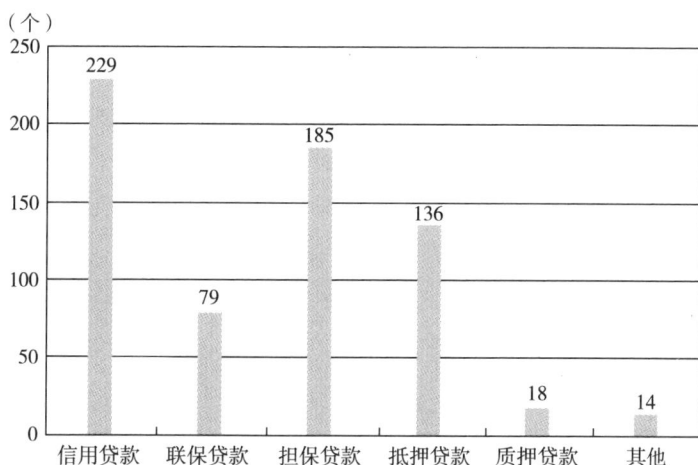

附图 1-3　家庭农场的主要贷款类型

资料来源：《全国农村经营管理统计年报（2016 年）》。

（四）贷款期限短，贷款金额不能满足需求

调查问卷结果显示，有 63.2% 的家庭农场只获得一年以内的银行贷款，获得两年贷款的家庭农场有 18.3%，获得三年及以上贷款的仅有 18.5%。从贷款用途看，按照需求比例依次为购买种苗、租赁土地、购买农业机械等。这说明家庭农场生产条件改善等基础类投资很难得到银行的中长期贷款支持。

从附表 1-9 看出，有 45 个家庭农场获得 5 万元以下的贷款，占 11.3%。获得 5 万~30 万元的样本最多，有 142 个，占 35.6%；30 万~50 万元的有 55 个，占 13.8%；50 万~80 万元的有 101 个，占 25.3%。其中 80 万元以上的共有 56 个，仅占 14.2%。这说明家庭农场的贷款金额比普通农户普遍较高，但是相对于自己的贷款需求来说，仍然面临信贷约束，不能满足固定资产投资的需求。结果显示，家庭农场主中，非常不满意和不太满意贷款业务的比重达到 58%。

附表 1-9　家庭农场的贷款金额　　　　　　单位：万元，%

贷款区间	5 万元以下	5 万~30 万元	30 万~50 万元	50 万~80 万元	80 万~100 万元	100 万~150 万元	150 万~300 万元	300 万~500 万元	500 万元以上
金额	45	142	55	101	17	19	13	4	3
占比	11.3	35.6	13.8	25.3	4.3	4.8	3.3	1.0	0.8

（五）获得政府担保有限，额度以 5 万元以上为主

政府对家庭农场的信贷担保情况，可以反映政府对某一行业及主体的扶持程度，由政府做担保，贷款获得的可能性也会相应增加。调查结果显示，家庭农场得到政府信贷担保支持十分有限，得到支持的占比仅为 0.69%，政策性担保惠及面不足，在一定程度上制约了地域性家庭农场的生产经营及发展壮大。从金额来看，获得政府担保贷款额度以 5 万元以上为主。由附表 1-10 可知，家庭农场享受政府信贷担保扶持的额度最多集中在 10 万元以上的区间内，占比为 41.76%，享受信贷担保扶持额度相对较多的是 5 万~10 万元资金的区间，所占比例为 37.2%。

附表 1-10　享受过政府信贷担保额度支持情况　　　　单位：%

担保金额	家庭农场占比
1 万~5 万元	21.04
5 万~10 万元	37.2
10 万元以上	41.76
总计	100

（六）"简化贷款手续"和"降低贷款利率"是最大需求

家庭农场对金融机构改进意见比较集中，最大的比例均集中在简化贷款手续、降低贷款利率、增加贷款额度和延长贷款期限上，选择比例区间在 40%~75%。其中，简化贷款手续最高，达到 72.51%；降低贷款利率次之，达到 60.48%；增加贷款额度位列第三，占比 51.26%；延长贷款期限占比 42.32%，位列第四；其他依次是扩大抵押物范围、增设营业网点占比分别为 19.00% 和 7.95%；增加金融服务产品的比例最低，占比仅为 5.62%，如附表 1-11 所示。

附表 1-11　对金融机构改进意见　　　　单位：%

改进意见	家庭农场
增设营业网点	7.95
增加贷款额度	51.26
延长贷款期限	42.32

改进意见	家庭农场
简化贷款手续	72.51
降低贷款利率	60.48
增加金融服务产品	5.62
扩大抵押担保物范围	19.00
其他	2.56

（七）家庭农场获得的贷款支持主要集中在近三年

问卷对家庭农场最近一次的贷款时间进行了调查，数据分析显示，家庭农场总共获得了391批次贷款，其中2017年173批次，2016年133批次，2015年55批次，三年合计361批次，占所有贷款批次的92%。家庭农场获得的银行贷款主要集中在近三年，特别是农业部、财政部、人民银行等部门印发《金融支持新型农业经营主体共同行动计划》以后，呈现逐年增长的趋势，如附图1-4所示。

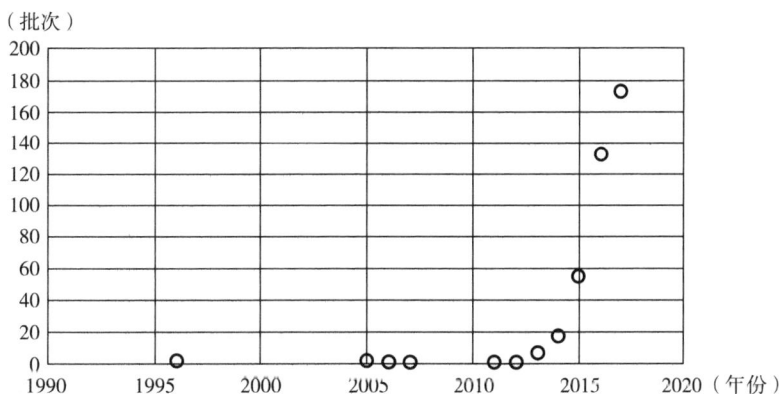

附图1-4　家庭农场获得的贷款批次

（八）基于问卷调查的主要发现

一是利率高制约着家庭农场向银行贷款。近年粮食价格较为低迷，家庭农场经营的农作物由于租金较高，使得家庭农场比较效益下降。当发生资金缺口时，银行较高的利率往往会限制家庭农场借款，或者只向银行借贷维持生产经营的最低规模。在这种条件下，银行继续实行较高的贷款利率就会对家庭农场正常规模经营和扩大经营规模产生不利影响。同时，由于农业生产面临市场和自然双重风险，部分地区的家庭农场虽然可以通过抵押土地经营权进行贷款，但是由于经营耕地收益有限，也会限制银行对其贷款的意愿。

二是审批时间过长限制了规模经营主体向银行贷款。在农场购置生产资料时，家庭农场资金不足，而农业生产特点决定了农场需要在有限时间内投入生产资料，银行长时间的审批往往会影响正常的农业生产。因此，贷款等待时间长也会制约着家庭农场向银行贷款。

三是贷款困难是家庭农场对金融机构服务的普遍看法。家庭农场普遍认为金融机构贷款较为困难。之所以出现这种共识，是因为对银行来说，必要的担保与审批是保障资金安全的前提，但对家庭农场来说，向银行取得贷款，需要提供各种担保与手续，审批成功后还要再等一段时间才能拿到贷款，这就有可能影响正常的农业生产经营，甚至对农业生产产生不利影响。

四是融资活动对家庭农场规模经营收益增加有限。从本次调查的结果来看，家庭农场普遍认为融资活动对其增产增收作用有限，甚至大部分认为没有影响。影响家庭农场增收的因素有很多，其中一个重要原因在于多数家庭农场依赖于民间借贷方式解决资金缺口问题，而民间借贷具有较高的利息成本，因此，通过民间借贷方式虽然解决了资金缺口问题，维持了正常生产经营活动，但是高额的融资成本在一定程度上对冲了经营收益，导致家庭农场增收作用有限。

三、我国家庭农场发展存在问题及融资困境

（一）对家庭农场的认识尚未统一，征信体系不健全

尽管中央一号文件已经明确提出大力发展家庭农场，从实际情况来看，各地对家庭农场的认识还没有统一，也没有给予家庭农场应有的市场法人地位。例如，有观点认为工商企业或农民合作社才值得重视扶持；有些学者甚至不理解家庭农场的具体内涵，搞不清与其他主体的本质区别。对家庭农场认识的混乱一方面造成了各地政府难以出台有针对性的扶持政策和采取更加积极的促进措施；另一方面不利于家庭农场规范化发展。作为新型农业经营主体，家庭农场尚未纳入征信系统，金融机构无法查询相关信用信息，无法对贷款对象的信用和风险状况进行评定和追踪，在一定程度上影响了金融机构贷款的积极性。

（二）家庭农场用地难以保障，缺乏足够的有效抵押物

由于我国人多地少的现实条件，发展家庭农场多数需要通过流转土地以扩大生产经营规模。在这个过程中，家庭农场经营者往往面临着土地流转市场不健全、信息不通畅、流转不规范等问题，导致经营规模不稳定。另外，受用地管理制度的制约，家庭农场经营者使用农业生产设施用地难度也很大。随着农村一二三产业加速融合，家庭农场发展新产业新业态问题更加突出。而农村最有效的抵押品就是土地及相关权利，但家庭农场想用土地使用收益权进行抵押贷款则面临法律困境。迄今为止，土地经营权抵押仅在一些试点地区开展，而家庭农场的设施用房、大棚、大型农机具等资产的抵押价值同样难以实现。因此，大多数金融机构对家庭农场的抵押贷款采取审慎的态度。

（三）家庭农场经营风险大，保险保障水平低

受传统生产模式影响，家庭农场的管理往往比较粗放，再加上农业本身的弱质性，导致家庭农场的抗风险能力较弱。同时，由于缺乏相关培训资源和机会，家庭农场在管理、营销、使用先进农业生产技术等方面的能力与现代农业要求还有很大差距。基于风险收益及成本覆盖原则，金融机构通常对家庭农场要求较高的利率回报，家庭农场的借贷成本也

随之提高。目前，农险保障水平由各地政府根据当地财政实力确定，参照的是直接物化成本。据统计，农业保险保障水平与直接物化成本的差距，全国平均水平在35%左右。对于因土地承包经营权流转形成的家庭农场而言，其投入大、风险高，一旦遭受大灾，将面临重大损失。同时，保险公司的责任有限，在风险保障水平低的同时，保险公司往往还规定一定的绝对免赔率，将农业保险的起赔点定为灾害损失的30%。

（四）家庭农场融资门槛高，政策及金融支持体系不完善

正规金融方面，小额信用贷款一般在5万元以下，难以满足家庭农场扩大生产的融资需求，而由于缺乏有效抵押物，难以获得较大金额的担保贷款。在实践中，很多家庭农场主往往利用个人关系，通过亲戚朋友间的民间借贷，借贷主体范围有限。目前，中央层面对家庭农场的扶持力度偏弱，大多数地方政府还没有针对家庭农场设计专门扶持政策。从支持规模和力度来看，家庭农场获得的财政扶持及信贷支持力度还比较低，在购买农机、建设仓储设施等方面亟须获得更多的帮助。

四、家庭农场融资的典型创新模式

尽管家庭农场在发展过程中面临融资困境，但是各相关试点地区的金融机构勇于探索、勤于开拓，形成了一些典型的融资模式，为农业金融支持机构介入和开展相关业务提供了有益借鉴。从内部特征来看，家庭农场拥有最有效的资产就是流转获得的土地经营权和应收账款。从外部支持来看，风险防范和化解是家庭农场融资活动最重要的制约瓶颈。因此，本报告从家庭农场自身特征和外部支持两个维度，筛选了四个典型案例。其中，应收账款融资属于产业链融资的一种，代表性比较强。土地经营权抵押的政策性较强，各地也都在试点，具有很好的推广价值。"险资直投"产业链扶贫融资是多元化融资渠道的创新，安徽融资风险补偿基金模式都关注了风险防范与风险保障。

（一）应收账款融资：依托农业园区的产业链外部融资模式

该种产业链融资模式通常依托某个农业园区。以农业园区建设为依托，农业产业集群为对象，利用供应商、生产商、销售商、服务中介以及专业协会间纵向一体化的合作关系，满足农业产业链资金循环需求的金融服务。该模式主要依靠产业集群内家庭农场与其他经营主体之间在信息、资源、技术、销售渠道上的相互依存来缓解农业信贷风险，提高外部金融机构收益，降低其信贷风险。

在这种产业链融资产品中，首先，银行与地方政府合作，通过参与园区基础设施建设融资，完善园区金融设施与设备，拓展产业链融资平台。其次，银行通过产业调查和评价，建立项目库，加强对园区产业项目的参与和监督，明确产业链条分布。最后，银行通过与中介机构（保险公司、担保公司）合作，整合园区内的种植、养殖、加工、运销等相关产业组织，利用核心价值判断、定制反担保协议，预设化解方案等措施对家庭农场开展金融服务，实现"家庭农场＋企业"融资。

"家庭农场＋企业"融资是园区主导型产业链融资的核心部分，其本质属于应收账款融资。处于产业链上游的家庭农场在销售产品后，不能及时收到下游企业的货款，在这种

情况下，家庭农场可以利用未到期的应收账款向金融机构办理融资业务。银行将家庭农场视为借款人，将下游企业视为担保人，同时利用担保公司或者物流企业作为其第二还款来源降低信贷风险，而后者则可以通过控制上下游之间的物流或者提出反担保措施，如专利、商标、屠宰许可、订单协议抵押，来影响贷款行为。一旦家庭农场融资出现问题，银行不但可以优先从下游企业获得应收货款，还能和担保、流通企业分担风险。当然，银行提供贷款是在对产业链进行评估的基础上进行的，而下游企业和担保中介的监督也能有效降低家庭农场融资的信用风险。产业链融资最重要的是考察上下游经营主体间依存关系和信用关系以及整个产业链的运行情况。

对农业金融支持机构的启示：第一，产品设计要着眼全产业链，对家庭农场的主营业务进行分析，摸清上下游关系及衔接紧密度，将其与相关联企业进行捆绑担保，在担保金额、用款期限等方面进行差异化设计，以求符合产业链资金流向，并能满足农业金融支持机构的风险节点控制。第二，农业金融支持机构要依托园区、产区、基地、集群等各类载体，将优质成熟的、载体内的家庭农场作为优先服务范围，与政府合作积极引导家庭农场转型升级，有序向各类载体集中。

（二）产权改革试点——吉林延边州的土地经营权抵押模式

为缓解家庭农场有效抵押物不足、贷款难、贷款贵等问题，延边州先后创新实施了土地他项权证抵押贷款、"县市农业局＋银行＋担保公司"联合推荐担保贷款、土地收益保证贷款、"政银保"贷款等大额金融贷款产品。

2014年下半年，延边州又在全国率先开展了农村土地经营权抵押贷款工作。延边州农委和农业银行建立了一整套科学、规范的农村土地经营权抵押贷款流程，为农户和规模经营主体贷款创造了有利条件。延边州农委制定了《农村土地经营权证管理办法》，为规模经营主体颁发《农村土地经营权证》；农业银行制定了《农村土地经营权抵押贷款办法》。家庭农场主持有《农村土地流转合同》就可到县市农业行政主管部门办理《农村土地经营权证》，而后直接到金融部门申请农村土地经营权抵押贷款。这个项目创新之处是农民无须实物抵押，只要抵押《农村土地经营权证》即可获得贷款。

首先需要完成土地确权工作，再在农业局办理《土地他权证》。农户把《农村土地经营权证》抵押在农业局，农业局出具《土地他权证》，农户就可以在银行贷出款项。即普通农户申请土地经营权抵押贷款，可直接持《农村土地承包经营权证》到金融部门进行贷款；家庭农场等规模经营主体申请农村土地经营权抵押贷款，基本条件是经营土地面积在100亩以上，并持有县市农业部门（如农业局）颁发的《农村土地经营权证》，贷款户持《农村土地经营权证》到贷款银行办理农村土地经营权抵押及同意处置抵押物的书面承诺并办理相关手续后，由借贷双方签订贷款合同，完成贷款。

2015年，延边州又进一步加大工作力度、简化程序，将受理农村土地经营权抵押贷款的银行由中国农业银行扩大到中国邮政储蓄银行和农村商业银行。截至2016年5月底，全州发放贷款1545笔，共3.7亿元，近几年累计发放贷款13亿元，有效破解了家庭农场融资"瓶颈"。

对农业金融支持机构的启示在于：土地是农户家庭农场最重要的资源资产。农业金融支持机构介入家庭农场融资担保还是要在土地上做文章。2018 年，全国承包地确权工作全面完成，家庭农场经营的土地以自有土地或周边农户土地为主。与家庭农场其他资源资产相比，确权后的农村土地承包经营权证是最有效的抵押物。农业金融支持机构要注意围绕土地证书设计担保产品，扩大确权成果应用范围的同时，解决家庭农场融资难的问题。

（三）融资渠道创新："险资直投"产业链扶贫融资模式

兴安盟科尔沁右翼前旗探索实施"险资直投"产业链扶贫融资项目。该项目由当地政府、中国人保财险公司兴安盟分公司和兴安盟农牧业融资担保公司建立共管账户，当地扶贫办按总融资额的 10% 提供风险保障金，并按 3%～5% 的年利率进行贴息，为当地甜菜产业的上下游农户、家庭农场提供融资支持。

"险资直投"项目优先支持有扶贫带动效应的家庭农场，实现了保险机构从单纯提供保障到开展涉农综合金融服务的跨越，产业链扶贫项目建立起了"龙头企业＋家庭农场＋金融机构＋贫困户"的风险共担、利益联结机制。数据显示，自 2017 年底至今，科尔沁右翼前旗产业链扶贫融资项目的贷款总额已超过 6000 万元，带动贫困人口上千人。

对农业金融支持机构的启示在于：农业金融支持机构作为一种政策性金融工具，要突出政治挂帅，积极与地方政府合作，充分利用涉农资金整合后的市场空间，与地方政府、保险公司、银行机构广泛合作，放大财政支农政策效应，提高财政支农资金使用效益。从这个案例出发，在打赢精准脱贫攻坚战最后的两年半时间里，农业金融支持机构要抓住这个机遇，积极与保险公司、扶贫办对接，在有条件的地方率先试点，待模式成熟后向全国推广。

（四）风险分担机制创新——安徽融资风险补偿基金模式

安徽省设立融资风险补偿基金，融资风险由财政、银行、家庭农场按比例共同承担。根据规定，在试点地区合作银行以融资风险补偿基金为最高额质押，为符合条件的家庭农场提供 1 年期内无抵押、无担保或弱抵押、弱担保贷款。原则上，合作银行按照不低于融资风险补偿基金 5 倍规模放大信贷。参与试点并获得信贷资金的家庭农场，要按照不高于贷款额度 10% 比例缴纳保证金（具体比例由试点地区确定），待家庭农场按期归还贷款后，由银行退还保证金。家庭农场贷款上限为 80 万元。

如出现逾期还款，启动风险补偿程序，首先抵扣该农民合作社或家庭农场缴纳的保证金，剩余欠款由融资风险补偿基金、合作银行按一定比例承担损失。银行追偿不良贷款后，按比例归还融资风险补偿基金。融资风险补偿基金用于家庭农场生产发展，支持引进农业新品种新技术、购置农业生产资料、开展标准化生产、农产品初加工及市场营销等，不得用于非农领域。在同等条件下，优先扶持承担绿色增产模式攻关示范、从事粮食适度规模化生产的家庭农场；优先扶持农业产业化联合体内家庭农场；优先扶持示范家庭农场；优先扶持信用环境好、发展高效特色种养业、开展农机植保和产后加工流通服务的家庭农场；对符合贷款条件的回乡创业农民工、大中专学生、青年农场主给予优先支持。

试点各县因地制宜，通过公开招标或竞争性谈判确定 2～4 家合作银行。制定风险管控措施，特别是引入担保公司、保险公司共同参与试点，在更大程度上分摊风险。简化操作流程，逐步建立以家庭农场基础信息档案为主的信用体系，对贷款额度较小、符合信用要求的适宜简易程序，无抵押、无担保、随贷随还，快速办理。与"劝耕贷"农业金融支持有机结合，充分发挥政策叠加优势，提升示范带动效果。

自 2015 年以来，安徽省先后分三批在 24 个试点县（市、区）开展了融资风险补偿基金试点，专项支持农民合作社、家庭农场发展。截至目前，24 个试点县共落实配套资金 1 亿元，支持农民合作社、家庭农场 3758 家，发放贷款 14.43 亿元，平均每个主体获得贷款 38.4 万元，有效促进了现代农业发展。

对农业金融支持机构的启示在于：融资风险具有多元性，风险的化解也必然是多元的。安徽省通过融资风险补偿基金，将融资风险由财政、银行、家庭农场按比例共同承担，既解决了家庭农场融资难，又将各个主体的承受限定在可承受范围内。农业金融支持机构应秉承这种理念，积极与保险公司、其他担保公司联合与合作，科学设计相关利益联结机制和风险防范机制，实现真正意义上的风险共担。

五、家庭农场发展对策及农业金融支持机构介入建议

（一）健全家庭农场政策支持体系

随着乡村振兴战略的逐步实施，农业供给侧结构性改革的不断深入，各类新型农业经营主体发展的外部环境不断优化，需要强化对家庭农场发展的土地、人才、社会化服务等政策扶持，以更好地发挥其在农业现代化中的作用。

一是引导流转土地向家庭农场集中。要鼓励土地优先流向家庭农场，支持土地流出户与家庭农场签订中长期流转合同，稳定家庭农场经营预期。在稳定土地流转关系的基础上，不断健全土地流转交易市场，加强土地流转平台建设，健全县、乡、村三级流转服务体系，开展流转供求信息、合同指导、价格协调、纠纷调解等服务，引导土地依法自愿平稳流转。同时，创新租地农场形成方式，积极推广股份合作、土地托管等方式，引导形成稳定地租，保护流转双方合法权益。

二是促进家庭农场规范化发展。加强家庭农场培育服务管理，引导其健全管理体制，完善财务制度，明晰产权关系，提高经营水平，加快发展壮大。尽快建立健全家庭农场注册登记制度，促进农业部门登记管理与工商部门登记注册衔接一致、一体管理，确保市场主体地位，推动其成为独立的、稳定的承贷主体。

三是加大对家庭农场的财政支持。可以对达到一定规模的家庭农场给予直接补贴或奖励，对家庭农场流入土地给予一定的流转补助费，以鼓励规模经营的发展。可以对家庭农场贷款给予一定的财政贴息，以降低家庭农场进入资本市场的成本。同时，对家庭农场开展无公害农产品、绿色食品、有机农产品等质量安全认证给予奖励，以提高家庭农场生产的标准化水平。

四是完善农村金融制度。资金短缺是家庭农场普遍面临的制约因素，也是导致发展缓慢的重要原因。要积极培育和引入各类新型农村金融机构开拓农村业务，允许农民合作社

开展信用合作，为家庭农场提供资金支持。创新金融服务产品和工具，针对具有不同个人禀赋、经济因素和土地流转特征的家庭农场主设计不同的金融产品。加大对新业态、新模式、新主体的金融支持，落实数字普惠金融，创新线上金融产品、金融工具。金融机构要完善贷款利率定价机制，以降低家庭农场的贷款交易成本，简化申请贷款的相关手续。

五是加强家庭农场信用评级。当前，我国家庭农场信用评级授信工作滞后，在一定程度上影响了金融支持家庭农场工作的开展。建议加快所有家庭农场的评级授信工作，完善针对家庭农场的信用评价指标体系，将家庭农场主要成员一并纳入管理，让家庭农场切实成为信贷承担者的主体，并形成电子信用档案，实现各金融机构共享共用。改善当地金融生态和信用环境，有效发挥农村信用体系建设成果在金融支持家庭农场发展中的作用。信贷员要定期下乡宣传和调查，实际掌握家庭农场的经营能力和信用情况，降低信息成本、中介成本和贷款风险。

六是健全农业保险制度。在现阶段，健全农业保险管理体制，要以农业保险多元化、多主体为方向，提升家庭农场抵御风险的能力。首先，丰富农业保险产品，优化政策性保险品种结构，给家庭农场多元化保险选择。其次，调整保险保障水平，提高家庭农场农业保险的赔付水平，对不同档次实行差别化的补偿标准。再次，鼓励多元投入，提高农业保险各利益方有效参与度，鼓励家庭农场等各类新型农业经营主体开展多种形式的互助合作保险。最后，建立再保险制度，由政府成立专门的再保险公司，根据不同地区的农业生产情况和政府财政负担能力，对商业性农业保险公司承保的保险业务进行再保险，实现风险在更大范围内分担。

七是搭建权属流转平台。依托现有公共资源交易机构，市（区）和各县（市）尽快成立农村产权交易中心，建立健全各类产权和抵质押资产资源流转信息发布机制，为新型主体融资提供专业化服务。出台涉农产权评估、交易转让、抵押登记等管理办法，规范涉农权属流转和使用。由政府明确，自然资源、林业等相关职能部门组建评估机构开展评估，暂时无条件的，可引进有资质的专业评估机构对特定抵押物进行有效评估，评估费按最低标准执行。

八是加强农业社会化服务。建设覆盖全程、综合配套、便捷高效的社会化服务体系，是家庭农场发展壮大的重要支撑。发展功能健全、运行良好的社会化服务，可以有效地把各种现代生产要素注入家庭经营中，不断提高农业物质技术装备水平，从而在坚持家庭"小生产"的基础上推进农业生产专业化、商品化和社会化。一方面，要加快构建新型农业社会化服务体系。要培育多元化、多形式、多层次的农业生产服务组织，做好产前的农资供应、市场信息服务；产中的农业技术指导、农机协作服务；产后的储藏、销售和加工等服务，为家庭农场发展提供服务保障。另一方面，要注重家庭农场之间的联合合作。引导同产业同类型家庭农场组建专业协会、联合会，发挥集聚效应，促进家庭农场与各类组织深度融合，发展"公共服务机构＋农资农技服务公司＋家庭农场""农民专业合作组织＋社会化服务组织＋家庭农场""龙头企业＋家庭农场""农资经营公司＋家庭农场"等服务模式，为家庭农场提供良种、农机、植保以及农产品加工储藏销售等一体化服务。

（二）农业金融支持机构制度设计及发展建议

一是瞄准重点领域和重点主体。落实中央要求，围绕促进适度规模经营和土地有序流转，将担保服务对象锁定为以种粮为主的家庭农场。服务于打赢精准脱贫攻坚战，努力开拓扶贫领域的服务市场，将带动贫困户作为重点支持对象。结合乡村振兴战略，紧紧围绕发展现代农业，服务于当地农业及特色主导产业发展，根植于县、乡、村，以农业农村资源为依托，以农民为主体，以农村一二三产业融合发展为核心，瞄准彰显地域特色、体现乡村气息、承载乡村价值的乡村产业。发挥政策协调效应，将各级示范性家庭农场纳入优先支持范围，针对先建后补的财政补助项目给予等额贷款担保，有效解决家庭农场项目建设期间的资金缺口问题。

二是开发多种担保产品。针对家庭农场的主体特征和贷款需求特点，树立扶持优先的农业金融支持理念，重点对家庭农场经营规模、从业经验、发展前景和经济效益考核，研究定制个性化信贷担保产品和服务方式，逐步放宽贷款抵押物范围，积极探索农村水利工程产权抵押、大型农机具抵押、大额订单质押、应收账款质押、农业保险保单质押、土地流转收益保证等担保贷款业务。同时，突破传统重资产、重抵押的做法，设计专门的制式合同，降低准入门槛、简化审批流程，实行优惠担保费率，精心做好担保产品设计。在经营理念、支持对象、营销手段、个性化需求等方面进行差异化服务创新，针对不同规模、不同行业的家庭农场开发多元化系列产品，主动适应家庭农场的担保需求。

三是探索灵活多样的担保方式。试点允许家庭农场使用土地承包经营权、林权、农业保险单进行抵押、质押担保，最大程度解决家庭农场融资难的问题。创新担保机制，因地制宜采取"银担合作""政担合作""担担合作""网担合作"等多种担保模式，探索组合式担保路径，分散化解担保风险。例如，可以与村级的互助担保资金合作社对家庭农场贷款进行联合担保，还可以与家庭农场联结的龙头企业或农民合作社合作，为家庭农场提供联合担保。推广产业链金融模式，对产业化程度高的家庭农场开展基于供应链的融资担保，创新农业订单融资。

四是创新农业金融支持机构服务体系。积极与地方政府、金融机构、担保机构签署合作协议，采取合作共建、协同支农、资源共享、风险共管等方式，在农业发展基础好的市县建立业务分支机构。同时，打破地域性限制，针对种业、农机、乳业等行业，设立行业性担保机构，支持特定行业领域家庭农场的发展，进一步丰富完善农业信贷担保服务网络体系。

五是建立风险防范机制。从事前、事中、事后三个环节，严把贷款风险。合理设置农信担保准入条件，从种养周期、经营收入、从业年限、性格特征、诚信记录等信息进行风险评判，将经营的成长性、主体的诚信度、涉农业务的关联性作为衡量信贷担保准入的主要标准，防止高风险客户进入担保范围，从源头上控制担保的主体风险。加强事中监管，建立健全业务操作规程、业务评审制度和风险管理制度，优化担保业务操作流程，建立全程风险管理模式，将风险防范融入项目受理、立项、尽调、评审、放款和保后管理等各个环节中。创新反担保方式，开发财政补助收益权等反担保措施，建立与合作银行分担风险机制、风险预警和业务暂停机制及代偿上限控制方式。强化风险拨备，按规定足额提取各项风险准备金和法定公积金，进一步提高防风险能力。

六是优化农业金融支持机构业务管理。县级担保机构要尽快制订并落实业务拓展计划，并切块开展对家庭农场等新型主体的融资担保业务，逐步提高针对性业务比例。制定专门面向家庭农场的担保管理办法，适当提高家庭农场贷款额度和担保额度，允许其依据生产经营周期和还贷来源合理确定贷款期限。应对家庭农场担保费用合理定价，在有效覆盖风险和成本的前提下，适度降低家庭农场融资成本。国家农担联盟要探索建立基层担保机构对家庭农场融资担保业务"尽职免责"机制，提高不良贷款容忍度，例如对于因自然灾害等不可抗力因素造成贷款损失的可免于追责。

七是完善配套政策体系。在地方政府支持下，在乡镇一级试点牵头建立由村集体、新型农业经营主体和农户参股，县财政配套入股的现代股份制担保公司或互助基金，带动农村担保业务发展。鼓励和支持新型主体设立互助担保基金，开展信贷合作。积极争取政府部门对担保机构的支持，争取较低的营业税率，减轻税收负担，可以根据担保贷款余额和年度增长情况给予一定比例的财政补贴。有条件的地方政府部门，要积极介入，建立一定的财政支持基金，发挥地方财政的杠杆引导作用，探索建立包括融资奖励、税收优惠、担保奖补、保险补贴和风险补偿的配套体系。有一定基础的地方，还可以广泛吸纳社会和民间资本参与设立农业发展基金，为家庭农场等新型农业经营主体提供融资性担保支持和服务。同时，加强评估、公证、咨询等涉农金融中介机构和服务组织的培育发展，提高服务水平。

分报告2：农业金融支持农民合作社带动小农户发展研究[①]

一、农民合作社基本概念、政策演进及发展趋势

（一）农民合作社的基本概念

近年来，在我国政府一系列政策的大力扶持下，农民合作社蓬勃发展，但有些个人为了获得潜在的政策红利，在农村弄出了一些"套牌""空壳""假冒"合作社，严重损害了国家和农民的利益。为了规范市场、推进合作社规范健康发展，国内外学者就现有农民专业合作社的性质界定进行了深入探讨（牛若峰，2003；苑鹏，2006等）。我国《农民专业合作社法》明确限定，"农民专业合作社是在农村家庭承包经营基础上，同类农产品的生产经营者或者同类农业生产经营服务的提供者、利用者，自愿联合、民主管理的互助性经济组织"。"同类农产品的生产经营者或者同类农业生产经营服务的提供者、利用者"的"互助性经济组织"应该是农民专业合作社的两个本质特点。只要某一农民专业合作社具备以上两个核心特点，课题组就认为它属于本报告所认定的农民专业合作社对象范

---

① 执笔人：毛飞。

围。而不在意它的股权是否平均、收益分配是否偏好于核心成员等。无论是传统合作社、新一代合作社，还是股份合作社；无论是紧密型合作社，还是松散型合作社都只是体现了其成员投资计划及操作方式的不同（Chaddad and Cook，2003），是成员间利益博弈、外部市场条件、当地经济发展水平、社会发展条件等因素共同作用的结果。当然，一些实质上是农产品收购与加工企业、个体经营农户（养殖户与种植户等）的"套牌"合作社，以及实质上并没有运营或没有任何互助合作内容（哪怕是仅开展统购农资或统一技术指导服务）的"空壳"或"假"合作社不属于本报告所认定的农民专业合作社对象范围。

（二）农民合作社的政策演进

进入21世纪以来，在坚持农村基本政策和农村基本经营制度基础上，党和政府与时俱进地制定了一系列促进农民专业合作社发展的政策措施。首先，进一步明确了合作社的发展方向。党的十七届三中全会明确指出，要"按照服务农民、进退自由、权利平等、管理民主的要求，扶持农民专业合作社加快发展，使之成为引领农民参与国内外市场竞争的现代农业经营组织"。其次，制定完善了有关农民专业合作社法律法规。2006年全国人大常委会颁布了《农民专业合作社法》，明确了办社宗旨和原则，赋予了农民专业合作社独立法人资格和市场主体地位，规范了农民专业合作社组织行为、产权关系、盈余分配等基本制度。国务院以及农业部、财政部等有关部门也出台了相应登记管理条例、示范章程、财务会计制度等。各地也相继颁布了地方性条例，与中央政府一道努力使农民专业合作社走上了依法发展轨道。最后，持续强化对合作社发展的扶持。2004年以来的14个中央一号文件和国务院有关文件，提出了一系列支持合作社发展的政策措施，各有关部委、各地方政府也出台了许多税收优惠、财政支持、金融扶持等方面的政策措施，并实施了大量诸如合作社带头人培训工程等支持合作社发展的项目。

历年中央一号文件已明确了农村合作组织的政策基本框架及发展脉络。2004年，提出要推进有关农民专业合作组织的立法工作；且强调拓展合作社外部融资渠道，即提出"财政可适当给予贴息以帮助金融机构支持农民专业合作组织某些业务的开展"。2005年，首次强调让专业合作组织发挥融资服务功能，即"探索专业合作组织为农户承贷承还、提供贷款担保等有效办法"。2006年，强调加快合作社立法进程。2007年，首次提出打造合作社直销模式，即提出"支持农民专业合作组织等直接向城市超市、社区菜市场和便利店配送农产品"。2008年，首次提出鼓励合作社向农产品加工环节纵向延伸，即提出"鼓励农民专业合作社兴办农产品加工企业或参股龙头企业"。2009年，首次提出"支持农民专业合作社开展内部信用合作"；2010年，进一步提出"支持有条件的合作社兴办农村资金互助社"。2011年，宣布大力发展农民用水合作组织。2012年，则主要鼓励农机合作社购置大中型农机具。2013年，首次提出鼓励农民兴办股份合作社。2014年，首次强调引导发展农民专业合作社联合社。2015年，首次提出引导农民以土地经营权入股合作社和龙头企业。2016年，提出进一步完善农业产业链与农民的利益联结机制，支持供销合作社创办领办农民合作社，引领农民参与农村产业融合发展、分享产业链收益。2017年，首次提出培育宜居宜业特色小镇，支持有条件的乡村建设以农民合作社为主要载体、让农民充分参与和受益，集循环农业、创意农业、农事体验于一体的田园综合体。2018年，提出创新培训机制，支持农民专业合作社、专业技术协会、龙头企业等主体承担培训，汇聚全社会力量，强化乡村振兴人才支撑。

梳理自 2004 年以来的政策发展脉络可以看到，政府不仅给予合作社以大量的税收和财政政策倾斜，而且力推合作社的业务范围的扩展、合作社的规范化、社际合作以及合作社与其他经营主体的纵向一体化。随着农村要素的资本化，合作社内部社员之间以及合作社与外部主体之间也可以采用更加现代的金融手段和方式进行合作。

（三）现阶段农民合作社的发展概况

当前农民专业合作社作为新型农业经营主体中的重要成员已成为现代农业建设的中坚力量。主要表现在以下方面：

（1）我国农民专业合作社数量较快增长。国家工商行政管理总局和新华社的数据显示，2014 年一季度，全国新登记农民专业合作社 7 万家，同比增长 25.0%，资金数额 0.2 万亿元，增长 20.6%；2015 年 10 月底，全国依法登记的农民合作社已达 174.9 万家，入社农户占全国农户人数的 43.5%；2016 年全国农民专业合作社数量为 193.5 万家，入社农户超过 1 亿户。《农民专业合作社法》实施十周年来，合作社覆盖面稳步扩大，平均每个村有 3 家，入社农户占全国农户的 46.8%。

（2）合作社的合作水平显著提升。2016 年，超过半数的合作社提供产加销一体化服务，服务总值 11044 亿元。通过共同出资、共创品牌、共享利益等方式组建联合社 7200 多家。

（3）合作社带动小农户发展的作用明显。2015 年，平均每个合作社成员当年分配盈余 1597 元，普遍比生产同类产品的非成员增收 20% 以上。合作社产业分布状况如下：主要产品为粮油棉、肉蛋奶、果蔬茶等；扩展领域为农机、植保、民间工艺、旅游休闲农业等。农民合作社已成为推进农业供给侧结构性改革的重要力量以及带动农民增收脱贫致富的稳定渠道。

（四）农民合作社发展现状对小农户的带动情况

1. 调查方式与数据来源

本报告所用数据来自"全国新型农业经营主体发展状况调查"。该项调查时间为 2016 年 5 ~ 7 月。为了提高调查效率和数据质量，该调查在调查问卷的基础上，专门开发了 App 应用软件，同时运用了 GPS 定位、录音和拍照等手段。整体抽样方案采用了分层随机抽样与两阶段抽样的设计。第一阶段抽样的目标是从全国抽取 150 个县（市、区）作为样本县。在没有新型农业经营主体县级分布数据的情况下，该调查以 2014 年各县域第一产业增加值为依据进行分层抽样。第二阶段首先从样本县相关政府部门获得合作社、家庭农场和龙头企业登记注册名单，之后基于等距抽样法抽取三类主体的调查样本。

具体调查方式为入户问卷调查。此次调查最终获得新型主体样本 2615 个，其中包括：1219 个合作社样本，1287 个家庭农场样本，319 个龙头企业样本。调查地点涉及安徽、北京、福建、甘肃、广东、广西、贵州、河北、河南、黑龙江、湖北、湖南、吉林、江苏、江西、辽宁、内蒙古、山东、山西、陕西、四川、云南和浙江23个省（区、市）。

2. 合作社发展现状及对小农户的带动

（1）合作社成员规模仍以50人以下的小规模为主，八成以上合作社由种养殖大户和普通农户发起成立。共有523家合作社成员规模在10人以下，占被调查合作社的47.5%，有34.2%的合作社成员规模在10~50人，50~200人的合作社共有152家，占被调查合作社的13.8%，200人以上的合作社仅50家，占比4.5%。合作社成员规模如附表2-1所示。

附表2-1 合作社成员规模分析 单位:%

成员规模	5~10人	10~50人	50~200人	200人以上	合计
频数	523	377	152	50	1102
有效百分比	47.5	34.2	13.8	4.5	100
累计百分比	47.5	81.7	95.5	100	100

从发起力量来看，现有合作社主要是由种养殖大户和普通农户发起成立。共有1033家合作社由种养殖大户和普通农户发起成立，占被调查合作社的85.2%。以外部力量发起成立的合作社又可区分为三种类型：一是由非农民自然人发起成立的合作社，共47家，占被调查合作社的3.9%；二是村委会发起成立的合作社，共60家，占被调查合作社的4.9%；三是企业或供销社发起成立的合作社，共63家，占被调查合作社的5.2%。

（2）约八成合作社未设成员入社条件或仅要求须为当地农户，绝大多数合作社允许社员自由退出。如农户加入合作社的条件中，对成员的资格要求按比例大小依次是无须任何条件的有678家，占比60.97%；须为当地农户的有218家，占比19.60%；须经过核心成员推荐的有160家，占比14.39%；生产需要一定的经营规模的有145家，占比13.04%；须拥有某一机械的有57家，占比5.13%；满足其他条件也可加入合作社的有71家，占比6.38%。其中对最低入社的土地规模要求，合作社差异很大。此外有154家合作社对成员入社的资格要求不止一项条件，占被调查合作社的13.85%。合作社成员入社条件如附表2-2所示。

附表2-2 合作社成员入社条件分析 单位:%

成员入社条件	无须任何条件	须为当地农户	须经过核心成员推荐	生产需要一定的经营规模	须拥有某一机械	满足其他条件
频数	678	218	160	145	57	71
百分比	60.97	19.60	14.39	13.04	5.13	6.38

绝大多数合作社允许社员自由退出。有787家合作社所有成员均可自由退出，占被调查合作社总数的70.77%；有181家合作社成员允许普通成员自由退出，但不允许骨干或

核心股东自由退出，占比 16.28%；也有 90 家合作社表示所有成员均不可以自由退出，占比 8.09%。值得注意的是，有 49 家合作社在成员能否自由退出这个问题上缺乏制度安排，受访者均表示截至调查前尚未有成员退出，而忽略了成员退出机制的建设。

（3）社员出资方式主要以货币和土地折价出资为主，合作社间实有资产差异巨大。共 710 家合作社存在社员货币出资情况，占比 63.85%；共 626 家合作社存在社员土地折价出资情况，占比 56.29%；共 145 家合作社存在社员非土地实物折价出资情况，占比 13.04%。共有 698 家合作社是股份制合作社，占被调查合作社的 57.3%。合作社社员出资方式如附表 2-3 所示。

附表 2-3　合作社社员出资方式分析　　　　单位:%

社员出资方式	非土地实物折价	土地折价	知识产权折价	货币	其他
频数	145	626	37	710	39
百分比	13.04	56.29	3.33	63.85	3.51

各合作社间实有资产差异巨大，最小值 0 元，最大值 30810 万元，平均约为 405.8 万元，标准差为 1256.4。其中，固定资产最小值 0 元，最大值 8000 万元，平均约为 183.9 万元，标准差为 429.0；流动资产最小值 0 元，最大值 15782.0 万元，平均约为 123.7 万元，标准差为 655.5。

（4）理事长有任期规定的合作社不到三成，半数以上合作社重大事务表决采取理事长决定制或理事会决定制。共 261 家合作社理事长有任期规定，占被调研合作社的 23.47%，每届任期平均期限为 4 年。半数以上合作社重大事务表决采取理事长决定制或理事会决定制。采用成员（代表）大会决定制，一人一票的合作社共 418 家，占比 34.4%；采用理事会决定制的合作社共计 404 家，占比 33.3%；采用理事长决定制的合作社共计 259 家，占比 21.3%；另有 110 家合作社虽采用成员（代表）大会决定制，但按比例（股份、交易额/量）投票，占比 9.1%。合作社重大事务表决方式如附表 2-4 所示。

附表 2-4　合作社重大事务表决方式分析　　　　单位:%

重大事务表决方式	理事长决定制	理事会决定制	成员（代表）大会决定制，一人一票	成员（代表）大会决定制，按比例（股份、交易额/量）投票	其他	合计
频数	259	404	418	110	24	1215
百分比	21.3	33.3	34.4	9.1	2.0	100

（5）社长以壮年为主，文化水平较高，近半数具有组织管理经验。社长以壮年为主，平均年龄约为 46.1 岁，最小年龄 18 岁，最大年龄 78 岁，标准差为 9.59。从社长性别来看，男性共 1075 人，占被调查合作社的 88.3%；女性 140 人，占被调查合作社的

11.5%。社长文化水平较高,具有高中以上学历者约占58.1%。社长学历分布如附表2-5分布。社长近半数具有组织管理经验。这些人中,曾担任过县乡镇公务员、村干部、农技推广人员、企业管理人员约占49.8%。其余未担任过上述职务的合作社领导人中,有37.9%的人曾外出务工过。这在一定程度上反映出目前合作社的发展为农村精英提供了广阔的舞台。社长工作经历如附表2-6所示。

附表2-5 合作社社长学历分布分析 单位:%

学历	小学及以下	初中	高中/中专	大专	大学本科及以上	合计
频数	82	505	450	130	37	1204
百分比	6.8	41.9	37.4	10.8	3.1	100

附表2-6 社长工作经历分析 单位:%

工作经历	外出务工	当兵	教师	村干部	乡镇公务员	县级及以上公务员	农技推广人员	企业管理人员	合计
频数	436	104	38	249	40	9	143	131	1150
占比	37.9	9.0	3.3	21.7	3.5	0.8	12.4	11.4	100

(6)合作社已开始提供多样化服务领域产品,合作社经营的农产品以粮油、畜禽、瓜果和蔬菜类为主。除融资服务外,合作社提供的其他服务大致可分为六类:农资购买、农产品销售、农产品加工、农产品运输及储藏、良种引进和推广服务、农业技术培训。其中,农产品销售是最为普遍供给的服务类型,占被调查合作社的53.4%;农资购买和农业技术培训也是合作社较多提供的服务类型,占比分别为45.6%、44.9%。合作社为社员提供的主要服务项目如附表2-7所示。

附表2-7 合作社为社员提供的主要服务项目分析 单位:%

服务类型	农资购买	农产品销售	农产品加工	农产品运输及储藏	良种引进和推广服务	农业技术培训
频数	556	651	231	288	465	547
百分比	45.6	53.4	19.0	23.6	38.2	44.9

合作社经营的农产品种类繁杂,几乎涉及种养业的方方面面,但主要是以粮油和畜禽为主,其次是瓜果和蔬菜产品。合作社经营的主要产品类型如附表2-8所示。除上述产品和服务外,合作社还提供诸如农机服务、资金互助服务、劳务合作、休闲观光旅游等产品与服务。

(7)七成以上合作社实现了产销或者产供销一体化,约1/4的合作社为社员提供二次返利。合作社产供销模式分为四类:供产一体化、产销一体化、产供销一体化、未涉及一体化。产销一体化是最普遍模式，共有427家，占被调查合作社的38.40%；其次是产供销一体化模式，共有377家，占被调查合作社的33.90%；供产一体化模式共有84家，占比7.55%；有210家合作社未涉及任何形式的一体化，占被调查合作社的18.88%。

附表2－8　合作社经营的主要产品类型分析　　　　单位:%

主要产品类型	粮油	瓜果	蔬菜	花卉	林产品	畜禽产品	水产品	其他农副产品	服务类产品
频数	324	221	195	41	99	247	71	100	165
百分比	29.14	19.87	17.54	3.69	8.90	22.21	6.38	8.99	14.83

注：①其他农副产品主要包括茶叶、烟草、中草药、棉花等农产品，服务类产品主要指农机服务、资金互助服务、劳务合作、休闲观光旅游等；②共有278家合作社经营两种及以上类型的产品，约占被调研合作社总数的25%。正是由于存在这一情况，所以上表合计家数和百分比分别超过1112家和100%。

被调查的合作社，有283家为社员提供二次返利，占比25.45%；803家合作社未提供二次返利，占比72.21%。其中为社员提供二次返利的283家合作社中，有165家是基于交易额提供返利，88家基于交易量，27家基于其他标准。

（五）农民合作社的发展趋势

1. 合作社功能进一步扩展

我国的农民专业合作社从最初的农业技术协会时只提供农业技术服务和信息服务，到现在把农业生产的产前、产中、产后环节都包含进来，让农户可以专心于农业生产，将农资采购、新技术选择、销售信息获取、产品分级包装加工、运输营销以及品牌化经营等农业经营活动交由合作社来统一经营和提供服务，形成了"生产小规模，经营规模化"的格局，促进了现代农业的发展。

但随着农业产业化的加速，合作社的服务范围也逐渐扩展到农户的信用合作以及乡村治理等范畴。在合作经营带动下，农户资金需求日益增加，而当前的农村金融体系还无法满足农户的资金借贷需求，专业合作基础上的资金互助模式正悄然兴起以填补这一服务空白。这种农民专业合作基础上的信用合作已经成为我国一万多家合作社的重要服务内容之一，有的合作社在制度设计上已比较正规，如吉林省梨树县泉眼岭乡南泉村凤翔粮食信托专业合作社就是信用合作的典范。与一般的农村资金互助社相比，这种专业合作基础上的资金互助模式更能克服信息不对称的问题，而且合作社给社员提供的贸易信贷不仅可以在一定程度上解决社员生产资金短缺的问题，也能为合作社进一步发展提供周转资金。

调研发现，专业合作加信用合作，已成为我国农民专业合作社发展的重要趋势。除了经济功能以外，农民专业合作社的文化功能、政治功能也在逐步显现，如在合作社内成立工会、组织文体活动；成立党支部、团支部，做好思想政治工作。在一些地区社员依托合作社成立了消费合作社（为村里的红白喜事提供烟酒服务）、物业合作社（抱团解决新农村物业问题，如村庄环卫等）、乡村旅游合作社（在合作组织发展较早的台湾省已经比较普遍，大陆地区最近也开始出现，如山东省曲阜市雄鹰农业旅游合作社）等。

2. 从户间合作迈向社际联合

当前我国农民专业合作社发展的一个明显趋势是从单个农户间合作向社际间合作迈进。分散小农户组成专业合作社的目的，就是为了应对其他主体的市场支配力，降低交易成本，分享加工和销售环节利润。但由于农民专业合作社一般是在村、乡范围内由一个或多个农户自发组织起来，规模往往较小，受资金、人才、技术、市场开拓能力等多方面的制约，通常处于产业链的末端，很难摆脱原料生产者及供给者的地位，且大部分合作社尚不具备全面服务功能，业务模式单一。因此，为了进一步对抗其他市场主体市场支配力，降低社际间的协调成本，分享更多农产品加工流通环节的利润。规模较小的合作社间天然存在着再合作的内在要求。从课题组实地调研的情况来看，社际间的再合作主要表现在三个方面：

（1）同类合作社组成联合社。通过统一品牌、统一价格，共同对外，有效地避免合作社之间出现互相竞价、恶性竞争的局面，进而保护各自社员的利益。例如，宁夏贺兰县7个甜瓜合作社成立了联合社，由于统一了品牌，统一了种植标准，打造了县域甜瓜整体形象，提升了该县甜瓜价值，广大瓜农从中受益。

（2）联合产业链中不同环节的合作社、企业和个人成立联合社。例如，有的专业合作社和加工企业及负责销售的农民经纪人成立联合社，合作社主要负责生产，加工企业负责产品加工，经纪人负责销售，各司其职，都能从各个环节中获益。

（3）一个区域（如一个县）内的所有专业合作社或者大部分专业合作社联合在一起，成立联合社，也可加上部分加工企业及个人。这类联合社由于成员合作社之间不是同质的，所以无法统一价格、统一品牌等，但互相联合壮大了合作社的整体力量，可有效提高合作社的地位，便于向政府部门争取共同的政策扶持。虽然目前法律上还未认可合作社联合社的市场主体地位，但是合作社联合社的作用已经发挥出来，联合是专业合作社发展的必然趋势。

3. 横向合作与纵向合作并进

我国农民专业合作社呈现出一种先横向合作再逐步纵向合作深化的发展历程。相同生产类型或从事相同农业生产环节的农民之间通过横向合作以增强其市场谈判力，是农民创办合作社的基本动因之一。但是，随着市场经济的发展和农业产业链的不断延伸，若农户仍然只从事农业生产环节的劳动，则无法分享产业链其他环节的利润。因而，产业上下游主体间的合作成为必然趋势，一方面，纵向合作可以降低原先纵向交易的成本；另一方面，各主体可以分享产后增值收益。

在实践中，纵向合作发展出了两种主要形式：一种形式是与现有的生产资料供应商和营销商进行合作，形成类似"龙头企业＋合作社＋农户"的模式；另一种形式是由农民专业合作社自己创办该产业的上下游实体，直接与消费者进行联结，有效减少中间环节的费用，并把这部分由减少费用转变来的利润合理地分摊到生产者和消费者两个环节，使生产者和消费者双方都受益。例如，养殖合作社自己创办饲料加工企业和肉制品、奶制品加工企业等；一些经济实力较强的农民专业合作社在城市社区建立直销店直接销售农副产品等，这也是国际上大部分合作社通行的做法，在我国的市场实践中也表现出了较好的营利性，具有旺盛的生命力。

4. 从传统合作向新型合作演变

在目前国内的农民专业合作社中，还产生了类似于"新一代合作社"的农民专业合作组织，与传统合作社以销售初级农产品为主有所不同，新一代合作社以创造农产品附加值为主要战略。新一代合作社多由大户或龙头企业牵头，在合作中引入股权因素，体现"比例原则"，在社员资格、社员退出权、农产品交易、利润分配等方面与传统合作社均有很大不同。第一，新一代合作社的社员资格倾向于不开放。传统的合作社原则中社员资格开放且社员向合作社出售农产品的数量不受限制，这样很容易导致合作社需要接收额外的成员和产品，从而加工能力和产品供给过剩，经营效益下降。为解决这一问题，新一代合作社根据合作的经营规模确定资产总股本和接收社员的数量，并按社员投股数量确定其产品限额，因而能够保证合作社在高效益下运行。第二，新一代合作社的社员股份也可交易。在传统合作社中，社员退社自由，因此股本并不稳定。而在新一代合作社中，股份是可交易的，因此整个股本具有稳定性，这样银行就能提供条件优惠的贷款。为了避免合作社被一个社员独占，有些新一代合作社对每个社员可以拥有股金的数量也进行了限制。第三，新一代合作社与社员之间商业化交易态势越来越明显，交货条件越来越严格。同时，合作社与非成员农户、非成员企业的交易增多。第四，利润作为惠顾额返利分配给社员。新一代合作社最基本的经济观念趋向"比例原则"，合作社的权责集中在交易额上。合作社投票权以社员交易额多寡为基础，交易者以交易额多寡认购股本，盈余额在成本经营基础上分配给交易者。有时合作社也向非社员出售优先股，但没有投票权。第五，新一代合作社管理日趋专业化。新一代合作社多实行专家管理，由传统的成员控制走向专业的管理控制，越来越重视纵向一体化，并衍生出一些新型的合作企业结构。

二、农民合作社信贷获取渠道及特征

（一）数据来源与调研方法

"农民专业合作社融资创新理论与实践"课题组根据所在单位已积累的近 300 余家合作社的翔实资料，在考虑区域分布、经营产品类型、所处发展阶段、规模特征等因素基础上，采取判断抽样的方法，在全国选取了四川、贵州、广东、浙江、江苏、山东、山西、河南 8 省 22 个县的 220 家组织结构和规章制度较为健全、运作模式比较成型的合作社作为调研对象。并于 2014 年 6 月 8 日至 9 月 2 日对这些合作社就正规信贷获取情况进行了一对一典型调查和半结构式访谈。课题组共获取有效问卷 196 份[①]。在这 196 份问卷中，有 182 份有关"合作社正规信贷获取"的信息是完整的。本报告主要是基于这 182 份调

---

① 为了保证问卷调研质量，课题组要求每位参与调研的人员必须选择理事长作为调研对象且每天必须对调研问卷和获取的资料进行审查与梳理。调研共收集到 202 家合作社的资料。课题组已完成对这些调研问卷和资料的二次审查和录入工作，并对 30 余份个别信息存在前后矛盾的问卷进行了电话回访。另外，对 6 份信息缺失比较大或者前后信息存在较大差异的问卷进行了剔除处理。

研问卷数据对合作社正规信贷获取进行了统计描述。

（二）合作社正规信贷获取的基本特征

1.1/3 合作社面临信贷约束，获贷合作社年贷款总额均值均呈逐年上升态势

自 2011 年以来，在 182 家农民专业合作社中，有 98 家合作社向正规金融机构申请过贷款，其中有 89 家合作社获得过正规金融机构的贷款，分别占被调研合作社总数的 53.85% 和 48.9%。当然，并不是获得过正规金融机构贷款的合作社每一笔贷款申请均获批。89 家获得过正规金融机构贷款的合作社共申请贷款 258 笔，共获批 250 笔，获批率 96.9%；足额获批 242 笔，占获批贷款的 96.8%。

共有 42 家合作社面临信贷约束。包括 23 家向正规金融机构借贷信心不足的合作社[①]，10 家 2011 年以来曾遭遇过贷款申请未获批或未足额获批情况的合作社和 9 家贷款申请从未获得过批准的合作社。面临信贷约束的合作社约占有正规金融借贷需求的 121 合作社（包括 98 家申请过贷款的合作社和 23 家正规金融借贷信心不足的合作社）的 34.7%。这一比例可能低于其他研究，这与课题组的样本抽样方式有关。被调查合作社申请及获取正规信贷情况如附表 2-9 所示。

获得过正规金融机构贷款的合作社 2011~2014 年年贷款总额均值除 2011 年为 93 万元以外，其他年份均在 100 万元以上。合作社之间年贷款额度差异巨大，最少为 3 万元，最多为 950 万元。从统计数据来看，单个合作社年贷款额度也在不断提升。本课题组统计的单个合作社年贷款总额也可能高于其他研究，这也与课题组的样本抽样方式有关。2011~2014 年合作社年贷款总额如附表 2-10 所示。

附表 2-9　被调查合作社申请及获取正规信贷情况分析　　　　　　单位：家,%

	组织数量	比例	具体情况说明
未申请过贷款	84	46.15	大致可分为五类。第一类为暂无信贷资金需求（合作层次低、组织无盈利项目等）的合作社，共 20 家，约占未申请过贷款合作社的 23.8%；第二类为自身资金积累足以应付现有资金需求的合作社，共 16 家，约占未申请过贷款合作社 19%；第三类为有更加便捷的融资渠道（主要源于社员与亲朋）的合作社，共 9 家，约占未申请过贷款合作社的 10.7%；第四类为不能接受正规金融机构高昂融资成本（如利率水平高、审批时间长、借贷程序复杂、用款期限短等等）的合作社，共 16 家，约占未申请过贷款合作社的 19%；第五类为正规金融借贷信心不足的合作社，共 23 家，约占未申请过贷款合作社的 27.4%

---

① 指的是这样一种情况，即有贷款需求，但主要出于以下担心并未向金融机构提出贷款申请：担心是非企业法人，难以获得信贷；担心缺乏抵押、质押品，难以获得信贷；担心找不到符合要求的担保人，难以获取信贷；担心没有关系，难以获取信贷。

续表

	组织数量	比例	具体情况说明
申请过贷款	获得过	89	48.9	共计申请贷款 258 笔，共获批 250 笔，获批率 96.9%。足额获批 242 笔，占获批贷款的 96.8%。共有 10 家合作社遭遇过贷款申请未获批或未足额获批情况，占获得过贷款合作社的 11.24%。其中，5 家合作社遭遇过贷款申请未获批情况，6 家合作社遭遇过贷款申请未足额获批情况（有 1 家合作社两种情况都遭遇过）
	未获得	9	4.95	①有 2 家合作社在截至调研时，贷款申请还在批复中。其中 1 家依托当地政府的"政银保合作贷款项目"以合作社名义进行贷款申请，申请对象为农村商业银行，贷款用途为大棚建设，贷款期限为 1 年，贷款种类为政府政策性担保贷款；另一家则以个人名义进行贷款申请，申请对象为农村信用社，贷款用途为农资购置，贷款期限为 1 年，贷款种类为抵押贷款。②有 7 家合作社贷款申请一直未获批准，其中，有 3 家贷款申请次数累计达 4 次以上。通过对 12 笔未获批贷款申请的统计分析可发现，未获批的主要原因，50% 是因为抵押品和质押品不合格，33.33% 是因为组织或个人资信状况差，16.67% 是因为合作社企业法人地位不被认可
合计		182	100	被调查合作社正规信贷获取情况与其他一些研究相比较高，这与课题组的样本抽样方式有关

注：正规金融借贷信心不足包括以下情况：担心是非企业法人，难以获得信贷；担心缺乏抵押、质押品，难以获取信贷；担心找不到符合要求的担保人，难以获取信贷；担心没有关系，难以获取信贷。

附表 2-10　2011～2014 年合作社年贷款总额分析　　　单位：%

年份	均值	标准差	最小值	最大值	百分位数		
					25	50	75
2014	133.7	168.2	3	950	30.0	72.5	197.5
2013	141.4	167.5	3	950	30.0	100.0	200.0
2012	103.7	144.5	3	950	20.0	50.0	150.0
2011	93.0	94.7	3	400	20.0	50.0	150.0

	最小四位数				最大四位数			
2014	3	10	10	10	400	400	450	950
2013	3	4	5	5	400	500	600	950
2012	3	5	5	5	300	300	400	950
2011	5	5	5	10	260	300	300	400

注：截至 2014 年 8 月，统计单位为万元。2014 年共 48 个观测值，2013 年共 61 个观测值，2012 年共 58 个观测值，2013 年共 41 个观测值。2011～2012 年共 95 个观测值。

2. 贷款主要来源于农信社，其次是城市商业银行，贷款申请主体多为个人

农村信用社（农村商业银行、农村合作银行）是合作社正规信贷的最主要来源。2011 年以来获批的 200 笔贷款中，有 71% 的贷款来源于农村信用社。城市商业银行是仅次于农村信用社的合作社第二大信贷资金来源。2011 年以来获批的 200 笔贷款中，有 9.5% 的贷款来源于城市商业银行。这一比例明显高于中国农业银行与中国邮政储蓄银行贷款所占的比例（贷款来源、期限、种类、年利率与贷款申请主体身份见附表2－11）。这可以说明，相较于全国性商业银行，城市商业银行立足当地的发展理念、有限的业务区域、更少的业务层级、更短的风控链条、更大的基层贷款审批权，使其客户群更贴近农村地区。这也在一定程度上反映出发展社区银行、构建多层次商业银行体系的必要性。

附表 2－11　2011 年以来获批贷款申请主体分析　　　　单位:%

贷款来源	农村信用社（农商行、农合行）	城市商业银行	中国农业银行	中国邮政储蓄银行	村镇银行	其他金融机构	合计
频数	142	19	8	9	6	16	200
百分比	71.0	9.5	4.0	4.5	3.0	8.0	100
贷款期限	6 个月	8 个月	1 年	2 年	3 年	5 年	合计
频数	14	4	164	8	8	2	200
百分比	7.0	2.0	82.0	4.0	4.0	1.0	100
贷款类型	联保贷款	抵押贷款	信用贷款	第三方担保贷款	有贷款信用保证保险的贷款		合计
频数	19	69	62	39	11		200
百分比	9.5	34.5	31.0	19.5	5.5		100
年化利率	6%以下	6%~8%	8%~10%		10%以上		合计
频数	29	47	54		70		200
百分比	14.7	23.5	27.0		35.0		100
贷款主体	个人	合作社	合作社关联企业		—		合计
频数	106	85	9		—		200
百分比	53.0	42.5	4.5		—		100

注：①贷款来源部分。其他金融机构包括中国工商银行（3 笔）、中国银行（2 笔）、交通银行（1 笔）、国家开发银行（3 笔）、小额贷款公司（3 笔）、浦发银行（4 笔）。②贷款类型部分。有 4 笔贷款，贷款类型并不唯一。其中 3 笔贷款是社长以合作社名义申请的，金融机构既要求社长提供联保证明，又要求社长提供大棚为抵押；另有 1 笔贷款是多户以个人名义共同申请的，金融机构向其中部分贷款户提供信用贷款，同时向另一部分贷款户提供房产抵押贷款。这 4 笔贷款均统计在"抵押贷款"名下。③贷款类型部分。有贷款信用保证保险的贷款均出现在浙江舟山市普陀区，当地政府于 2012 年 5 月在当地开展"渔农村政银保合作贷款"项目。

自 2011 年以来，53% 的获批贷款申请主体为个人，而以合作社名义申请获批的贷款仅占获批贷款总数的 42.5%。另有 9 家合作社则以合作社关联企业名义申请到贷款。关联企业多数情况下与合作社是同一组织。这是因为在现有财务制度、经营环境下，公司法人在签署合同、开具发票、贷款可获性等方面优于合作社法人，所以，一些合作社领办人倾向于在合作社成立后在工商部门既注册公司法人又注册合作社法人。当然，也存在个别关联企业是合作社下游加工企业这一情况。需要注意的是，18 笔贷款期限在 2 年及以上的贷款，除 1 笔 2 年期贷款是以合作社名义申请的外，其他均是以个人名义申请的。

3. 贷款期限一般不超过一年，年平均利率约 10%

金融机构一般提供 1 年期或半年期贷款，贷款期限一般不超过 3 年。2011 年以来获批的 200 笔贷款中，贷款期限为 1 年和半年的贷款分别占 82% 和 7%。仅有 2 笔贷款的期限超过 3 年，贷款期限为 5 年。值得注意的是，农村信用社（农商行、农合行）相对其他金融机构来说贷款期限比较多样，涵盖所调研出的各种期限。其中，贷款期限为 8 个月、2 年及以上的贷款中除有 1 笔 3 年期贷款来自国家开发银行外，其他均来自农村信用社（农商行、农合行）。此外，贷款期限为 6 个月的贷款主要来自城市商业银行，城市商业银行发放的 6 月期贷款占贷款期限为 6 个月贷款总数的 50%（7 笔），另分别有 28.6%（4 笔）、14.3%（2 笔）和 7.1%（1 笔）来源于农村信用社（农商行、农合行）、村镇银行和邮储银行。

从正规信贷的年利率来看，平均年利率为 9.92%，更有超过 1/3 的贷款年利率超过 10%，可见合作社贷款的利息成本仍然不低，在一定程度上反映出农村金融市场滞后的现状。当然，这也能在一定程度上反映出合作社的蓬勃发展，如果没有相当的经营与盈利水平，是无法申请如此高成本的贷款的。

4. 抵押、信用和第三方担保贷款依次是合作社贷款最主要的三种类型，贷款主要被用于农资采购、农业生产设施建设与农产品收购

贷款类型方面，抵押贷款和信用贷款是合作社获批贷款最主要的两种类型。2011 年以来分别有 34.5% 和 31% 的获批贷款为抵押贷款和信用贷款。这既表明在经营风险高、信用环境相对较差的农村地区，金融机构仍非常倚重合格抵押品的提供，也表明随着农村经济的发展和农村信用体系的建设，信用已成为一项重要的金融资产。但是需要说明的是，信用贷款主要集中于申请主体为个人的贷款。在以个人名义申请的贷款中，有 41.7% 的贷款为信用贷款，而以合作社名义申请的贷款中，这一比例仅为 18.4%。这从一个侧面反映了合作社的信贷主体身份并被金融机构广泛接受。联保贷款在所有类型贷款中所占比重并不高，仅为 9.5%。表明金融机构并未将"联保"作为非常重要的一种抵押替代机制。可能的原因有两个：一是贷款一旦违约，追偿成本高；二是追偿可能引发的事件会累及银行商誉。

从贷款主要用途来看，借贷资金首先被合作社用于"统一采购、配送社员需要的种苗和农用物资等"；其次被合作社用于"建设标准化生产基地、建造产品分级仓储场所、购买各类包装和加工设施、购置冷藏保鲜设施和运输设备等"；之后依次是作为合作社

"统一收购、销售社员农产品时的流动资金""购买大中型农业机具""合作社日常运作经费";另有 4.5% 贷款用于其他用途,具体包括偿还往年借款、培育新产品等。被调查合作社正规信贷资金主要用途如附表 2 - 12 所示。

附表 2 - 12   被调查合作社正规信贷资金主要用途分析   单位:%

贷款用途	统一采购、配送种苗和农用物资等	建设生产基地、仓储场所,购置各类设施	统一收购、销售社员农产品时的流动资金	合作社日常运作经费	购买大中型农业机具	其他	合计
频数	76	41	37	21	16	9	200
百分比	38.0	20.5	18.5	10.5	8.0	4.5	100

5. "坏账转资产"的逾期贷款处理方式降低了真实的贷款逾期未偿比率

2011 年以来获批的 200 笔贷款中,逾期未偿贷款共计 4 笔,逾期未偿比率为 2%。这 4 笔逾期贷款最短已逾期半年,最长已逾期 6 年。这里需要说明的是,其中 3 笔逾期未偿贷款[1],金融机构通过每年让贷款对象重新签订新的贷款合同并交纳上年度贷款利息的方法从账面上将这笔贷款转化为正常资产,而非损失。课题组不能完全确定,这种"坏账转资产"的处理方式是否仅限于这 3 笔逾期未偿贷款。也就是说,现实中的贷款逾期未偿比率可能更高。

三、农民合作社中小农户的资金需求及其解决

(一) 农民合作社中小农户资金需求的特点

小农户作为农村金融主要需求者之一,通常具有居住分散、收入低、单笔存贷款规模小且季节性明显、生产项目的自然风险和市场风险较大、缺乏必要抵押品等特点 (Hoff and Stiglitz, 1990),正规金融机构向农户提供信贷要承担较高交易成本和面临较大风险,往往采取谨慎性风险控制策略和信贷供给行为。1984 年以来的三次重大农村金融改革,开始力图解决农村融资难题,但成效甚微,农村"缺血"现象反而日益突出 (周立, 2007)。农户受到正规信贷约束的现象仍非常普遍和严峻 (韩俊, 2008)。出于对民间金融扩张内在机理 (王曙光、邓一婷, 2007) 和农村金融市场固有问题 (周立, 2007) 的考虑,有学者提出通过发展农村内生金融来化解农户金融困境 (温铁军等, 2007)。

近年来,随着农民专业合作社迅猛发展,鼓励和支持合作社开展融资服务,兴办资金互助社成为中国农村金融改革的一个重要方向,也是理论关注的热点问题。与合作金融组织一样,"熟人社会"基础上成长起来的合作社,其特有的自我选择 (Self - selection) 机制 (Smith, Stutzer, 1990),成员长期互动关系 (Long - term Interaction) 和"社会惩罚"机制 (Banerjee et al., 1994),以及成员间"同伴监督 (Peer Monitoring)"效应 (Stiglitz,

---

[1]   4 笔逾期贷款,除这 3 笔外,另有 1 笔借贷双方达成了债务重组方案,逾期原因是"大鲵生产周期长"。

1990）使其在约束社员违约行为和降低资金需求方和供给方两端交易成本和风险（Huppi, Feder, 1990; Krahnen, Schmidt, 1995）方面具有独特优势。基于此，一些学者指出依靠农民的力量，开展信贷合作，不仅符合合作社的自助理念，也符合市场经济发展的要求（国鲁来，2006）。夏英等（2010）也认为合作社内部开展资金互助作为民间融资的一种形式是发展合作金融及破解农村金融问题的一种有益探索。目前，一些地区的农民专业合作社已开始进行了融资服务实践（夏英等，2010; 何广文，2009）。随着合作社数量的迅速增加和服务功能的不断扩展，深入研究合作社融资服务供给状况及影响因素对促进合作社更好更快发展和进一步缓解农户信贷约束具有重大意义。

（二）合作社融资服务供给主要类型及方式

合作社开展融资服务类型包括：赊销农资、预付定金、直接提供借款、贷款担保和开展内部资金互助等。如忽略融资服务的具体类型，则共有 68.7% 的合作社开展融资服务。其中，半数以上合作社仅提供一种融资服务；也有相当数量合作社提供两种融资服务；而提供三种及以上融资服务的合作社数量相对较少。从合作社融资服务供给的具体结构上来看，最主要的融资服务是赊销农资服务；其次是建立内部资金互助机制和贷款担保；直接提供借款与预付定金服务相对较少。从融资服务广度上来看，合作社融资服务仅限社员，且绝大多数融资服务能覆盖全体社员。预付定金、内部资金互助、赊销农资、直接提供借款和贷款担保服务可分别覆盖全体社员的 100%、100%、86.8%、77.8% 和 50%。从融资服务深度上来看，合作社以各种方式为社员提供的融资额度差异大且平均额度小。例如，合作社提供的赊销农资服务均有最大额度限制，一般为 500 ~ 4000 元。融资服务类型如附表 2 - 13 所示。

附表 2 - 13　农民专业合作社融资服务供给的主要类型和方式分析

融资服务类型	家数（家）	占比（%）	服务对象	提供方式
赊销农资	223	42.7	两类：全体社员（86.8%）、部分信誉良好或有特殊困难社员（13.2%）	有最大额度限制，500 ~ 4000 元不等，有个别合作社根据耕地面积限制赊销额度，如每亩 300 元；偿还方式分为三种：合作社收购产品时从收购款中扣除、合作社销售农产品时从销售款中扣除、农户现金偿还
预付定金	115	22.0	全体社员	62.5% 的合作社预付定额定金，37.5% 的合作社预付比例定金（分别为合同货款总额的 10%、30%、70%）

融资服务类型	家数（家）	占比（％）	服务对象	提供方式
直接提供借款	130	24.9	三类：全体社员（77.8%）、仅限入股成员（3.7%）、仅限与组织有交易的社员（18.5%）	借款用途不局限于社员农业生产方面，部分合作社发放社员生活借款；借款类型：以信用借款为主（66.7%），其次是小组联保借款和第三方担保借款（18.5% 和 11.1%），另有极小部分抵押借款（3.7%）；借款费率：参照同期信用社短期贷款利率来设定，一般在 5.5%～6.5%，个别合作社免息
贷款担保	142	27.2	三类：全体社员（50%）、仅限入股成员（12.5%）、仅限与组织有交易的社员（37.5%）	绝大多数合作社有担保额度限制（71.9%），个别合作社要求被担保社员提供反担保（9.4%）
建立内部资金互助机制	150	28.7	全体社员	绝大多数合作社不需要社员缴纳互助金（76.5%），另有23.5%的合作社要求社员缴纳互助金。一些合作社互助金除满足社员借款需求外，还被用于满足合作社临时资金周转需要和固定资产投资

四、合作社帮助小农户融资的典型案例及对农业金融支持机构的启示

课题组于 2014 年 6 月 8 日至 9 月 2 日通过一对一典型调查和半结构式访谈对四川、贵州、广东、浙江、江苏、山东、山西、河南 8 省 22 个县区（市）的 220 余家合作社进行了调研。本报告的案例资料均来自于此次调研。

（一）与贸易信贷相结合为社员提供银行贷款担保

案例1：平原益农蔬菜专业合作社。2007 年 10 月，天津德瑞特种业有限公司在后迟村设立后迟蔬菜育种基地，与后迟村签订了 30 年的合作协议，租赁该村 200 亩土地建设黄瓜育种基地，专门进行黄瓜种子的培育。平原县益农蔬菜专业合作社便是在此基础上于 2008 年 7 月由村干部和种植大户发起成立，成立时注册资金为 66 万元。合作社业务范围是黄瓜育种。合作社成立后，便与天津德瑞特种业有限公司采取"返租倒包"方式进行合作。即由公司以每亩 800 斤小麦的市价价格向农户租用土地，租期 30 年，然后再无偿承包给农户种植和管理。公司出资承担土地上的大棚和配套设施建设，并提供相关建设和种植技术支持。产品采取订单销售方式。合作社现有社员 44 户，分布于 4 个村。合作社与企业的这种合作方式给社员农户带来了巨大经济效益。

合作社为社员提供和争取到的融资服务包括以下五种：第一，预支雇工费用。为减轻种植户黄瓜生产初期的人工授粉、缠秧等生产环节的雇工支出负担，公司通过合作社向农户预支 2 万元的雇工费用。第二，预付定金。合作社采用订单销售方式，订单公司在产前向社员户预付 50% 种子款，产后对产品检测合格后向农户支付另外 50% 种子款。第三，

农资赊销。种子是由订单企业免费提供，灌溉器材也由订单企业一并投资供农户使用。在农药和化肥采购方面，合作社从农药厂、化肥厂按出厂价直接进货，然后以比市场价优惠10%的价格赊销给农户，货款可随时结算，也可在农户收获后支付（直接从种子款中扣除）。第四，贷款担保和直接借款。合作社由于资金有限，仅为社员提供有限的贷款担保和直接借款服务。贷款担保和借款对象侧重于信誉较好、有良好还贷能力的农户。担保额度最高为10万元/户。累计已为4户提供担保，总额为16万元。第五，组建贷款联保小组。合作社还在其内部积极推动建立贷款联保小组。合作社现已组织社员成立联保贷款小组4个。这4个联保小组从2008年至今已获得农村信用社总计10万元的贷款。

案例研究发现以下四个方面。①模式主要特点：合作社融资服务主要针对与上下游企业的商品贸易，与各类贸易信贷相结合。②成立的前置条件：固定的农产品购买商或农资供应商与合作社间形成了紧密利益联结机制。③模式优势：稳定市场的同时，降低了农业金融支持的风险。通过关联交易增大了社员担保违约的成本。④对农业金融支持机构的借鉴：将合作社与上下游企业是否形成稳定产销关系作为农业金融知识介入的前置条件；与合作社及其上下游企业合作，把农业金融支持业务嵌入他们的日常的业务运营模式中。

（二）缴纳风险保证金为社员提供银行贷款担保

案例2：创新竹叶专业合作社的风险担保金与贷款担保。庆元创新竹叶专业合作社成立于2008年9月1日，成立之初共有社员10人（全是合作社发起人），且均为各个村的村干部。其中，现金出资社员7人，每人出资10万元，注册资金70万元。合作社设理事会，包括理事长1名、理事8名、执行监事1名（均由10位发起人分别担任）。截至2009年2月6日，共有社员28人。合作社采取股份合作的方式，普通社员以每亩毛竹林作价2000元入股合作社，发起人除了以每亩毛竹林作价入股外，其70万注册资金也作为其股金。截至2009年2月6日，合作社总股本达205.4万元，分为100股。其中，发起人的70万元现金股金占合作社总股金的34.08%。这部分资金作为合作社贷款担保风险保证金和合作社的启动、运转资金。截至2009年2月6日，创新竹木合作社为社员提供抵押贷款担保28次，贷款担保总额约110万元，且社员未出现过逾期不还贷款的现象。

该合作社为社员提供贷款担保的具体运作方式如下：第一，风险担保金的设立。林农向农信社的借款由合作社作为担保人。创新竹木合作社在县农村信用合作联社（下文简称农信社）开立基本存款账户，并保证存款账户内不少于10万元的风险担保金。农信社向合作社提供的担保总额控制在合作社存入农信社风险担保金的10倍以内。如创新竹木合作社有社员现金出资70万元，如果全部存入农信社，那么合作社向社员提供贷款担保总额达到700万元。如果林农贷款总额超过700万元，合作社要想继续为社员提供贷款担保服务，合作社还得另外筹钱存入农信社，否则合作社的贷款担保功能将会失效。第二，林权抵押反担保机制的设计。为了降低贷款风险，农信社通常在林农办理借款时要求追加农信社认可的合作社成员提供连带担保。在贷款额度上，单户林农的林权抵押贷款最高额度是其山林评估折价额的50%，但最高也不能超过5万元。社员将林权抵押给合作社的时候，社员与合作社签订林权抵押贷款反担保合同。如果林农借款到期后逾期三个月还没有偿还，农信社会书面通知合作社，并从合作社的基本账户里扣划全部借款本息。林农把林权证抵押给创新竹木合作社，直到他把贷款本息还清，才能领回林权证。为降低林农的违约风险，鼓励林农建立良好的信用，农信社与合作社商议后决定，单户林农贷款遵循一贷一还原则，林农只有归还上次借贷的本息后才有资格向农信社申请下一次贷款，合作社才会为之提供担保服务。第三，违约林农山林林木采伐许可的优先安排。若林农逾期三个月还没有归还贷款本息，农信社就从合作社的账户里扣划担保金额的本息，同时合作社有权要求以采伐方式处置林农的山林，并按照国家有关法律、法规规定，向县林业主管部门申请办理林木采伐许可证。对符合采伐审批条件的，林业部门会优先给予安排。单次采伐结束后，如果采伐收益抵不上林农的贷款本息之和，合作社仍然扣留林农的林权证，直至采伐收益填补贷款为止。值得注意的是，造林仍由林农负责，采伐费用也不计入采伐收益。在这里，县林业局和乡政府只是起到协调山林处置的作用。第四，风险保证金出资社员的获益安排。风险保证金出资社员的获益来源：一是风险担保金可按农信社规定的存款利率获得利息；二是向社员收取一定比例贷款担保费用。合作社每年向每笔贷款收取1.2%的担保服务费和0.2%的其他项权证工本费。根据合作社2008年9月21日的补充协议，合作社每年所获得担保费用和风险保证金利息收入在扣除合作社的开支后全部分配给出资社员。

案例研究发现以下四个方面。①模式主要特点：合作社担保金主要来源于核心成员，担保风险和收益与核心成员的利益直接挂钩。②前置条件：需要政府为一些农业资产（用地、林木等）提供评估与鉴证服务，以增大资产的流动性，降低这些资产金融处置的难度；合作社核心成员资产实力比较强，合作社在股权配置、利益分配、决策等方面已经形成了稳定、成熟的偏好于核心成员的机制。③模式优势：调动了核心成员控风险的积极性，降低了农业金融支持中的信息不对称。④对农业金融支持机构的借鉴：密切关注合作社是否形成成熟、稳定的股权结构，是否具备合理利益分配与决策机制。着重对合作社核心成员资产状况的考察，在农业金融支持中调动核心成员的积极性，通过设计与核心成员的利益联结机制将部分担保风险控制的职责外包给核心成员。建议农业金融支持机构的担保服务主要定位于借力合作社现有的贷款担保模式，"补充"内部担保金的不足。

五、农业金融支持机构支持合作社带动小农户的着力点与风险防范

（一）尽快出台专门的合作社服务办法

建议农业金融支持机构对合作社大力支持，结合其他金融机构支持合作社发展经验，出台专门的合作社信贷担保服务政策，明确支持重点和准入标准，规范农民专业合作社信贷担保管理和风险管理，为促进合作社的健康可持续发展奠定基础。

（1）合作社准入条件。主要面向依法成立的合作社，对合作社实行名单制管理，将获得国家、省或市级荣誉以及生产经营和内部管理较规范的合作社优先纳入名单（见附表2-14）。名单内的合作社法人代表和普通社员均可为担保适用对象，农业金融支持机构根据不同合作社农业生产经营规模给予授信担保。

附表 2-14 农民专业合作社法人授信担保申请条件

项目	条件	项目	条件
基本条件	经工商行政管理部门核准登记	资产项目条件	拥有剩余 3 年以上的土地租赁权或承包权
	合法、健全的组织机构		相应土地面积在 30 亩以上
	固定办公场所		可证实的地上物投资价值超过 100 万元未找到图形项目表
	规范的合作社章程		
	规范、严密的内控制度和财务管理制度		拥有 10 台/套以上（含 10 台/套）的农业机械或农业机械价值超过 100 万元（农机合作社的要求）
	过往的经营历史和经营业绩良好		
	拥有稳定的销售渠道		
	至少一项荣誉奖励（或享受补贴）		

资料来源：笔者整理。

（2）风险控制机制。注重对上下游关联主体担保能力的动态监测与评估。一旦关联主体的经营和对外担保状况恶化，农业金融支持机构要提高警惕并及时采取措施。另外，还要注意农产品行业市场风险变化。

（二）灵活选择合作社金融服务方式，探索更加多样化的抵押替代机制

（1）农业金融支持机构应与银行类金融机构合作，充分利用农民专业合作社筛选优质的农户，设计针对性担保产品，试点批量发放农户第三方担保贷款，既有力地支持了合作社及其社员农户的发展，又在一定程度上解决了农户贷款信息不对称及信息收集成本高的问题，从而有效降低农户贷款信贷成本和信贷风险。

（2）农业金融支持机构应该充分利用资源整合优势和综合服务优势，采用担保、保险、联保等多元化的创新服务来满足合作融资需求。

（三）着力加强与地方政府的合作

（1）农业金融支持机构应该积极推动地方政府转变对合作社的扶持方式，由"输血"变"造血"。推动政府将各种分散的直接补贴转变为集中的间接政策性融资保证。

（2）农业金融支持机构可考虑牵头组建专门的农民专业合作社融资担保公司，为农民专业合作社的融资进行保证担保。实现政府、银行、担保机构和农民专业合作社的多方共赢。

（3）与政府土地流转等平台强化合作，推动或者配合政府为一些农业资产（如用地、林木等）提供评估与鉴证服务，以增大农业资产的流动性，降低农业资产金融处置的难度。

（四）提升农民专业合作社融资的风险管理能力

（1）农业金融支持机构应制定专门的农民专业合作社贷款担保制式合同，明确承贷合作社及其社员的权利义务，通过合同约束使合作社成为"准法人"，有效落实其承贷主体资格。既避免少数社员以合作社名义贷款为自己所用引起的法律纠纷，也要避免社员将

投入合作社的财产抽离，合作社"空心化"后贷款悬空。

（2）要鼓励合作社与外部市场主体通过订单销售等方式展开密切合作，推进合作社服务功能的增强和内部一体化程度的不断提高，支持合作社做大做强，提高抵御市场风险的能力。

（五）引导合作社适当提高内部资金积累水平，提高偿还能力，降低担保风险

（1）可通过合同约定合作社公积金提取比例，建立储备金或发展基金。合理提取一定数额的储备金，增强合作社抵御市场风险的能力；对于有条件的合作社，引导其通过社员大会投票等形式鼓励社员将盈余分配所得"留守"在合作社内，转化为个人股金或存款以继续在合作社内部发挥作用。

（2）在贷款担保期间，限制个人账户资金的提取。

（3）严格规定社员退社不退股，确保股份在合作社内部流动而不是流失。

附件1：

中央一号文件有关农村合作社政策汇总

2004～2018 年中央一号文件有关农村合作社政策汇总

年份	主要内容
2004	积极发挥农民专业合作组织在农业科技推广中的作用；鼓励发展各类农产品专业合作组织，积极推进有关农民专业合作组织的立法工作；财政可适当给予贴息以帮助金融机构支持农民专业合作组织某些业务的开展
2005	重视发挥供销合作社在农产品流通和生产资料供应等方面的作用；探索专业合作组织为农户承贷承还、提供贷款担保等有效办法；支持农民专业合作组织发展，减免有关税费
2006	创新供销合作社服务方式；积极引导和支持农民发展各类专业合作经济组织，加快立法进程
2007	供销合作社要推进开放办社，发展联合与合作，提高经营活力和市场竞争力；培育现代农业经营主体；支持农民专业合作组织等直接向城市超市、社区菜市场和便利店配送农产品；大力发展农民专业合作组织；认真贯彻农民专业合作社法，支持农民专业合作组织加快发展；加快制定推动农民专业合作社发展的实施细则；采取有利于其发展的税收和金融政策
2008	供销合作社加快组织创新和经营创新，推进新农村现代流通网络工程建设；扶持农民专业合作组织实行标准化生产；鼓励农民专业合作社兴办农产品加工企业或参股龙头企业；积极发展农民专业合作社和农村服务组织；全面贯彻落实农民专业合作社法，出台配套法规政策，制定税收优惠办法，清理取消不合理收费；继续加大对农民专业合作社的财政扶持，农民专业合作社可申请承担国家的有关涉农项目

续表

年份	主要内容
2009	支持供销合作社、邮政、商贸企业和农民专业合作社等加快发展农资连锁经营，推行农资信用销售；出台农民专业合作社开展信用合作试点的具体办法；推动农民专业合作社实行标准化生产；加快发展农民专业合作社，开展示范社建设行动；尽快制定金融支持合作社、有条件的合作社承担国家涉农项目的具体办法；鼓励在农村发展互助合作保险
2010	加大农民专业合作社农业补贴强度；加快落实推进供销合作社改革发展的相关政策，加强基层社建设，强化县联合社服务功能；继续支持供销合作社新农村现代流通网络工程建设；深入推进农民专业合作社示范社建设行动。支持有条件的合作社兴办农村资金互助社；扶持合作社自办农产品加工企业；规范集体林权流转，支持发展林农专业合作社
2011	大力发展农民用水合作组织
2012	继续加大农民专业合作社农业补贴强度；扶持供销合作社、农民专业合作社等发展联通城乡市场的双向流通网络；引导农民专业合作社规范开展信用合作；充分发挥农民专业合作社组织农民进入市场发展现代农业的积极作用，推进示范社建设行动；加大信贷支持力度，鼓励农机合作社购置大中型农机具
2013	支持供销合作社开展农产品流通；充分发挥供销合作社在农业社会化服务中的重要作用；继续增加农民专业合作社等新型生产经营主体的农业补贴力度；大力支持发展多种形式的新型农民合作组织；鼓励农民兴办专业合作和股份合作等多元化、多类型合作社；增加农民专业合作社发展资金；逐步增大涉农项目由合作社承担的规模；规范合作社开展信用合作；完善合作社税收优惠政策；创新适合合作社生产经营特点的保险产品和服务；抓紧研究修订农民专业合作社法；改善农村金融服务，充分发挥政策性金融和合作性金融作用
2014	支持发展农机合作社等服务组织；加快供销合作社改革发展；积极稳妥开展供销合作社综合改革试点；支持供销合作社加强新农村现代流通网络和农产品批发市场建设；鼓励发展专业合作、股份合作等多种形式的农民专业合作社；允许财政项目资金直接投向符合条件的合作社；推进财政支持农民专业合作社创新试点，引导发展农民专业合作社联合社；落实和完善相关税收优惠政策，支持农民专业合作社发展农产品加工流通；发展新型农村合作金融组织
2015	创新农产品流通方式；引导合作社拓宽服务领域，促进规范发展。引导农民以土地经营权入股合作社和龙头企业；积极探索新型农村合作金融发展有效途径，稳妥开展合作社内部资金互助试点，落实地方政府监管责任；全面深化供销合作社综合改革；抓紧制定供销合作社条例
2016	支持多种类型的新型农业服务主体开展代耕代种、联耕联种、土地托管等专业化规模化服务；积极扶持农民发展休闲旅游业合作社；支持供销合作社创办领办农民合作社，引领农民参与农村产业融合发展、分享产业链收益；鼓励发展股份合作，引导农户自愿以土地经营权等入股龙头企业和农民合作社，采取"保底收益＋按股分红"等方式，让农户分享加工销售环节收益，建立健全风险防范机制。加强农民合作社示范社建设，支持合作社发展农产品加工流通和直供直销；扩大在农民合作社内部开展信用合作试点的范围，健全风险防范化解机制，落实地方政府监管责任

年份	主要内容
2017	加强农民合作社规范化建设，积极发展生产、供销、信用"三位一体"综合合作。总结推广农业生产全程社会化服务试点经验，扶持培育农机作业、农田灌排、统防统治、烘干仓储等经营性服务组织；鼓励农村集体经济组织创办乡村旅游合作社，或与社会资本联办乡村旅游企业；支持有条件的乡村建设以农民合作社为主要载体、让农民充分参与和受益，集循环农业、创意农业、农事体验于一体的田园综合体，通过农业综合开发、农村综合改革转移支付等渠道开展试点示范鼓励地方建立农科教产学研一体化农业技术推广联盟，支持农技推广人员与家庭农场、农民合作社、龙头企业开展技术合作；支持家庭农场、农民合作社科学储粮
2018	实施新型农业经营主体培育工程，培育发展家庭农场、合作社、龙头企业、社会化服务组织和农业产业化联合体，发展多种形式适度规模经营；创新培训机制，支持农民专业合作社、专业技术协会、龙头企业等主体承担培训

附件2：

缴纳风险保证金为社员提供银行贷款担保案例

屏南县长桥金森林业协会于 2006 年 9 月由屏南县大森工业原料林基地有限公司、屏南县仙山旅游开发公司、屏南县万安竹木加工厂三家龙头企业牵头成立。该协会自成立以来主要从事林业投融资服务、森林防火及科技示范三大业务。协会是一种社会团体性质，不存在利润分红，所有的盈利资金全部用于协会的运作。截至 2009 年 9 月，协会共吸纳林农 40 多户，共经营林地 8 万多亩，主要分布在长桥、路下、屏城等乡镇。协会设立常务理事会，设理事长 1 人、理事 3 人、秘书长 1 人，同时还建立了一支半专业的森林火灾消防中队，有应急消防队员 50 多人，并设立了专门的扑火器材室。该协会自成立以来，一直把林农投融资服务作为头等重点工作。协会成立 3 年以来，累计为林农推介担保林业小额信贷 380 笔，共计 1125.4 万元。

协会为林农提供贷款担保的具体运作方式如下：第一，林权抵押反担保资格的获取和保证金的缴纳。长桥金森林业协会是经屏南县信用联社审批的林权抵押反担保贷款中介机构。协会向农村信用社缴纳一定的保证金（屏南县执行中介机构保证金/贷款总额：1/10），并把会员拥有的林木资产评估后抵押在信用社，从而取得金融部门的林权抵押贷款担保授信。目前，金森林业协会已获得信用社 340 万～350 万元的担保授信额度。金融机构在向农户发放林权抵押反担保贷款时，一般按照林木资产评估价值 50% 的上限拨付具体的贷款金额。第二，林权抵押反担保机制和流程的设计。协会运作林权抵押反担保贷款的具体流程是：首先，需求贷款的林农向村主任提交足够权属清晰的林木资产及身份证明等有关材料，村主任对申请人的林木资产权属情况、贷款用途和信用程度进行初审；其次，村主任将本区域林农的需求情况及初审情况集中上报林业站和金森林业协会；再次，由林业站和协会安排，对申请人提供的林木资产进行实地核查并做出技术估价；又次，协会根据林业站提供林木资源资产技术估价情况，确定担保贷款额度，并分别与申请人和担保人（为林权抵押反担保贷款承担连带责任，且帮助协会进一步了解借款人信息）签订林木资源资产的抵押合同和担保合同，办理有关担保手续，向农村信用社出具推介、担保贷款承诺函；最后，林农凭借协会提供的担保贷款相关材料到农村信用社办理贷款手续。第三，优惠贷款利率和贷款贴息的获取。信用社为农户提供的林权反担保利率是 8.49‰/月（与林权抵押贷款的利率相同），比普通的小额信贷利率（9.3‰/月）低 0.84‰/月。当地林业部门对于专门用于培育林业资源的贷款可给予 2.5‰/月的专项补贴，林权抵押反担保贷款中"贴息"的拨付则是由该协会统一向林业部门申请后分别发放到农户手中。第四，担保收益方式的确定。在提供贷款担保过程中，金森林业协会需要向农户收取 1.67‰/月的评估费及担保手续费，该费用作为协会的一个利润来源，但不参与会员的分红，仅限于协会运作管理的费用支出。

分报告 3：农业企业与小农户利益联结机制研究①

党的十九大提出，要实现小农户与现代农业发展有机衔接。农业企业在农村产业发展中处于重要地位，不仅肩负着使农村产业兴旺的重任，而且对小农户起着组织、引导和带动的作用，是发展现代农业的主力军。农业金融支持介入企业与小农户的利益联结机制，将通过两种渠道将政策红利传导到小农户：一是通过为农业企业增信扶持企业做大做强，然后通过"涓滴效应"逐渐惠及与之相关的小农户；二是借助产业链金融核心企业为农户增信，从而提升整个产业链条信贷资金的可得性，从而为与企业建立紧密型利益联结机制的农户扩大信贷支持。

一、农业企业发展现状、存在问题及未来趋势

本报告以农业部产业化办公室统计的农业产业化龙头企业数据为研究对象，通过分析和研判龙头企业的现状、特征及发展趋势，为农业金融支持有效介入企业与农户的利益联结提供参考。

（一）农业企业的发展现状

1. 组织数量增加、效益提升

近年来，龙头企业从少到多、由小及大，得到了较为快速的发展。据农业部产业化办公室统计，2004～2016 年，龙头企业数量由 4.97 万家增加到 13.03 万家，年均增长 8.36%；固定资产总额由 6365.03 亿元增加到 42300 亿元，年均增长 17.1%（见附图 3 - 1 和附图 3 - 2）。

———————

① 执笔人：谭智心。

（万家）

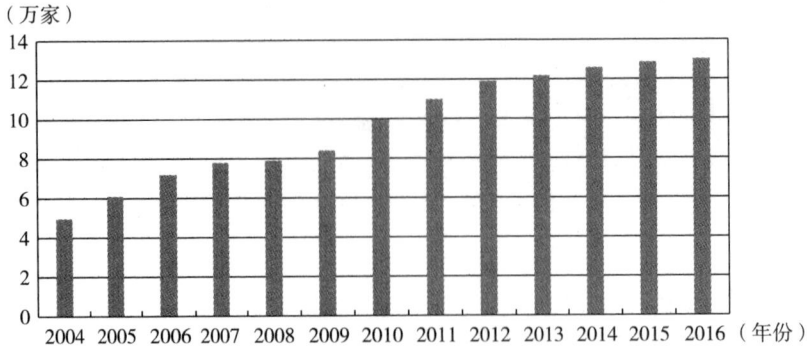

附图 3 - 1　龙头企业数量变化

（亿元）

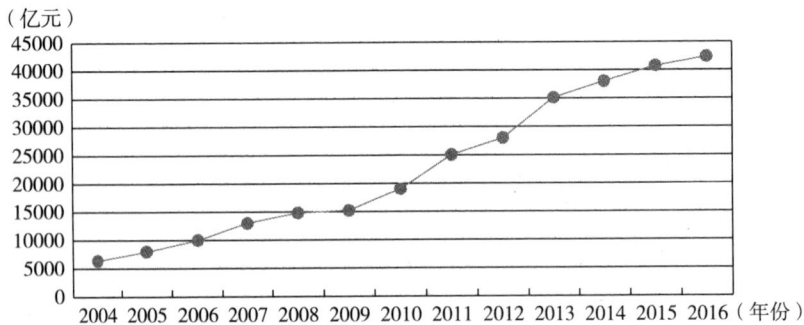

附图 3 - 2　龙头企业固定资产总额变化

随着龙头企业数量和规模的扩大，龙头企业生产经营效益也呈不断上升趋势。2004 ~ 2016 年，龙头企业销售总收入由 14260.54 亿元增加到 97300 亿元，年均增长 17.35%；净利润总量由 900 亿元增加到 6382 亿元，年均增长 17.73%；出口创汇由十年前的 207.92 亿元增加到的 555.91 亿元，年均增长 11.55%；上缴税金由十年前的 481.86 亿元增加到 2628.51 亿元，年均增长 20.74%（见附图 3 - 3 和附图 3 - 4）。

（亿元）

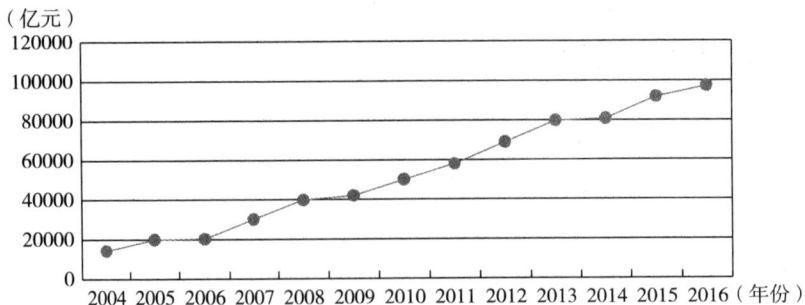

附图 3 - 3　龙头企业销售收入总额变化

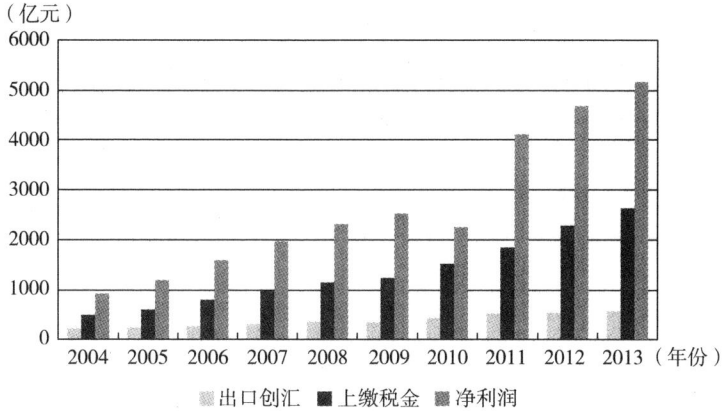

附图 3 - 4　龙头企业总体经营情况

从单个龙头企业来看，龙头企业的平均规模也不断扩大。2004～2016 年，平均每个龙头企业的固定资产额由 1280 万元增加到 3246 万元，销售收入由 2869 万元增加到 7467 万元，净利润由 181 万元增加到 489 万元，年平均增长率分别为 11.8%、12.3%、13.1%，保持了较快的增长势头（见附图 3 - 5）。

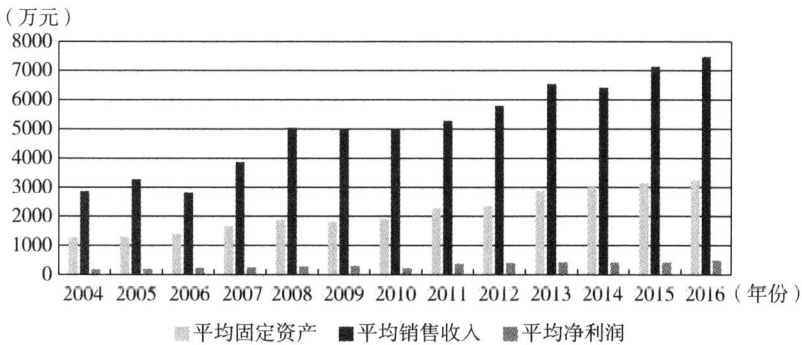

附图 3 - 5　龙头企业平均规模及经营情况变化

随着龙头企业的发展壮大，各地涌现出了一些大型的龙头企业集团，并呈现不断增多的态势。图 1 - 3 - 6 给出了 2011～2013 年销售收入超 10 亿元、30 亿元、50 亿元、100 亿元的龙头企业的数量，都呈现出上升趋势。2014 年，年销售收入超过 1 亿元的龙头企业近 2 万家，年销售收入超过 100 亿元的龙头企业达到 70 家，在境内外上市的国家重点龙头企业 113 家。

2. 覆盖产业以种养为主、兼顾其他

在各类龙头企业中，以从事种植和养殖及其加工业为主，占到总数的 80% 以上。2016 年，不同行业龙头企业的数量和销售收入占龙头企业总数和总销售收入之比如附图 3 - 7 和附图 3 - 8 所示。

（个）

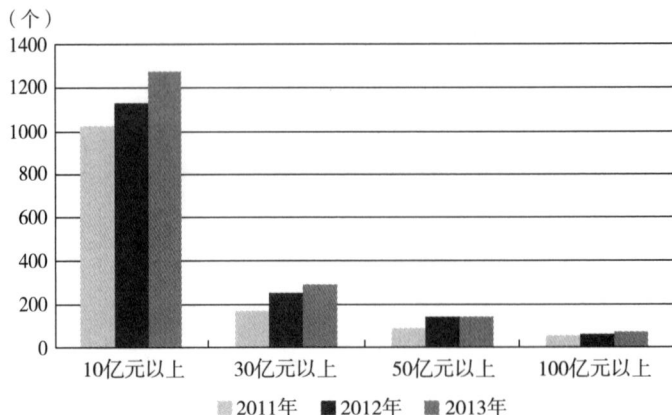

附图3-6　大型龙头企业规模数量变化

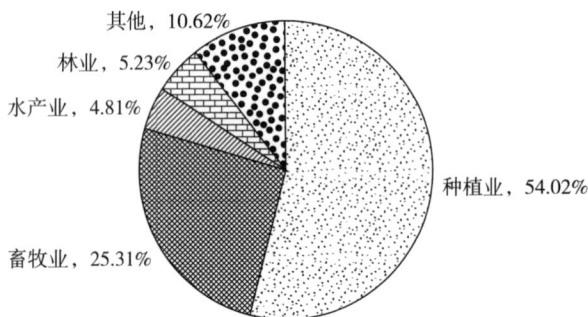

附图3-7　不同产业龙头企业数量占比

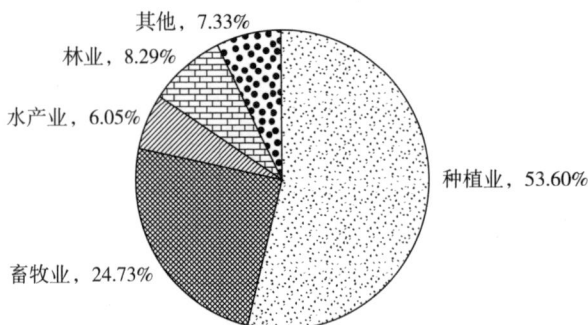

附图3-8　各行业龙头企业销售收入结构

3. 基地建设投入增加、规模扩大

基地是龙头企业获得稳定原料的基础。近年来，龙头企业普遍重视基地建设，包括自建基地和订单基地，有的龙头企业还跨区域建设生产基地。总的来看，龙头企业的基地投入在快速增加，基地规模也在扩大。2007～2013 年，龙头企业对原料基地的投入由 640.9 亿元增加到 3858.1 亿元，增长了 5 倍以上（见附图 3－9）。

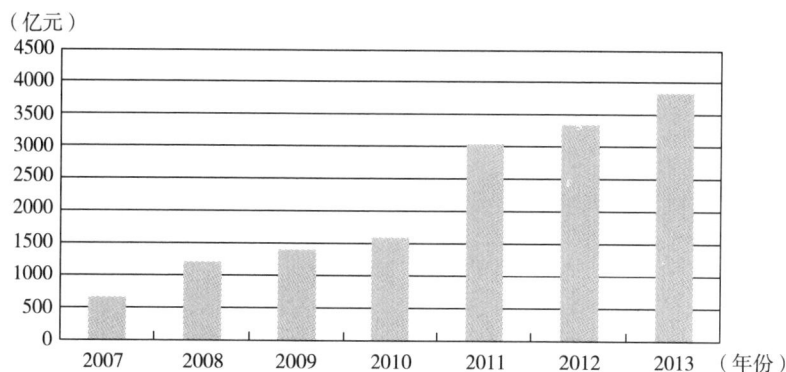

附图 3－9　龙头企业原料基地投入情况

从基地投入的结构看，主要是基础设施建设投入，此外还包括农民培训投入、生产资料垫付支出等。2013 年龙头企业基地建设投入的结构如附图 3－10 所示。

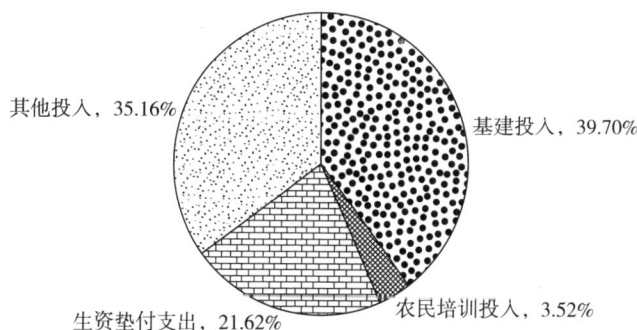

附图 3－10　龙头企业基地投入结构

随着基地投入增加，基地规模也在逐步扩大。附表 3－1 给出了 2011～2013 年龙头企业生产基地规模的变化情况。从表中可以看出，近年来龙头企业的基地规模保持着稳步扩大的趋势。到 2013 年底，龙头企业辐射带动种植业生产基地约占全国农作物播种面积的六成；带动畜禽饲养量超过全国畜禽饲养量的 2/3；带动养殖水面超过全国的八成。龙头企业主要农产品原料采购总额为 3.41 万亿元，以龙头企业为主的农业产业化经营组织成为农业生产和农产品市场供给的重要主体，对保障国家粮食安全和农产品有效供给发挥了积极作用。

附表 3 - 1　龙头企业基地规模变化情况

年份	种植面积（万亩）	牲畜饲养量（万头）	禽类饲养量（万只）	养殖水面面积（万亩）
2011	100318	110515	779499	5393
2012	103497	115863	845304	5675
2013	113566	119338	857914	5982

4. 带动农民就业和增收

龙头企业通过订单、合作、入股等多种形式，带动农户从事农业产业化经营，同时为农户提供农资供应、技术指导、产品购销、仓储物流等服务，吸纳农民就业，与农民共享产业化发展成果。2013 年，龙头企业带动农户数达 6671 万户，带动基地农户增收总额为 2447 亿元，农户户均增收近 3700 元；龙头企业职工人数为 2404.72 万人，龙头企业工资福利总支出为 0.52 万亿元，职工年收入为 2.16 万元。

在带动农民增收的结构中，按合同价收购比按市场价收购向农民多支付的差价占农民增收的主要部分，其次为工资报酬、股份返还、土地租金等。2013 年龙头企业带动基地农户增收的结构如附图 3 - 11 所示。

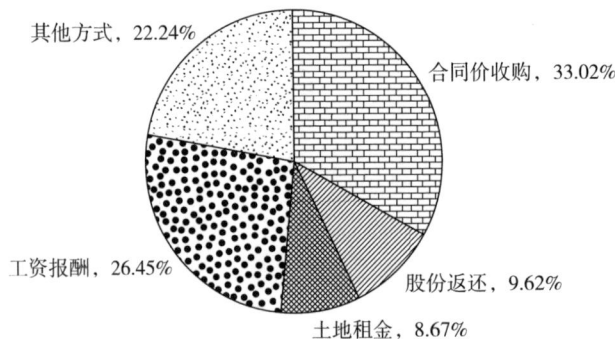

附图 3 - 11　龙头企业带动农民增收来源结构

（二）农业企业发展面临的主要问题

当前，龙头企业发展还面临一些突出的问题。一是利益联结关系仍比较松散。产品购销合同仍是龙头企业和农户主要的利益联结方式，以技术、服务、资金、资产作为利益联结纽带的紧密型产业化利益联结方式还不多，通过契约和约定的简单联结方式仍然占有不小的比例，还有很大比例的农户与产业化组织并没有签订比较规范的订单，只是与龙头企业通过市场交易进行联结。此外由于农民分散性的特征，目前农户在与龙头企业对接的过程中还处于弱势，谈判地位不高，在利益分享中处于不利地位。二是企业盈利水平不高。近年来，龙头企业用工成本持续增加，远快于销售收入增长。尤其是地处中西部农村地区的龙头企业，"招不到、留不住、工价高"的用工难题更为突出。加上土地租金持续上涨，国内市场竞争进一步加剧，龙头企业利润率呈下滑趋势。与此同时，国内外农产品价格倒挂，粮棉油主要农产品价格高于国外，进一步加大了龙头企业的生产经营压力。三是土地、资金、技术等要素制约。龙头企业在发展过程中，还面临着比较严重的土地、资金、技术等方面的制约。由于农产品加工业的税收有限，使得龙头企业在用地问题上非常困难。受企业实力和抵押物不足的限制，龙头企业从金融机构融资也比较困难，特别是在农产品集中收购时期。此外，随着国家对资源、环境以及质量安全的高度重视，一些龙头企业生产方式落后的问题也愈发突显。

（三）农业企业未来发展方向

面对经济发展新常态，各类农业产业化组织迎难而上，保持了稳健的发展态势，在适度规模经营、农业供给侧改革和农村三产融合发展等方面发挥了重要的促进作用。截至2015年底，全国农业产业化组织总数达38.6万个，辐射带动农户1.26亿户，农户从事产业化经营户均增收达3380元。农业产业化龙头企业发展逐步由数量扩张向质量提升转变，由松散型利益联结向紧密型利益联结转变，由单个龙头企业带动向龙头企业集群带动转变。

1. 从单个龙头企业引领向龙头企业集群引领转变

随着国内市场的迅速扩大，农业产业组织的多元化、不同产业之间的协同整合及农业产业化经营的引领方式也发生了重要变化。国际金融危机的爆发、产业梯度转移等外部冲击打破了原有的市场格局，进一步推动龙头企业进行资源要素整合，一批产品质量高、具有自主品牌、综合实力强的企业脱颖而出，市场份额明显提高，影响力显著增强，逐步形成了起点高、规模大、竞争力与带动力强的大型龙头企业和企业集团，成为了农业农村经济发展的新引擎。一些地方充分利用资源和区位优势，推进龙头企业集群集聚，发展相关配套产业，形成了一批企业分工协作良好、组织化程度较高、辐射带动效果显著的产业集聚区。农业产业化的引领方式，由以单个组织带动为主，发展为以由不同组织协同带动为主，并逐渐发展成产业集群引领，产业集群集聚发展。随着我国农业优势区域布局的进一步发展、企业集团化集群化发展的内在动力不断加强和地方政府的大力推动，未来我国龙头企业进行资源整合、跨区经营、兼并重组、集团化集群化发展的趋势也会越来越明显。

2. 由要素驱动向创新驱动转变

近20年农业产业化和龙头企业的发展主要是得益于市场容量的扩大和要素投入的增加，是一种基于外延扩张的发展方式。随着市场竞争的日趋激烈和产业融合程度的不断加深，从根本上提升产业竞争力成为更加重要的选择。在新时期，农业产业化和龙头企业发展的驱动力将由主要依靠要素驱动转向越来越多依靠创新驱动，由要素扩张转向要素优化组合，由注重产品结构升级转向要素结构升级。通过导入现代科技和先进生产方式，农业产业化和龙头企业更加重视对新品种、新技术、新工艺、新理念等要素的投入，更加注重人力资本，更加注重先进管理方式，更加注重商业模式创新，从利用资源比较优势转向培育综合竞争优势，努力实现绝对优势或核心优势的新突破。

3. 从单向联结向融合发展转变

传统农业产业化经营，龙头企业和农户在产业链条上主要通过产品购销联结，利益关系相对松散，且相关主体履约意识不强，执行契约受到的约束也比较少，以至于在一些情况下产业化发挥的作用并不突出。新时期农业产业化经营将着力突破单一产品联结的现状，从单向联结向融合发展转变。一是龙头企业和其他经营主体的联结纽带将呈复合化、双向化。目前，农业产业化经营联结纽带已拓展到产品以外，具体包括技术联结、服务联结以及由土地、资金、技术、劳动力等带来的产权联结等多纽带复合型联系，利益联结关系更加紧密。二是龙头企业和家庭农场、农民合作社相互入股渗透、相互融合。农户、家庭农场、农民合作社以土地、劳动力等要素入股龙头企业，龙头企业以资金、技术入股家庭农场和合作社，各经营主体相互渗透，由链条状联结向网状联结转变，形成利益共同体，融合发展、利益共享。

4. 由延伸产业链向提升价值链转变

从农业产业化经营组织发展实践看，延伸产业链可以做大组织，而提升价值链可以做强组织。越来越多的龙头企业已经从延伸产业链向提升价值链转变，注重将价值链管理应用到产业链的各个环节，注重各主体合理分享价值增值，注重节约各环节间的交易成本、提高交易效率。总的来看，产业链一体化程度会越来越高，价值链各主体的利益关系会越来越密切，生产效率和交易效率越来越高，消费者体验越来越友好。农业产业化和龙头企业将从外延扩张向内生发展转变，从技术创新向价值创新转变，通过有效实施蓝海战略，实现真正有竞争力、可持续的发展。

5. 从适应市场需求向引导市场需求转变

当前，我国居民生活消费水平快速提高和食品消费结构不断升级，为产业化经营引导市场需求提供了机遇。产业化经营和龙头企业可以通过信息化、电子化、互联网、直销专供等营销手段来引导和满足日益差异化、特色化的市场需求，实现市场的细分，拓展需求的空间。同时，产业化经营和龙头企业还可以创新消费理念，创造消费概念，优化消费方式，积极引导消费者的绿色消费、健康消费、功能消费，引领市场需求的转变。

二、农业企业扶持政策及演化

党中央、国务院一贯高度重视农业企业发展，把发展农业企业和农业产业化作为农业农村经济工作中一件全局性、方向性的大事来抓。党的十五大、党的十六大、党的十七大、党的十八大、党的十九大都强调支持农业产业化和龙头企业发展。2004～2018 年连续 15 年中央一号文件都要求在增加财政投入、完善税收政策、加强金融支持、强化服务指导等方面，加大对农业企业和农业产业化的支持力度。

（一）农业企业相关扶持政策梳理

自 2004 年中央出台 21 世纪第一个支持"三农"发展的一号文件以来，之后每年的中央一号文件都会针对农业企业提出相应的扶持政策，如附表 3 - 2 所示。

附表 3-2　21 世纪以来中央一号文件涉及龙头企业的内容

年份	涉及农业产业化龙头企业的政策内容
2004	各级财政要安排支持农业产业化发展的专项资金，较大幅度地增加对龙头企业的投入。对符合条件的龙头企业的技改贷款，可给予财政贴息。对龙头企业为农户提供培训、营销服务，以及研发引进新品种新技术、开展基地建设和污染治理等，可给予财政补助。创造条件，完善农产品加工的增值税政策。不管哪种所有制和经营形式的龙头企业，只要能带动农户，与农民建立起合理的利益联结机制，都要在财政、税收、金融等方面一视同仁地给予支持
2005	继续加大对多种所有制、多种经营形式的农业产业化龙头企业的支持力度。鼓励龙头企业以多种利益联结方式带动基地和农户发展。农业银行和其他国有商业银行要按照有关规定，加快改进对龙头企业的信贷服务，切实解决龙头企业收购资金紧张的问题。农业发展银行对符合条件的以粮棉油生产、流通或加工转化为主业的龙头企业提供贷款。积极探索龙头企业和专业合作组织为农户承贷承还、提供贷款担保等有效办法
2006	要着力培育一批竞争力、带动力强的龙头企业和企业集群示范基地，推广龙头企业、合作组织与农户有机结合的组织形式，让农民从产业化经营中得到更多的实惠。各级财政要增加扶持农业产业化发展资金，支持龙头企业发展，并可通过龙头企业资助农户参加农业保险。通过创新信贷担保手段和担保办法，切实解决龙头企业收购农产品资金不足的问题。开展农产品精深加工增值税改革试点
2007	通过贴息补助、投资参股和税收优惠等政策，支持农产品加工业的发展。中央和省级财政要专门安排扶持农产品加工的补助资金，支持龙头企业开展技术引进和技术改造。完善农产品加工业增值税政策，减轻农产品加工企业税负。落实扶持农业产业化经营的各项政策，各级财政要逐步增加对农业产业化的资金投入。农业综合开发资金要积极支持农业产业化发展。金融机构要加大对龙头企业的信贷支持，重点解决农产品收购资金困难的问题
2008	继续实施农业产业化提升行动，培育壮大一批成长性好、带动力强的龙头企业，支持龙头企业跨区域经营，促进优势产业集群发展。中央和地方财政要增加农业产业化专项资金，支持龙头企业开展技术研发、节能减排和基地建设等。探索采取建立担保基金、担保公司等方式，解决龙头企业融资难问题。抓紧研究完善农产品加工税收政策，促进农产品精深加工健康发展。允许符合条件的龙头企业向社会发行企业债券
2009	扶持农业产业化经营，鼓励发展农产品加工，让农民更多地分享加工流通增值收益。中央和地方财政增加农业产业化专项资金规模，重点支持对农户带动力强的龙头企业开展技术研发、基地建设、质量检测。鼓励龙头企业在财政支持下参与担保体系建设。采取有效措施帮助龙头企业解决贷款难问题
2010	支持龙头企业提高辐射带动能力，增加农业产业化专项资金，扶持建设标准化生产基地，建立农业产业化示范区
2012	充分发挥农业产业化龙头企业在"菜篮子"产品生产和流通中的积极作用。通过政府订购、定向委托、招投标等方式，扶持涉农企业等社会力量广泛参与农业产前、产中、产后服务
2013	支持龙头企业通过兼并、重组、收购、控股等方式组建大型企业集团。创建农业产业化示范基地，促进龙头企业集群发展。推动龙头企业与农户建立紧密型利益联结机制，采取保底收购、股份分红、利润返还等方式，让农户更多地分享加工销售收益。鼓励和引导城市工商资本到农村发展适合企业化经营的种养业。增加扶持农业产业化资金，支持龙头企业建设原料基地、节能减排、培育品牌。逐步扩大农产品加工增值税进项税额核定扣除试点行业范围

年份	涉及农业产业化龙头企业的政策内容
2014	鼓励发展混合所有制农业产业化龙头企业，推动集群发展，密切与农户、农民合作社的利益联结关系
2015	推进农业产业化示范基地建设和龙头企业转型升级。引导农民以土地经营权入股合作社和龙头企业。鼓励工商资本发展适合企业化经营的现代种养业、农产品加工流通和农业社会化服务
2016	创新发展订单农业，支持农业产业化龙头企业建设稳定的原料生产基地、为农户提供贷款担保和资助订单农户参加农业保险。鼓励发展股份合作，引导农户自愿以土地经营权等入股龙头企业和农民合作社，采取"保底收益＋按股分红"等方式，让农户分享加工销售环节收益，建立健全风险防范机制
2017	以规模化种养基地为基础，依托农业产业化龙头企业带动，聚集现代生产要素，建设"生产＋加工＋科技"的现代农业产业园，发挥技术集成、产业融合、创业平台、核心辐射等功能作用。科学制定产业园规划，统筹布局生产、加工、物流、研发、示范、服务等功能板块。鼓励地方统筹使用高标准农田建设、农业综合开发、现代农业生产发展等相关项目资金，集中建设产业园基础设施和配套服务体系
2018	实施农产品加工业提升行动，鼓励企业兼并重组，淘汰落后产能，支持主产区农产品就地加工转化增值。实施新型农业经营主体培育工程，培育发展家庭农场、合作社、龙头企业、社会化服务组织和农业产业化联合体，发展多种形式适度规模经营

2012 年，国务院印发了《关于支持农业产业化龙头企业发展的意见》（以下简称《意见》）。这是农业产业化发展 20 多年来国务院专门下发的第一个全面系统的政策指导性文件，也是在工业化、信息化、城镇化与农业现代化同步推进的关键时期，国家加快推进现代农业建设的一个重要举措。《意见》的出台对于进一步推进农业产业化经营、发展现代农业具有里程碑意义，标志着我国农业产业化进入了新的发展阶段。在农业金融方面，《意见》明确农业发展银行、进出口银行等政策性金融机构要加强信贷结构调整，在各自业务范围内采取授信等多种形式，加大对龙头企业固定资产投资、农产品收购的支持力度。鼓励农业银行等商业性金融机构根据龙头企业生产经营的特点合理确定贷款期限、利率和偿还方式，扩大有效担保物范围，积极创新金融产品和服务方式，有效满足龙头企业的资金需求。中小企业信用担保资金要将中小型龙头企业纳入重点支持范围，支持符合条件的国家重点龙头企业上市融资、发行债券、在境外发行股票并上市。

2015 年，财政部、农业部、银监会印发了《关于财政支持建立农业信贷担保体系的指导意见》，明确提出"支持粮食适度规模经营资金重点要支持建立完善农业信贷担保体系"。2017 年，财政部、农业部、银监会又出台了《关于做好全国农业信贷担保工作的通知》，其中，明确了服务对象聚焦家庭农场、种养大户、农民合作社、农业社会化服务组织、小微农业企业等农业适度规模经营主体，为农业小微企业提供了新的信贷方式。

（二）农业企业扶持政策基本特点

21 世纪以来，我国农业企业和农业产业化扶持政策总体上体现了如下特点：

1. 着眼于提升核心竞争力，助推农业企业腾飞

适应城乡居民收入水平提高、多元化个性化差异化需求增加、消费结构升级的要求，

现有政策积极引导农业企业加快自主创新，开发新技术新产品，提高产品质量和档次。鼓励农业企业采取兼并、重组、参股、收购等方式构建完整产业链，组建大型企业集团，培育一批处于行业领先地位、具有国际竞争力的龙头企业。鼓励农业企业建立现代企业制度，通过上市融资、发行债券等方式，提高自身发展实力。支持农业企业开展跨区域经营，到西部地区投资办厂建基地，加快西部地区农业产业化发展。支持有条件的农业企业"走出去"，开拓国际新兴市场，投资开发国外农业资源。

2. 着眼于创新发展模式，加速推进农业产业化示范

现有政策鼓励建立建设农业产业化示范，对加快转变农业发展方式、激发县域经济活力和统筹城乡发展具有重要意义。在全国粮棉油、肉蛋奶、园艺、水产和特色农产品生产大县，建立一批国家农业产业化示范区，进一步提升优势农产品和特色农产品产业化水平，构建现代农业产业体系，提高农业整体竞争力。通过农业产业化示范，集成龙头企业的技术、人才等要素，构建公共科研开发服务平台，提升科技创新与推广能力；发挥资源和区位优势，推动龙头企业集群与专业批发市场对接，完善农产品市场功能；整合区域内龙头企业品牌资源，打造区域品牌，提升品牌价值。

3. 着眼于增强辐射带动能力，建立紧密型利益联结机制

现有政策多鼓励农业企业创办领办农民专业合作社，推进农业企业与专业合作社深度融合，实现互利双赢。大力推广农业企业联结合作社、合作社带动农户发展的模式。支持农户、合作社以资金、技术、劳动等要素入股农业企业，形成产权联结关系。支持农业企业建立基地服务部或服务公司，为农户提供资金、技术、信息等多种服务。引导企业主动承担更多社会责任，诚信守法经营，维护市场稳定，保护资源和生态环境。

4. 着眼于增强指导服务能力，创新监督管理工作方式

现有政策多聚焦农业产业化组织，鼓励农业企业创新工作方式，提高指导服务水平。加快建立农业产业化龙头企业协会，充分发挥其在加强行业自律、规范企业行为、指导产业发展等方面的作用。开展国家重点龙头企业经济运行调查工作，及时掌握生产经营、基地建设、市场供求、带动农户等情况，为完善政策提供科学依据。加强农业产业化发展急需人才培养，通过培训交流、参观考察等方式，培养造就一支了解农业政策、精通经营管理、服务基地农户的龙头企业人才队伍。

5. 着眼于夯实产业基础，促进农产品品牌质量提升

现有政策多从夯实产业基础出发，鼓励农业企业大力发展特色种养业、传统手工业和休闲观光业，推进专业化规模化生产，培育壮大农村主导产业；推动专业村镇与农业企业、专业合作社有效对接，提高农业生产组织化水平；开展实用技术、经营管理等方面的培训，提高农民种养技能；支持专业村镇推行标准化生产，开展农产品质量安全认证；推进产销衔接，强化品牌建设，增强主导产品市场竞争力；推进专业示范村镇建设，带动了一批特色明显、附加值高、主导产业突出、农民增收效果显著的专业村、专业乡镇。

（三）农业企业扶持政策未来走向

随着工业化、城镇化和信息化的快速发展，深化农村改革全面推进，新型农业经营体

系加快构建，农业企业扶持政策将从鼓励农业企业从联结生产和市场为主，向推动农业产业链条和经营管理模式重构转型；从鼓励农业企业从作为农产品供给保障主体，向农产品质量安全责任主体延伸；从鼓励农业企业从有形的组织链带动，向无形的产业链带动拓展；从鼓励农业企业从带动普通农户，向促进新型农业经营主体和普通农户共同发展转变。

1. 鼓励通过政策支撑，实现家庭经营、集体经营、合作经营、企业经营等融合发展

农业产业化经营通过"公司＋农户""合作社＋农户""公司＋专业村镇＋农户""公司＋合作社＋农户"等组织带动模式，既调动了农户家庭生产经营的积极性，又利用了集体经济组织、合作社等统一经营服务的优越性，更发挥了龙头企业在资金、技术、管理、品牌、营销等方面的独特优势，将促进有机集成与融合家庭经营、集体经营、合作经营、企业经营等共同发展。

2. 鼓励通过政策支撑，引导工商资本带动现代农业发展

发展现代农业离不开工商资本的支持和参与。在市场决定资源配置的大环境下，也躲不开工商资本的进入和投资。农业企业的产业化经营理念可以兼容和平衡工商资本要利润、农业要发展、农民要增收的多元诉求，引导工商资本从事农户、合作社做不了和做不好的领域，特别是投资大、技术含量高、质量要求严、示范作用强的环节，发展成为农业产业化龙头企业，向农业输入现代生产要素和组织模式，服务带动农民发展。

3. 鼓励通过政策支撑，保障农产品有效供给和质量安全

我国千家万户小生产格局的长期存在，是保障农产品有效供给和质量安全面临的巨大挑战。农业企业实行"产加销"一体化经营，龙头企业一头连着市场，另一头连着生产基地和农户，是市场竞争的直接参与者、经营风险的主要承担者，在保障农产品供给和质量安全方面有着强烈的主观意愿和能动性。发展农业产业化经营，培育壮大龙头企业，构建完整产业链条，把一家一户生产纳入标准化轨道，形成从田头到餐桌的全过程质量安全追溯体系，将有效确保广大人民群众"舌尖上的安全"。

4. 鼓励通过政策支撑，推动农业企业带动农户发展

小康不小康，关键看老乡。中国要富，农民必须富。发展农业产业化经营，引导龙头企业与农户、合作社形成合理稳定的利益联结关系，让广大农民分享到农产品加工、流通环节的增值收益。同时，农业产业化经营有助于发展壮大当地主导产业，即使农户与产业化组织没有签订合同形成有形的组织链条，依然可以"背靠大树好乘凉"，在产业化组织的示范引导下发展生产，分享产业蛋糕做大带来的收益。

5. 鼓励通过政策支撑，着眼于优化企业融资环境

为适应农业产业化跨越发展的要求，充分利用国家统筹城乡发展、不断增加加大强农惠农政策力度的有利条件，完善农业产业化支持政策。加强与财政部门沟通，增加农业产业化专项资金，支持龙头企业和农业产业化示范区建设，设立一村一品强村富民工程财政专项资金。积极与税务部门协调，推动农产品精深加工增值税改革，统一进销项税率。进一步加强与金融部门的合作，对龙头企业贷款给予优惠。加快发展农业产业化信贷担保，

将龙头企业生产基地纳入政策性农业保险保费补贴范围。

三、农业企业与小农户利益联结机制

研究农业企业与小农户的利益联结机制，分析农业企业与小农户通过何种方式实现风险共担、利益共享，有助于为农业金融支持机构有效介入农业企业或小农户的信贷需求提供清晰的介入方式与介入路径。

（一）基于要素的农业企业与小农户利益联结机制分类

在研究农业企业与小农户的利益联结机制时，研究者多从农户的角度思考问题。基于农户视角，可以将当前市场农业企业与小农户的利益联结机制划分为"买断式""合同式""股份式""合作式""企业化式"等类型。随着农业企业的不断发展，企业在与小农户建立利益联结的过程中产生了更复杂的机制，原有的5种利益联结机制已经不能完全涵盖当前实际环境下的利益联结情况。课题组通过调研总结，从生产要素和产品的角度归纳得出，农业企业与小农户建立利益联结机制的主要模式有以下5种：土地契约模式、劳动契约模式、资本契约模式、技术装备契约模式、产品契约模式。

1. 土地契约模式

土地契约模式是指农业企业的生产经营需要以农地作为基础资源，小农户以其所具备的土地资源与农业企业签订关于土地使用的合同而形成的利益联结关系。土地契约模式一般包括两种形式：

第一，以小农户的土地使用权转让为核心建立的契约关系。即农业企业在农村建立基地，企业租用小农户手中的土地，双方以此签订租赁合同。这种形式的特点是，企业对土地进行统一规划，进行集中管理形成规模效应。同时，农户能够有效处理闲置土地获取更高的经济效益。

第二，小农户以土地要素入股，在农业企业中占有股份，参与企业的分红。这种形式的特点，一方面，农户不仅可以获得向企业出售农产品的销售收入，还可以分享企业对农产品加工销售的利润，相应的农户也要分担企业相应的风险。另一方面，企业可以节省前期资金投入，减少来自资金方面的压力。企业吸引小农户作为股东，在一定程度上降低了农户的违约率。此外，企业将农户内化成企业产业链的一部分，将农户的生产基地变成企业的一线车间，形成了更为全面的产业链条，能够将农产品的生产、加工、销售等各个环节紧密地联系在一起。

2. 劳动契约模式

劳动契约模式与土地契约模式相似，是指把小农户的劳动力作为核心要素与农业企业建立契约关系。劳动契约模式也可以分为两种具体形式：

第一，小农户与农业企业签订劳工合同。即小农户与农业企业建立基础的雇佣关系。这种劳动契约模式常常伴随着上述第一种形式的土地契约模式而产生。即农业企业在农村进行土地流转建立生产基地后，需要雇用当地的劳动力进行生产活动。部分闲置在家的农民与企业签订劳工合同，为企业打工获取劳动报酬。在这种劳动契约模式下，农民获取劳

动报酬较快,可以避免外出务工。但是,农民通过这种方式获取的劳动报酬有限且缺乏保障。对农业企业来说,企业可以减少用工成本,帮助农村地区解决就业问题。雇用来的农民受教育程度普遍偏低、基本素质偏弱,给企业管理带来了困难。被雇用的农民存在很大的不确定性,临时中断雇佣关系的情况也时常出现。另外,因小农户与企业之间仅是雇佣关系,缺少更深层次的利益联结,部分农工会出现一定程度的消极怠工现象。

第二,小农户以劳动力要素入股。扩大农业企业的产业链条,在农业企业中占取股份,享受企业分红。这种形式下的劳动契约有两种常见的组织形态,分别是:"农业企业 + 基地 + 农户"和"农业企业 + 中介 + 基地 + 农户"。

这种模式与土地契约模式的区别之处在于,在土地契约模式下小农户的土地采取流转或入股的方式成为企业资产的一部分。而劳动契约模式下土地并未成为企业资产的一部分,小农户只是将自身的劳动作为一种要素入股,生产的原始农产品作为基础原料向企业供应。即企业资产中不包含该部分土地资产,小农户在原有土地上按照企业的标准进行生产,企业对小农户生产的农产品品类进行整体规划,预先设定生产规模。并将小农户生产的产品作为企业的原材料,供给企业下游产业使用。另外,这种模式与企业直接收购小农户的农产品也存在区别。在后一种模式的交易过程中,当企业从小农户手中完成产品收购时,两者之间的利益联结随即终结。在劳动契约模式下,小农户的利益与企业紧密相连,成为了真正的利益共同体,能够更大化获取企业利益。但小农户作为企业的股东之一也承担了相应的市场风险。从企业角度来说,企业降低了在生产端的人力成本,减少了农户的违约风险,并获得了来自农户的市场风险分担。

3. 资本契约模式

资本契约模式是指小农户以资本作为核心要素与企业建立契约关系。常见的资本契约模式又可以分为两种:

第一,债权契约关系。债权契约关系是指农业企业与小农户之间建立资金借贷关系。这种借贷关系又分为两种形式:一种形式为农业企业向小农户进行债权融资;另一种形式为小农户基于扩大再生产的生产需求或者医疗、住房等生活需求向农业企业借款,形成债权契约关系。

第二,股权契约关系。股权契约关系是指农业企业因扩大规模、购置新资产等生产需求向小农户进行股权融资而建立的契约关系。与债权契约关系不同,小农户不再是资金关系中的借贷方,而是成为了企业的股东之一。现有的调研案例中,股权契约关系又分为独立生产和联合生产两种形式。独立生产是指小农户仅作为农业企业的股东之一,并不参与农业企业的生产管理过程,单纯地行使股东权力享受股东权益。联合生产是指小农户在资本入股企业的同时成为了企业的一名员工或管理人员。在行使股东权力享受股东权益的同时,又参与企业的生产管理过程并获取劳动报酬。

4. 技术装备契约模式

农业技术、机械装备模式是指小农户与农业企业之间以农业技术、机械装备等作为核心要素建立的利益联结关系。在这种机制下,企业常常作为农业技术或机械装备的供给方，小农户则作为需求方。在该机制下常见的模式又分为以下两种：

第一种模式，单一的技术、装备支持。在新型农业经营体系的基本框架下，以专业大户、农民合作社、农业企业为主要代表的新型农业经营主体，兼具生产和服务的双重功能，其农业社会化服务功能的有效发挥将有助于我国农业的"新四化"转型（钟真等，2014）。以"土地托管服务"为例，土地托管服务就是在"农户加入自愿、退出自由、服务自选"的原则下，不改变集体土地所有制的性质、不改变土地承包关系及土地用途，由托管服务组织为农户提供从种到管、从技术服务到物资供应的全程服务（仝志辉、侯宏伟，2015）。

第二种模式，合作背景下的技术、装备支持。在该种模式下，农业企业作为技术、装备的供给方，依然为小农户提供服务。但与第一种模式不同，企业还要向农户回购产品或提供劳动报酬。以湖南佳和农牧有限公司企业与养猪户育肥代养模式为例（该养殖模式属于生态养殖模式，在基础设施建设、生产资料配置以及养殖方法上具有较高的技术含量）。在该模式中，首先，由小农户根据企业的要求和指导出资建设养猪场。其次，企业为小农户提供育种、育苗、饲料、配肥等生产技术服务及生产资料。再次，企业选派管理和技术人员指导小农户的养殖过程，为小农户制订科学的养殖计划。最后，企业收回全部肥猪并向养殖户支付劳动报酬。

5. 产品契约模式

产品契约模式是指由农业企业组织牵头，和农户之间签订具备法律效力的产销合同，在合同中确定所生产农产品的品种、生产面积、生产数量等。同时，农业企业对农产品的收购采取保护措施。另外，农业企业提供物质及技术支持保证农产品的生产，并提供加工、销售和其他服务的组织类型。农户的小生产经营依靠和企业的产品订购关系实现与市场的紧密联结，从而实现农业产业化经营。

产品契约模式对于可针对性地解决农产品卖出难的问题，同时还能在市场的激烈竞争中使农民的利益得到有力保护。企业和农户之间因为有了在农产品生产、销售环节各自明确的分工和责任，一方面，帮助农业企业获得了稳定可靠的原料基地，保证企业的正常运转；另一方面，帮助农民建立了固定的农产品市场渠道，使农民在面对市场风险时能够实现自身资源的合理配置，这对于提高农民积极性非常有效。

（二）基于表现形式的农业企业与小农户利益联结机制分类

从要素角度归纳，农业企业与小农户的利益联结机制存在上述五种主要模式。但从农业企业与小农户联结关系的表现形式考虑，当前国内农业产业化组织模式主要分为"企业+农户"和"企业+基地（合作社）+农户"两种。

（1）"企业+农户"。"企业+农户"组织模式是龙头企业与农户通过签订农产品远期交割合同，事先约定双方交易的数量、质量和价格问题，从而形成了契约关系（王亚飞、唐爽，2013）。从制度属性来看，该模式是介于市场专业化分工和纵向一体化之间的准垂直一体化组织。在这种模式下，企业和农户之间在经济利益上保持相对独立性，双方签订远期订购契约，在一定程度上稳定了交易关系，降低了交易成本（万俊毅，2008）。

例如，湖南佳和农牧有限公司（以下简称佳和农牧）与养殖户形成的"企业＋农户"组织模式就可分为"农户育肥代养"和"企业租赁运营"两种不同的形式。

一是"农户育肥代养"模式。由合作方（养殖户）出资兴建猪舍，建成后由佳和农牧统一提供猪苗、饲料、药品等并委托合作方（养殖户）进行育肥代养，合作方（养殖户）向佳和农牧提供一定数额的保证金，佳和农牧按代养批次向农户支付代养费。该模式的特点是：第一，企业将生猪交给农户，由农户代养，养殖过程中所需要的一切养殖原材料由企业提供（包括猪苗、饲料、疫苗等），企业向农户提供养猪的技术支持（该阶段养殖技术含量较低容易掌握）。第二，企业向农户提供劳动报酬（每头猪 120 元/年）。该劳动报酬与企业的销量无关，并且不与企业绩效挂钩。养殖户需要向企业缴纳质押金（每头猪 500 元/年）。

二是"企业租赁运营"模式。由合作方（养殖户）出资且按照佳和农牧的技术要求建设猪场，经佳和农牧验收合格后，交付佳和农牧租赁运营。在此过程中，合作方（养殖户）只需出资建设母猪养殖基地，企业租赁养殖基地并自行负责母猪的养殖工作，合作方（养殖户）获取猪舍的租金报酬。该模式的特点是：第一，该阶段养殖技术含量较高，佳和农牧有限公司从国外引进先进的养殖技术，不向农户传递养殖技术。第二，农户在建设养殖基地过程中要严格按照企业要求的标准执行，母猪养殖基地建设成本较高，例如，基地计划养殖 2400 头母猪，基地建设预计花费 2400 万元（即平均养一头母猪的基地建设成本为 1 万元）。

上述两种模式，分别以农产品（肥猪）、猪舍作为企业与农户签订合同的交易对象。这种关系既保持了企业和农户之间经济利益的相对独立性，同时又维持了相对稳定的交易关系，降低了交易成本。

（2）"企业＋基地（合作社）＋农户"。"企业＋基地（合作社）＋农户"是在"企业＋农户"模式的基础上引入合作社作为中介组织衍生出来的农业产业化经营模式。从企业与农户的关系层面考虑，"企业＋基地（合作社）＋农户"可以归纳划分为四种不同的类型。

第一，企业领办合作社与农户生产对接。现阶段，在形式多样的农民专业合作社中，龙头企业领办型合作社已成为注册登记合作社中的主要形式（张晓山，2009）。企业领办合作社与农户生产对接的"企业＋合作社＋农户"模式，也成为了现有的企业通过合作社与农户形成联结的主要形式之一。例如，"上海弘阳农业有限公司（以下简称弘阳公司）＋上海春鸣蔬菜专业合作社（以下简称春鸣合作社）＋农户"的利益联结模式。春鸣合作社由弘阳公司于 2008 年发起成立，在具体的利益联结中，社员农户与企业签订了"二项保证"和"价格保护"的产销合同。"二项保证"的内容包括两个方面：一方面，社员农户必须购买企业生产的种子、农药和化肥等生产资料；另一方面，弘阳公司保证收购社员农户种植的蔬菜。"价格保护"的内容是指针对种子、化肥和农药等生产资料，企业以低于市场价格水平的价格向社员农户提供生产资料。同时企业与农户之间商定最低收购保护价。

第二，企业与农户合办合作社。企业与农户合办合作社的"企业＋合作社＋农户"模式与第一种模式下的利益联结最大的不同在于，农户在合作社中控股，从而有了声誉控制权，进而得到剩余收益索取权。这类模式的一个显著特点是企业以个体、私营的小微企业为主（苑鹏，2013）。

第三，农户自办合作社与企业对接。农户自办合作社与企业对接的"企业＋合作社＋农户"模式是一种常见的农业企业产业组织模式。例如，"广西三江源源茶叶有限公司（以下简称三江源源公司）＋茶叶合作社"的合作模式。三江源源公司是由当地政府招商引资进驻的民营企业。2005年，公司进驻后，三江源源公司与本地多个由农户自发组成的农民专业合作社合作，整合茶园资源，建立了"企业＋合作社＋农户"的新型经营管理模式。在该模式下，与企业联结的合作社数量众多，且都是由农户自发创建的，据统计，仅2011年，该企业就带动1200多户农户、4600多名农民进入茶叶生产行业。

第四，农户自办合作社、合作社自办加工企业。农户自办合作社、合作社自办加工企业的"企业＋合作社＋农户"模式中，常出现"能人带动型公司合作社一体化"的典型模式。例如，广西壮族自治区柳州市三江县东竹茶叶有限公司（以下简称东竹茶叶有限公司）与三江县东竹茶叶生产专业生产合作社（以下简称东竹茶叶合作社）的合作模式。合作社由郭朝阳女士于2005年创建，通过向群众传授科学种植技术，带动了东竹村妇女纷纷加入茶叶种植行列，在2008年6月成立了东竹茶叶合作社（注册资金为800万元，在册社员230户）。同年8月，郭女士成立了东竹茶叶有限公司。公司负责开拓市场和茶叶品牌建设，合作社负责生产和加工。

对比四种模式发现，在企业领办合作社与农户对接的模式中，农户作为企业的合同工，能够获得稳定的工资收入，但没有决策参与权；在企业与农户合办合作社的模式中，企业与农户初步建立起不稳定的利益关系共同体，农户作为合作社所有者的身份开始得以体现，刻意参与合作社决策，分享合作社收益，其社会联系网络也得以拓展；在农户自办合作社与企业对接的模式中，企业与农户的关系是农产品供应链中各自独立的市场主体之间的契约关系，农户作为合作社的所有者，拥有合作社的剩余控制权和剩余索取权，农户福利增进的空间明显扩大；在农户自办合作社、合作社自办加工企业的模式中，农户彻底摆脱了公司，通过自办合作社及其加工企业，建立起独立的全产品供应链，实现了以农户为主题的纵向一体化，农户福利增进的空间达到最大化。

（3）两大模式对比。第一，由于"企业＋农户"模式保留了龙头企业与农户较为自由的经济地位，相较于"企业＋合作社（基地）＋农户"的模式，双方的交易关系是松散的。第二，"企业＋农户"模式的双方具有更明晰的产权关系，这种关系在调动双方追求利润最大化的同时也强化了双方的本位主义思想，削弱了双方合作的能力。第三，"企业＋农户"模式导致了企业要与一大批农户签订订购合同，大大提高了企业对合同签订的监督和执行成本，因此，不免导致合约执行过程中违约率高、履约难度大等问题。第四，"企业＋农户"模式双方力量悬殊，存在企业凭借拥有更多的信息、资金、渠道等优势损害农户利益的可能性。

所以，在"企业+农户"模式下，担保介入的风险较大，如果介入，建议仅支持企业发展，通过扶持企业做大做强，通过"涓滴效应"间接扶持农户发展；在"企业+合作社（基地）+农户"模式下，担保可以通过评估企业所在产业链条的盈利能力及稳定性等特点，通过支持产业链金融的方式介入企业与农户的信贷关系，由企业为农户提供增信措施，从而实现支持小农户的政策目标。

四、农业企业与小农户对接模式的资金需求特点

农业金融支持有效地介入农业企业与小农户的对接模式，首先要了解和明确农业企业和小农户在两者联结成利益相关方后的资金需求特点。

（一）农业企业资金供需现状

农业企业为解决阶段性、长期性以及战略性的发展问题，需要通过募集资金对商业行为进行支持，这一过程被称为农业企业的融资过程。在农业企业发展的过程中，由于技术水平不断提高，企业对资金的需求程度也在不断加大，仅依靠企业自身内源资源已经不足以满足企业的资金需求，企业需要通过更多的途径和渠道寻找外源融资。

1. 农业企业融资需求的分类

根据农业企业的发展规律，现将融资需求分为短期生产需求、长期建设需求、功能拓展需求和社会服务需求四个方面，如附图3-12所示。

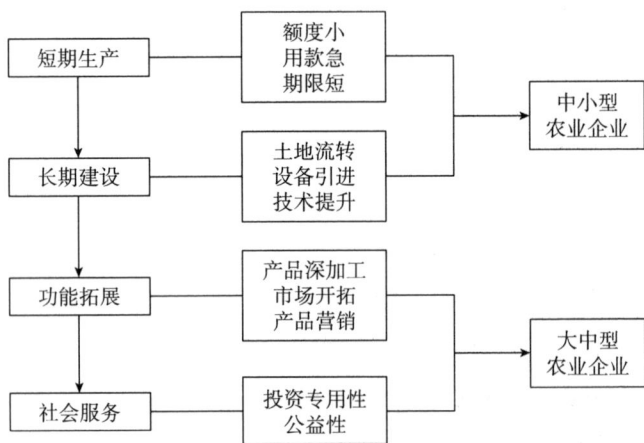

附图3-12　农业企业融资需求层次示意

第一，短期生产需求。在农业企业发展的起步阶段，生产经营规模较小，其资金需求主要是购买生产资料的短期流动性资金需求（刘笛，2017）。

该阶段资金需求的特点是：额度小、用款急、期限短。对具有前期资金优势的农业企业来说，这部分资金可以通过自有资金筹集和资金互助的方式获得。相比之下，资金实力较弱或内部积累有限的企业则在短期内无法通过自身条件来筹得这笔资金，需要借助于外

部金融机构的支持。

第二，长期建设需求。随着农业企业的不断发展，原有的生产经营场所、生产设备、生产技术将成为限制企业发展的障碍。在这个阶段，企业将会通过土地流转集中经营、购置大型农机具、引进先进生产管理技术等手段，以工业化的物质装备和生产体系来改造之前落后的生产方式，使企业的生产经营方式向着优质、高效、集约、安全的规模化和标准化现代农业生产经营方式转变。

企业在该阶段需要资金用以支付土地流转、设备引进、技术提升等活动，从而产生相应的融资需求。这类资金需求具有额度大、周期长、见效慢的特点，因而在借助外部金融机构支持的同时还需要财政资金和政策金融的进一步扶持。

第三，功能拓展需求。农业企业在生产经营规模化以后，势必要突破传统第一产业的范畴，将生产经营向农产品深加工、储藏运输、市场开拓与产品营销等领域拓展，延长产业链条，追求跨区域和跨行业的业务范围。

在该阶段，企业的内部融资和留存收益将无法满足经营领域拓展和产业链延伸的资金需求。在这种情况下，仅依赖外部金融机构的支持与财政资金和政策金融的扶持将无法满足该阶段的资金需求，还需要融资担保公司及农业保险公司为企业提供充分的信贷担保以获取更多的担保贷款，从而推进企业进行自身运营模式和产业结构的转型升级，促进一二三产业的融合发展。

第四，社会服务需求。农业企业的进一步发展需要树立品牌价值、提高社会影响力以及高素质人才的支撑，企业需要获取农产品信息、开展维权活动、对员工开展各类培训、组织员工进行知识与技能的学习以及其他相关的社会化服务。企业在该阶段需要聘请相关领域的专家为内部成员开展技术指导和咨询服务、策划维权活动和相关的社会服务，这些活动的开展会相应地产生一系列的资金需求。该阶段资金需求的特点是投资的专用性、公益性较强，不宜进行效益评估，从而需要更多的政府项目扶持和政策金融支持，以及通过政府的税收优惠、财政补贴等政策激励商业性金融机构对企业进行信贷支持。

综上所述，在企业发展过程中的资金需求不是单一的，往往是复合的、多样化的，同时随着企业的不同发展，资金需求也会不断发生变化，即由最初主要是满足短期需求逐步转向长期需求，进而转向功能拓展的需求，最终向满足社会服务的需求等复合型的资金需求转变。

以刘建华等（2017）对吉林省延边州级以上农业龙头企业的调研为例，304家农业龙头企业于2015年实现销售收入280亿元、营业收入555亿元。在融资需求方面，超过98%的企业具有融资需求，18%的企业融资需求比较迫切且无法从正规渠道得到满足。

对其中56家州级以上农业龙头企业进行深入的财务分析发现，在上述56家龙头企业中，国家级农业企业有1家，省级有20家，州级有35家。企业主要涉及粮食、特产、水产加工收购等领域。2015年，56家企业的总资产共计28.7亿元、负债9.2亿元，融资需求缺口为12.44亿元。在12.44亿元总融资缺口中，原材料采购资金缺口为4.76亿元，流动资金缺口为2.8亿元，厂房设备等固定资产投资资金缺口为2.78亿元，转型升级资金缺口为 1.7 亿元，项目研发资金缺口为 0.4 亿元，如附图 3 – 13 所示。

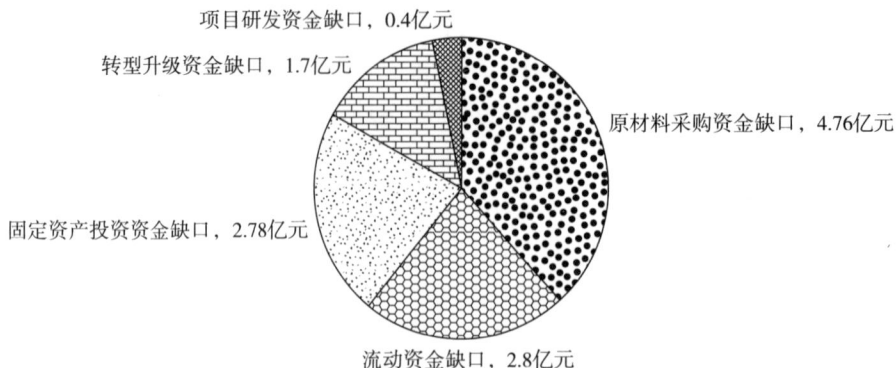

附图 3 – 13　延边州级以上 56 家农业龙头企业资金需求缺口结构

资料来源：《农业产业化龙头企业融资问题：成因、对策及案例检验——基于延边州 304 家农业产业化龙头企业融资情况调查》。

2. 农业企业融资获取途径

我国农业企业的融资方式从大体上说分为两种形式：权益性融资和债务性融资。一般意义上的权益性融资是指股权融资；债务性融资主要包括银行贷款、发行债券和应付票据、应付账款等（赵海燕、宋怡，2017）。目前，农业企业的融资渠道主要分为以下四种：

第一，内源融资。农业企业在初创期及成长期，资金大多以自筹的形式来不断壮大企业的规模，由于企业成立时间较短，抗风险能力差，尤其对一些没达到上市标准的小企业来说，更无力提供担保物以取得金融机构的贷款。而自筹的资金量相对较少难以满足企业的发展，以至于资金结构十分脆弱，阻碍其自身发展，与一些大型的农业企业相差甚远，最终导致企业间的差距越来越大，这也成为我国农业发展的一大障碍。

第二，信贷融资。当企业发展到成熟期时需要寻求更多的商业信贷支持，而银行贷款的商业门槛较高且限制因素较大，加之利益的驱使，商业银行更加不看好农业企业；虽然国家不断出台各种惠农政策，但是在政策性金融发展问题上与发达国家相差较大，难以解决我国农业发展的整体性问题。

第三，风险投资。随着我国金融市场的不断成熟，风险投资基金逐渐受到企业的青睐，由于我国对风险投资基金方面的相关法律保障并不健全，加之农业企业与其他行业相比抗风险能力较差。同时，大众对风险投资基金的认识度还比较低，使得风险投资基金在农业企业中推广的程度受到很大限制，应用于企业融资的更是寥寥无几。

第四，民间融资。民间融资的自发性和稳定性较强、商业融资门槛较高、股权融资能力较差，使得民间借贷在农业企业融资中成为主要方式，但由于民间借贷无法准确统计，国家对其缺乏政策和法律上的支持，导致经常发生资金纠葛等问题，在一定程度上也影响了农业的整体发展。

　　综上所述，农业企业的融资渠道越来越多元化，来源于正规渠道的依然不多，内源性融资及民间借贷等非正规渠道替代作用巨大。以唐欣等（2013）对河北省 11 个地级市 169 家农业企业的调查数据为例，几乎所有的企业都存在资金缺口问题，其中，资金缺口在 300 万元以下的占被调查企业总数的 80.5%。被调查农业企业自有资金占企业总资产的比例低于 20%、20% ~ 40%、40% ~ 60%、60% ~ 80%、高于 80% 的企业分别为 18 家、29 家、47 家、60 家、15 家，如附图 3-14 所示。

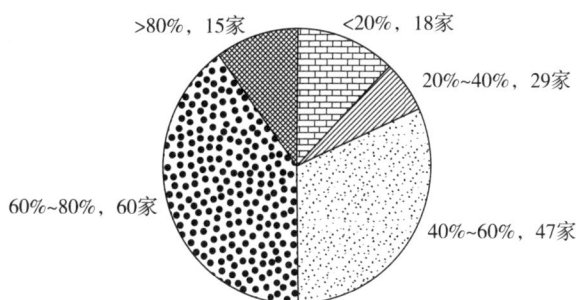

附图 3-14　企业自有资金占比分布

资料来源：《河北省农业企业融资现状及对策研究》。

　　上述调研农业企业从银行所获得的贷款在银行同期全部贷款余额中所占比例很低，不到金融机构贷款总额的 10%。169 家农业企业中，141 家企业表示当遇到资金困难时首选向银行、信用社贷款。农业企业从银行等金融机构所获得的贷款额占农业企业负债总额的比例分布为：低于 20% 的企业有 91 家，20% ~ 40%、40% ~ 60%、60% ~ 80%、高于 80% 的企业分别有 64 家、9 家、5 家和 0 家（见附图 3-15）。

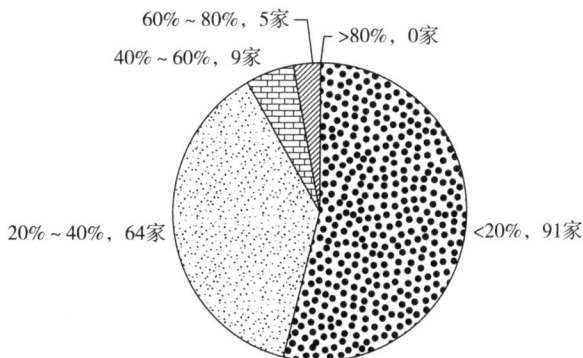

附图 3-15　农业企业从金融机构贷款占比分布

资料来源：《河北省农业企业融资现状及对策研究》。

本案例还反映出：一是河北省农业企业的规模以中小型规模为主，资金需求缺口总额不高，300万元的额度完全能够满足80%的企业的需要。二是内源融资成为农业企业重要的融资方式，股东资金成为最主要的资金来源，在追加扩张资金阶段也几乎完全依靠内源融资作为重要手段。三是农业企业对银行信贷资金的依赖性较强，但实际贷款中遇到的障碍很多，银行的贷款与农业企业的资金需求之间存在较大的差距。

3. 农业企业资金供需的矛盾

由于农业企业的季节性收益、弱质性以及较高的风险性。在实际市场环境中，农业企业的融资需求并不能得到有效的满足。农业企业资金供给与需求之间的矛盾普遍存在。究其原因，我们认为这是农业企业的自身资金使用特点和外界的金融环境造成的。

(1) 农业企业管理能力偏弱。

第一，农业企业管理体制落后。农业企业的所有制形式多以个人所有制为主，在实际经营过程中很难采用现代企业管理理念进行实践。同时，企业过分注重发展的短期目标，且在生产经营中"小农意识"浓厚，导致企业对市场把握能力不足、产品生产盲目性大，从而导致经济效益不高。

第二，农业企业财务体系不健全。多数农业企业规模偏小、组织结构不健全、资本实力薄弱。同时，在财务制度上常表现出缺乏规范性。常常出现一个企业多套报表，财务信息严重失真的情况。因为缺乏通过审计部门认证的财务报表，并且企业缺乏信息披露意识，所以导致了银行等金融部门对企业的组织结构、法人素质、经营业绩等资料难以把握，增加了金融机构对企业资质的审查难度，使金融机构承担过多的信用风险，从而让企业难以获得来自金融机构的抵押担保贷款。

第三，技术创新能力不足。多数农业企业的生产活动仍然停留于现代农业产业链的最底端，以最基本的农业种植和简单的粗加工为主。生产过程对技术的要求不高，缺乏高科技含量的产品。产品存在较强同质性，缺乏影响力，导致企业成为市场价格的被动接受者，经济效益水平不高。此外，农业企业用于技术创新的资金投入不足，影响了企业在市场中的竞争力，也影响了投资者对农业企业的投资兴趣，从而降低了企业的融资能力。

(2) 企业融资观念落后。

第一，融资方式单一。农业企业经营者多数出身农村，有较深的小农意识和家族垄断意识，进而在企业内很少出现向员工发行内部股票、债券等有效的内源性融资方式，多是以自有资金筹集作为主要的融资方式。另外，在外源性融资方面，农业企业大多依赖银行借款、信用社借款以及私人借款的资金获取渠道，尚未打通更丰富的资本市场融资渠道，如资金互助、金融租赁以及产权交易等（李婵、刘小春，2013）。从这些融资渠道的选择可以看出，当前农业企业的融资渠道过于单一，缺乏有效的规划和长远的计划。

第二，融资意识淡薄。目前，多数农业企业经营者不能清楚地认识到内源性融资对于企业发展的重大意义。在内部利润分配中短期化倾向过于明显，没有从企业发展的角度思考问题，没意识到用留存收益来弥补经营资金缺乏的资金管理方法。另外，在管理外源性融资方面。企业在选择融资渠道时，更多是以便捷性作为主要的选择标准。经营者更多是以被动接受、"走一步算一步"的心态解决问题。

（3）农村金融市场供给不足。

第一，大型商业银行的供给意愿不强。目前，在全国多数地区的农村金融市场上有效的资金供给依然来自大型国有商业银行。农业经营者受外部环境和自身素质的影响，也已经对这种传统的资金供给途径形成依赖。但是，上述金融机构更倾向于向具有良好资信且风险较低的企业提供低利率的商业贷款。农业生产存在长周期性和高风险性，不符合大型商业银行的放贷选择标准。同时，农业企业的贷款具有数量少、时间紧、频率高等特点，大型商业银行的贷款需要一系列手续流程、层层审批后才能最终办理。以上原因导致商业银行对农业企业的资金供给意愿不强。

第二，中小型金融机构服务能力不强。虽然近年来农村金融改革不断取得进展。但是目前在多数农村地区，国有商业银行仍然处于农村金融市场上的主体垄断地位。这样的形势对中小型金融机构在农村地区的生存和发展都形成了一定程度的阻碍与掣肘。农村地区的中小型金融企业表现出数量不足、管理水平低下以及业务能力有限的特点。同时，一些以服务农业企业为目标的中小型金融机构在发展过程中受市场环境影响也逐渐地将业务重点转变至其他方面。这些原因都导致了中小型金融机构在农村地区的服务能力有限。

第三，农村金融机构支持有限。目前，我国多数地区的农村金融机构服务体系由农业银行、农村发展银行、邮储银行、农商行以及村镇银行组成。总的来说，该体系下的金融机构并不能为农业企业提供强有力的金融支持。首先，农发行作为政策性银行，因其特殊定位和业务范围，不能够为农业企业提供有效的资金帮助；其次，农业银行和邮储银行虽然定位在服务"三农"方面，但是由于其对经济效益更大化的追求目标，迫使他们更多地去服务大型企业；最后，作为农业企业资金寻求的最主要依托——农商行、村镇银行，近年来，在发展的过程中商业化脚步不断加快，导致对农业企业服务的意愿不断减弱，也没有达到对农业企业应有的资金支持水平。

（4）政府支持力度有限。

第一，专职机构失位。和一些发达国家相比，我国在政府部门设定的专门用于扶持农业企业尤其是中小型农业企业的职能机构的工作尚待提高。农业部虽然有负责农业产业化的办公室，但尚缺乏专职负责农业企业政策制定、宏观指导、执行监督的更高级别的专门的自上而下的管理机构，对农业企业的生产经营、资金融通、生存发展等方面的政策制定缺乏针对性，同时对政策的执行缺乏有力的监督，导致国家即使有相关的法律法规和政策措施对农业企业进行支持，但依然得不到有效实施和落实。

第二，农业基建投入不足。农业企业的效率提升，生产成本得到控制、经济效益不断提高在很大程度上是受农业基础设施建设水平左右的。总体来看，全国绝大多数地区的农业基础建设尚不完善，远落后于发达国家。这在一定程度上也影响了农业企业的经济效益，进而造成金融机构对其放贷的难度增加。

第三，民间金融混乱。发展中国家的发展更多倾向于工业化、城镇化等建设方面，对于农业的关注度相对落后。在这种环境下，农业企业的融资需求不能及时满足，所以民间借贷顺势不断壮大,尤其在农业领域扮演着极为重要的角色。在农业发展的过程中,民间借贷发挥了不可获取的作用。但是由于民间借贷天然难受约束以及政府的监管力度不足,导致民间借贷不规范、坏账现象时有发生。这在很大程度上弱化了民间借贷对农业企业融资的支持力度,阻碍了农业企业的做大做强。

(二)小农户资金供需现状

小农户对生产资金的需求呈现出明显的规模小、周期短、季节性突出、贷款抵押物缺乏、渠道单一等特点,研究小农户的资金需求,有助于更好地把握小农户信贷的特点,从而为农业金融支持机构介入企业与小农户的利益联结机制提供重要参考。

1. 小农户对资金的需求特点及分类

农户融资需求主要包括消费性融资和生产性融资两种类型。消费性融资通常数额较小,融资期限短,一般通过亲朋好友来满足;生产性融资相对数额高于前者,融资时间长,需要正规或非正规融资渠道来满足。

消费性资金需求是指用于生活用品、看病、建房、上学等方面的资金需求。农户生产性资金需求又可分为:农户的农业生产资金需求和非农业经济发展资金需求。农户的生产性借贷用途结构反映有多少生产性借贷投向农业生产领域、多少投向非农业生产领域。目前,农业发展处于由传统农业向现代农业的转型时期,农业作为二元经济下弱质产业进入市场后,农业投入中传统要素的比重会趋于下降,现代要素的比重会趋于上升。但是农户在农业生产需求的融资方面,因为农业生产周期相对较长,农户投资变动反应较慢,农户融资的数目较小。

以李明贤、刘程滔(2015)对湖南省4个地级市227户农户的问卷调查为例,数据结果显示,有借贷需求的农户达到124户,占总样本的54.63%。农户从金融机构申请贷款额度在5万元以下的有38户,占有贷款需求农户总数的30.65%。申请贷款额度在5万元以上的农户有12户,占有贷款需求农户总数的9.68%。上述结果表明:第一,当前农户在生产、生活过程中,普遍存在资金方面的需求;第二,虽然有融资需求的农户很多,但是在有资金需求且能从正规金融机构获得贷款的农户中,多数农户获得的融资额度相对较低;第三,一部分有融资需求但未能从银行等正规机构获得贷款的农户,主要通过依靠亲戚朋友或民间借贷的方式获得借款。

2. 小农户融资获取途径

民间融资中农户自由借贷是农户融资的最主要形式之一。关于我国农户融资来源的研究结果一致表明:第一,农户自由借贷的利率和归还期限的约定不严格;第二,农户所需资金额度一般较小,借贷发生频率较高;第三,借贷多发生在关系较近范围内的亲友和熟人之间,以口头协议为主,自由借贷亦是农户实际融资中的首选方式。

与正规商业性金融借贷相比较,农户自由借贷虽然不正式,却是农户融资的主流(马九杰等,2010)。温铁军、曹力群、朱守银(2003)和中国农业大学课题组等的研究结果从不同的角度得出了近乎一致的研究结论:小农户70%以上的外源性融资来自民间借贷,从农村信用社等正规金融机构获取的借贷资金不足20%。国际农业发展基金组织

（IFAD）2005 年的研究报告也指出，中国农民来自非正规金融市场的贷款大约是来自正规金融市场的 4 倍。史清华（2007）根据全国 300 多个村庄、2 万多户农户 1986～2000 年全国农村固定观察点提供的农户借贷数据发现，自 1990 年以来，农户之间的自由借贷长期居高不下，一直稳定在农户外源性资金来源的 70% 左右。霍学喜（2005）对全国 15 个省 24 个地区的个案调查表明，我国的民间借贷极具普遍性，发生率高达 95%。

3. 小农户资金供需的矛盾

小农户融资的供需矛盾主要表现为融资渠道"啄序"和农业企业提升小农户融资需求两个方面。前者是由发展中国家传统金融机构与现代金融机构并存的二元农村金融结构导致的，后者是由农业企业的外部性刺激衍生而来的。

（1）融资渠道"啄序"。

农户在融资渠道选择上表现出"自我积累→亲朋好友等非正规融资渠道融资→信用社等正规渠道融资→高利贷"这种融资渠道的"啄序"。

发展中国家的二元农村金融结构是造成农户不同融资渠道选择的关键因素。首先，传统金融机构主要服务于农户的生产性资金需求，贷款规模相对较大；现代金融机构更多地服务于农户的消费性资金需求，贷款规模相对较小。前者在提供贷款时对抵押品、担保及程序等都有较严格的要求，后者在这些方面相对灵活。其次，正规金融与农户之间存在严重的信息不对称性，所以在正规金融的信贷配给方面农户得到的额度较小。最后，由于政府对利率水平的控制以及信息成本、交易成本等因素，非正规金融比正规金融在满足农户资金需求上具有明显的优势。

（2）农业企业提升小农户融资需求。

与企业建立利益联结机制的小农户对资金需求除了具有单笔贷款规模小、风险高、缺乏抵押品等特点以外，由于小农户与农业企业建立了利益联结，农业企业的外部性激发了小农户更大规模的资金需求。

农业企业刺激了小农户的生产性资金需求。首先，小农户与农业企业建立联结后能够同企业获取更多的外部信息。企业将更先进的经营方式、理念传递给了小农户，小农户扩大再生产的欲望得到提升，进而对于资金需求有了进一步增加。其次，小农户的资金需求依然保留了一贯的季节性、周期性特征，且额度更大更加集中。农作物种植具有典型的季节性特点，资金使用的集中性较强；畜禽养殖同样具有鲜明的周期性，在资金需求方面也具有较强的周期性和季节性，在农业企业的带动下，小农户的生产逐步迈向规模化和标准化，资金需求周期以及节奏与企业的生产周期逐渐同步。

例如，在湖南大北农科技有限公司与养殖户之间的生产资料供应链合作模式中，大北农为符合被担保标准的养殖户提供融资支持。在此过程中，养殖户从金融机构（银行）获取贷款，该贷款金仅限用于购买湖南大北农科技有限公司的生产资料。在该模式下，因为养殖户与企业合作，在得到企业专业养殖技术指导和生产资料的供应下，养殖户能够降低生猪的发病率、死亡率，同时提升出栏猪的重量并压缩养殖时间，养殖户普遍提高了养殖规模，资金需求额度方面普遍在 30 万元以上，多的达 200 万元。

五、农业金融支持机构介入农业企业与小农户对接的方式、违约风险和防控手段

农业金融支持机构作为一种有效的金融工具，能够有效介入农业企业与小农户对接模式，将为缓解农户贷款难、贷款贵等农村金融问题提供具有重要价值的实践和解决方案。

（一）农业金融支持机构介入农业企业与小农户利益对接模式的可行性分析

在农业企业与小农户有机联结的模式下，农业金融支持机构作为信贷机构、企业、政府、小农户之间的信用桥梁，其有效运行的必要条件是通过担保的介入及运行，在建立可靠的风险防范机制下，使得上述各方利益均得到一定程度的满足。①就信贷机构来说，担保的介入能够分担部分或全部风险，使得原来不具备贷款条件的客户成为可贷客户，从而扩大信贷机构的业务规模。②就农业企业来说，担保的介入能够增进企业的信用，使得企业贷款风险得到分担，从而增加企业的贷款金额，促进企业发展。③就政府来说，通过农业金融支持机构的介入，扩大当地优势产业的信贷供给，从而达到促进产业发展，间接带动农民就业和增收的效果。④就农户来说，担保机构的介入能够通过扩大企业信贷规模或者通过以企业为主的产业链金融，间接满足农户的生产资金需求，使得农户得到生产发展所需资金，促进农户增收。⑤就农业金融支持机构来说，通过有效的风险防控机制设计，使得担保费用和风险补偿之间能够平衡，并实现一定的盈利，从而保证担保机构的可持续发展。

农业金融支持机构介入农业企业与小农户利益对接模式的过程中，需要具备上述五大条件，才可使农业金融支持机构的介入更具有可持续性。从农业金融介入的运作实践看，农业金融支持机构的介入确实能够在一定程度上有效满足信贷机构、企业、政府、农户以及农业金融支持机构自身的不同利益诉求。以湖南省农业信贷担保有限公司为例，公司通过创新出"惠农担—粮食贷""惠农担—油茶贷""惠农担—生猪贷""惠农担—特色贷"等"惠农担"系列产品，自2017年6月开展业务以来，共计担保3199个项目，银行放贷26.6亿元，已和15家银行签订了合作协议，有效推动了湖南省粮食、油茶、生猪以及其他特色农业的发展，实现了参与各方的共赢。其一，企业通过农业金融支持得到了实惠，例如，湖南佳和农牧有限公司通过农户代养和企业租赁两种模式，为与企业建立紧密利益联结机制的农户配送猪苗、饲料等，有效带动了100多户农户养殖生猪。银行通过农业金融支持扩大了业务量，以前很多没有抵押的客户也能通过农业金融支持来开展业务，目前还有很多金融机构想与农业金融支持机构进行合作。其二，农户通过企业和农业金融支持机构对接增加了信用，获得了更多的信用贷款并用于生产。其三，值得关注的是，地方政府对农业金融支持也给予了高度重视，一些贫困地区的地方政府与农业金融支持机构签订了协议，并在机构缴纳了部分保证金，扶持地方龙头企业带动建档立卡贫困户就业脱贫，获得了很好的社会效益。其四，农业金融支持机构自身也实现了可持续发展，目前的不良率为1‰～2‰，远低于涉农金融机构的风险水平，湖南农业金融支持机构计划于2019年将业务规模做到40亿元。

（二）农业金融支持介入农业企业与小农户利益对接模式的路径选择

农业金融支持介入农业企业与农户利益联结模式的前提是，农业企业与农户必须建立起紧密型的利益联结机制。在该前提下，农业金融支持机构还要通过产品设计和风险防控，将政府、企业、农户、信贷机构、农业金融支持机构结成利益共同体，充分利用产业链金融模式，发挥核心企业的带动作用，为农户提供信用担保，助力现代农业发展。在此基础上，建议可采用以下路径介入农业企业与小农户利益对接模式：

1. "银行＋担保＋企业＋农户"合作模式

在该模式下，农业金融支持机构可以和产业链上的农业核心企业进行合作，通过专业的担保服务能力为核心企业上下游经营主体（农户）提供服务，实现共赢。在设计担保产品时，要充分利用农业核心企业的信用（包括应收账款、未来订单收入、保险、担保等）来为其上下游主体（农户）提供服务，在机制设计上可以通过农业金融支持机构的谈判，让农业核心企业、信贷机构和农户共同承担部分风险，达成利益共同体，从而降低系统性风险。

例如，湖南农业信贷担保有限公司与湖南大北农科技有限公司合作，利用供应链金融创新出了一种对农户进行联合担保的新模式。在该模式下，与湖南大北农科技有限公司合作的养殖户中符合被担保标准的，大北农为其提供融资支持。在此过程中，养殖户从金融机构（银行）获取贷款，该贷款资金仅限用于购买湖南大北农科技有限公司的生产资料；养殖户需按期偿还利率与本金，银行、担保公司与湖南大北农科技有限公司按比例承担风险。具体的分担比例为：①贷款方（银行），承担实际放款金额 20% 的风险，剩下的 80% 风险由农业金融支持机构和企业共同分担。②担保方（湖南农业金融支持机构），向银行提供连带责任担保，担保金额为实际放款金额的 65%，并收取 1.0%（贫困地区为 0.5%）的保费。③借款方（湖南大北农科技有限公司合作养殖户），从商业银行获取贷款（利率上浮 20%）；养殖户不直接获取该部分资金，资金在经过养殖户账户后直接划转至湖南大北农科技有限公司账户，公司为养殖户提供饲料等生产资料。④反担保方（湖南大北农科技有限公司），向湖南农业金融支持机构缴纳实际合作金额 10% 的风险金，贷款出现风险时，承担 15% 的风险责任。下游贷款主体的实际控制人及其配偶和成年子女提供无限连带责任担保。另外，当借款金额超过 200 万元时，借款方还需提供相应的不动产抵押及股权质押作为反担保（见附件1）。

上述模式清楚地划分了关联各方的风险分担责任，使得企业、银行、担保等各方均有积极性去监督和促进产业发展，企业承担反担保的连带责任，更是有充足的动力去监督与之相连的农户按照要求进行生产，很好地控制了风险。

2. "银行＋担保＋企业＋政府＋农户"合作模式

该模式与"银行＋担保＋企业＋农户"合作模式相比，融入了政府信用，并在风险分担机制中加入了政府主体，进一步划分了各主体的风险责任，但也存在着政府与市场信息不对称造成的政策性风险。该模式的核心还是利用农业产业链金融来构建风险分担机制。

例如，湖南怀化洪江市政府利用政府信用为湖南农业金融支持机构推荐贷款客户，并给农业金融支持机构缴纳了 200 万元的风险保证金，同时，要求通过农担方式获得贷款支持的大户或者企业必须解决当地部分建档立卡贫困户的就业和脱贫问题，这样就通过政府信用将当地的精准扶贫和农业产业结合起来，既扩大了产业规模，也解决了部分建档立卡贫困户的脱贫问题。对于政府推荐的农业企业，农业金融支持机构也不是全部依靠政府缴纳的 200 万元保证金作为质押来推荐贷款的，而是会同贷款机构严格审定企业资质和贷款条件，合理设计风险分担机制。对于有些地方政府极力推荐的贷款客户但又达不到担保公司核定资质的，担保公司会要求政府出具推荐函，并且签署协议，由地方政府承担 100% 的风险责任；此外，湖南农业金融支持机构还规定，当某个地区（县）的不良率达到 5% 以上时，立即停止该地区所有的担保业务，设置了熔断"高压线"。这些风险防范举措，既兼顾了合作伙伴关系，又将风险控制在可控范围内，取得了地方政府的支持，对于农业金融支持机构和业务开展均提供了良好的宏观条件。

但是，该种模式下，政府信用不能过于透支使用，特别是产业基础不是特别优越的地区，产业风险和政策性风险叠加后，将放大整体信贷担保的风险，建议业务开展前期通过政府支持扩展业务范围，中后期严格按照市场规则进行业务审批及发放。

3. "银行＋担保＋企业＋农户＋互联网"合作模式

此种模式与前两种模式相似，也是通过产业链金融为与企业有着紧密利益联结关系的农户提供生产性融资，通过建立网上提交资料、网上审批、网上放款系统等基于互联网的信息化操作，节约尽调成本和审批时间。此种方式适用于申请贷款额度 30 万元以下的小客户。

未来这种模式将成为互联网时代的主要商业模式。担保机构通过利用互联网技术，将企业、个人和银行纳入相对封闭的交易生态系统，并将财务管理、生产管理、物流管理、客户管理等服务集合成为线上高效统一的服务，使得账户和信息获取真实简易，解决信息不对称难题，并衍生出金融服务。这种模式在电商中应用较广，通过"担保机构搭台＋信息共享＋交易撮合"的方式推动核心企业进入电商服务平台，进而将其上下游企业都纳入进来，使得整个链条上的企业都在此平台上进行交易活动，从而构建金融生态链服务平台。借此平台，充分利用大数据技术带来的多维数据比对和信息对称优势，以整个供应链条上形成的交易数据为基础，尝试采用线上"数据质押"与线下实际抵、质押相结合的方式开展金融服务。一是借助真实交易数据，降低风险和成本。二是借助网络在线操作，流程处理高效。

（三）农业金融支持介入农业企业与小农户利益联结模式的风险防范体系建设

农业企业与小农户利益对接模式中，双方只有建立紧密型利益联结机制，才能保证以企业信用为农户增信的方式得到持续。在农业金融支持介入后，应该抓住产业链条中的关键环节，通过利益共同体的方式构建集信贷机构、企业、政府、农户和农业金融支持机构等于一体的多方共同参与、共担责任的风险防范体系。

1. 科学设计农业金融支持相关产品

保障农业金融支持的产品设计是对业务风险控制的直接检验。由于农业金融支持相关业务涉及粮食、生猪、农特产品等关系国计民生的重要农产品，农业金融支持机构要有大局意识、责任意识、民生意识、底线意识，科学设计农业金融支持的系列产品，将当地主要和重要农产品均纳入农业金融支持范畴，产品设计要体现以下风险防范原则：一是产品标准化。按照不同农业产业划分，农业金融支持机构要事先进行深入调研，将需要担保的农业品种各项指标进行标准化设计，例如，种植水稻每亩担保的借款额度、担保年限等。二是农业金融支持品种的确定。农产品种类众多，要优先满足粮食、生猪、地方特产品等主要和重要农产品的供给保障，建议设置正面或负面清单制，将不合适的品种排除出担保体系。三是多方合作共同设计品种。农业金融支持机构和信贷机构要主动沟通、共同设计担保信贷产品，避免重复尽调，节约手续和时间。

2. 合理确定风控机制

农业金融支持的产品确定后，要科学设计产品审批及监管机制，确保农担产品风险在操作层面可控。一是建立授权审批机制。针对不同的担保额度进行分级授权。例如，50万元以下的风控部门审批，50万元以上公司管理层审批等，200万元以下分公司决定，500万元以上需报省公司批准等。二是建立保后检查机制。担保贷款发放后，要建立渠道对其进行跟踪检查或进行不定期抽查，对于没有按照合同约定履行相应条款的借贷主体，要有相应的惩戒措施。三是明确反担保机制。农业金融支持业务政策性强，系统性风险较大，而目前国家的反担保政策尚不明确，需要尽快研究加以确定。

3. 密切关注核心企业

农业金融支持介入企业与小农户利益对接模式的过程中，基本是由产业链中的核心企业作为资产推荐方、担保方的角色，以其自身信用或其应付账款作为小农户还款的保障。所以，农业金融支持机构在选择合作的核心企业时，应对核心企业的财务状况、信用情况等着重调查，避免因核心企业出现经营问题以及不履行合作责任或不按时足额偿付应收账款等导致的风险。此外，农业金融支持机构介入产业链金融时，要对整个行业有较为充分的研究与认识，特别是对行业整体风险的研判，并与期货、保险等金融衍生品相结合，合理规避行业系统性风险。

4. 充分利用信息手段

从农业金融支持机构和银行的角度来看，小农户具有小、散、广的特点，而且抗风险能力较弱，这样势必造成农业金融支持机构的经营成本较大，农业金融支持机构必然倾向于做批量化、集成化的业务，农业适度规模经营成为基础门槛。从实践来看，农业金融支持机构担保贷款的额度也大多在50万元以上，真正意义上的小农户业务并不多。所以，信息化手段的引入将大大降低农业金融支持机构的操作成本，从而将贷款最低额度降下来，以支持真正意义上的小农户发展。例如，湖南农担推出的"惠农e贷"可以实现网上审批、网上资料传送等操作流程，审批最低额度也降到了30万元，对满足小农户适中的资金需求发挥了重要作用。

附件1：

农业信贷担保介入农业企业与小农户案例
——以湖南大北农科技有限公司为例

一、湖南大北农科技有限公司基本情况

大北农集团于1999年开始进驻湖南市场。目前，湖南区（猪饲料产业部分）拥有员工近600人，其中博士研究生2人，硕士研究生14人，大学本科120人，大学专科309人。下辖湖南大北农、郴州大北农、娄底大北农等子公司。其中，湖南大北农科技有限公司占地近100亩，固定资产投资达1.1亿元，是湖南省内单厂产能大、生产设备先进、自动化程度高、生产线布局完善的饲料生产基地之一。

2005年6月16日，公司在湖南省长沙市望城县注册成立，为北京大北农科技集团股份有限公司全资子公司，目前注册资本5000万元。经营范围为：配合饲料、浓缩饲料、添加剂预混料饲料的生产与销售；兽药的经营；农业技术开发服务；普通货物运输；猪的饲养与销售；动物保健产品的技术开发、产品销售；进口企业生产、科研所需的原辅材料、机械设备、仪器仪表及零配件等。

2017年公司收入有三大来源，其中，猪配合料的销售收入（包括教槽料、保育料、小中大猪料、母猪料、公猪料）约占总收入的80%以上；猪浓缩料的销售收入（包括保育浓缩料、仔猪浓缩料、母猪浓缩料、猪通用浓缩料）约占总收入的10%；猪预混料的销售收入（包括小中大猪预混料、母猪预混料）约占总收入的10%。

二、模式：农企生产资料供应模式

在农企生产资料供应模式下，与湖南大北农科技有限公司合作的养殖户中符合被担保标准的，大北农为其提供融资支持。在此过程中，养殖户从金融机构（银行）获取贷款，该贷款金仅限用于购买湖南大北农科技有限公司的生产资料；养殖户需按期偿还利率与本金；银行、湖南农业金融支持机构与湖南大北农科技有限公司按比例承担风险。

1. 农户选择准则

该模式下被担保农户选择标准如下：

自然人年满18周岁，不超过65周岁，有固定住所，身体健康，具有完全民事行为能力和劳动能力，持有有效户口本身份证件。

实际控制人无违法犯罪记录，无嗜赌、吸毒等不良嗜好。

信用记录良好，实际控制人及其配偶无重大逾期情况，无重大未执行的诉讼记录。

能够提供真实、合法、有效的文件及资料，接受并协助公司的实地考察和保后检查，同意支付担保费。

养猪户不在国家规定的禁养区的，担保期限内不会面临限养。

具有一定的经济实力，生猪养殖户的养殖规模在 100 头以上，生猪养殖服务户的资本在 30 万元以上，担保贷款以后，其资产负债率不超过 70%。

能够提供湖南农业金融支持机构认可的合法、有效反担保。

在承贷银行开设专用账户，专门用于财政补贴、银行贷款发放与归还，以及销售回款的结算。

借款人须出具书面承诺，同意在未按期归还湖南农业金融支持机构提供担保的银行贷款时，不得再要求湖南大北农科技有限公司支付在湖南大北农科技有限公司的留存款项（包括但不限于政策优惠、预付货款等）或将留存款项购买湖南大北农科技有限公司的饲料、转移给他人等。

2. 担保模式

湖南大北农科技有限公司合作养殖户融资及担保过程中，主要的关联主体包括贷款方、借款方、担保方、反担保方。在现有融资担保产品中，贷款方主要是与湖南农业金融支持机构及湖南大北农科技有限公司建立合作关系的银行；借款方即为湖南大北农科技有限公司的合作生猪养殖户；担保方为湖南农业信贷担保有限公司；反担保方为湖南大北农科技有限公司，以及为借款人提供保证担保的其他反担保人。

（1）担保范围。

与湖南农业金融支持机构合作的生猪养殖户、生猪养殖服务户，在湖南农业金融支持机构有担保贷款的经湖南农业金融支持机构考察同意后的生猪养殖户。由湖南大北农科技有限公司（包括娄底大北农科技有限公司和郴州大北农饲料科技有限公司）负责进行考核并向湖南农业金融支持机构书面推荐。

（2）担保额度。

湖南农业金融支持机构为湖南大北农科技有限公司的客户提供总额不超过 2 亿元的担保，单户额度为 10 万 ~ 200 万元。

（3）担保期限与还款方式。

流动资金担保一般为一年，期限超过一年的，按照银行审批通过的还款方式逐年还款。

（4）到期与续保。

借款人担保贷款到期前一个月，湖南大北农科技有限公司负责对借款人进行检查，落实借款归还的准备工作，需要续保的客户，要求提前一个月出具推荐函。

（5）担保设置。

贷款方（银行）：承担实际放款金额 20% 的风险。

借款方（湖南大北农科技有限公司合作养殖户）：从商业银行获取贷款（利率上浮 20%）；养殖户不直接获取该部分资金，资金在经过养殖户账户后直接划转至湖南大北农科技有限公司账户，公司为养殖户提供饲料等生产资料。

担保方（湖南农业金融支持机构）：向银行提供连带责任担保，担保金额为实际放款金额的 65%，收取 1.0%（贫困地区为 0.5%）的保费。

反担保方（湖南大北农科技有限公司）：向湖南农业金融支持机构缴纳实际合作金额10%的风险金，贷款出现风险时，承担15%的风险责任。企业实际控制人及其配偶和成年子女提供无限连带责任担保。另外，当借款金额超过200万元时，借款方还需提供对应的不动产抵押及股权质押作为反担保。

3. 农户贷款金使用限制

经湖南大北农科技有限公司推荐的融资借款人，借款人获得的贷款资金仅限于购买湖南大北农科技有限公司生产的饲料，须提供银行所需的受托支付凭证，直接支付到客户所在湖南大北农科技有限公司指定核算单位的对公账户。

4. 风险应对

（1）风险分担。

第一，湖南大北农科技有限公司按借款人到期未履行的银行债务（包括利息及其他相关费用）的15%承担责任。一方面，在借款人未履行银行债务时，银行向湖南农业金融支持机构出具代偿通知书后，湖南农业金融支持机构书面通知湖南大北农科技有限公司，湖南大北农科技有限公司应在三日内将承担的金额支付到湖南农业金融支持机构的账户，由湖南农业金融支持机构将该笔资金及自身承担的金额一并支付到借款人的贷款账户。另一方面，若湖南大北农科技有限公司未按期承担相应责任，由湖南农业金融支持机构垫付了湖南大北农科技有限公司应承担的资金，湖南大北农科技有限公司按每天万分之五的比例支付利息给湖南农业金融支持机构。

第二，借款方（银行）承担实际放款金额20%的风险。在借款人未履行银行债务时，借款方（银行）将自身承担的金额一并支付到借款人的贷款账户。

（2）风险控制。

第一，湖南大北农科技有限公司积极配合湖南农业金融支持机构做好保后检查工作，提供借款人在经营数据，在贷款期限内，对借款人进行保后检查（不少于每半年一次）。

第二，湖南大北农科技有限公司在经营过程中，发现借款户有影响担保借款到期归还的情况，及时通知湖南农业金融支持机构，并积极采取措施（湖南大北农科技有限公司有一支推广及服务团队在市场一线紧密联系客户，所以能够实时掌握客户的经营动态）。

第三，湖南大北农科技有限公司推荐客户到期未履行的债务（包括利息及相关费用）达到年度担保总额的5%时，停止对新增客户的担保，直至将以上比例降至5%以下才能开展新的担保业务。

第四，借款方（银行）对湖南大北农科技有限公司贷后负债率的控制。当企业负债率达到70%时，银行要求企业先还一部分负债，再启动项目。

（3）债务追偿。

项目发生风险后由湖南农业金融支持机构负责追偿，湖南大北农科技有限公司配合，具体细则如下：

第一，原则上发生代偿后一个月以内，由湖南农业金融支持机构（或湖南大北农科技有限公司）进行诉讼追偿。必须追偿所得款项，在扣除追偿费用（包括诉讼费、执行费、评估鉴定费、律师费、综合费等，其中律师费按照不高于回收金额的 10% 确定，综合费按照回收金额的 2% 确定，具体以实际发生为准）后，湖南农业金融支持机构、湖南大北农科技有限公司双方按承担金额的比例分配。

第二，经追偿后无法收回的，法院就追偿案件做出终（中）止执行裁定的，湖南农业金融支持机构将法院相关法律文件提供给湖南大北农科技有限公司，两方各自进行坏账核销。

附件 2：

农业信贷担保介入农业企业与小农户案例
——以湖南长沙县佳和农牧有限公司为例

一、佳和农牧有限公司基本情况

湖南佳和农牧有限公司是佳和农牧股份有限公司旗下生态农业系分公司。2006 年 6 月成立于长沙县干杉乡车马村，占地 1100 余亩，自建大型良种猪繁育基地。

现存栏基础母猪 1500 头，年可对外提供种猪 15000 头，猪苗及肥猪 20000 头。该场实行"猪—沼—苗""猪—沼—鱼"工程，不仅实现粪便污染物的零排放，而且变废为宝，产生经济效益，实现原种场对所属地区的附属价值，与基地周边村民实现多赢的大好局面。公司以养殖业为主体进行开发，利用对猪粪的科学处理，实现农牧结合，做到互相利用、互相促进、低投入、高产出、少污染的可持续性发展的生态养猪新模式。

二、模式一：农户代养模式

育肥代养模式下，有合作方（农户）出资兴建猪舍，建成后由佳和农牧提供猪苗、饲料、药品等，委托农户进行生猪代养，合作农户向佳和农牧提供一定数额的保证金，佳和农牧按代养批次向农户支付代养费，并针对农户需要缴纳的保证金，为其提供融资担保。

1. 养殖特点

企业将生猪交给农户，由农户代养，养殖过程中所需要的一切养殖原材料由企业提供（包括猪苗、饲料、疫苗等），企业向农户提供养猪的技术支持（该阶段养殖技术含量较低且容易掌握）。

企业向农户提供劳动报酬，每头猪 120 元/年。该劳动报酬与企业的销量无关，且不与企业绩效挂钩。农户需要向企业缴纳质押金，每头猪 500 元/年。

2. 农户选择准则

代养模式下被担保农户选择标准如下：

信用良好，包括银行征信、履约意识、社会口碑及诚信记录等。

认同佳和的企业文化、经营理念、发展模式。

社会关系稳定，无不良嗜好，无犯罪前科，无不良诉讼及强制执行记录。

已有建成并符合要求的育肥栏舍。

有能满足代养规模的合格劳动力及必需的养殖技术。

项目合规，必备的手续、证照齐全。

3. 担保设置

佳和农牧合作养殖户融资及担保过程中，主要的关联主体包括贷款方、借款方、担保方、反担保方，在现有融资担保产品中，贷款方主要是与湖南农业金融支持机构及佳和农牧建立合作关系的银行，借款方即为佳和农牧的合作方，担保方为湖南农业信贷担保有限公司，反担保方为佳和农牧（或佳和农牧体系内合法、有效的相关主体）及为借款人提供保证担保的其他反担保人。

代养模式下，合作方为借款人，同时也是借款资金的使用人，贷款资金仅限用于缴纳代养保证金，担保及反担保设置如下：

贷款方（银行）：承担实际放款金额20%的风险。

借款方（小农代养户）：从商业银行获取贷款（利率上浮20%，一年期借款到期一次性还本付息），同时向佳和农牧缴纳10%的保证金。

担保方（湖南农业金融支持机构）：向银行提供连带责任担保，担保金额为实际放款金额的60%。

反担保方（佳和农牧）：向湖南农业金融支持机构缴纳实际合作金额10%的风险金，贷款出现风险时，承担20%的风险责任，同时承诺接手运营。企业实际控制人及其配偶和成年子女提供无限连带责任担保。

4. 农户贷款资金使用

代养模式下，贷款资金仅限用于农户向佳和农牧支付保证金，贷款存续期间，资金由佳和农牧进行管理。

5. 风险控制

代养模式下贷款风险控制：

在合作之前，对代养户的诚信记录进行前置审查。

贷款用途为农户向佳和支付保证金，资金实质上是由佳和农牧支配管理，贷款到期，代养户不能偿还借款本息的，可以保证金进行代偿。

佳和农牧通过向养猪农户提供稳定的劳动报酬（养猪工资），保证了农户的还款能力。

根据实际需要，设置连带担保等增信措施。

三、模式二：企业租赁模式

在租赁运营模式下，由合作方（农户）出资且按照佳和农牧的技术要求建设猪场，经佳和农牧验收合格后，交付佳和农牧租赁运营。建设投入中，满足条件的，佳和农牧为其提供融资支持。在此过程中，农户只需出资建设母猪养殖基地，企业租赁养殖基地并自行负责母猪的养殖工作，农户仅获取猪舍的租金报酬。

1. 养殖特点

该阶段养殖技术含量较高，佳和农牧有限公司从国外引进先进的养殖技术，不向农户传递养殖技术。农户在建设养殖基地过程中要严格按照企业要求的标准执行，母猪养殖基地建设成本较高，例如，基地计划养殖 2400 头母猪，基地建设预计花费 2400 万元（即平均养一头母猪的基地建设成本为 1 万元）。

2. 农户选择准则

租赁模式下被担保农户选择标准如下：

（1）信用良好，包括银行征信、履约意识、社会口碑及诚信记录等；

（2）认同佳和的企业文化、经营理念、发展模式；

（3）社会关系稳定，无不良嗜好，无犯罪前科，无不良诉讼及强制执行记录；

（4）有一定的经济实力，兴建猪场中的前期建设，有足够的自有资金可投入，申请融资超过一定额度的，还需提供相应用于抵押的资产（主要是不动产）；

（5）按现行合作方案，担保融资要求合作方工程进度完成不低于 60%，且经佳和农牧验收合格；

（6）项目合规，必备的手续、证照齐全。

3. 担保设置

租赁模式下，合作方为借款人，同时也是贷款资金的使用人。担保及反担保设置如下：

贷款方（银行）：承担实际放款金额 20% 的风险。

借款方（佳和农牧合作养殖户）：从商业银行获取贷款（利率上浮 20%，一年期借款到期一次性还本付息），同时向佳和农牧缴纳 10% 的保证金。

担保方（湖南农业金融支持机构）：向银行提供连带责任担保，担保金额为实际放款金额的 60%。

反担保方（佳和农牧）：向湖南农业金融支持机构缴纳实际合作金额 10% 的风险金，贷款出现风险时，承担 20% 的风险责任，同时承诺猪场回购。企业实际控制人及其配偶和成年子女提供无限连带责任担保。另外，当借款金额超过 200 万元时，借款方还需提供对应的不动产抵押及股权质押作为反担保。

4. 农户贷款资金使用

在租赁模式下，农户的贷款资金使用应遵守以下规则：

贷款资金仅限于支付本建设项目的工程款、设备采购款及相关其他费用。

贷款资金不应超过项目建设总投资的 40%。

贷款发放之后，贷款账户由佳和农牧财务中心统一管理，借款方支付款项，需要向佳和农牧提交付款申请，经佳和农牧投融资部核准后，再由财务中心统一支付。

5. 风险控制

实施严格的准入资格审查及贷前尽职调查，降低信用风险。

严格锁定资金用途，确保项目顺利完工并投入运营。

交付运营后，借款方收到的租金可完全覆盖借款本息，且租金优先用于清偿银行贷款。

根据实际需要，设置股权质押、连带保证乃至不动产抵押等增信措施。

分报告4：现代农业供应链金融模式、功能、挑战与农业金融支持机构介入的路径选择[①]

为深入了解农业供应链金融发展情况，为农业金融支持机构提供有益借鉴，本报告从农业产业链、农业供应链金融概念出发，结合典型案例剖析，深入分析了农业供应链金融发展现状、风险控制机制、存在的问题和发展趋势，在此基础上，提出了农业金融支持机构介入的具体方式、担保产品设计和风险控制机制，供农业金融支持机构参考。

一、农业产业链的参与主体、衔接机制及融资需求

（一）农业产业链的概念及衔接机制

1. 农业产业链定义及主要参与主体

农业产业链是指农产品从投入到生产、加工、销售，最后到消费者"餐桌"的一系列过程，通过信息流、物流、资金流[②]，将农户、分销商、零售商、终端消费者连成一个整体的功能网链结构。主要参与主体包括：种子、农资等投入品的供应者，农产品生产者（农户等农业经营者），生产组织（专业合作社），产地批发商，销地批发商，加工商及零售商等。

围绕着农业生产，可把产业链分为产前、产中和产后三个环节，各个环节主要参与主体各不相同。农户家庭经营由于具有劳动力计量和内部监督的优势，所以当前种养环节仍主要由中小农户来承担。随着农业经营方式的进一步转变，种养大户、家庭农场、合作社以及农业企业等新型农业经营主体逐步发展壮大成为种养环节农业产业化经营的主力。在产前和产后环节，农业龙头企业依靠资本、规模、技术、人才及市场能力占据主导地位，在上游的农资（农药、化肥、饲料、兽药等）供应环节的地位越发重要，与下游流通加工环节（生鲜流通和食品加工流通链条）的经销商、加工企业及超市的对接作用也不断凸显。

---

① 执笔人：马九杰。

② 物资流的主要方向是从供应商、加工商方向通过物流发送到零售商并最终到终端消费者；分支方向也包括逆向物流，例如商品的退换、维修等；信息流的方向贯穿在加工商接受订货、生产订单、分销代理等过程中，在从供应商到消费者之间的诸多环节进行双向流动；资金流的方向是指商品生产销售过程中货币的流通方向，主要是由消费者经由零售商、经销商、加工商等到供应商。

2. 农业产业链上各主体之间的衔接机制

农业产业链上下游不同主体之间基于交易关系，建立了多元化的衔接机制。以农资产业链为例，农资企业通过经销商网络、第三方农资平台以及合作社等渠道把化肥、农药等销售给农业经营者。部分农资公司采用赊销的方式和农户、经销商等建立了多重交易关系。农业经营者主要通过农民合作社、农村经纪人、产地批发市场等进行农产品销售。其中，部分农业经营者与农产品流通加工企业签订长期稳定的销售合同，开展订单农业，建立稳定的产销关系。采用订单农业模式的下游销售企业和农业经营者不仅是收购关系，一些企业还为农业经营者提供产前、产中、产后全方位服务，以获得稳定的供货渠道和保证产品质量。随着综合化农业企业集团的快速发展，一些实力较强的龙头企业亦开始为农业经营者提供农资、农业生产服务、产品采购、金融支持等综合化服务。此外，社区支持农业等农业经营者和消费者直接对接的衔接形式也大量涌现。

3. 农业产业链上各主体的融资需求

现代农业产业链越来越注重规模化、标准化、专业化，强调绿色、安全，不仅要提供优质的农产品，更要发挥农业的多功能性。在农业产业转型升级的过程中，产业链上的各个主体均面临着巨大的挑战，需要改变传统农业生产和销售方式、推进一二三产业融合来提高其在产业链上的竞争力，因此各主体都需要大量的资金投入。上游农资经销商因为向农户提供赊销，容易出现资金短缺。中游很多中小农户由于在购买种子、种畜、化肥农药方面存在资金缺口，很难改善落后的生产条件、利用新技术和调整产品结构来满足市场的新需求，以至于很难转型成家庭农场等适度规模经营者[①]；而稍大规模种养大户、家庭农场和合作社等新型农业经营主体在购买农资、土地承包、农用设备购置等方面，面临更大的资金需求；农业经营者在出售农产品的过程中，普遍遇到由采购方延期付款造成资金短缺的问题。下游农产品采购商因为采购的季节性和集中性，也容易出现阶段性资金需求。销售环节加工企业或销售商通常有大量存货，这也将占用加工企业和销售商的流动资金。总之，在农业产业链上，各类主体在生产销售过程、扩大规模、转型发展等方面都存在大量资金需求，这也为农业供应链金融的蓬勃发展创造了有利的条件。

（二）农业产业链的分类

如前所述，农业产业链中农资、生产、加工、销售环节以多元化的方式进行链接，这就必须关注多种类型的商业模式[②]。不同类型的产业链上各个环节都有着不同的主导主体和融资需求。农业龙头企业主导的供应链条属于完整的较长的链条，常出现在细分的产业化程度较高的种养殖领域。在实际的农产品生产加工过程中，农产品生产加工的各个环节

---

① 王亚华. 什么阻碍了小农户和现代农业发展有机衔接［J］. 人民论坛，2018（7）：72－73.

② 商业模式指生产者、供给者及消费者在市场网络中如何创造价值，抓住价值的生产模式。按照主要的驱动者，可以将农业产业链商业模式分为：生产者驱动的产业链模式，如生产者协会；购买者驱动型产业链模式，如订单农业；推动者产业链模式，通常非营利组织或者政府机构推动或者提供服务；综合的产业链模式，如产业链内垂直一体化以及由金融部门领导，通过对产业链直接的金融服务和战略投资，延伸其服务范围，提高客户产品的价值增值（Miller C.，Jones L.，2010）。

仍相对分散，这也决定了其中的融资方式各不相同。

1. 农资供应型

农资供应链为满足农业生产经营主体对种子、化肥（饲料）等农业生产资料的需求应运而生。在农资供应链中，传统的"农资生产企业＋经销商＋零售店＋农户"的模式依然是行业主流。农资（饲料）生产企业在产业链中仍占主导地位，农户通过直销模式或经销商与农资生产企业建立传统的购销关系。强势经销商通过与生产企业谈判和博弈形成赊销关系，弱势经销商则以预付账款的方式获取产品，形成与生产企业的交易关系。当前深圳诺普信公司、史丹利公司等农资企业已建立集农资销售、生产服务、产品回收于一体的农资供应链（见附件1）。

2. 社会化生产服务型

随着国内城镇化、老龄化进程的加速，农业劳动力短缺问题日益凸显，越来越多的农户借助社会化服务组织的服务开展农业生产。尤其在种植业中，农业一体化综合服务和农业生产全程化托管等新模式快速推广，一些社会化服务组织纷纷提供全程托管、"点餐式"半托管等多种方式，积极开展测土配方、代耕代播、统防统治、烘干加工、代储代销等土地托管半托管服务，帮助"一家一户"有效解决难以独立克服的规模、技术、加工、销售等难题。在农业生产服务链中，农业机械作为推动农业生产性服务业发展、解决小农户融入现代农业发展的重要措施，构成了其重要的分支产业。目前国内农机流通的主要渠道有农机大市场、农机连锁超市企业、农机生产企业的品牌专卖店等。农机合作社作为农业机械的主要消费者，截至2016年末，全国共有农机化作业服务组织18.7万个，其中农机专业合作社6.3万个，占34%。农机合作社在组建过程中对新农机购置、运营过程中部分农机具更新、日常运营资金需求等都非常旺盛。鉴于当前农机补贴一般采取"先购后补"的方式，造成购机资金在时间上的错配，对于农机购买者来说资金压力较大，有急迫的融资需求。

3. 农产品销售型

农产品进入销售市场的渠道多种多样，主要分为自主销售、商贩收购、批发市场、农民专业合作社、公司订单、超市直采等方式，进而形成了不同的农产品销售链，但总体可分为"农业经营者＋合作社＋企业＋消费者"和"农业经营者＋企业＋消费者"两大类。以订单农业为例，订单农业作为农产品销售链的最主要和最基本的方式，主要流程是：首先农户与龙头企业签订购销合同；其次农户建设种养殖生产基地从事农业生产；最后由企业按合同收购农户的农产品（典型案例详见附件1对虾产业链）。但在订单农业中，农户由于技术不熟练、管理不到位，导致农产品产量低、品质差，达不到收购标准时，需要承担一定的生产风险；而企业可能因为农产品市场价格下跌，低于合同价，承担按合同价收购造成的亏损风险。当这两种风险同时发生时会严重影响产业链的稳定性，因此，订单农业等松散型农产品销售型的衔接关系往往因市场风险而分崩离析。

4. 综合化服务型

现代农业经营者所处的农业产业链通常较长。例如，"农资生产商＋经销商＋合作社＋农户＋生产服务社（土地托管）＋经纪人＋产地批发市场＋消费市场"这种超长的产业链。按照农业经营者在上述环节中和上下游主体之间的关系，超长产业链可演变成不同的农业产业链，这些上下游主体可以是分离的，分别独立提供专业化部分产品或者服务；也可以是统一的，可协同提供农资供应、生产服务及农产品销售等综合服务。典型的如供销合作社等综合型农业集团都是新的农业综合服务的提供者。综合化服务型产业链既可以发挥农业企业的规模优势，为农业经营者提供多重服务，又可以通过生态体系建设丰富收入来源及稳定客户，还能推动小农户实现农业生产标准化和产业化。

5."农企＋互联网"以及"互联网＋农企"的三产融合型

随着移动互联网、物联网等信息技术的发展，农业产业链上的核心企业能够利用现代信息系统将供应商、分销商和终端消费者衔接在一起，从而在全链条上形成一个多方无缝对接、界面可视统一、信息实时共享的互联网商务平台。国内一些大型农资企业纷纷实行"互联网＋农企"战略，成立专门的农资电商平台，与阿里巴巴、京东等电商企业合作，发起"三农"战略来推动农产品进城及工业品下乡；许多大型农牧食品企业集团还建立专门的农产品电商平台实现"互联网＋"模式，一方面，在集团内部全面推行 ERP 信息化管理，通过在线订单、配送、资金清算等系统信息化，实现对物流、信息和资金流的全程掌控，提升对销售、准入、评级和精细化管理水平；另一方面，在外部搭建与上下游无缝连接的网络服务平台。例如，新希望集团已与京东达成战略合作意向，"以互联网思维对传统农牧产业进行升级改造"等领域形成农企与电商的优势互补，进而为农牧产业链上各方主体提供以电商为中心、物流及金融为两翼、信息和技术为支撑的综合农牧产业服务平台，从而使下游经销商逐渐告别传统的线下订单模式，实现网络下单订货。

二、农业供应链金融的定义及现状

如前所述，农业产业链上的不同主体都有一定的融资需求，这些需求很多是因为供应链关系的特殊流动性资金需求而产生的。通常，在自身资本积累不足的情况下，外部资金的支持是形成农业资本的主要方式。获得外部投资的主要渠道之一就是在农村金融市场上进行融资。然而，由于农业的风险高、收益低，向农业部门融资被认为是一种高成本、高风险、低收益的业务。在提供传统的贷款服务时，银行通常会要求提供相应抵押品来降低风险，但是银行所需要的抵押物在农村地区很难获得，这已成为农户从银行等金融机构获得资金的主要制约因素[①]。

农业供应链金融应运而生，改变了银行等金融机构针对农户单一主体的授信模式，从整个农业产业链入手，以产业链中的农业企业为中心，从农业生产资料供给到农产品的生产、销售各环节，为产业链的整体运行提供金融支持。在这种模式下，农户不再是分散孤立、高风险、低收益的客户群体，而是与农业企业利益共享与风险共担的优质客户。农业

---

① 宋雅楠，赵文，于茂民. 农业产业链成长与供应链金融服务创新：机理和案例［J］. 农村金融研究，2012（3）：11－18.

供应链金融服务可以有效缓解农户融资难和农村金融抑制加剧的现状。

（一）农业供应链金融定义及主要模式

农业供应链金融，又称农业价值链金融或农业产业链金融，是指农业核心组织（企业）或者金融机构基于农业产业链上不同主体之间的商业关系以及运营中的商流、物流和信息流对核心组织上下游主体提供的金融服务①。具体来说，是将农业供应链上的核心企业以及与其相关的上下游企业看作一个整体，以核心企业信用为依托，以真实贸易为前提，运用自偿性贸易融资的方式，通过应收账款质押、货权质押等手段封闭资金流或者控制物权，对供应链上下游企业提供的综合性金融产品和服务的一种新型融资方式。

根据资金的来源，可以将农业供应链金融分为产业链内部融资（直接融资）和产业链外部融资（间接融资）②。

1. 基于上下游赊销关系的产业链内部融资

农业产业链内部融资是指农业产业链上的核心组织（企业或者合作社）通过赊销、预付等方式，为其上下游主体提供短期的流动性资金，也称为商业信用或贸易信贷。以温氏集团为例，通过温氏首创的紧密型的"公司＋农户"产业链接模式，在对上游农户赊销生产资料（鸡苗、饲料等）的同时给予一定的养殖技术指导，在农户将鸡苗饲喂到一定标准出栏后，再进行回购，回购过程中由温氏扣除相应生产资料款和利息以偿还其提供的资金费用③。

2. 产业链外部融资：金融机构的"1＋N"模式

农业产业链外部融资则是指银行等金融机构借助产业链上的核心组织（企业或者合作社）为上下游农户或中小企业提供信贷服务。其主要模式为：金融机构与农业龙头企业、合作社、中间商等合作，结合"公司＋农户"和"公司＋中介组织（合作社、基地、经纪人）＋农户"等模式中的订单质押（存货质押）、核心组织担保等方式，实现对上下游主体的贷款发放④⑤。例如，青岛平度银行与农业龙头企业山东得利斯合作，利用后者的担保，为养殖户提供贷款⑥。

综上，无论产业链内部融资或外部融资，都依赖于核心组织的信用，区别仅在于前者是直接授信，后者是间接授信。

3. 常见农业供应链融资产品

产业链外部融资具有典型的结构性融资特征。不同于银行基于对借款人的财务分析或

---

① 马九杰. 农业供应链金融的缘起与发展 [J]. 人民论坛, 2011 (27): 68.

② 马九杰, 罗兴. 农业价值链金融的风险管理机制研究——以广东省湛江市对虾产业链为例 [J]. 华南师范大学学报 (社会科学版), 2017 (1): 76-85+190.

③ 姚淑芬. 农业产业化龙头企业的价值链金融探讨——以温氏集团为例 [J]. 重庆科技学院学报 (社会科学版), 2011 (4): 107-109.

④ 马九杰, 张永升, 佘春来. 基于订单农业发展的农业价值链金融创新策略与案例分析 [J]. 农村金融研究, 2011 (7): 11-17.

⑤ 马九杰, 周向阳, 蒋逸, 张永升. 土地流转、财产权信托与农业供应链金融创新——龙江银行"五里明模式"剖析 [J]. 银行家, 2011 (11): 107-109.

⑥ 宋雅楠. 农业价值链金融特征及国外经验启示 [J]. 中国物价, 2012 (11): 53-56.

者利用传统的抵押品给予借款人的融资，产业链融资主要依赖借款人与其客户之间的应收账款等交易关系为基础进行融资。除了传统的基于应收账款、存货和预收账款等产业链融资产品，在农业产业链融资中经常被使用的还有基于未来收益的订单融资以及核心企业担保融资。常见的供应链融资产品如附表4-1所示。

附表4-1　常见的供应链金融产品

产品大类	具体产品	内容描述
应收账款类	应收账款质押	为核心企业上游供应商提供短期融资服务，贸易商一般拥有对核心企业的应收账款
	应收账款线上融资	金融机构与公司ERP系统直接对接获取真实交易数据以及应收应付关系，为公司上游客户提供批量、自动、便捷的信贷产品
	商票保贴业务	对符合一些商业银行指定条件的企业，以书函的形式承诺为其签发并承兑或背书转让或持有的商业承兑汇票办理贴现，即给予保贴额度的一种授信行为
预付账款	预付账款质押	对于下游经销商，提供预付账款融资，特别是提前订货的经销商
仓单/库存	仓单质押	对于下游经销商以及进行了仓储的经营者而言，提供的贷款
未来收益	订单融资	为长期贸易合作供应商提供以订单为基础资产的短期融资服务
	信用评分	交易信息等评分：比如阿里巴巴等利用交易信息进行征信，然后提供贷款
担保类	核心企业担保	核心企业利用信息优势提供担保，一般针对下游客户，核心企业可以全流程控制，降低风险

（二）针对不同环节的农业供应链金融

1. 基于农资环节的供应链金融

农资供应型产业链上的农资企业针对对象自身特点融资和资金需求差别提供不同的供应链金融服务。对于下游的生产经营者多采用为其提供信用担保服务；对于上游的厂商，则多采用应收账款质押为其提供信贷担保服务；对于农资经销商，采用预收账款质押或者存货质押的方法为其提供信贷担保服务（典型案例详见附件2民丰薯业主导的马铃薯供应链金融）。现代畜禽养殖产业链中，养殖户不仅需要进行大量的固定投入，还需要饲料等流动资产投入。而养殖市场的周期性和饲料等投入品的占比过高导致其经常缺乏流动资金。新希望六和集团于2007年在山东成立了中国第一家养殖担保公司（普惠农牧融资担保公司），为其上下游养殖户或饲料经销商提供担保，信贷资金主要来自银行等金融机构。风险控制主要依赖于其在供应链上的核心地位对养殖户现金流、物流、信息流的掌控。新希望模式有效解决了养殖户融资难的问题，实现了饲料销售规模的快速提升。

2. 基于农业生产环节的供应链金融

农业生产服务商在给农业经营者提供服务的过程中，也经常提供赊销服务等。如土地托管服务公司在提供托管服务时，享受托管服务的农户可以不立即支付服务费，而是在农产品销售后再支付服务费。农机产业链中也孕育了大量的供应链金融机会。在农机流通过程中，亦可利用农机厂商（经销商）和农机客户之间的交易关系、对农机的回购优势以及农机的抵押功能开展农机购买金融服务。例如，农机合作社可以采取购机户自付 20% 资金、80% 资金推广贷款（30% 资金采用农机补贴抵押，一年后归还；50% 资金采用农机具抵押，中长期分期归还）的操作方式。此外，一些银行系金融租赁公司和知名农机生产企业组建的融资租赁公司，利用融资租赁模式在信用要求、首付比例、融资额度、抵押物、申请手续、还款方式等方面较为灵活的特点，更好地拓宽农机金融服务的资金来源。

3. 基于农产品销售链的供应链金融

在农产品销售环节，供应链金融形式多种多样（"N + 批发市场""N + 超市""N + 食品加工企业"）。其中，基于订单农业的供应链金融仍是最主要模式。一方面，下游企业可以直接为生产经营者提供融资，另一方面，可以利用订单的未来收益作为保证，由外部金融机构提供产业链外部融资。订单农业的提供者为农产品生产者提供融资的主要目的不在于从融资行为中获得收入，而在于获得较为稳定的供货来源以及从其生产出来的高质量农产品中获益，以满足消费者高标准的需求。订单农业的参与方一般有多年的交易关系，彼此间信息较为对称。具体流程如下：①农产品生产者和农产品采购商签订正式销售合同。②采购商会向农产品生产者提供投入品并以合同规定的价格或者特定时期的市场价格购买农产品生产者的产品。③采购商向银行提供购买合同或者保函为农产品生产者贷款进行担保。④金融机构向农产品生产者提供贷款。⑤农产品生产者向采购商出售农产品。⑥采购商偿还银行贷款后，将货款余额支付给农产品生产者。

三、农业供应链金融的风控机制

（一）农业供应链金融面临的风险

从整体来看，从不同利益主体的角度分析，农业供应链金融存在以下几个类别的风险：

（1）供应链本身的风险。主要有两个方面。一是信息传递风险。供应链的信息传递通常较为复杂，内部总是存在信息传递错误的可能性。如果信息没能有效地传递，那么就会出现"牛鞭效应"，从而使供应链的信息成本增加。二是风险扩散。例如，农产品受到自然灾害的影响而减产，或者供应链上的某一个成员出现资金流或物流不顺畅等问题，则可能通过供应链影响到其他成员，甚至拖累核心企业[①]。一旦核心企业出现问题，风险就会扩散到整个供应链条。

（2）信用风险。在农业供应链金融服务中，信用风险也是重要的风险点。现阶段我国的信用体系尚不完善，而农村地区尤为严重。由于金融服务机构与供应链成员之间的信息不对称，容易导致金融服务机构因为供应链成员的不恰当信息而做出错误的评价和授

---

① 供应链融资依赖于核心企业的信用，是一种捆绑核心企业与上下游成员之间信用的融资方式，本质是将核心企业的信用转化为上下游成员的融资能力，提升上下游成员信用级别的融资方式。

信；在融资完成后，金融服务机构有可能无法及时、有效地监控供应链上各个成员的各类行为，导致成员可以隐瞒不利信息，甚至出现拖欠贷款等行为。

（3）市场风险。可以从金融市场和商品市场两个方面分析。市场风险指的是由金融市场利率波动而造成业务损失的风险；商品市场风险指的是由农产品市场价格波动、替代品竞争和销售渠道问题等引起的风险。例如，当农产品市场价格下降时，农业合作社或者核心企业等有可能无法支付相应的全额货款，从而导致相关利益主体受损等。

（4）道德风险①。在农业供应链金融中，核心企业、农业合作社等组织化程度相对较高，具备较为科学的管理结构和理念，与农户相比较为强势，趋利的本性使其道德风险较高。核心企业可能会做出一些侵害农户等相对弱势一方利益的行为，例如，压低农产品收购价格、挪移贷款资金等，从而造成供应链条的资金缺口，损害农户等相关主体的利益。

（5）操作风险。通常是由人为因素造成的，有可能是专业能力不足或是工作疏忽所致，也有可能是为了谋取利益而蓄意为之。农业供应链金融服务机构的工作人员可能因为对贷款业务流程缺乏了解而导致失误，或者工作人员内外勾结，伪造材料，骗取贷款，收取回扣等。另外，物流公司等在对实物进行仓储管理时也有可能出现操作风险，例如农产品因仓储管理不力而大量损耗，从而导致核心企业提不到货，蒙受损失，资金流动出现断点，影响供应链整体稳定性等。

（二）农业供应链的交易关系与信贷风险控制

农业供应链金融实质上是一种序贯博弈行为，由于资金供给者和资金需求者之间的信息不对称及借款人机会主义行为导致的事前逆向选择和事后道德风险，先行让步的出借行为可能会被后者背叛利用（不还款），从而很难形成借贷关系。因此，作为贷款机构（以下简称放贷人），首先需要对借款人的收入来源、风险及信用水平等影响还款能力和意愿的信息进行搜集并分析。通过设计抵押以及外部制度（国家法律法规、社会网络和文化惯例）等激励相容的自动履约机制，促使信贷契约的履行。

1. 利用产业链核心组织解决信息不对称和契约执行问题

农业供应链金融，无论是产业链内部融资还是外部融资，都依赖于核心组织的信用，区别仅在于前者是直接授信，后者是间接授信。工业供应链金融更多地依靠应收账款、预付款和存货的质押②，但是农业产业链中的融资主体主要是核心组织的上下游农户或者经销商，很少存在应收账款或者预付款，那么应如何控制风险呢？主要有以下几条路径：

（1）利用核心组织拥有农业行业专业知识并通过交易积累了关于"客户"的"超额信息"的优势，评估"借款者"的信用，筛选出能够做出可置信承诺的客户，减少出现逆向选择和道德风险的可能性③。

---

① 道德风险往往出现在现代企业的公司治理过程中，通常指的是强势一方对弱势一方利益的侵害。
② 胡跃飞，黄少卿. 供应链金融：背景、创新与概念界定［J］. 金融研究，2009（8）：194 – 206.
③ B. Biais，C. Gollier. Trade Credit and Credit Rationing［J］. Review of Financial Studies，1997（10）：903 – 937.

（2）利用核心组织对抵押品评估和处理上具有优势，通过抵押担保来构建可置信承诺①。

（3）核心组织作为上游的少数销售渠道或者是下游客户的定制化产品提供商，垄断能力强，通过上下游客户的高转换成本来构建可置信承诺②。

（4）通过核心组织对上下游客户的监督，来提升其风险应对能力和防止机会主义行为，并以此来构建可置信承诺③。

2. 全流程控制是农业供应链金融的核心优势

目前关于农业供应链金融中的可置信承诺主要集中在信息优势、抵押优势、高转换成本以及监督优势。而承诺可置信的充分条件是核心组织在农业产业链中的全流程控制。全流程控制是信息优势、基于抵押和高转换成本的威胁和惩罚以及监督的前提④。

（1）利用全流程控制下的信息优势。

判断借款人的承诺是否可置信，可以通过获取信息来判断其还款能力和意愿。传统的贷款5C评估法主要依据借款人品德、能力、担保、资本及经营状况等信息⑤。但是核心组织通过全流程控制，进行多重交易如提供农业生产投入品、农业社会化服务以及农产品销售服务等，可以低成本地获取这些信息。此外，还可以利用长期稳定的交易关系获取更多的非交易类的软信息（个人信誉、能力、家庭财产等）。全流程控制基础上的动态交易和服务还能使得企业获取交易主体的动态实时生产信息，实现信息的不断更新和前后验证。此外，当借助信息技术实现全产业链信息的动态掌控时，企业的信息垄断又得到了进一步强化。上述信息的获取嵌入核心企业的业务行为之中，并不额外增加信息获取成本。综上所述，全流程控制使得核心企业拥有了丰富的信息类型、较高的信息有效性以及较低的信息获取成本，从而使得核心企业拥有了自身提供供应链金融服务或者向银行等正规金融机构推荐客户形成产业链中的金融垂直联结的基本能力⑥。

（2）利用全流程控制下的抵押优势。

信贷信息机制是指事前了解或者预判借款人的还款意愿和还款能力，但是信息总是不

---

① M. Burkart，T. Ellingsen. In - kind Finance：A Theory of Trade Credit ［J］. American Economic Review，2004（6）：569 - 590.

② M. Frank，V. Maksimovic. Trade Credit，Collateral and Adverse Selection ［J］. Maryland：University of Maryland，2004.

③ N. Jain. Monitoring Costs and Trade Credit ［J］. The Quarterly Review of Economics and Finance，2001（2）：461 - 485.

④ 全流程控制是指农业核心组织对农业生产过程中实施产前、产中、产后全过程的标准化、规范化管理或者对流通环节中的采购、仓储、交易、结算等进行全流程的把控。

⑤ 信息可以分为硬信息和软信息，硬信息是指以数字形式定量存在的，借助非人格化的手段获得，不含主观判断、意见或者观察；软信息是指以文字形式定性存在的，通过人格化方式搜集获取的，主观判断、意见和观察是其中一部分。但是农业经济的运行规范化程度低，农业信息尤其是农户信息具有明显的不易观察、不易识别以及不易传递等特征，农村信息呈现出人格化、碎片化及社区内部化等特征，这类非标准化信息具有软信息的特征，现有金融机构的信息获取渠道及手段很难获得或者获取成本极高。

⑥ 马九杰，罗兴. 农业价值链金融的风险管理机制研究——以广东省湛江市对虾产业链为例 ［J］. 华南师范大学学报（社会科学版），2017（1）：76 - 85 + 190.

对称或是不完全的，因此，又使用抵押担保机制来使上述承诺可置信。在全流程控制下，基于供应链的融资创新可以扩充有效抵押物的范围，使得一些没有完备交易市场且不被银行等正规金融机构认可为有效抵押物的专用资产成为有效的抵押物。产业链上的核心组织在提供金融服务时，在全流程控制的前提下，核心组织提供实物产品，当客户无法按期履约时，可以重新回收产品，处置价值要高于银行，由于企业标准化生产的要求，还可以以更高的价值处理农户购买的专用性的生产设备。综上所述，全流程控制扩大了抵押物的范围和抵押物的处置价值，使核心组织接受抵押物范围和处置能力与正规金融机构有了较大区别①。

（3）利用全流程控制下的高转换成本限制。

顾客转换成本是指顾客由于转换产品或服务的供应商而引发的专有性成本，即一旦双方进行了交易，维持交易关系能够产生通过其他交易所不能产生的额外剩余。几类常见的转换成本有：交易成本、学习成本、人工或合同成本、重复购买优惠等。供应链金融上游客户与核心企业之间存在转换成本，因为违约可能导致供应商转换、生产停滞等，成本相对较高，偿还贷款主动性要高于非供应链金融的客户。核心组织进行全流程控制可以进一步提高可转换成本。尤其是在销售原材料和提供回购，或者提供原材料的同时提供服务，进而大大增加了上下游客户在生产和交易过程中的转换成本②，使上下游客户与核心组织形成了更稳定的类生态圈关系。

（4）利用全流程控制下的监督优势。

在全流程控制模式下，核心组织利用自身具备的产业信息优势，可以根据产业链特点，针对生产经营设计出投入品风险控制、生产环节风险控制、市场风险控制等特殊的风险控制机制，从而发挥多重监督优势，降低信贷风险。

在农业产业链中，由于生产对象的特殊性，农业经营面临自然风险、技术风险、病害风险、投入品质量风险以及市场风险等。这些风险直接影响产业链上农业经营者的经营成功率，从而影响还贷能力。实际统计发现，农户信贷违约多数源于农业经营的失败而非主观违约，因此可以把可置信承诺中还款能力作为信贷决策的重要因素。

综上所述，核心组织通过提供从投入品到技术服务再到回购等全流程的服务，将农业经营的风险变为可控风险，从而弱化分散控制下的农业投入风险、农业经营风险以及市场风险等。由于掌握了全流程的信息，核心组织可以设计动态的风险控制策略。可以结合整个行业的经营风险情况以及融资方的动态行为，从而判断融资方的动态信贷偿还能力。一旦预估未来行业风险下行，或者融资方的信贷偿还能力下降，可以及时调整信贷政策，降低风险损失的概率③。

（三）金融机构与核心企业的关系决定供应链金融风险控制的成败

当前，产业链外源融资的模式已逐渐成为农业供应链金融的主流。其本质是贸易信贷

---

①②③　马九杰，罗兴. 农业价值链金融的风险管理机制研究——以广东省湛江市对虾产业链为例［J］. 华南师范大学学报（社会科学版），2017（1）：76-85+190.

和银行信贷的融合，可以实现银行与企业的优势互补，由银行提供低成本资金，企业则充当信息中介及风险控制角色。具体表现为：

（1）随着农业产业化水平的不断提高，核心企业的信用水平不断提升，银行等金融机构对该行业和风险的认知不断提升，信息对称程度显著提高，通过发挥核心企业在产业链中的信息和监督控制等方面的优势，以及借助核心企业的信用并利用交易关系，可以有效解决与农户信息不对称难题。

（2）银行和核心企业之间由于委托—代理关系而存在代理成本，但已显著低于银行获取农业经营主体的信息成本。综上所述，这种产业链外源融资模式本质上兼具了核心企业的信息优势和正规金融机构的资金成本低优势，使其综合信贷成本远低于内源性融资。

（3）没有核心企业的配合，传统的供应链金融业务很难开展。主要是因为供应链金融对核心企业的信息流依赖性很强，在激烈的竞争下，核心企业与金融机构之间配合逐步演变成核心问题。对其风险应对及处置能力也必须高度重视。随着供应链金融的发展，现在互联网企业和产业资本都在进入这个领域，供应链金融优质客户的竞争越来越激烈。其谈判地位也越来越高。因此必须重新思考是不是必须依赖核心企业才能开展供应链金融。

（4）银行等金融机构创新业务模式，要更多地通过数据、物流、第三方数据平台等方式来解决。要更加注意对贸易背景和客户行为的分析[①]，还要对企业在银行内部结算资金的现金流进行分析，通过多渠道获取交易信息进行汇总分析，帮助减少对核心企业的依赖。

四、农业供应链金融发展中存在的问题与挑战

如前所述，农业供应链金融得以开展的重要条件是核心企业在农业产业链中的全流程控制，包括农业核心企业对农业生产过程中实施产前、产中、产后全过程的标准化、规范化管理，或者对流通环节中的采购、仓储、交易、结算等进行全流程的把控。现实中，这些条件不一定能够得到很好的满足，具体表现在以下三个方面：

（一）利益联结机制不稳固，农业契约不稳定

推动农业供应链金融的发展，需要完善的农业社会化服务体系，将小农户纳入现代农业产业链。当前主要通过鼓励承包农户采用土地流转、股份合作、农业生产托管等方式融入农业供应链体系，完善利益联结机制。但是现实中，由于农业的自然风险和市场风险，农业契约面临不稳定、龙头企业及合作社带动作用有限以及小农参与度低等问题。

1. 自然风险、市场风险导致农业契约不稳定

我国产业化水平不高，生产的方式仍然较为落后，小农在和核心企业交易的过程中，由信息不对称、交易成本、机会主义行为等导致农业契约非常不稳定。例如，在订单农业开展过程中，自然风险的出现会导致农户违约，而市场价格的上涨或者下跌都有可能导致

---

① 一个真实的贸易背景，背后必然有多个信息存在，包括订单、合同、发票、发货单、仓单、入库单和出库单等，应该有包括商流、物流、资金流和信息流等多种方式来确定一个真实贸易背景的存在。

订单农业违约。为了解决上述问题，需要农业保险、期货等市场的功能发挥，降低农业的经营风险。

2. 农业龙头企业带动作用有限

现阶段，我国农业龙头企业数量逐渐增多，但普遍规模小、实力不强。另外，核心企业将供应链的绝大部分环节集中在企业内部，如产品的生产、加工、储存以及最终产品的包装销售等，带动供应链中其他中小企业的作用有限。

3. 农业专业合作社的发展普遍存在诸多问题

农业专业合作社普遍存在管理混乱、组织能力较差、扶持监管不到位、财务不规范、承贷能力弱等现象，影响了农业的集约化、规模化、专业化生产。

4. 小农户受自身条件限制，参与现代产业链的难度大

现代农业产业链越来越强调绿色、安全，不仅要提供安全食品，而且要发挥农业的多功能性。目前，由于人地矛盾，小农户自身在市场信息获取、农业生产条件、科学技术利用等方面存在诸多限制，难以调整自身的生产结构来满足市场需求，尤其是面对绿色有机农产品消费群体的不断扩大以及消费者对农产品安全和品质需求的不断提高，有限的资金、技术、土地、劳动力等投入要素均制约了当前我国小农户农业生产方式的转变，大多数小农户的农业生产经营活动仍然只能局限于农产品的初级生产，而很难参与现代农业产业链，与现代农业发展产生脱节。

（二）农业供应链金融服务产品及服务单一

1. 金融服务过于依赖核心企业

目前供应链金融控制风险更多地依赖核心企业。随着供应链金融的发展，现在互联网企业和产业资本都在进入这个领域，供应链金融优质客户的竞争越来越激烈。在这种市场格局下，优质客户资源越来越稀缺，其谈判地位也越来越高。传统的供应链金融业务没有核心企业的配合很难开展。所以业界都在思考如何摆脱对核心企业的依赖。

2. 产品模式单一，难以满足实际需要

从理论上讲，产业链产品更多地依赖依靠应收账款、预付款和存货的质押。实际上，农业产业链中的融资主体主要是核心组织的上下游农户或者经销商之间以现金交易为主，很少存在应收账款或者预付款。因此，亟须创造利用信息来提供信贷服务的产品，在供应链全链条信息化的过程中，依靠交易数据进行金融服务的新型融资方式。

另外，传统供应链金融的风险控制模型更多地考虑企业自偿性问题，即卖掉存货或者收到应收账款去还款，但是存货和应收账款也存在一定的风险，需要综合考虑融资主体的综合现金流也就是更广义的未来现金流。既要用供应链金融的思维，也要借鉴综合授信的思想进行综合施策。

（三）金融机构的生态化建设面临困境

生态思维和平台思维是互联网思维的精髓，也是互联网时代的主要商业模式①。为了

①　Carlo R. W. de Meijer, Alastair Brown. Transaction Banking in the Cloud: Towards a New Business Model [J]. Journal of Payments Strategy & Systems, 2014, 8（2）: 206 - 223.

摆脱对核心企业的依赖，一些金融机构进行独立的生态体系建设，试图通过利用互联网技术，将企业、个人和银行纳入相对封闭的交易生态系统，并将财务管理、生产管理、物流管理、客户管理等服务集合成为线上高效统一的服务。生态系统的建设使得农户账户和信息获取真实简易，能解决信息不对称难题，进而衍生出金融服务。但是在农业金融领域，无论是农村商业银行的电商策略，还是农业银行的生态化建设，目前都面临一定的困境：线上平台商品交易数量少和核心企业的对接竞争激烈。这些意味着金融机构特别是农村金融机构想要发展供应链金融还需要进一步优化服务，吸引客户；同时提供更好的管理和服务，增强对农业产业链上核心组织的吸引力。

五、农业供应链金融的演变及趋势

农业供应链金融的出现，在一定程度上满足了由于经营主体的生产经营资金短缺产生资金融通的需求。但由于企业资金相对有限，而资金需求快速增加，供应链金融模式逐步从最初的产业链内部融资即贸易信贷，演变为产业链外部融资，进而发展到最新的产融结合状态[①]。

随着互联网金融的发展以及核心企业融资能力的提升，贸易信贷中的核心企业可以利用自身的信用，获取外部低成本资金，从而进行产融结合。银行信贷和贸易信贷互动的模式，大大降低了资金成本和信息获取成本，成为农业供应链金融新的发展方向。产业链上的核心企业，在充分利用产业链生态的基础上投资开展金融服务，利用核心企业的信用低成本的获取融资，从而开展基于经营协同的产融结合，相比于单纯的贸易信贷，资金成本和信息成本也进一步降低。

农业供应链金融的趋势是农业核心企业或互联网金融机构构建农业生态系统，全面提供生产、销售及互联网金融服务。如海大集团发起成立广发互联小额贷款公司，为公司的养殖户、经销商提供资金支持服务，进一步完善公司的金融服务体系。下游的批发市场管理平台也可以通过成立 P2P 网络借贷平台以及小额贷款公司等，实现真正的产融结合。当前"互联网＋农业产业链"将逐渐成为新的蓝海市场，为农业供应链金融服务的推进提供了新的增长空间。

（一）"三农"金融服务系统化

当前供销合作社系统正在加快构建完善供销社农资供应保障、农产品和农村产权交易服务、农村消费品配送经营、农村资金互助合作和金融服务等体系，切实打通服务乡村"最后一公里"，为小农户和新型农业经营主体提供全方位、系统化服务，将小农户小生产融入农业现代化大生产之中。主要做法有：

一是推进现代农业服务体系建设。县乡两级农民合作经济组织联合会（以下简称农合联）组织县级农资公司、基层社、农民合作社联合社和新型农业经营主体等参股组建

---

① 吴本健，罗兴，马九杰．农业价值链融资的演进：贸易信贷与银行信贷的替代、互补与互动［J］．农业经济问题，2018（2）：78-86．

庄稼医院，建立农资公司主导，以庄稼医院为基础多方参与、利益共享的现代农业服务平台。结合农资连锁经营网络建设，推进庄稼医院合理布局和建设，形成集农资销售、病害防治、技术指导、新品推广等功能于一体的现代农业生产服务体系。

二是推进现代商贸服务体系建设。引导村集体、农户组建消费合作社，建设商贸综合体，组织县级供销合作社、消费合作社、农民合作社、超市、商贸综合体、社会资本共同参股组建连锁配送公司，建立以连锁配送公司为主导、商贸综合体和农民合作社为基础的多方参与、利益共享的现代商贸服务体系。以商贸服务体系为依托，发展电子商务，形成具有统一品牌和形象的线上线下相融合、城市乡村广覆盖的日用品和农产品连锁配送体系。

三是推进农村信用服务体系建设。发挥农信机构作用，在对农合联会员信用状况评定基础上，实行对农合联会员授信服务与担保服务全覆盖。

最终供销社依托现代农业服务和城乡商贸服务体系，将普惠金融服务延伸到村。引导有条件的农合联成员合作社组建资金互助会，为农民提供资金互助服务，形成集生产、消费、金融于一体的全方位服务体系。

（二）农业企业服务信息化、数据化和生态化

当前，国内大型农业龙头企业纷纷借助其强大的线下资源，设立互联网金融平台（大北农公司设立农信金融平台，伊利公司设立供应链金融中心）进行产融结合[①]，打造农业、金融一体化生态圈。

"希望金融"是新希望集团于 2015 年成立的 P2P 网络借贷平台（以下简称借贷平台），主要依托新希望集团分支机构和业务人员，利用集团在农业产业链上的核心地位，为上下游相关主体提供信贷服务。借贷平台基于多重产业链交易关系形成的信息对称和契约约束机制实现风险控制，同时通过互联网提供资金来源。目前借款客户主要有：下游的养殖户、饲料经销商以及上游的原料供应商三大类。对于下游养殖户，一是通过将金融业务嵌入已有农牧产业链中，依靠之前担保公司多年来积累的关于养殖户的信用信息，以及产业集团积累的历史交易数据来解决信息不对称问题。二是借力"福达计划"在提供养殖服务的过程中[②]，实时搜集养殖户的动态养殖信息，对其实现实时授信和现金流的控制，从而降低贷款风险。对于下游的经销商体系，通过回溯集团饲料厂和经销商的交易历史，结合其"软信息"实施授信。集团业务人员也可以在日常业务往来中对经销商进行动态监控，而不需要花费额外的成本。双方之间长期的交易关系有利于建立互信机制，降低了贷款风险。对于上游原材料供应商，借贷平台开发了基于应收账款质押的名为"到货贷"的授信产品，在"商业银行＋核心企业"合作的供应链金融服务模式下，通过在新希望产业链内部信息共享，大大节省贷款申请时间，解决因银行的征信、走流程时间较长，难以满足短期融资需求的问题（账期 20 天左右）。

---

① 罗兴，朱乾宇. 经营协同的产融结合 [J]. 中国金融，2016 (22)：88 – 89.
② 在安装福达在线手机客户端的同时，"希望金融"与集团公司合作也实现了全流程控制：如福达计划实现了养殖全流程控制，闭环交易（借款户一般会使用新希望的饲料，借贷完成后，资金直接进入企业账户，借款户直接提取饲料）实现了现金流控制。

（三）供应链的逆向整合，互联网平台核心化

2014年，阿里巴巴集团发布了"千县万村"计划，计划建立起覆盖农村的电子商务服务体系，同步带动农村支付、信贷、理财及保险等综合金融业务发展。阿里巴巴集团还利用自身平台交易的"大生态链"，集聚了商品交易（农村淘宝电商平台）、资金支付（支付宝）、物流（菜鸟网络）三大业务平台，积累了物流、资金流及信息流大数据，在此基础上构建了蚂蚁金融服务集团（以下简称蚂蚁金服）。在信贷方面，蚂蚁金服以技术、数据为驱动力，联合农村淘宝、中和农信以及中华联合保险公司等，主要针对农村消费者和小农户、中等农户以及大规模农业经营者提供服务。对于规模农业经营者，蚂蚁金服通过供应链融资的方式，在控制农业经营风险的前提下，提供基于采购订单的大额贷款服务。对于中小农户，蚂蚁金服利用农村淘宝、天猫等电子商务平台，建立和农资企业、农产品经销企业及农业保险公司的封闭产业链交易关系，利用交易关系提前为农业经营者提供农资贷款，待商品通过电子商务平台销售后回收贷款。

如附图4-1所示，这种供应链模式形成了农产品供应链的线上生态链，降低了农业经营过程的生产和市场风险，实现从"贷"到"销"的数据监控，有助于更精准地保证"专款专用"，降低融资成本和提升融资便利程度。例如，陕西省周至县的猕猴桃产业就采用了互联网供应链金融模式。具体流程：北吉果蔬专业合作社组织当地数百户果农社员进行生产；易果生鲜基于对合作社产品及供应能力的认可，与其签署采购协议；猕猴桃成熟后，易果生鲜将定点采购猕猴桃中的高端品种"翠香"，通过天猫超市生鲜区销售；蚂蚁金服对订单进行识别、确认后，通过旗下网商银行，给合作社提供低息贷款，贷款通过定向支付工具专项用于从"村淘"购买易果生鲜指定的农药、农资，并将合作社的采购信息线上传输给易果生鲜，从而实现果品生产过程的全程把控。

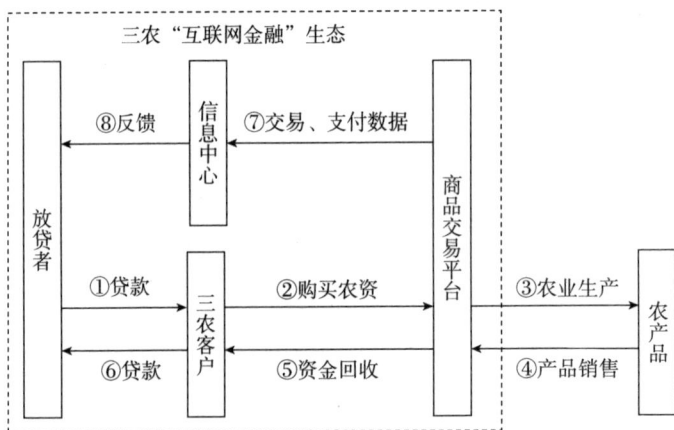

附图4-1 蚂蚁金服基于农业产业链的互联网金融生态

（四）银行等传统金融机构的互联网生态化

随着互联网技术的发展，获取产业链上各个交易主体信息成本降低，银行等金融机构

除了提供融资、交易结算等金融服务之外，越来越多地介入到农业产业链的交易之中，成为供应链金融资金供给的主体，创造农业供应链金融的新模式。当前金融机构纷纷构建网上商城，积极介入企业的 ERP 系统，积累企业的信息，打造交易银行等金融服务的新模式。

农业银行等传统农村金融机构已开始利用"O2O"模式①，推出网上金融超市，利用自动化设备、远程通信技术等建立农村金融服务站，线上线下同步提供支付、理财及信贷金融服务。一是以改善农村支付环境为核心，围绕农民日常"衣食住行娱"等场景，建立线上线下一体化的支付基础设施建设，培养农民线上支付习惯，建立了网上银行、手机银行等数字普惠金融服务以及线下"金穗惠农通"农村综合金融服务体系。二是依托"农银e管家"电商金融平台，搭建"工业品下乡"和"农产品进城"的线上渠道，将支付、融资等综合金融服务嵌入农户、各级经销商、农业核心企业构成的农业供应链网络中。综上所述，农业银行的互联网生态打通了政府的"三农"信息渠道，通过分析和利用供应链及社会网络形成的金融大数据，为农业、农村、农民提供信贷服务②。

六、农业金融支持机构介入农业供应链金融的方式

（一）农业金融支持机构在农业金融中的角色及发挥作用的优势

信息不对称导致的农业贷款收益低、风险高是阻碍银行等金融机构向新型农业经营主体放贷的主要原因。农业金融支持机构作为连接信贷机构和小农户之间的信用"桥梁"（见附图4-2），核心优势在于作为专门农业金融支持机构，与农业产业关系更紧密，有更多的行业信息，且能够接受银行等金融机构无法接受的抵押物。通过担保使小农户和新型农业经营主体信用水平得到提升，银行信贷机构的风险得到分散和转嫁，从而有利于农户和中小企业获得更多的信贷支持。

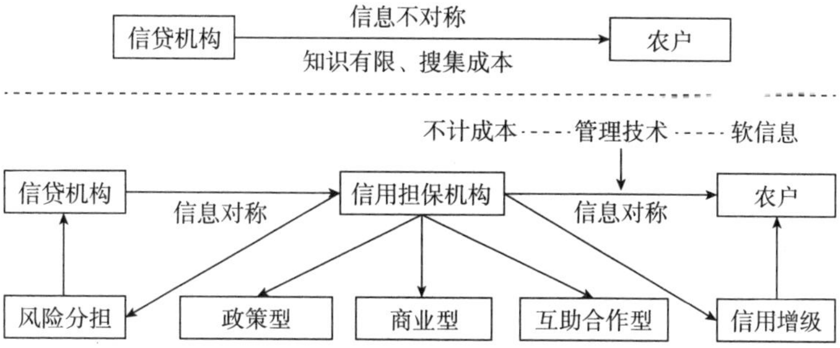

附图4-2 农业金融支持在农业金融中的角色及发挥作用

① 主要包括开展涉农业务的大型商业银行、股份制商业银行、农村商业银行以及新型农村金融机构。
② 罗兴，马九杰.农村互联网网信贷：互联网＋的技术逻辑还是社会网＋的社会逻辑？[J].中国农村经济，2007（8）：2-16.

农业供应链金融的实质就是利用产业链上核心企业的信用，为其上下游的经营农户增信，进而获得外部融资，这与设立农担体系的初衷是一致的。农业金融支持机构作为新生政策性农业金融支持工具，有必要充分利用产业链上核心企业的信用优势，选择合适的介入途径，发挥好担保增信的作用。

（二）农业金融支持机构介入农业供应链金融的几点建议

农业龙头企业等核心组织对产业链全流程控制是供应链金融风险控制的核心。农业金融支持机构和农业核心组织可以联合对产业链流程再造、重组，进行商业模式和业务模式的创新。具体包括：一是对农业生产过程中实施产前、产中、产后全过程的标准化、规范化管理。二是对流通环节中的采购、仓储、交易、结算等进行全流程的把控，完善利益联结机制。三是积极融入"公司+基地+合作社+农户"等多种产业链发展模式，促进小农户等农业经营主体与现代农业的有机衔接。农业金融支持机构介入农业供应链金融的建议如下：

1. 农业金融支持机构与核心企业开展多元化合作

建议农业金融支持机构围绕农业产业链上各主体的交易行为、交易信息，与核心企业深入合作，利用交易过程中产生的债权、存货等开发担保产品，简化各个主体担保、信贷的审批流程，通过专业的担保服务能力为核心企业上下游经营主体提供服务，实现互利共赢。

（1）农业金融支持机构针对核心企业及其产业链进行深度合作，以信息服务业务、传统担保业务、供应链及贸易金融等为主要产品体系，搭建综合服务平台。一是利用信息技术不断提升担保业务信息化处理水平，通过直接对接、整合、改造、升级企业 ERP、财务管理系统、产销管理平台、采购管理平台、生产管理平台、人力资源管理平台等，实现担保业务系统与客户管理系统的深入连接。二是掌握客户不同账户之间的交易信息以及经营管理数据，包括企业供销数据、生产经营数据、投融资需求、内部管理数据、员工薪酬福利计划、员工信息等。三是农业金融支持机构依据这些信息，做好企业财务管理、流动性管理、风险管理等，提升农业金融支持机构风险管理能力。加强对产业链上大数据的分析和应用，确保借贷资金基于真实交易。此外，加强对上下游中小企业和农业经营者的应收账款、动产、预付款等的风险监控，防止重复质押和空单质押，提高农业金融支持机构事中、事后风险管理水平。

（2）农业金融支持机构利用政策优势，协商承接一些核心企业（尤其是供应链金融发展不利的）已有的信用担保业务，进而将自身的信息系统嵌入企业 ERP 系统，筛选核心企业上下游主体的经营信息，帮助改善产业链各主体的融资困境。

（3）农业金融支持机构充分发挥涉农专业优势，为农业企业等经营主体提供咨询、市场、技术等方面的服务，提升农业经营主体技术可得性、市场盈利能力和风险防范能力。

2. 农业金融支持机构自建担保生态系统

建议有能力的农业金融支持机构也可以尝试和政府以及农业核心企业合作自建生态系统[①]。农业金融支持机构通过利用互联网技术，将企业、个人和银行纳入相对封闭的交易生态系统，并将财务管理、生产管理、物流管理、客户管理等服务集合成为线上高效统一的服务，生态系统使得账户和信息获取真实简易，解决信息不对称难题，从而衍生出担保服务。

（1）与政府农业及流通部门合作，融入现有的生态圈，提供完善综合服务。农业金融支持机构可以和政府合作维护和完善新型农业经营主体信息直报系统；参加农业农村电商发展和农业部信息进村入户工程，提供相应的担保服务；参与供销社的"三位一体"生态体系建设，利用其体系开展担保业务。

（2）农业金融支持机构可广泛参与各地的农业产业化协会建设[②]。建议利用产业化协会的信息优势，开展农业信贷担保业务。保前，先由协会遴选符合担保贷款条件的社员并推荐给农业金融支持机构，然后协会配合农业金融支持机构对拟定的推荐对象开展经济调查和信用分析评价工作。保后，协会还可以组织社员开展联合担保工作，监督社员获取贷款的用途，督促社员及时还款，协助农业金融支持机构对不良资产进行处置。

（3）农业金融支持机构可以与金融科技企业合作，参与其农村金融生态平台的建设。如参与阿里巴巴的"千县万村"计划，通过"平台＋信息共享＋交易撮合"的方式，推动核心农业企业进入电商服务平台，进而将其上下游客户纳入平台，使得整个链条上依托平台进行交易活动，构建生态圈担保服务平台。农业金融支持机构亦可以整个供应链条上形成的交易数据为基础，尝试采用线上"数据质押"与线下实际抵质押相结合的方式开展金融服务。充分借助网络在线操作、流程处理高效降低业务成本，利用多维数据比较等大数据技术形成信息对称优势，降低担保风险。

综上所述，背靠生态体系，农业金融支持机构可以利用大数据技术分析企业的主体信息、贸易信息、融资信息，提供信用画像和决策算法来分析传统农业产业链上各个交易主体的信贷风险。对于企业规模较小、相对分散的农业产业链，也可以通过生态圈建设，为"去中心化"供应链金融提供担保服务，如附图 4 - 3 所示。

（三）农业金融支持机构供应链金融担保产品开发和服务

1. 担保产品设计

农业金融支持机构可基于产业链各主体之间交易关系的信用担保和抵质押制度创新来设计担保产品。

（1）基于交易关系进行信用担保产品设计。农业金融支持机构要和核心企业建立基于交易关系的紧密型信用担保合作关系，需要对融资主体的信息有充分的了解，才能评定

---

① 生态思维和平台思维是互联网思维的精髓，也是互联网时代的主要商业模式。

② 农业产业化协会是涉农主体基于自愿原则结成的具有互助性、联合性、非营利性团体，其信息优势体现在两个方面：一方面，我国农村产业化协会分布广泛，涉及种养、加工、服务等多种行业，涵盖农机、植保、休闲农业等多个领域；另一方面，协会掌握会员的基本信息，且会员之间联系密切，信息畅通。

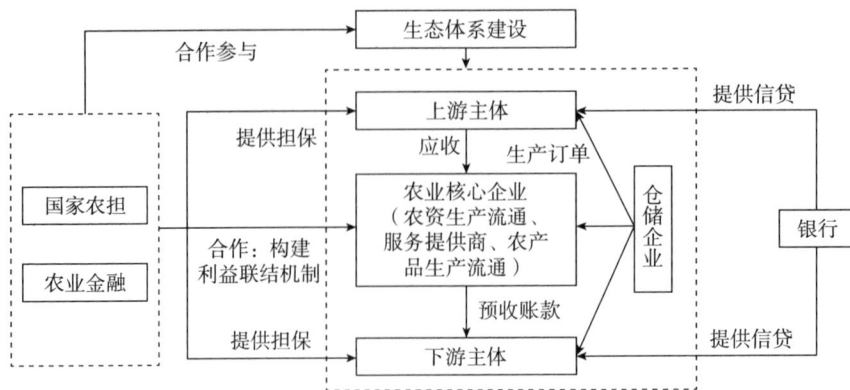

附图4-3 农业金融支持机构参与农业供应链金融的模式

其信用等级。基于加工企业信用供应链融资担保设计的产品操作流程如下：①农业核心企业推荐上下游合作主体（或由生态圈大数据筛选）。②农业金融支持机构联合企业对其尽职调查。③农业金融支持机构基于核心企业信用对其上下游客户提供综合授信。④农业金融支持机构与通过评审的客户签署担保协议。⑤担保协议经银行审核通过后由银行向客户发放贷款，贷款期间银行可对其账户实施监控，保证资金不被挪用。⑥核心企业将应支付给客户的货款打到合作银行的客户账户，归还贷款。

（2）基于抵质押制度进行担保产品设计。农业金融支持机构可围绕应收账款、预付账款以及存货（动产）等资产创新反担保机制，设计订单融资、应收账款融资以及存货质押融资产品。操作流程如下：①核心企业推荐上下游客户。②农业金融支持机构为贷款主体提供担保。③核心企业向农业金融支持机构提供反担保，并把自身信用优势向产业链两端扩散。④担保协议经银行审核通过后，银行向核心企业上下游主体发放贷款。⑤贷款定向支付，用途固定，贷款期间银行可对其账户实施监控，保证资金不被挪用。⑥核心企业将应支付给客户的货款打到合作银行的客户账户，归还贷款。

（3）提供综合化授信和专业化服务。农业金融支持机构可开展综合授信担保服务，针对不同的资信提供相应担保授信额度，以实现客户随时申请、随时授信、随时放款，并以此扩大担保规模并降低获客成本。要着重分析每个节点的融资需求，包括融资意愿、贷款期限、利率敏感度等因素，针对不同的行业、结合地方农业特色设计更加细化的担保产品。

2. 风险控制机制

农业供应链金融主要风险包括信用风险、市场风险和操作风险等。建立风险控制机制的核心在于，农业金融支持机构与农业产业链上核心企业签订合作协议、建立深度合作关系，进而利用核心企业的信息优势、抵质押物处置优势，通过对产业链全流程信息流、资金流的监管与控制，控制担保风险。

（1）加强贷前资信调查与评估。核心企业信用是供应链金融的基础，农业金融支持机构需要加强对其业务、治理、财务、合法合规等进行调查。在业务方面，需要考察融资企业所处细分行业的整体情况和风险，调查公司的商业模式、经营目标、发展计划等。在公司治理方面，需要考察公司的股东、关联企业、公司诚信情况等。在财务方面，主要调查分析公司的财务报表，分析公司的财务风险和经营风险，判断其财务状况。在合法合规方面，需要调查确定公司最近是否存在违法违规行为等。

（2）加强贷中对"三流"的风险管控。在物资流方面，对基于资产质押类担保业务，加强对应收账款、存货等抵质押资产的动态监控，特别要对应收账款的真实性、有效性进行考察；应加强对采购订单、库存周转、销售订单等进行管理和控制，评估其真实性、合理性等。在资金流方面，要对应收账款、账户等进行管理和控制，例如评估应收账款转让的可行性等。在信息流方面，加强对核心企业经营状况、上下游主体的主体信息、贸易信息、融资信息的监控，利用大数据提供信用画像和决策算法来分析和预测风险，当上下游组织的还款能力不足时，及时采取应对措施减少损失。此外，在基于库存的融资服务中，需要对融资企业抵质押的动产（数量、质量、状态等）进行监督管理等。如农资机具供应链中企业在进行融资时，服务机构往往需要对库存、抵质押物等进行监督管控。

（3）加强对产业链整体风险的应对。在产业链背景下，上下游主体的信用风险不仅受自身风险因素的影响，而且受产业的整体运营情况、业务交易情况等各种因素的综合影响。农业供应链金融面临整体性的市场风险：一方面，市场因素会对核心企业、上下游企业的经营状况造成系统性影响；另一方面，市场风险也会导致抵质押物价值下降。为此，农业金融支持机构在参与供应链金融过程中，要做好农业产业链整体研究，特别是加强对行业整体风险的判断，避免出现系统性风险。

附件1：不同农业子行业的产业链

附件2：不同行业农业供应链金融模式及案例

附件1：

不同农业子行业的产业链

农业行业按照生产要素投入及产品消费形式的不同可以分为种植业和养殖业两大类。

1. 种植业产业链及融资需求——以马铃薯产业链为例

完整的种植业产业链按生产顺序分为三大环节：一是种子培育、农药化肥、生产设备制造等上游环节；二是从事商品作物种植的中游环节；三是农产品运输、贮存、加工、销售等下游环节。按照产品的不同用途，亦可以将产业链分为三端：种子产业链、鲜活农产品销售链以及农产品加工链。下文以马铃薯产业链为例，介绍种植业产业链。

（1）马铃薯产业简介。

完整的马铃薯产业链是以商品薯的种植为基础的，包括种薯培育、农药化肥生产、生产设备制造等上游辅助环节，也包括马铃薯运输、贮存、加工、销售等下游辅助环节。按照马铃薯的不同用途，可以将马铃薯产业链分为三大环节：马铃薯种薯产业链、马铃薯鲜薯销售产业链以及马铃薯加工产业链，如附图4-4所示。

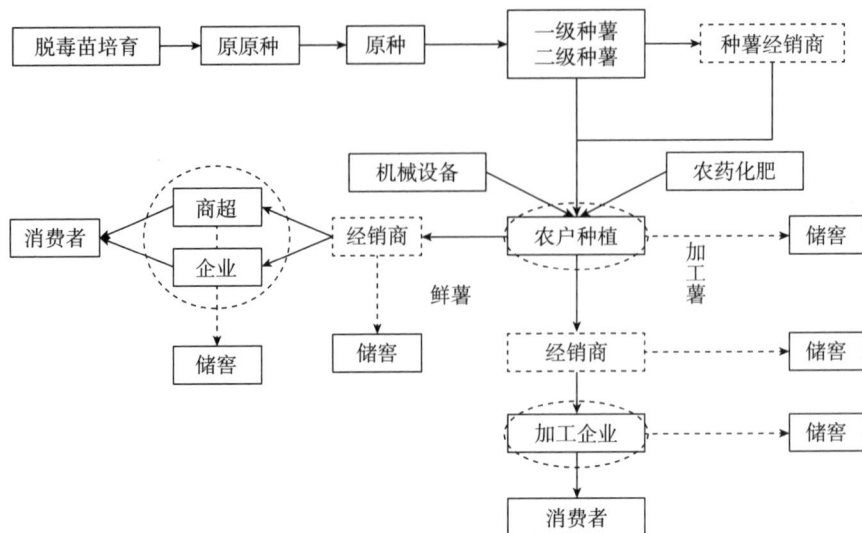

附图4-4 马铃薯完整产业链

在种薯环节，推广脱毒种薯是世界范围内提高单产的有效途径。而改良马铃薯品种，需要大力发展具有科研和生产能力的种薯企业。种薯生产环节主要有两种模式：一是"公司+农户"模式，即公司培育种薯，并直接销售给农户；二是"公司+经销商+农户"模式，即种薯公司通过经销商，将种薯销售给农户。

马铃薯种植主体主要有三类，即小农户、规模化农户、一体化农业企业的基地。从种植规模来看，目前大部分还停留在一家一户的小规模生产上。从种植模式来看，目前马铃薯生产方式有两种，即传统手工农作方式和机械化现代农作方式。相比传统的手工种植，规模化的机械化现代种植可以显著提高马铃薯的产量及品质。因此，新型农业经营主体是未来的发展趋势。在现有的土地家庭承包的基础上，可通过土地流转、联户种植、加入马铃薯种植合作社、反租倒包等方式实现规模化经营。各类农机合作社、大规模种植户自有农机的使用大大推动了马铃薯的规模化种植。

马铃薯可做粮、菜、饲，也可用于加工。这样的特性使得马铃薯商品产业链存在长短之分：马铃薯可以直接用于消费，也可以在加工之后再进入消费市场。马铃薯鲜薯的消费主要是通过批发市场（产地、销地批发市场）或者超市到达最终消费者手中，流通形式主要有两种：一是马铃薯流通公司、批发市场或者超市通过当地经纪人（当地称二道贩子）购买农户生产的马铃薯。二是企业、农户和中介组织，通过"订单农业""公司+基地+农户"或"公司+合作社+农户"等紧密型利益联结机制，建立稳定的购销关系，进行联合和合作。马铃薯加工业是整个马铃薯产业链中最具活力和发展潜力的环节，马铃薯加工后，其应用领域大大拓展，能产生几倍、十几倍甚至几十倍的增值。马铃薯加工环节主要是由加工企业主导，其中大多为马铃薯精淀粉加工企业和薯条加工企业。按照农户和企业之间的交易关系，可以将马铃薯流通加工环节的产业链分为两种：一是以订单农业为主的农户和企业直接交易模式，在该种模式下，农产品加工企业和农户需要建立稳定的购销关系；二是企业通过经纪人收购农户的马铃薯，此时，加工厂不需要面对零散农户，可以选择与一定规模的经销商建立交易关系。

此外，贮藏设施对于马铃薯保鲜保质、实现马铃薯全年均衡上市、稳定马铃薯价格、延长企业加工期起着不可估量的作用。为了应对市场风险，降低损失率，需建立大面积的储藏设施。目前马铃薯的贮藏方式主要有农户井筒式储窖储藏、常温通风库储藏、合作社及企业建立的恒温库储藏等。

（2）马铃薯产业基本形态。

随着马铃薯产业的发展，马铃薯产业组织形态也发生了变化，"1+N+1"这种产业组织形式越来越明显。其中，"1"是指产业链上的核心企业。比如上游的种薯企业和下游的鲜薯流通企业以及商品薯加工企业。"N"是指整个产业链中的马铃薯种植户。如果一个企业集种薯研发、生产、销售，鲜薯收购、仓储、销售于一体，则变成了"1+N"的封闭模式。目前核心企业主要分为三种类型：集种薯研发、生产、销售，鲜薯收购、仓储、销售于一体的龙头企业，如内蒙古民丰薯业；鲜薯收购、储存的企业，如专业营销协会、公司及民营组织；商品薯加工企业。近年来，随着土地流转、大型机械设备补贴以及新型农业经营主体发展等支持政策的出台，马铃薯的规模化种植有了一定程度的发展。在生产环节，规模化的马铃薯种植户、合作社、薯业公司越来越多。规模化种植意味着投入更多的机械设备和更大的土地面积，如附图4-5所示。

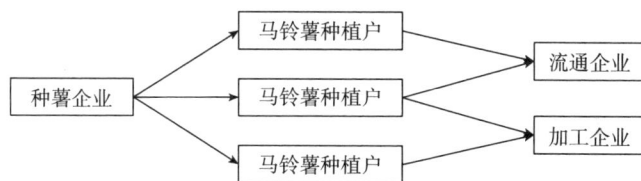

附图4-5　马铃薯"1+N+1"产业组织形态

由于核心企业和新型农业经营主体的出现，在马铃薯产业链中，订单农业这种较短链条的供应链形式得以出现。在订单农业的模式下，农户先与企业达成协议，确定生产什么品种的马铃薯，最后提供给企业在合同中安排生产的品种。订单农业实质是通过合同这样的形式来有效地引导农民按照市场需求进行生产，对于种植农户来说，在生产马铃薯之前就已经不用为销售马铃薯犯愁了；对于企业而言，原料供应可以提前"锁定"，降低了生产中的不确定性。现阶段的订单农业主要有龙头企业与农户的马铃薯购销模式、科研单位与农户的种薯扩繁购销模式、合作社与农户的统种统销模式、经销商与农户的马铃薯销售模式等。

（3）产业链变迁及融资需求。

在马铃薯产业链中，不论上游种薯培育环节，还是中游种植环节，抑或下游仓储物流及加工环节都有较高的资金需求。而除了初始资金之外，随着马铃薯种植面积的不断扩大、脱毒种薯的不断普及，马铃薯种薯公司面临越来越大的市场需求。不断增加的市场规模推升种薯企业的产能扩张，造成了较高的资金需求。在种植环节，相对于传统的小规模经营而言，规模化经营对农业生产投入有了更多的要求。一是大规模农业固定资产投入，如机械设备和喷灌设施；二是每年存在着大量的初始投入，如种子、农药、化肥、土地租金等。同时，由于马铃薯有一定的生长周期，这些投入并不能立即带来收入，种植户存在较大的资金压力。在内蒙古地区，很多种植户种植面积为300～500亩，每年需投入39万～65万元。种植大户可以达到几千亩，投资花费100万元以上，资金缺口较大。此外，推广和建设马铃薯现代化储藏窖需要大量的资金支持。据调查，1万吨现代化储库的投资大概是1200万～1300万元，按照亩产3吨马铃薯计算，1万吨储库仅能容纳3000亩的马铃薯。在加工环节，产业快速发展必然需要技术和设备的革新，需要引进先进的生产线，升级工艺，提高产能，优化产品质量，一些全自动、全旋流、全密闭工艺的生产线还需要从国外进口，这样的产业升级过程必然需要足够的资金予以支持。此外，在收购环节，由于马铃薯收获季节集中，经销商或加工企业需在短时间内支付大量的收购资金。

对于马铃薯产业链中的上下游企业，因为其拥有厂房和设施设备，较为容易通过抵押贷款或者风险投资的方式获得外部融资。但是由于农户的分散性、农业产业的风险性，金融机构与农户之间的信息不对称程度高，交易成本大；同时由于农地抵质押的限制，农业产业链中的农户几乎没有符合正规金融机构要求的抵质押品。因而，金融机构往往将农户排斥在金融服务范围之外。上游和下游的核心企业也可以通过赊销或者预付的方式来解决种植户的资金问题，但是这种产业链内部融资有一定的规模限制，而且在解决一方资金缺口的同时，会占用另一方的资金，具有较大的局限性。因此，必然需要借由产业链外的经济主体为产业链提供资金支持。

2. 养殖业产业链及融资需求——以对虾产业为例

养殖业主要包括三个环节：上游辅助环节如苗种供应、饲料供应、疾病防治、养殖设备供应；中游的养殖环节；下游流通、加工、销售等环节。下文以广东省对虾行业为例进行说明：

（1）对虾产业链介绍。

目前，广东省湛江市有堪称全中国最完整的对虾产业链，形成了苗种、饲料、药物、养殖、流通、加工、出口一系列完整的产业链体系。其中，养殖环节和加工销售环节相对分散，而上游饲料环节和下游流通环节较为集中。上游饲料企业市场份额较集中，当地主要的饲料供应商有粤海、恒兴、海大以及正大等企业。对虾消费多集中于城市和国外，"虾中"（专门从事对虾运销活动的贩销户）和批发市场在对虾流通中发挥了重要作用。农户的虾收成之后，一般会由"虾中"采购，"虾中"将虾运输到批发市场，销售给对虾采购商。对虾的采购商主要有中小型的加工厂、外地的批发市场以及本地的零售商。批发市场一般采用代理模式，即代理商从市场管理方租用档口进行中介交易，"虾中"和采购商在代理商的撮合下当面议价，代理商仅按照交易量提取佣金。湛江的霞山水产品批发市场是对虾流通最主要的渠道。霞山水产品批发市场是全国对虾交易中心和全国最大的海鲜市场之一，衍生出三大中心——宝满冻品中心、远洋捕捞海产品交易中心、活鲜干品综合交易中心，已成为容纳捕捞、养殖、加工、流通、冷藏、物流、融资等环节的全产业链的国际性交易平台和服务平台。市场内200多家商户紧密联系着来自全国的采购商和山东、海南的对虾主产地的虾农渔农。

在对虾产业链中，"公司＋农户"模式也存在，以国联水产公司最具代表性。"公司＋农户"的模式是核心加工企业通过契约的方式，与分散的农户建立战略合作关系，将上游的养殖环节进行业务外包，交由农户来进行，而主导供应链的核心企业主要利用研发、信息、技术优势，为农户解决品种选择、技术、销售等难题。例如，国联水产构建了对虾养殖的纵向一体化模式，构筑了种苗、饲料、养殖、加工及销售纵向一体化产业链。在养殖环节推行标准化养殖模式，为备案养殖农户提供优质种苗供应、饲料供应、养殖示范及技术支持（包括养殖模式、水质调控、科学投喂、投入品控制、疫病预防、用药、质量管理、培训等）、成虾回收等一站式服务。在利益捆绑的基础上，国联水产、国联种苗、国联饲料与部分质量意识较强、合作关系较好、养殖规模较大、信誉良好的备案养殖户签订《捆绑销售协议书》，约定同等条件下优先收购条款等方式。《捆绑销售协议书》约定国联种苗优先为备案养殖户提供其生产的虾种苗，备案养殖户则全部使用国联饲料生产的虾饲料喂养，备案养殖户不得将国联种苗、饲料提供给第三方使用，亦不得使用第三方产品。在备案养殖户出售成虾时，国联水产在同等条件下拥有优先收购权。

（2）对虾产业链上的资金需求。

对虾主要由农户进行养殖，在养殖成本中，饲料投入能占到60%～80%，养殖户购买饲料的资金需求很大。"虾中"在采购过程中，一般支付现金，然后将虾运到批发市场。由于对虾交易的季节性非常强，对虾加工类型的采购商需要在旺季一次性采购全年的原料，资金需求量大，会出现资金不足，所以加工企业有延期支付采购资金的需求。由于"虾中"和采购商之间的交易关系并不稳定，并不了解采购商，且采购原料虾也需要大量资金，"虾中"一般要求现金结算。为了促成交易，且由于代理商和采购商有长期的稳定交易关系，市场因而承担了采购商融资的功能，即代理商会垫付资金给"虾中"。小型加工企业由于交易信息不完备、符合条件的抵押物较少、缺少大型冷库保存对虾而不能进行质押融资等原因而无法获得金融机构融资。代理商对本地加工企业的资金垫付行为在一定程度上缓解了加工企业的资金问题，但也将资金压力转移给了代理商。由于抵质押物缺乏，在传统信贷模式下，代理商同样面临着正规金融机构的金融排斥。在这种情况下，代理商只能通过民间借贷来解决自己的融资问题，但融资成本较高。代理商融资难阻碍了批发市场的交易。

附件 2:

不同行业农业供应链金融模式及案例

1. 种植业——以民丰薯业马铃薯供应链金融为例

（1）产业链内部融资。

产业链内部融资一般表现为上下游经济主体之间基于贸易关系的应收（应付）账款或者预付（预收）账款，是互联交易的一种形式。产业链内部融资以信任为前提，通常发生在具有稳定交易关系的贸易双方。在马铃薯产业链中，最可能通过产业链内部融资方式获取资金的为种植环节：种薯企业、加工厂或者收购商为分散的种植户提供赊销，比如种薯企业内蒙古民丰薯业有限责任公司会给有固定交易关系的部分种植大户（40～50 户）赊销种子，到年底马铃薯收获之后，再要求农户将拖欠的种薯货款交予种薯公司。在这个融资关系中，核心企业是马铃薯种薯公司，相对于分散农户，拥有较为充足的资金实力，而且在与农户的长期交易中，对于一些种植大户有较为充分的了解，信息流基于货物与资金的交易关系从农户流向种薯公司。在一定了解基础上信任关系一旦建立，在农户缺少种植资金时，便自然会产生赊销。通过这种方式，农户与种薯公司实现了双赢：农户在没有支付资金的条件下得到了种薯，缓解了紧张的资金流；种薯公司通过赊销方式，巩固了与农户的交易关系。对农户赊销的同时，马铃薯加工企业、经销商等下游企业为了稳定原材料来源，会与农户签订订单，一些订单签订时会预付全部或部分资金，以支持农户种植，这便是典型的预付（预收）账款模式。而在更多情况下，订单企业会在订单签订之后，为农户提供种薯、化肥、农药等生产资料，也会为农户的种植提供技术指导等服务，这些企业在提供生产资料及技术指导时并不要求农户支付资金，而是在产品收获之后，再统一结算。实际上，这样的方式是为农户的生产预付了部分资金，只不过资金是以实物或者服务的形式直接给予农户，也属于预付（预收）账款模式。

（2）产业链外部融资。

由于在马铃薯供应链中形成了"1 + N + 1"的产业组织形态，从事规模种植的农户和上下游核心企业一般有着稳定的交易关系，比如其需从种薯公司购买种薯，同时和流通、加工企业签订订单。如果核心企业既从事种薯种植又从事马铃薯流通仓储和加工，农户和企业之间的交易关系可以形成闭环。规模种植农户在产业链中的这种交易地位为其提供了一种新的融资模式，如附图 4 - 6 所示。

产业链外部融资模式将农户放在整个产业链中，金融机构通过产业链上下两端的核心企业实现对农户贷款风险和贷款交易成本的控制。具体表现在两个方面：一方面，对于信息流的控制，与产业链上下游企业进行交易的分散农户，在完成交易的同时会将自身信息传递给交易对象，因此，通过对产业链上下游核心企业的控制，金融机构可以获得农户的各种信息，降低了信息搜集成本；另一方面，对于资金流的控制，正规金融机构还可以通过对于产业链中的企业与农户资金结算关系的控制，随时监控农户现金流，保证贷款资金的回收。

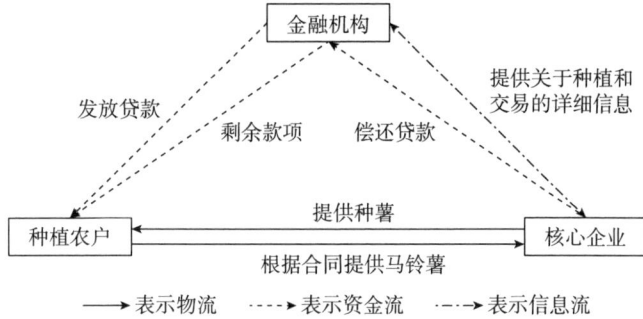

附图4-6　"1+N"模式下马铃薯供应链融资

在乌兰察布市（"中国薯都"），中国银行乌兰察布分行在中国银行"益农贷"业务架构下，结合当地马铃薯产业发展特色和实际融资需求，创新设计出专门服务于乌兰察布市马铃薯产业的"益农贷—薯业贷"贷款产品。目前，该项业务处于成长阶段，仅限于马铃薯种植业，下一步将扩展至马铃薯收购、销售和加工等整个产业链。"薯业贷"充分利用了产业链的信息流及资金流，降低了贷款发放成本。中国银行内蒙古分行在调查马铃薯种植农户时，会要求当地有一定实力的加工收购企业进行推荐，这些企业与农户存在长期交往关系，其对于农户的种植规模、种植水平、灌溉设备、农机设备等信息有较为详尽的了解，而且推荐行为在实质上是以相关企业的信誉为隐性担保，企业为了良好的企业形象及口碑，会为银行推荐风险状况良好的农户，降低了银行贷款营销及信息搜集成本。另外，"薯业贷"的发放还要求贷款农户与一定规模的收购加工企业（民丰薯业、太美薯业、加州农科等）签有订单，这种要求可以在一定程度上实现对农户资金流的控制，保证贷款资金的回收，进一步降低贷款发放风险。为了进一步控制风险，中国银行还通过保险、担保公司担保、联保等方式实现风险分散。中国银行要求农户在投保农业自然灾害险之外，购买中银保险人身综合险；中国银行与内蒙古恒盛担保公司合作，担保费率为0.8%，降低银行承受的风险；中国银行也会采取联保贷款的方式，要求多个农户组成联保小组，互相作为对方的担保人，这样一来借款农户由于受到社会资本的制约，还款意向增强，而且相互担保的方式也可以降低银行承受的风险，如附图4-7所示。

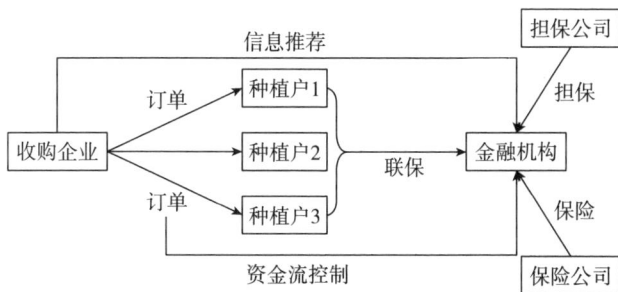

附图4-7　中国银行"薯业贷"原理

"薯业贷"贷款第一批业务开展以来，规模累计达 1.2 亿元，没有出现不良贷款。正是鉴于"薯业贷"良好的经济效益及社会效益，中国银行计划第二期发放"薯业贷"2 亿~3 亿元，继续推进贷款产品创新，将农户建设储窖、修建喷灌设备等行为也被纳入贷款发放范围之内。

附表 4-2 中国银行内蒙古分行"薯业贷"产品信息

贷款利率	7%
贷款期限	9 个月
贷款用途	马铃薯种植投入
审核内容	种植规模、种植水平、农机设备、储窖规模、订货协议
贷款其他要求	承保人购买中银保险人身综合险
贷款形式	信用贷款、联societe保贷款、担保公司担保贷款
还款方式	按季还息，到期一次还本
贷款权限	马铃薯专业行（支行）贷前调查，省分行审批发放
贷后管理	实地调查或电话询问，跟踪马铃薯种植情况
营销方式	马铃薯相关企业或各级政府向农户宣传推荐

除了中国银行的"薯业贷"，国家开发银行（以下简称国开行）也推出了类似的贷款产品，不同的是，国开行贷款要求核心企业作为贷款农户的担保人。民丰薯业为 40 余户种植大户做担保，使这些农户获得了国开行的贷款。民丰薯业公司要求这些农户以其承包的土地作为反担保。相比中国银行的"薯业贷"，这个贷款产品将核心企业对于农户的担保关系进一步显性化，由隐性担保转化为实质性的担保。而取得贷款的农户，显然是在与民丰薯业交易的过程中具有较高种植规模和种植水平的农户，风险状况良好。在交易过程中，这些农户将自身信息传递给了种薯公司，种薯公司对于其各方面的信息较为清楚。这样一来，依靠产业链，国开行省去了繁琐复杂的寻找客户与调查客户的步骤，并进一步控制了贷款风险。同时，民丰薯业虽然对农户提供担保，但是其要求以土地经营权作为反担保物。正是因为其能够更好地处置反担保物，可直接将土地作为自己的种薯基地，如附图 4-8 所示。

核心企业 ←2.申请担保— 农户 —1.申请融资→ 国开行
核心企业 —3.担保与反担保→ 农户 ←4.发放贷款— 国开行

附图 4-8 国开行马铃薯农户贷款模式流程示意

为什么之前中国银行没有开展"薯业贷"？"薯业贷"这种供应链融资模式有一定的前提条件。第一，整个产业链上有实力较强的核心企业，核心企业作为种植户的下游，能够保证农户的马铃薯得以销售并获取稳定的收入以偿还贷款。同时，核心企业不但要拥有较强的销售和加工能力，还需要有足够的仓储能力，解决马铃薯集中上市的问题。第二，农户进行规模化的种植，一方面可以降低金融机构的交易成本；另一方面有助于与核心企业建立稳定的交易关系。第三，农户和核心企业产生稳定的交易关系，银行通过这种交易关系来控制信息流和资金流，进而控制信贷风险。总之，整个马铃薯产业链的稳定和发展是开展马铃薯供应链融资的前提。

2. 养殖业——以国联水产对虾供应链金融为例

（1）对虾养殖环节的供应链金融。

对虾养殖需要大量的资金投入，包括养殖设施设备等固定资产投入以及虾苗、饲料等流动资产投入。饲料在整个资金投入中的比例高达60%～80%，并且在养殖期间具有持续性的需求，一般对虾从养殖开始到结束需要70～90天，在此期间，养殖户很容易面临资金缺口。饲料企业为了扩大销售规模，会对下游养殖环节提供内部供应链金融服务即赊销。具体的方式有饲料企业的直销模式和通过饲料经销商进行销售的模式。①直销模式。在现有的饲料企业销售链条中，有一些企业采用直销的方式，直接出售饲料给养殖户。这种模式一般是中小型饲料厂对接中小型规模的养殖户，养殖户通过将自有虾塘抵押给饲料企业或者通过信用的方式进行饲料赊购，待养殖户回款后再偿还给饲料企业。此外，近年来，随着养殖户兼业经销商的趋势的出现（这种情况出现的背景是城镇化进程加快及农民外出务工收入增加，加之近几年对虾病害严重，小养殖户不断退出），一些大型饲料企业在部分直销渠道中，也通过信用或者虾塘使用权抵押的方式，将饲料直供给上述兼业养殖户，而这些养殖户又作为经销商可以顺便销售饲料给其他养殖户。②经销商模式。大部分饲料企业通过经销商进行饲料销售。一般饲料经销商会对养殖户提供赊销，赊销能力依赖于自身的融资能力。饲料经销商一般向银行申请融资，由饲料企业为其推荐和担保，银行对饲料经销商各个方面（交易信用、饲料经销规模、销售能力、个人技术水平、家庭背景、家庭财产等）进行评估和考核，确定经销商的授信额度、还款时间。饲料经销商获得资金后，向饲料企业购买饲料（支付部分资金），同时饲料经销商向养殖户提供赊销，待养殖户收到销售款后，再支付饲料款。资金的风险主要由饲料经销商与饲料企业分担。对于饲料经销商而言，风险主要在于养殖户的经营风险和自身的流动性风险，因此，饲料经销商对养殖户可能采取的是部分赊销而非全额赊销。只有在对虾养殖成功率较高时，才会采用全额赊销的方式。

（2）对虾流通环节的产业链融资。

在对虾流通产业链中，代理商融资难阻碍了批发市场的交易。为了解决批发市场发展面临的问题，霞山水产批发市场与金融机构合作，推行"平台金融模式"，以解决代理商融资问题。按照市场提供的服务和建设的阶段，可把供应链融资分为两段：依据信息流和现金流的"一代霞山水产贷"；依据信息流、物流及资金流的"二代霞山水产贷"。既然加工企业类型的采购商才是资金需求的根本来源，金融机构为什么不直接贷款给加工企业？主要是因为银行和代理商之间的信息不对称可以通过批发市场解决，而且代理商对采购商比银行直接对采购商有信息优势。"一代霞山水产贷"最先由中国工商银行推出，主要是依靠批发市场来解决可置信承诺和契约执行的问题。该产品引进专业市场经营方作为集群融资的管理合作方，由合作方提供银行融资所需的充分信息并协助做好对融资方的监管工作；同时市场建立一个"担保池"，承担部分担保责任。在借款人方面，则采用了借款人联保及个人股东担保的方式。2009年，工行仅选择了年销售额在5000万元以上的34户大经销商，向其共发放贷款8750万元，贷款到期全部收回；2010年，向年销售额达到1000万元以上的85家经销商共发放贷款2.97亿元。2011年，在银行信贷普遍收紧的情况下，"霞山水产贷"规模仍然进一步提高。2013年"水产贷"贷款规模超过8亿元，且"水产贷"至今仍保持着无不良、无逾期的纪录。经过多年的培育，代理商的金融意识逐步增强，贷款需求进一步扩大，目前已有工行、建行、农行、南粤银行、广发银行5家银行参与对代理商的信贷支持。

1）"一代霞山水产贷"产品情况。

"一代霞山水产贷"引进专业市场经营方作为集群融资的管理合作方，由合作方提供银行融资所需的充分信息并协助做好对融资方的监管工作；市场同时建立一个"担保池"，承担部分担保责任。在借款人方面，则采用了借款人联保及个人股东担保的方式。这一专门为霞山水产市场设计的保证担保组合模式破解了信息不对称难题，使银行能及时充分把握有关信息，既便于及时满足经销商户的融资需求，又便于银行及时控制风险。"霞山水产贷"的流程如下：代理商提出申请；市场做前期的审核。代理商必须在市场上经营超过一年，市场根据交易量以及交易的具体情况做出初步评估，给出可以担保的额度。贷款额度依据其历史交易量来确定，少则300万元，多则1000多万元。然后市场成立的担保公司进行审核。市场提供前期的审核，然后提供给担保公司，担保公司和银行沟通；担保公司和银行合作，办理担保手续和反担保手续，其中市场为商户提供担保，商户给市场提供反担保。"霞山水产贷"的风险控制机制包括信息对称机制、市场准入及监督机制、违约惩罚机制、资金流控制机制及风险共担机制。

第一，银行和批发市场合作，可以充分了解代理商的信用情况及真实的交易信息。市场管理方对市场里的代理商都很熟悉，并且担保公司有专门的人员去跟踪，且对代理商多年的经营情况一直都有评估。市场设有信息中心和交易结算中心，能够详细记录代理商的交易情况。交易设有统一的交易合同，交易合同共有5联；合同上有三方的签名（代理商、虾农、采购商），且会保存两年的时间。并且所有的交易合同通过结算中心录入到电脑系统里。

第二，市场如何保障代理商垫付资金的安全？即如何保障代理商的应收账款能够收回。目前主要采取以下手段进行风险防范：采购商市场准入以及事中事后对采购商的监督。首先是对采购商的市场准入。市场通过发放采购证对采购商进行审核和准入。市场管理方要求采购商进入园区采购必须要有采购证，而采购证需要法人授权，还要提供相关的资料进行备案。采购证发放的参考标准是：厂家的规模、去年在市场的收购量、厂家的诚信、以往赊销的货款回笼的时间等。对采购商的市场准入就是事前的监督。事中监督就是监督采购商今年的采购量以及货款支付的情况。事后监督就是走访采购商了解产品销售情况、货款回笼情况等信息，如附图 4-9 所示。

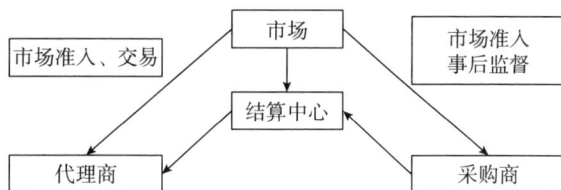

附图 4-9　霞山水产贷的市场准入及监督机制

　　第三，建立违约惩罚机制，使商户在市场里违约的成本极高。获得金融服务的商户一般在市场里经营的时限都很长，在市场里积累了大量的关系型资产，如果违约，就会被清理出市场，损失很大。

　　第四，市场设立了支付结算中心，记录交易信息，并且控制资金流。结算中心发挥代理支付的功能，采购商可以带卡到这里采购，在结算中心刷卡，钱首先是到市场管理方的账户，采购商将货运走后，市场再把钱划给代理商。由于在一定程度上控制了代理商的资金流，代理商违约之后，控制的资金流可以作为一种风险处置机制。

　　第五，建立多重担保机制，首先是成立担保公司、平台担保。霞山水产品批发市场于2008 年成立独立法人的担保公司。担保公司的注册资金是 5000 万元，主要服务于市场上的商户。市场成立担保公司的目的并不在于盈利，而在于把市场做稳做强。市场管理方对市场里的代理商都很熟悉，并且担保公司有专门的人员去跟踪，且对代理商多年的经营情况一直都有评估。市场管理方先依据商户的信誉情况、经营情况、资产情况提供一个初审的意见，并给出授信。之后担保公司进行二级的审核。担保公司发挥的作用仅是信息收集整理以及担保手续和反担保的处理，最终为银行提供担保的是市场管理方而不是担保公司。目前经过担保公司担保贷款的商户大概有 100 多家，包括代理商、大的采购商。同时，采取代理商联保机制。五个代理商进行小组联保，每户提供 10% 的担保金，市场提供 35% 的担保，银行承担 15%。一旦一户出现风险，各参与主体就会按照前面的比例承担风险。最后，建立反担保机制。市场在给代理商提供担保时，代理商也要为市场提供反担保，反担保物为代理商房产、汽车、上下游的交易合同（其中最主要的是对采购商的应收账款）。如果是交易合同则必须明确采购商采购的虾存放的冷库，如附图 4-10 所示。

　　总之，在"一代霞山水产贷"中，银行利用平台的信息流和现金流的监控，建立了以联合担保为基础的风险共担机制，在一定程度上解决了代理商的融资问题。既然加工厂才是资金需求的根本来源，金融机构为什么不直接贷款给加工厂？这个问题的原因在前文已经分析过了。现实中加工厂向代理商转移资金压力，代理商再向金融机构融资的模式是由各自的信息优势决定的：银行和代理商之间的信息不对称可以通过市场解决，而代理商对采购商比银行具有信息优势。

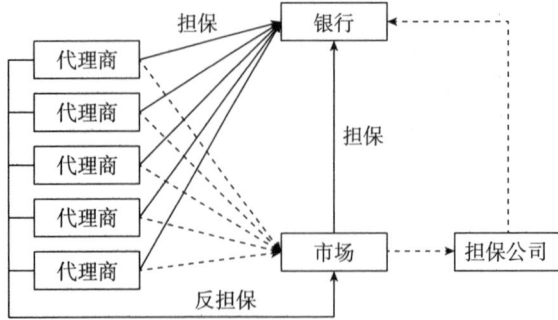

附图 4-10 霞山水产贷的风险共担机制

2)"二代霞山水产贷"。

"二代霞山水产贷"是基于宝满冻品市场的建立而开展的。宝满冻品市场于 2012 年 2 月建立,包括原料虾交易区、初加工区、深加工区以及冷库。原料虾交易区目前有 88 个档口,2013 年交易量超过 100 亿元,是全国最大的对虾批发市场。初加工区规划了 113 个档口,租给加工企业。初加工区从事简单的初加工(如去虾头),之后将成品放入冷库进行急冻。园区里有 6 家大型深加工企业和若干家中型深加工企业,年加工量在 10000 吨左右。园区的核心是 5 万吨的冷库,是国家的保税仓,提供储藏服务和监管服务,目前主要存放肉类冻品和海鲜冻品。"二代霞山水产贷"为宝满冻品市场中冻库和加工区的建设提供了更加丰富的基于信息流、资金流和物流的供应链融资工具。

首先,在园区内建设了新的加工区,在区域内延长了产业链条。由于加工厂开始向园区集聚,市场管理方就能够对加工厂的加工和物流情况进行及时方便的监控。市场对加工厂的物流监控能够让代理商和加工厂之间的信息更加对称,防止加工厂在赊销过程中的道德风险并且保证代理商的应收账款能够及时收回,如附图 4-11 所示。

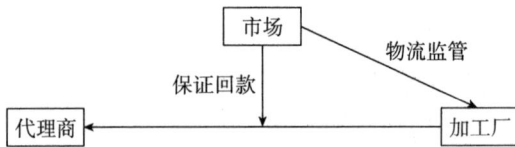

附图 4-11 物流监控机制

其次,随着园区加工区的建设,很多代理商开始向下游初加工业延伸。这就意味着代理商和初加工厂的合一。这种一体化减少了交易的环节,也就减少了信息不对称的程度,使得代理商成为产业链上真正的资金需求者。市场和金融机构为了控制风险就只需要监测代理商这一个主体。监测主体的减少能够提高监测的效率并降低监测的成本。

最后,在交易市场内建设了冻库,解决了对虾储存时间短、容易腐烂的难题,延长了对虾的储存时间。这就解决了以前对虾因储存时间短而不能够成为抵质押物的问题,开拓了融资的新模式——仓单质押模式（见附图4－12）。由于加工厂和冻库的建立，分散的加工厂集聚在园区内，金融机构能够通过园区对加工厂交易的信息流、资金流和物流进行监控，尤其是物流的监控。这就解决了以前加工厂分散而导致的其和金融机构之间的信息不对称和交易成本问题，从而使加工厂可以直接成为承贷主体。满足加工厂融资需求的金融产品是仓单质押模式。即金融机构、加工厂和市场签订三方协议，加工厂利用存货或者仓单质押去融资，而市场去监管加工厂的存货。

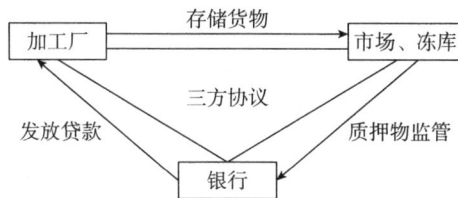

附图4－12 存货质押模式

3. 乳品加工供应链金融——中国银行"乳业通宝"模式

以内蒙古"乳业通宝"模式为例，为满足伊利等乳业龙头企业对数量稳定、质量有保障的奶源需求，解决奶牛养殖经营主体发展壮大的过程中，融资途径匮乏，资金短缺的问题。2011年，中国银行内蒙古分行推出基于乳业产业链"乳业通宝"。产品采取核心企业"1＋N"的授信方式，为核心企业的上游奶牛养殖经营主体提供批量贷款服务。其中"1"为伊利等核心企业，"N"为核心企业上游的奶牛养殖经营主体。

产品贷款对象主要是伊利和蒙牛上游奶牛养殖经营主体，主要包括有长期合作关系的具有一定规模的家庭牧场和奶牛养殖企业。在从业资质方面，银行要求家庭牧场从业4年、企业从业2年。在养殖规模方面，要求养殖经营主体所具有的奶牛数量在200头以上。产品的授信款项主要用于采购青贮、干草、燕麦等饲料以及与奶牛养殖密切相关的其他资金支出，以缓解借款人日常资金周转压力，还可以支持其扩大生产规模，改善养殖结构、提高产量和质量。产品的授信规模一般为200万~300万元，授信期限为2~3年。在贷款形式方面，依据担保方式的不同，分为多户联保和单户抵质押贷款。采用联保方式申请贷款的，联保户数必须在3户以上；采用抵押或是其他方式担保的，单户即可申请贷款。

产品实际流程如下：当核心企业上游原奶供应主体由于资金短缺希望获取中国银行贷款时，先向核心企业的有关部门提出申请。核心企业在受理养殖经营主体的申请后，向银行推荐其合作伙伴。在具体的实践过程中采取的则是层层推荐的形式，首先，由核心企业的驻场代表向上级推荐客户；其次，核心企业的相关负责人员再向企业主管部门领导推荐；最后，视家庭牧场所需的贷款金额决定由企业哪个层级的领导向银行推荐。在整个过程中，核心企业不对家庭牧场的贷款承担担保责任，核心企业主要负责向银行出具经过其调查、核实所形成的关于家庭牧场资产状况、牛奶产量情况、风险控制情况的证明。中国银行出于对核心企业的信用及风险控制体系的认可，进而认同其推荐的客户。在信贷额度的授予方面，银行以家庭牧场月均生产的原奶产量为基础确定发放贷款额度。在贷款的利率方面，中国银行出于履行社会责任、扶持小微企业的角度考虑，在产品推出初期，利率为基准利率上浮5%，但是由于较高的资金成本，每放一笔贷款都会导致亏损。当前贷款利率为基准利率上浮25%，对于缺乏资金的养殖经营主体来说，该款产品的利率相对于的民间贷款的高利率（年化利率动辄20%以上）低很多，因此能够大大降低养殖主体的资金成本，如附图4-13所示。

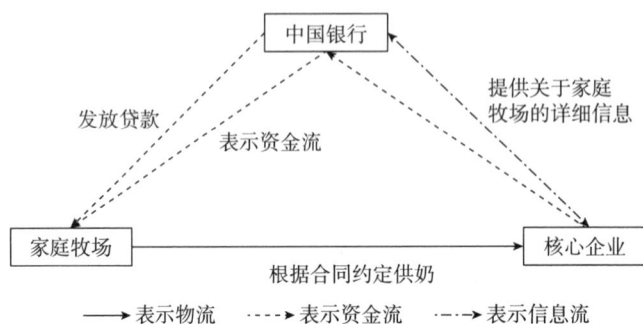

附图4-13 "乳业通宝"的业务流程

中国银行业务风险管控的关键在于资金流的控制。核心企业通过监管银行账户向家庭牧场支付购奶款，因此，银行每个月可以直接从中扣除应该偿还的贷款金额，实现对资金流的封闭运行和控制。信息流方面，由于核心企业基本在上游每个家庭牧场都有驻场代表，较容易实现其生产情况、贷款资金使用情况的监控。在通过核心企业将这些信息提供给中国银行时，帮助银行进行了贷款后的管理工作，极大地节省了贷款监督的成本。综上所述，银行通过对资金流与信息流的有效控制，降低了该款产品的信贷风险。此外，由于核心企业还能够向银行定期提供关于贷款主体的动态，从而在一定程度上解决了贷款主体信息不对称问题。对于中国银行来说，在风险得到有效控制与信息不对称问题得到有效解决的情况下，提高了为养殖经营主体提供贷款的主动性。